KB190632

복 있는 사람

오직 여호와의 율법을 즐거워하여 그 율법을 주야로 묵상하는 자로다.
저는 시냇가에 심은 나무가 시절을 좇아 과실을 맺으며 그 잎사귀가 마르지 아니함 같으니
그 행사가 다 형통하리로다. (시편 1:2-3)

우리 시대 최고의 철학자 중 한 사람인 월터스토프의 신앙과 학문의 발자취를 보여주는 이 책은 경이로움으로 가득하다. 이 회고록은 내게 샬롬의 비전을 심어 준 멘토의 엄격 하지만 자상했던 기억을 생생하게 되살려 주었다. 특히 그가 정의와 평화를 하나님 나라 의 모습인 샬롬으로 여기고 실천해 온 과정이 자세하게 그려져 있다. 그런 의미에서 이 책은 월터스토프가 우리에게 전하는 가장 친근감 넘치는 선물이다. 지금까지 그가 이 시 대 모든 기독교 지성에게 베풀어 준 선한 영향력에 존경과 감사를 짧은 글에 다 담을 수 없는 것이 안타까울 뿐이다.

신국원 | 총신대학교 신학과 명예교수

내가 신대원을 마치고 예일로 유학을 간 것은 니콜라스 월터스토프 한 사람 때문이었다. 석박사 과정 동안 교수님의 대학원 수업 전 과목을 수강하면서 원리와 실천으로 완성된 기독교 세계관을 오롯이 전수받는 영광을 기쁨과 감사 가운데 누렸다. 강의실에서나 개 인적인 만남을 통해 교수님의 온화하고 자상한 인품을 오늘까지 경험하면서 30년 전의 결정이 아내와 결혼한 것 다음으로 탁월한 선택이었음을 거듭 확인하고 있다.

한 시대를 주도한 지도자의 높은 학문과 뜨거운 헌신이 지극히 평범한 삶을 바탕으로 하고 있다는 사실은 우리 모두에게 큰 울림을 준다. 가까운 사람들이 알고 있던 바로 그 닉 월터스토프가 수백 쪽 지면을 통해 생생한 목소리를 들려주는데, 그의 이야기는 한 개인을 넘어 우리 시대의 이야기, 더 나아가 하나님의 이야기가 된다. 월터스토프에게 직간접적으로 배운 이들도 감동하며 읽겠지만, 무엇보다 어떻게 살 것인지 기도하며 준 비하는 기독 청년과 신학생, 그리고 신앙의 터를 닦고 있는 중고생에게도 이 책은 큰 도 전과 멋진 길잡이가 되리라 확신한다.

권수경 | 고려신학대학원 초빙교수

니콜라스 월터스토프는 이 감동적인 회고록에서 네덜란드 이민자들이 사는 미국의 시골, 카이퍼주의적 사고방식, 분석철학, 인간미 넘치는 교육학, 공예로 이해된 예술, 가족이라는 심오한 실재(기쁨과 슬픔 모두) 등의 경이로운 세계를 펼쳐 보인다. 이 책은 아름답게 절제된 서술을 보여주는 동시에 참으로 감동적이다.

마크 놀 | 노터데임 대학교

이 놀라운 회고록은 내가 흠모하는 닉 월터스토프의 모든 면을 구현하고 있다. 지혜롭고 인간미 넘치고 아름다운 데다가 사랑이 충만하고 정의에 대한 열정이 가득하다. 또한 하나님의 샬롬은 기쁨이 넘치는 상태라고 가르쳐 준 저자에게 걸맞게, 이 책은 경이로울 정도로 재치 있다. 나는 이 책에 푹 빠졌다. 책을 내려놓았을 때는 감사했고 감동이 밀려왔다.

제임스 스미스 | 칼빈 대학

나는 닉 월터스토프의 수업을 한 번도 듣지 않았지만, 그는 지난 반세기 동안 나의 스승이었다. 그는 기독교적 지성의 삶에 놀랄 만큼 광범위한 기여를 했다. 이제 이 훌륭한 회고록을 통해 우리는 더욱 풍성한 그림을 얻게 된다. 진리, 아름다움, 정의에 대한 깊은 헌신을 대단히 인격적인 방식으로 보여주는 사람이 전인적으로 헤쳐 온 인생의 초상화다.

리처드 마우 | 풀러 신학교

니콜라스 월터스토프의 회고록은 보물이다. 나는 말 그대로 중간에 멈출 수가 없었다. 독자들은 이 책에서 소도시 생활, 철학, 학계, 그리고 우리 모두가 속한 가족과 친구들의 세계에 대한 깊은 통찰을 발견할 것이다. 월터스토프는 기독교 신앙에 따라 진실하게 살아낸 삶의 풍성한 기록을 제시하는데, 이것은 하나님의 창조세계와 구원에 대한 감사와 사랑에 뿌리내린 관대하고 마음 따뜻한 모습의 기독교가 담긴 매력적인 그림이다.

C. 스티븐 에번스 | 베일러 대학교

많은 것을 알려주는 이 다채로운 회고록은 분석철학자나 온건한 칼뱅주의자를 생각할 때 떠올릴 법한 전형적 이미지를 모두 거부한다. 기독교 학문의 놀라운 부흥을 이끄는 빛나는 인물 니콜라스 월터스토프의 인생과 활동에 친숙한 이들은 그가 이런 감동적인 책을 써낼 수 있다는 사실이 놀랍지 않을 것이다. 이 책에는 나이가 많든 적든, 종교가 있든 없든, 학자이든 아니든, 모든 독자를 위한 푸짐한 성찬이 담겨 있다. 월터스토프는 자기 생각이 분명하되 괴팍하지 않고 개인적이되 자기중심적이지 않게, 자신이 사랑하는 많은 것들—지적 난제, 정치, 예술, 음악, 건축, 교육, 자연, 심지어 정교한 일본 도자기와 덴마크 가구까지—을 엮어 철학적 경이와 하나님의 은혜가 담긴 강력한 이야기로 만들어 낸다. 월터스토프의 최고작품인 『경이로운 세상에서』는 오늘날 절실히 필요한, 너그러운 기독교 인문주의를 증언한다.

에릭 그레고리 | 프린스턴 대학교

니콜라스 월터스토프는 기독교 철학의 부흥을 이끈 주요인물로 널리 알려져 있다. 그러나 그를 직접 만나는 행운을 누린 이들은 누구와도 쉽게 어울리고, 모든 것으로부터 기꺼이 배우고, 전혀 뜻밖의 주제에 예리한 비판적 지성을 거침없이 들이대는 그의 열린 자세에 더욱 주목하게 된다. 이 회고록은 그에게 영향을 끼친 많은 공동체, 사건들, 인간관계를 끄집어내면서 그런 열린 정신을 그대로 보여준다.

진 포터 | 노터데임 대학교

월터스토프의 회고록은 현대철학의 최근 역사를 보는 창이고, 후기 근대세계와 기독교의 복잡한 관계를 밝히는 빛이며, 무엇보다 공동체 안팎에서 살아가는 삶과 소명을 들여다보는 렌즈다. 『경이로운 세상에서』를 읽는 것은 즐거운 일이다. 저자 본인처럼 통찰력 넘치고 지혜롭고 품위 있는 책이다.

제임스 데이비슨 헌터 | 버지니아 대학교

어떻게 살아야 하는가? 이것은 답변으로 논문 한 편은 써야 할 것 같은 추상적인 질문으로 들린다. 그러나 스스로 책임지는 삶이란 증거가 다 나올 때까지 기다려주지 않는 세상에서, 자기라는 특정한 사람으로서 세상의 경이와 참상에 반응하는 삶이다. 이 회고록은 자신이 경험하고 행한 일을 들려주는 니콜라스 월터스토프의 육성에 귀를 기울이라고 우리를 초청한다. 이 책에는 그에게 중요했던 출생, 죽음, 친척, 친지, 동료, 학교, 교회, 불의, 가정, 싸움, 사업, 이상理想, 그리고 사초 가득한 땅이 등장한다. 그가 쓴 책을 한 권이라도 읽고 보람을 느꼈던 독자라면 이 책을 꼭 읽어야 한다.

제프리 스타우트 | 프린스턴 대학교

니콜라스 월터스토프는 평생에 걸쳐 수많은 기여를 했다. 믿기지 않을 만큼 품위 있고 겸손하고 매력적으로 이야기를 들려주는 이 회고록은 그의 믿음, 신학, 투철한 정의감이 어떻게 형성되고 사용되었는지 흥미진진하게 들여다보게 한다. 배움과 경청을 강조한 닉은 놀랄 만큼 풍부한 지식을 얻게 되었고, 우리는 그의 지식을 통해 믿음이 깊어지고 우리가 사는 세계를 더 잘 이해하고 사랑하게 해줄 뭔가를 배울 수 있다. 그의 삶은 읽을 만한 가치가 있고, 나는 그를 깊이 존경한다.

짐 월리스 | 「소저너스」

혹시 철학이 지루하다고 생각했다면 이 책을 읽고 다시 생각해야 할 것이다. 닉 월터스토프는 그가 살아온 인생의 다채로운 풍경—미술, 음악, 사랑, 슬픔, 학교, 집, 여행, 가족, 가구, 그리고 더 많은 것들—을 빠르게 펼쳐지는 대단히 생생하고 감동적인 이야기로 묘사한다. 그가 그려내는 작은 언덕들에서 그가 평생 이룬 업적이라는 드높은 봉우리가 솟아오른다. 정의, 예전, 평화, 하나님의 말씀하심, 애통, 정치, 이성, 존재함, 앎 등의 그 봉우리들을 월터스토프의 놀라운 인생이라는 맥락 안에서 바라보면, 그것들이 우리 모두에게도 중요하다는 것을 새롭게 알게 된다.

N. T. 라이트 | 옥스퍼드 대학교

기독교 철학의 부흥에서부터 사회정의를 향한 열정의 재각성, 예전과 예술에 대한 관심의 회복에 이르기까지, 개선된 미국 복음주의의 모습 도처에는 니콜라스 월터스토프의 지문이 찍혀 있다. 당신이 나처럼 이 모든 일을 겪었다면, 이 책은 당신을 위한 것이다.

데이비드 네프 | 「크리스채너티 투데이」

근래에 닉 월터스토프만큼 기독교 철학의 다양한 분야에서 크게 기여한 사람은 없다. 그는 자신이 관심을 갖고 통달한 분야에서 토마스 제퍼슨과 같은 사람이다. 회고록을 통해 그는 자신의 사고와 활동을 개인적 맥락에서 제시한다. 소박한 환경에서 보낸 그의 어린 시절 이야기는 특히 흥미진진한데, 이후에 이어지는 그의 풍부한 인생경험을 생각하면 더더욱 그렇다.

조지 마즈던 | 노터데임 대학교

닉 월터스토프의 회고록은 학자에 대한 흔한 고정관념을 깨부순다. 그가 속했던 미네소타주의 네덜란드 이민자 사회가 그에게 끼친 영향에 비하면 상아탑의 역할은 빛이 바랜다. 이 책은 그 자체로도 거부할 수 없는 매력적인 이야기인 데다, 20세기 기독교 철학의 비범한 르네상스를 주도한 사람의 일인칭 목격자 기록이라 더욱 특별하다. 그뿐 아니라 이 회고록은 은혜와 슬픔과 감사가 두드러진 인생에 대한 감동적인 사색이다.

케빈 밴후저 | 트리니티 복음주의신학교

언제나 예리하고 마음을 흔들어놓고 정직한 월터스토프는 대가의 능숙함으로 우리를 이끌어 주목할 만한 장면들을 하나하나 통과하게 한다. 회고록을 다 읽고 나면 그의 경이로운 세계를 떠날 때가 되었다는 사실이 고통스럽게 느껴질 것이다.

코넬리우스 플랜팅가 2세 | 칼빈 대학 기독교예배 연구소

경이로운 세상에서

Nicholas Wolterstorff

In This World of Wonders
:Memoir of a Life in Learning

경이로운 세상에서

니콜라스 월터스토프 지음 · 홍종락 옮김

복 있는 사람

경이로운 세상에서

2020년 6월 10일 초판 1쇄 인쇄
2020년 6월 17일 초판 1쇄 발행

지은이 니콜라스 월터스토프
옮긴이 홍종락
펴낸이 박종현

도서출판 복 있는 사람
주소 서울특별시 마포구 연남동 246-21(성미산로23길 26-6)
전화 02-723-7183(편집), 7734(영업·마케팅)
팩스 02-723-7184
이메일 hismessage@naver.com
등록 1998년 1월 19일 제1-2280호

ISBN 978-89-6360-357-5 03230

이 도서의 국립중앙도서관 출판예정도서목록(CIP)은
서지정보유통지원시스템 홈페이지(http://seoji.nl.go.kr)와 국가자료공동목록시스템
(http://www.nl.go.kr/kolisnet)에서 이용하실 수 있습니다. (CIP 제어번호: 2020023204)

In This World of Wonders
by Nicholas Wolterstorff

클레어에게.

—

우리의 자녀와 그 배우자인
에이미, T. J., 에릭, 로버트, 마리, 클라스, 트레이시, 크리스토퍼에게.

—

그리고 우리의 손주들인
닉, 마리아, 이안, 니나, 피비, 인디아, 키스에게.

| 차례 |

해설의 글_ 내가 본 월터스토프

학자의 삶에는 여느 삶과 마찬가지로 만남이 중요합니다. 누구를 만나는가, 어떤 책을 만나는가, 무슨 생각, 무슨 사건을 만나는가, 이 모든 만남이 하나도 빠짐없이 한 사람을 학자로 키워 내는 바탕이 되고 계기가 되며, 지탱해 주는 버팀목이 되고 울타리가 되어 줍니다. 만나게 된 사람 가운데는 선생님도 있고, 친구도 있고, 제자도 있습니다. 책으로 만나는 분들은 대부분 지금은 현존하지 않는 분들입니다. 살아 있는 분들 가운데는 사람을 먼저 만난 다음에 그분이 쓴 책을 읽는 경우도 있고, 책을 먼저 읽은 다음에 직접 그분을 뵙는 경우도 있습니다. 월터스토프의 경우에는 책을 먼저 읽고 그 후에 직접 만났습니다. 처음에는 선생님처럼 생각하고 만났지만, 어느새 친구처럼 지내는 사이가 되었습니다. 그의 책을 거의 다 읽었고 그의 사상을 소개하는 짧은 글을 몇 차례 쓴 적도 있지만, 그를 연구 대상으로 삼아 논문을 쓰거나 책을 쓸 생각을 한 적은 없었습니다.

니콜라스—친구들은 그를 닉Nick이라고 부릅니다—월터스토프를 제가 처음 만난 해는 1981년이었습니다. 제가 만 스물아홉 살이고 그는 마흔아홉 살이었습니다. 그때 저는 벨기에 루뱅에서 공부를 마치고 박사학위 논문을 준비하느라 암스테르담으로 옮긴 지 얼마 되지 않았습니다. 칼빈 대학 철학과에서 가르치고 있던 월터스토프는 제1회 아브라함 카이퍼 강좌를 맡아 암스테르담 자유 대학교에 와서 다섯 차례 강연을 하고 있었습니다. 이 강연은 '정의와 평화가 입맞출 때까지'라는 제목 아래 진행되었고, 강연 후에 자유 대학교와 어드만스 출판사가 공동으로 1983년에 동명의 책(『정의와 평화가 입맞출 때까지』 Until Justice and Peace Embrace)로 출판하였습니다. 정의 문제를 다룬 월터스토프의 첫 책이 되었습니다. 이 주제는 2008년 프린스턴 대학교 출판사를 통해서 나온 『정의』 Justice: Rights and Wrongs, 어드만스 출판사를 통해서 나온 『사랑과 정의』 Justice in Love, 2011, 베이커 출판사를 통해서 나온 『월터스토프 하나님의 정의』 Journey towards Justice: Personal Encounter in the Global South, 2013로 이어집니다. 『부르심을 들음』 Hearing the Call: Liturgy, Justice, Church, and World, 2011에도 정의는 예배와 관련해서 중요한 주제로 논의됩니다.

학자 가운데는 한 우물만 파는 사람이 있는가 하면, 많은 우물을 동시에 또는 순차적으로 파는 사람도 있습니다. 하나의 우물을 파면서 마실 물조차 내지 못하는 사람이 있는가 하면, 여러 우물을 파 놓고는 땅만 버리는 사람도 있습니다. 월터스토프는 많은 우물을 팠으면서도 거의 모든 우물에서 풍성한 물을 길어 올린 학자가 아닌가 생각합니다. 분석철학 전통에서 철학을 했지만 철학역사에 누구보다 많은 관심을 가졌던 그는 존 로크와 토마스 리드의 지식이론에 관한 단행본을 각각 썼고, 예술철학, 형이상학, 인식론, 정치철학, 종교철학, 철학신학 그리고 심지어는 예전철학에 이르기까지 다양한 분야와 다양한 주제를 다루는 책을 냈습니다. 미국의 일급 철학자 중에도 거의 모든 철학적 주제를 월터스토프만큼 폭넓고 깊게 다룬 철학자는 매우 드뭅니다.

월터스토프는 누가 뭐라 해도 아브라함 카이퍼 이후로 온 세상이 하나님께 속하고 온 세상이 하나님 백성이 살아가는 삶의 영역이라고 믿고 각 영역에서 그리스도인의 활동을 장려해 온 네덜란드 개혁신앙의 후예입니다. 월터스토프의 활동 영역은 학문의 세계이고, 학문 가운데서도 철학을 전문으로 했지만, 철학의 범위 안에서도 그는 지식, 윤리, 존재, 이론, 정치, 예술, 예배, 역사, 성경, 문화, 도시, 아름다움, 정의, 신, 신앙, 삶과 관련된 거의 모든 주요 분야를 기독교 신앙과 세계관을 토대로 다루어 왔습니다. 이 점에서 월터스토프는 그와 함께 칼빈 대학에서 공부했고, 그와 함께 이른바 '개혁인식론'Reformed Epistemology 을 주창하면서 평생을 함께 활동해 온 앨빈 플랜팅가Alvin Plantinga 와 더불어 기독교 철학자의 탁월한 모범입니다.

월터스토프는 하버드에서 화이트헤드Alfred North Whitehead, 1861-1947의 형이상학에 관한 박사 논문을 썼습니다. 그러나 이후 그는 곧 화이트헤드의 철학을 떠나 기독교 철학자라는 분명한 자의식을 가지고 분석철학 방식의 철학을 해 왔습니다. 그러나 어떤 문제를 다루어도 여타 철학자들과는 다른 문제의식과 다른 관점을 제안합니다. 예술과 관련해서 월터스토프는 예술을 산출시킨 삶의 현장과 활동을 중시했습니다. 지식의 문제를 다룰 때는 증거와 토대를 중시하는 당대 주류 인식론의 토대론을 거부하고 오히려 신뢰를 지식의 출발로 삼습니다. 정의 문제를 다룰 때는 서양 철학의 정의 개념을 지배하는 '올바른 질서' 개념보다는 오히려 부당함의 문제, 곧 불의한 상황에서 시작하여 약자들의 권리 문제를 그의 정의 개념의 중심에 놓습니다. 이 점에서 월터스토프는 존 롤스John Rawls, 1921-2002 보다는 마이클 왈저Michael Walzer, 1935- 에 가깝지만 구약 선지자의 외침을 배경으로 한 자신만의 독특한 정의 개념을 내세웁니다. 도시 문제를 다룰 때는 도시의 편의나 효율성보다는 도시의 미적 측면을 강조합니다. 도덕 교육의 문제를 다룰 때는 성숙론이나 인지 이론보다는 오히려 부모나 선생의 모범을 더욱 중시합니다. 이런 방식으로 월터스토프는 성경에 대한 깊은 이해를 바탕으로 고유한 철학적 목소리를 내는 철학자입니다.

월터스토프는 이론과 실천의 관계를 중요하게 생각하는 철학자입니다. 그는 이론은 이론 자체로 가치가 있음을 인정합니다. 만일 그 자체로 존재 가치를 누릴 수 있는 이론이 없다면 인간의 삶은 매우 빈약하리라고 그는 생각합니다. 이 점에서 그는 모든 이론을 실천으로 환원하려고 하지 않았습니다. 그럼에도 실천을 유도할 수 있는 이론, 실천으로 옮길 수 있는 이론에 훨씬 더 많은 관심을 둡니다. 그의 교육철학에서 정의와 평화, 이 두 개념이 매우 중요하게 역할하는 까닭도 그가 가진 관심의 실천 지향적인 성격을 드러냅니다. 월터스토프는 평화를 하나님과의 평화, 인간과의 평화, 자연과의 평화, 그리고 자신과의 평화를 이야기하면서 평화는 정의를 통해서 세워질 수 있음을 논증합니다. 이 정의는 구원론적 차원에서는 칭의justification 로 거론되는 정의이고, 정치사회적인 차원에서는 약자들의 억울함을 풀어 주고 하나님의 형상으로 지음 받은 피조물의 권리를 존중하는 의미의 정의입니다. 이러한 생각을 그는 교육과 학문에 적용합니다. 교육과 학문은 결국 평화 곧 샬롬을 지향하고, 샬롬은 정의를 통해서 가능함을 그는 여러 저서를 통해서 주장하고 있습니다.

월터스토프가 매우 생산적이고 창의적일 수 있었던 까닭을 저는 세 가지 동기에서 찾아볼 수 있지 않을까 생각합니다. 첫 번째는 자신에게 어떤 요구나 부름이 있을 때 그는 적극적으로 그 부름과 요구에 응답하는 모습을 보입니다. 예컨대, 대학교수이기 때문에 대학에서의 교양 교육의 혁신에 관여하여 철학을 만들고 세부 프로그램을 기획하는 일은 당연한 일입니다. 그런데 월터스토프가 한 작업들을 보면 대학의 범위를 벗어나 교회와 사회와 관련된 주제들이 있습니다. 아마 예배가 이런 경우를 보여주는 전형적인 예라고 생각됩니다. 철학자로서는 매우 드물게 그는 여러 방식으로 예배와 예전과 관련된 글과 책을 썼고 최근에는 예전을 중요한 철학 주제로 다룬 책을 내기도 하였습니다. 철학신학의 한 주제이기도 한 신론을 예배의 관점에서 다루는 저서도 내었습니다. 저는 그의 활동이 그에게 오는 부름과 요청을 거부하지 않고 그것에 응답하고, 응답할 뿐 아니라 책임지고, 맡은 책임을 최선을 다해 결과물로 내놓은 덕분에 그렇게 생산적일 수 있었다고 믿습니다.

이와 관련된 두 번째 동기를 저는 고통에 대한 그의 관심에서 보게 됩니다. 그는 회고록에서 1970년대 중반 팔레스타인 난민들을 만난 이야기와 남아프리카 공화국에서 열린 기독교학회 이야기를 들려주고 있습니다. 월터스토프는, 남아공에서는 네덜란드에서 온 학자들과 인종분리 정책을 지지하는 남아공 학자들의 논쟁을 귀담아듣고, 고통받는 흑인들의 얼굴을 보고, 그들의 목소리를 들습니다. 시카고 근처에서 모인 팔레스타인 난민들의 모임에서 그는 그들의 얼굴에 드러난 고통을 보게 됩니다. 이 경험은 그에게—에마뉘엘 레비나스의 표현을 빌리면—'얼굴의 현현'the epiphany of face을 경험하는 사건입니다. 정의의 문제에 대한 관심은 이렇게 시작합니다. 예일대에서 건축학을 공부하던 큰아들 에릭이 알프스 등산 중 추락사를 하게 된 것도 그에게는 고통을 몸으로 체험하게 된 사건입니다. 월터스토프는 자신의 삶에 주신 하나님의 경이로운 세계에 놀라움과 감사를 표현하지만, 삶의 고통과 슬픔 또한 이 못지않게 그의 삶 가운데 하나의 주조음으로 밑바닥에 흐르고 있음을 고백합니다. 에릭의 죽음 이전과 죽음 이후 자신이 세상을 보는 눈이 달라졌다고 월터스토프는 토로합니다. 그의 작업의 창의성은 인간이 겪는 고통과 그로부터 오는 슬픔을 외면하지 않는 사실과 연관된다고 생각합니다.

세 번째로, 월터스토프의 풍부한 생산력과 독특한 관점은 그의 미의식과 긴밀한 관계를 맺고 있다고 저는 생각합니다. 그가 다루는 많은 주제들이 그의 미의식과 관련됩니다. 월터스토프가 세 가정과 함께 개척해서 세운 '종의 교회'Church of the Servant의 예전은 현대적이면서도 미적 요소를 매우 강조합니다. 앞에서도 언급했듯이, 도시의 문제와 정의의 문제도 월터스토프는 아름다움과 연관해서 봅니다. 그가 칼빈 대학에서 가르칠 때 가장 즐겨 가르친 과목이 미학과 예술철학이었습니다. 제가 만난 사람들 가운데 그의 강의를 들었던 사람들은 한결같이 그의 미학 강의를 기억하고 있었습니다. 월터스토프는 이 분야를 좋아할 뿐 아니라 그 자신이 예술 애호가이기도 합니다. 누구보다도 음악을 즐기고, 그림이나 조각을 좋아하고, 많은 수집품을 소장하고 있습니다. 그 가운데 하나가 덴마크의 가구 디자이너 한스 베이너Hans Wegner가 만든 의자입니다. 제가 그분의 집에 들렀을 때 앉아 보라고 권한 베이너의 의자는 세 개였지만, 모두 열여덟 개를 소장할 정도로 그는 베이너의 의자를 좋아합니다. 목수 일은 집안의 내력이기도 하여서 이곳 그랜드래피즈의 그의 집은 자신이 직접 설계하고 목공 일을 하여 지은 집입니다.

1981년 월터스토프를 처음 만났을 때, 그때 갓 서울에서 처음으로 번역 출판된 그의 책 「종교의 한계 내에서의 이성」Reason within the Bounds of Religion 을 보여주었습니다. 그랬더니 그는 먼저 책을 만져 보고 넘겨 보고 책 표지 디자인을 유심히 관찰하였습니다. 그러면서 자기는 책의 디자인을 굉장히 중요하게 생각한다는 말을 건넸습니다. 그때까지만 해도 우리 책의 품질이 서양 책에 비해 많이 좋지 않을 때였습니다. 잠시 부끄러움이 스쳐 갔지만 자신의 책이 한국어로 번역되었다는 사실을 좋아하던 모습에 저도 기분이 좋았습니다. 월터스토프는 한국을 두 차례 다녀갔습니다. 한 번은 기독교 대학 교수 개발 세미나와 관련해서 왔었고, 또 한 번은 새문안교회에서 주최하는 언더우드 강좌 때문이었습니다. 이 회고록의 번역은 한국을 기억하고 있는 그에게 좋은 선물이 되리라 믿습니다.

그러나 이 회고록은 무엇보다도 먼저 우리 한국의 그리스도인과 그리스도인 학자들에게 좋은 선물입니다. 탁월한 번역가인 홍종락 선생의 유려한 번역으로, 복 있는 사람의 세심한 작업으로, 이제는 우리말로 이 책을 읽을 수 있게 되어 저도 무척 기쁘게 생각합니다. 네덜란드계 미국인이 비글로라는 남부 미네소타의 작은 시골 마을에서 태어나 어떻게 세계적인 철학자로 자랐는지, 그의 신앙과 철학이 어떤 과정을 밟아 발전했는지, 그가 철학자로 어떤 작업을 했는지, 그의 기쁨과 감사가 무엇이며 그가 무엇으로 슬픔을 경험하고 지금도 슬픔을 안고 살아가는지, 그의 삶의 증언을 이 책을 통해서 듣게 됩니다. 이 책은 그의 철학에 대한 가장 좋은 입문서이기도 합니다. 이 책이 나오기 전에 출판사에서 미리 보내 준 원고를 손에 들고 하루를 온전히 보낸 기억을 다시 떠올립니다. 제가 받은 감동이 여러분께도 전달되기를 바랍니다. 좋은 독서가 되기를 진심으로 빕니다.

2020년 6월
칼빈 신학교에서
강영안

서문

몇몇 친구들의 재촉을 받고 주저하며 이 회고록을 썼다. 나는 미국 미네소타주 남서부의 네덜란드 이민자 공동체에서 성장했는데, 네덜란드 개혁교회 안에서 자라 미국으로 넘어온 그곳 주민들은 겸양의 정서를 간직하고 있었다. 그 정서는 역시 겸양적인 미네소타 문화와 공명하여 자신에게 이목이 집중되게 해서는 절대로 안 된다는 생각을 갖게 만들었다. 스스로를 형편없는 사람으로 생각하라는 것은 아니었다. 자신이 해낸 일에 잠잠히 자부심을 갖는 것은 아무 문제가 없었고, 누군가 그 일로 칭찬을 하면 정중하게 받아들이면 되었다. 그러나 그것 때문에 우쭐해지지 말아야 했다. 결코 자기 자랑을 해서는 안 되었다. 한마디로 자서전을 장려하는 토양이 아니었다. 게다가 내가 일기를 쓰지 않고 기억력도 대단치 않다는 사실까지 더하면, 회고록을 쓴다 해도 대부분의 회고록에 비해 내용이 부실할 터였다.

설령 내가 일기를 썼다 해도, 또 내 기억력이 지금보다 좋았다 해도, 누가 되었건 내 인생에 대한 기록을 과연 읽고 싶어 할까? 성인이 된 이후 나의 하루하루는 거의 철학책과 논문을 읽고, 읽은 글에 메모하고, 골똘히 생각하고, 철학책과 논문을 쓰고, 수업과 공개 강연을 준비하고, 수업을 진행하고, 공개 강연을 하고, 연설과 강연을 듣고, 토론을 이끌고, 토론에 참가하고, 학생들 및 동료들과 대화하고, 학생들의 논문을 읽는 일로 채워졌다. 해마다 죽 그랬다. 내 인생은 학문하는 삶이었고, 학문을 익히고 나누며 보낸 삶이었다. 불륜도 없고, 공금 횡령이나 총기 사고, 중독이나 이혼도 없고, 심각한 사고나 질병도 없고, 노후대비자금을 도박으로 날려 버린 일도 없다. 얼마나 따분한가! 누가 이런 인생에 대해 읽고 싶어 하겠는가? 지루하기 짝이 없는데!

하지만 아닐지도 모른다. 내가 기독교 철학 및 기독교 학문 전반의 비범한 르네상스에 참여할 수 있었던 것은 크나큰 특권이었다. 이러한 전혀 뜻밖의 사태가 어떻게 일어났는지 들려주는 내부자의 시각에 흥미를 가질 이들도 있을 것 같다. 뿐만 아니라, 내 인생은 학문하는 삶인 동시에 하나님을 믿고 살아가고, 가족 및 친구들과 어울리고, 여러 기관과 예술, 정원, 건축물, 출생, 죽음, 고통에 관여한 삶이었다. 그리고 그런 관계와 관여는 종종 놀랍고 생각지도 못한 방식으로 이루어졌다. 그 일은 많은 경우 그 자체로도 흥미로웠고 나의 사고하는 방식을 형성했다. 독자들은 내가 생각한 것들, 내가 쓴 것들, 내가 사랑한 것들, 내가 지지한 대의들로 이끌어준 그런 각성, 애정, 기회, 슬픔에 관심을 가질 수도 있을 것 같다.

또 독자들은 나의 다른 면에 흥미를 보일지도 모른다. 내 삶은 이질적인 세계에서 참된 자아를 발견하는 외로운 개인의 삶이 아니었다. 내 삶은 공동체, 그것도 많은 공동체 안에서 이루어졌다. 두 개의 작은 미네소타 마을 공동체, 대가족 공동체, 기독교 철학자 공동체, 일반 철학자 공동체, 지역교회 공동체, 다양한 학술 공동체 등이 그것이다. 나는 그런 공동체들, 그 내부의 움직임과 발전, 그 전통에 영향을 받았다. 그리고 내 쪽에서도 공동체들의 형성에 기여했다. 내 인생을 이야기할 때, 나는 공동체의 일원으로 참여한 사람의 관점에서 그 공동체들에 대해 말할 것이다.

대체로, 공동체 안에서 펼쳐진 내 삶은 내가 자라난 작은 마을 공동체에서 시작해 광범위하게 넓어졌다. 나는 오래전에 그 공동체를 떠나 더 커다란 다른 공동체들로 자리를 옮겼지만 첫 공동체에서 받은 영향은 그대로 내게 남아 있다. 특히, 나는 내가 물려받은 개혁파 개신교의 신앙 전통을 떠나지 않았다. 공동체 안에서의 내 삶의 확장을 꿰는 끈은 종교적 연속성이다.

내 삶의 이 측면을 묘사할 때 어려운 과제는 종교가 없거나 나와 종교가 다른 독자들이 흥미를 잃지 않게 하는 것이었다. 즉, 특수한 내용을 다루되 편협하지는 않아야 했다. 독자는 내가 종교를 믿는 방식이 현재 미국 사회에서 두드러진, 공격적이고 분노하고 적대적인 방식과는 전혀 다름을 알게 될 것이다.

나는 정보의 결핍을 인정하고 내 인생의 일대기를 쓰려는 시도는 아예 포기하기로 했다. 대신에 대체로 내 인생의 순서를 따라 일련의 소품문小品文을 내놓기로 했다. 내게 영향을 끼친 사건들과 상황들, 내 삶의 모습에 크게 기여한 일과 활동을 회고할 것이다. 그런 영향을 끼치지는 않았더라도 특이하거나 감동적이거나 기억할 만한 사연도 가끔 회상하려 한다.

이 책의 많은 소품문이 철학자로서의 내 삶을 이야기한다. 그 부분을 이야기할 때 어려운 과제는, 철학자들은 지나치게 단순화시켰다고 여기지 않고 비철학자들은 너무 복잡하다고 느끼지 않게 하는 것이었다.

나는 이어지는 소품문들을 기억의 풍경을 따라가는 여행에서 보는 장면들로 생각한다. 하나의 장면이 내 눈을 사로잡으면 멈춰서 바라본다. 그다음 계속 길을 가다가 또 다른 장면이 눈길을 사로잡는다. 여기저기에 벤치들이 놓여 있어서 거기 앉아 내가 보는 풍경의 의미를 숙고할 수 있다. 가끔은 앞을 내다보기도 한다.

이 회고록이 내 인생의 일대기가 아니라 소품문들의 집합이다 보니, 내가 만났던 유명한 사람들의 이름이 많이 빠져 있다. 그 부분은 아쉬울 것이 없지만, 그런 구성상 오랜 친구들도 상당수 언급할 수 없었던 것은 대단히 유감스럽게 생각한다. 그들이 이 회고록에 등장하지 않는다고 해서 내가 그들과의 우정을 귀하게 여기지 않는다는 뜻은 아니다.

회고록을 쓰라고 재촉하고, 내 주저하는 마음을 꺾고, 원고가 나올 때마다 꼼꼼히 살펴 더 나아지도록 현명한 조언을 해준 켈리 클라크, 아이비 조지, 존 포트에게 감사를 전한다. 원고를 읽고 유용한 조언을 해준 테렌스 큐니오에게도 감사를 전한다.

회고록의 제목을 제안해 준 사람은 존 포트다. 1990년에 출판된 J. M. 쿳시Coetzee의 소설『철의 시대』Age of Iron에 나온 문구인데, 내가 회고록 마지막 부분에서 인용했다. 좋은 친구 르네 반 바우든베르흐는 "경이로운 세계"가 캐나다 가수이자 작곡가인 브루스 콕번의 1986년 앨범 타이틀곡 제목이기도 하다는 사실을 떠올려 주었다.

2018년 5월

01_
나의 사람들

내 고향은 미네소타주 남서부의 대초원에 있는 비글로Bigelow이다. 당시 인구가 이백 명 정도 되는 작은 마을이었다. 도로에는 도로명이 없었고 각 가구에는 집 호수가 없었다. 모두가 다들 어디 사는지 알았기 때문에 도로명과 가구 호수는 필요하지 않았다. 마을을 찾아온 손님이 누군가의 집을 물으면 우리는 이렇게 대답했다. "서쪽으로 가세요. 두 번째 교차로에서 남쪽으로 꺾어요. 도로 동쪽 세 번째 집이에요." 우리는 길을 알려 줄 때 왼쪽 오른쪽이 아니라 방위를 사용했다. 모든 도로는 정남북이나 정동서로 뻗어 있었다.

집들은 대부분 2층 목조 주택으로 현관 베란다를 하얗게 칠했고 넓은 부지에 울타리가 없어서 아이들이 뛰어놀 공간이 많았다. 어른들은 서로의 아이들에게 관심을 가졌다. 우리 아이들은 누가 "권위적"이고 누가 "착한지" 금세 파악했다.

사람들은 마을의 중심부를 '시내'라고 불렀다. 시내에는 식료잡화점(내 아버지가 직원으로 일했다), 철물점, 농기구 가게, 대장간, 우체국(집까지 배달하는 서비스가 없던 시절이라 사람들은 우체국에 직접 가서 우편물을 찾아왔다), 마을 도서관, 그리고 철로 건너편의 거대한 곡물창고가 있었다. 시내는 일상의 중심지였다. 사람들은 장을 보거나 우편물을 챙기면서 수다를 떨거나 소위 "잡담을 하며 시간을 보냈다." 시내, 교회, 학교, 친구네 집 할 것 없이 어디를 가든 다들 걸어 다녔다. 길에서 사람을 만나면 눈을 마주치며 인사했으며 시선을 내리깔거나 피하는 법은 없었다.

그리고 조심스럽게 말하는 것이 상식이었다. 누군가 기분이 어떠냐고 물을 경우 아주 기분이 좋으면 "전보다는 나아요"라고 말했다. 속이 많이 상할 때는 "전보다는 못해요"라고 말했다. 학교는 우리 집에서 세 블록 떨어져 있었는데, 기온이 영하 삼십 도 아래로 내려간 어느 겨울날 어머니가 말씀하셨다. "든든히 껴입어. 오늘 아침에는 좀 춥다."

내가 아는 한, 길 건너에 사는 우리 집주인 예스키 가족만 빼고 마을 사람들 모두가 교회에 다녔다. 가정들은 온전했거나, 관계에 문제가 있는 경우라도 우리 아이들에게는 숨겼을 것이다. 어느 집 부모가 이혼했다는 소식을 들은 적이 없고, 과부는 있었어도 미혼모나 학대받는 아내 또는 아이들 이야기를 들은 기억은 없다. 근년에 많은 주목을 받은 책 『힐빌리의 노래』*Hillbilly Elegy: A Memoir of a Family and Culture in Crisis*에서 J. D. 밴스는 그리 멀지 않은 과거에 켄터키주 북부와 오하이오주 남부의 작은 마을에서 성장한 과정을 묘사했다. 그곳에는 알코올 중독이 만연했고 아동 학대 및 배우자 학대가 끊이지 않았고 사람들은 툭하면 이혼하고 재혼했다. 많은 이들이 생계를 위해 일하기보다는 복지혜택을 받고 사는 쪽을 선호했다. 대화에는 상스러운 말과 욕설이 빠지지 않았다. 그러나 내 어린 시절의 비글로는 전혀 다른 세계였다. 삽화가 노먼 록웰이 그려낸 미국이 바로 비글로의 모습이었다.

그 마을에 '비글로'라는 이름이 붙은 것은 철도 때문이었다. 처음에 철도 선로를 놓은 주체는 세인트폴 앤 수시티 철도회사였다. 그 회사는 세인트폴과 수시티를 잇는 선로를 놓기로 결정하면서 그 길을 따라 몇 개의 마을을 세우기로 했고, 그중 하나가 비글로였다. 회사의 임원들이 동료 임원 찰스 헨리 비글로에게 경의를 표하는 뜻에서 새로 생겨날 마을 하나에 그의 이름을 붙였다. 선로는 1872년에 우리 마을이 있는 곳에 이르렀다. 부지의 도면을 만들고 일 년 후에 준공식이 열렸다. 비글로 씨가 그 마을에 발을 디딘 적이 있다는 기록은 남아 있지 않다.

비글로에는 역이 없었다. 기차는 곡물창고에서 곡물을 싣고 석탄을 내릴 때만 멈췄다. 그 외에는 기적을 울리며 그대로 통과했다. 내 기억에 딱 한 번 예외가 있었다. 1940년에 공화당 대통령 후보였던 웬델 윌키의 선거 유세 기차가 비글로에 정차했고, 윌키는 승무원실 뒤쪽 연단에서 짤막한 선거 연설을 했다. 우리 초등학생들은 학교에서 수업을 일찍 끝내 주어 그 큰 행사에 참석했다.

7월 4일(미국 독립기념일)에는 모두가 마을 공원에 모였다. 임시로 설치된 '매점'에서 청량음료(우리는 "팝"이라고 불렀다), 껌, 팝콘, 핫도그, 캔디, 아이스크림을 살 수 있었다. 경주, 구기 경기, 여러 시합이 있었지만, 대체로 사람들은 서서 잡담을 나누었다. 오후 2시 무렵에는 모두가 말을 멈추고 우리가 미국인으로서 누리는 자유를 칭송하는 목사나 공직자의 연설에 귀를 기울였다. 오늘날 대부분의 미국인에게 7월 4일은 한여름의 반가운 휴일에 친척, 친지들과 함께 모여서 불꽃놀이를 즐기는 기회일 뿐이다. 하지만 1930년대의 비글로에서는 마을 전체가 모여서 자유와 기회의 땅 미국을 기념하는 날이었다.

당시의 어른들은 제2차 세계대전의 전황을 알고 있었을 테고, 라디오에서 뉴스가 나왔을 것이다. 그러나 나는 어른들이 전쟁에 관해 많이 이야기하는 것을 들은 기억이 없고, 전쟁에 큰 관심을 갖지도 않았다. 내게 더 친숙했던 것은 전쟁보다는 '전시 체제'였다. 나는 설탕과 기름 배급에 대해서도 잘 알았다. 쌍둥이 여동생인 헨리에타와 장난감 손수레를 끌고 마을을 다니며 고철을 모아다가 곡물창고에 팔아 용돈을 벌었다. 급우들 중 그런 일을 하는 아이는 없었다. 사람들은 "저 가난한 월터스토프 쌍둥이들"이라고 생각했을 것이다. 마을 사람들은 모두 독일군 비행기 식별법을 배웠고, 정기적으로 방공훈련을 했다. 아버지는 방공훈련 중에 마을을 다니며 빛이 새어 나오는 창문이 없도록 단속하는 책임자였다. 한 번은 내가 독일군이 왜 비글로를 폭격하고 싶어 하겠느냐고 물었더니, 아버지는 이렇게 대답하셨다. "그거야 모르지."

비글로의 초원은 완만한 구릉지로 이루어져 있다. 시야를 가리는 장애물 없이 초원이 몇 마일이고 펼쳐진다. 지형은 여러 구획으로 나뉘는데, 각 구획은 가로세로 1마일이고 구획 사이로 도로가 남북과 동서 방향으로 뻗어 있다. 이렇게 죽죽 뻗은 격자는 늪이나 호수에 이르러서야 끊어지는데, 미네소타에는 늪과 호수가 많지만 남서쪽 모퉁이에는 그 수가 적다. 이곳은 농장 지역이었다. 대부분의 농장은 사방 반 마일의 땅, 160에이커였다. 주된 작물은 옥수수와 귀리였고, 콩, 보리와 건초용 아마, 클로버와 자주개자리도 일부 재배했다. 모든 농장에는 소, 말, 돼지, 닭 같은 가축을 길렀다. 닭은 농가 마당에서 자유롭게 돌아다녔고, 소와 말은 튼튼한 울타리가 쳐진 방목장에서 풀을 뜯었다.

농가 마당에는 헛간과 외양간, 돼지우리, 닭장, 곡물창고, 풍차가 있었다. 헛간 중에는 위풍당당한 것도 있었고, 대부분은 새빨간색이었다. 북서쪽의 모든 농가 마당 옆에는 거센 북서풍을 막기 위해 나무를 심어 조성한 작은 숲이 있었다. 더 이상 안 쓰는 물건들을 거기 끌고 가서 버리는 바람에 그곳은 아이들의 천국이었다. 나무통으로 만든 세탁기가 있는가 하면, 한쪽에선 자동차가 녹슬어갔고, 저 너머에는 나무로 된 망가진 외바퀴 손수레가 있었다.

나에게는 7월 말과 8월 초의 완만하게 오르내리는 이 시골 지역보다 아름다운 곳은 없다. 그 무렵이면 하늘은 새파랗고 구름은 드문드문 흩어지고, 남자 어른 키만큼 자란 옥수수가 완만한 구릉지를 따라 줄지어 뻗어가고, 귀리가 노랗게 익고, 소와 말들이 방목장에서 풀을 뜯는다. 고요하고 평화로운 아름다움이 있는 그곳에서 움직이는 거라곤 구름과 그 그림자와 풀을 뜯는 가축들뿐이다. 산지나 해안에 사는 이들은 이 아름다움을 무시할 가능성이 높다. 그들에게 친숙한 아름다움은 뾰족한 봉우리나 밀려오는 파도처럼 당당한 것들이다. 그들은 내 어린 시절의 풍경에 담긴 아름다움을 알아보지 못할 것이다. 그런 풍경은 아름답지 않다거나, 어쩌면 지루하다고 생각할지도 모른다. 시선을 끄는 거라곤 거대한 빨간색 헛간들과 여기저기 솟아오른 풍차들이 전부다. 메릴린 로빈슨의 소설 『길리아드』*Gilead*에 등장하는 에임스 목사는 나의 생각을 대변해 준다. "이곳 초원 지대에는 밤과 아침에서 눈을 돌리게 하는 것이 없단다. 지평선에 걸린 뭔가가 방해하는 일도 없지. 그런 시각에서 보

면 산은 무례하게 보일 것 같구나."•

그러나 변화가 일어났다. 말이 사라졌고, 말의 힘은 디젤 엔진
의 마력으로 대체되었다. 한때 160에이커의 땅에 농사를 지었던 농
부들은 이제 거대한 기계로 수백 에이커, 때로는 수천 에이커씩 농
사를 지었다. 농가들은 버려졌고 헛간은 주저앉고 풍차는 고철로
팔렸다. 사람들은 방목장을 갈아엎고 거기에 옥수수와 콩 같은 환
금작물을 심었고 울타리를 뽑았다. 풀을 뜯는 소와 말은 사라졌고,
농가 마당에서 자유롭게 뛰어다니던 닭도 없다. 소, 돼지, 닭은 크고
낮은 창고 같은 곳에 갇혔다. 남은 거라곤 완만한 구릉지에 서 있는
작물들의 고요한 아름다움과 그늘을 드리운 구름뿐이다.

마을 시내에 있던 상점과 가게도 사라졌고, 그 자리는 빈터로
남거나 안에 뭐가 있는지 모를 흉한 철제 창고 또는 '쇠기둥 헛간'
이 들어섰다. 마을은 황량한 채로 버려졌고 반기는 이가 없다. 사랑
스러웠던 모든 것이 사라졌다. 한때 사람들이 활기차게 활동하던
곳이었지만 이제는 아무것도 남아 있지 않다. 시내 건너편에서 온
사람들이나 차를 몰고 물건을 사러 온 농부들과 잡담을 나누던 소
규모의 사람들도 없다. 마을 사람들은 이제 16킬로미터 떨어진 군
청 소재지 워싱턴으로 차를 타고 가서 장을 본다.

우리가 다니던 작은 교회는 문을 닫았다. 시내 북쪽 끝에 있는
웅장하고 넓은 벽돌건물이 형제들과 내가 다니던 초등학교였는데
역시 문을 닫았고, 차도는 잡초로 뒤덮였다. 이제는 어디든 걸어서

•   Marilynne Robinson, *Gilead* (New York: Farrar, Straus and Giroux, 2004), 246. (『길리
      아드』, 마로니에북스)

가는 사람이 없다. 걸어서 갈 만한 곳이 없다. 철로를 따라 마을 한복판을 가로지르던 고속도로가 몇 마일 동쪽으로 옮겨가면서 마을은 고립되었다. 이제 도로에는 이름이 있고 각 가구에는 번호가 붙었다. 워싱턴에서 오는 응급차가 목적지를 빨리 찾기 위해서라고 했다. 도로명은 거창하다. 마을의 대로는 브로드웨이고, 마을 공원을 통과하는 도로는 파크애비뉴다. 작은 마을 도로에 그런 거창한 이름을 붙인 사람들은 그 작업을 하면서 분명 실컷 웃었을 것이다.

...

비글로의 우리 집은 중앙난방이 되지 않았다. 겨울철에 부엌은 옥수숫대와 석탄을 연료로 하는 조리용 난로에서 나오는 열기로 따뜻했다. 겨울에는 대부분의 가족 활동이 부엌에서 이루어졌다. 거실에 히터가 있었지만 특별한 경우에만 불을 켰다. 침실은 난방이 되지 않았고 우리 아이들은 자러 갈 때 조리용 난로 위에 평평한 돌을 올려 뜨겁게 만든 뒤 종이와 천으로 싸서 이불 안 발치에 놓았다. 아침이 되면 우리의 입김으로 창에 아름다운 모양의 서리가 만들어졌다.

우리 집에는 수도도 없었다. 집 옆의 물탱크에 빗물을 모아 놓고 부엌에 있는 작은 펌프로 퍼 올려 물을 썼다. 집 옆에는 농가 마당이 있었는데, 예스키 씨는 그곳에서 몇 마리의 소를 길러 우유를 얻었다. 우리는 그의 농가 마당 한복판에 있는 우물에서 마실 물을 얻었다. 한번은 겨울에 내가 물을 긷기 위해 우물에 갔는데, 우물 펌프에 멋들어진 서리가 하얗게 끼어 있기에 혀를 내밀어 그것을 핥았다. 내 따스한 혀는 서리를 녹이고 바로 펌프에 달라붙었다. 혀를

떼어 내고 보니 혀의 살갗이 펌프에 붙어 있었다.

우리 집 안에는 화장실도 없었다. 식구들은 집에서 약간 떨어진 옥외 화장실을 사용했고, 겨울에는 요강을 썼다. 아버지가 만든 우리 집 옥외 화장실은 최고였다. 아버지가 만든 것들이 다 그렇듯 튼튼하고 멋졌다. 마을의 십대들은 할로윈에 옥외 화장실을 넘어뜨리는 장난을 자주 쳤다. 마을에 떠돌던 전설에 따르면, 괴팍해서 다들 싫어하는 과부 할머니가 옥외 화장실에서 일을 보고 있는데 화장실이 넘어갔다고 한다. 우리 집 옥외 화장실은 그런 적이 없었는데, 쓰러지지 않게 튼튼하게 지었을 뿐 아니라 옥외 화장실치고는 규모가 컸기 때문일 것이다.

우리는 전화도 없었다. 최근에 헨리에타와 나는 농장이나 이웃 마을에 살던 친척과 친구들을 방문할 때 약속을 어떻게 잡았는지 자주 궁금해했다. 우리 둘 다 아는 바가 없었다. 우리는 신문도 받아보지 않았다. 내가 아는 한 신문을 받아보는 사람은 없었고 바깥세상 소식은 다들 라디오로 접했다.

우리는 차를 한 대 갖고 있었고, 집에는 전기도 들어왔다. 하지만 내 생애 첫 8년 동안에는 냉장고가 없어서 차갑게 보관해야 하는 음식은 지하 저장고에 두었다. 몇몇 이웃들은 아이스박스를 사용했다. 여름이 되면 어떤 사람이 말과 마차를 끌고 마을로 들어와 겨울에 인근 호수에서 잘라다가 짚으로 덮어 창고에 보관해 오던 커다란 얼음덩어리들을 팔았다. 어깨에 가죽 앞치마를 걸친 그는 강철 갈고리로 얼음덩어리를 잡아서 어깨에 올리고 아이스박스가 있는 이웃의 집으로 날랐다.

나는 수돗물, 실내 화장실, 중앙난방, 전화, 냉장고 같은 현대의 편리한 설비들을 알고 있었지만 그런 것들이 없어서 섭섭하지는 않았다. "우리 집에 실내 화장실이 있었으면", "수돗물이 나왔으면" 하고 바라지 않았다. 이웃들과 친척들 대부분도 그런 편리한 설비들을 갖추고 있지 않았다. 삶은 힘들었고 여자들에게 특히 그랬다. 하지만 우리는 자신이 가진 것에 만족하고, 삶의 좋은 것들로 인해 감사하고, 다른 사람에게는 있지만 나에게 없는 것을 곱씹지 말라고 배웠다. 나는 어릴 때부터 감사하는 법을 익혔다.

…

헨리에타와 나는 1932년 1월 21일에 태어났는데, 어머니가 우리를 식탁에서 낳으셨다고 들었다. 내 이름은 할아버지를, 누이의 이름은 외할머니를 따라 지은 것이었다.

　어머니의 이름은 아그네스(결혼 전 성은 핀스트라). 어머니는 우리가 세 살 반이 되었을 때 또 한 쌍의 쌍둥이 동생인 코넬리우스 존과 코넬리아 조앤을 워싱턴의 병원에서 예정일보다 6주 일찍 출산하시고 열흘 만에 돌아가셨다. 나에게 남아 있는 어머니 생전의 기억은 하나뿐이다. 바깥 판자길에서 넘어져 팔뚝이 여기저기 찢어진 나를 품에 안고 안락의자에 앉으셨던 모습이다. 어머니는 두 번째 임신을 하고 나서 상당 기간 편찮으셨지만 워싱턴의 의사들은 문제를 진단하지 못했다. 다시 쌍둥이를 낳은 후 어머니의 상태는 급속히 나빠졌고, 아버지는 어머니를 차에 태우고 로체스터에 있는 메이요 의료원(미국의 양대 병원 중 하나)으로 갔다. 거기서 어머니는 결장암 진단을 받았고 살 날이 얼마 남지 않았다는 말을 들었다. 어머니는 마지막으로 "아이들"을 보게 해달라고 간청하셨다. 그래서 외삼촌 둘과 이모 한 명이 즉시 헨리에타와 나를 태우고 로체스터로 향했다. 우리는 한밤중에 도착했지만, 외삼촌들과 이모는 주간 근무 시간이 되어야 환자를 볼 수 있다는 말을 들었다고 한다. 우리가 어머니를 보러갔을 때는 이미 돌아가신 후였다. 밤새 달려간 기억은 생생한데, 이상하게도 나는 병원 침대에 누워 계신 어머니를 본 기억이 없다. 어머니는 1935년 7월 5일에 스물아홉 살의 나이로 돌아가셨다. 최근에 헨리에타는 메이요 의료원에 편지를 보내 어머니의 질병에 대한 진료 기록을 아직도 보관하고 있는지 물었다. 병원에서는 기록을 보관하고 있었고 우리에게 사본을 보내 주었다.

어머니의 시신은 장례식을 치르고 마을 묘지에 안장하기 위해 비글로로 실려 돌아왔다. 교회로 옮기기 전에 뚜껑이 열린 관이 거실에 놓여 있던 장면이 눈에 선하다. 몇 년 전에 나보다 나이 많은 사촌에게 듣기로는, 교회에서 관 뚜껑이 닫히기 전에 아버지가 헨리에타와 나를 들어 올려 마지막으로 어머니에게 키스하게 했다고 한다. 하지만 나는 그 일이 기억나지 않는다. 이상하게도 매장이 끝난 후 우리 집에서 친척들이 모였을 때 딸기를 먹었던 기억은 생생하게 남아 있다.

나는 비글로에 갈 때마다 마을 묘지에 있는 어머니 무덤을 찾는데, 완만한 구릉지에 있는 묘지는 멀리서 눈에 띄는 유일한 장소이다. 마지막으로 그곳을 찾았을 때 아내 클레어, 누이 헨리에타, 막내아들 크리스토퍼와 함께했는데, 크리스토퍼는 내가 어린 시절을 보낸 곳을 둘러보고 친척들 안면도 익힐 겸 미시간에서 미네소타까지 우리와 동행했다. 그날 초원에는 차가운 비가 흩뿌리고 있었다. 어머니의 묘비 앞에 서 있는데 갑자기 슬픔과 감사가 주체할 수 없이 밀려들었다. 나는 허물어지고 말았다. 이전에는 한 번도 없던 일이었다. 왜 이제 와서 그랬을까? "어머니, 어머니는 저를 이 세상에 오게 해주시고 제 발로 서게 해주시고는 너무 빨리 떠나셨어요. 전 어머니를 거의 알지 못했어요."

몇 년 전 메이요 의료원에서 내 제자였던 존 틸버트가 이끄는 의료윤리 모임을 대상으로 몇 차례 강연을 한 적이 있다. 한번은 누군가가 내게 이곳을 찾은 것이 처음이냐고 물었다. 나는 그렇다고 대답했다가 이내 아니라고 바로잡았다. 나는 메이요 의료원을 한 번 방문한 적이 있었으니까.

...

어머니의 죽음이 충격으로 남지는 않았지만, 내가 그 기억을 억압했을 가능성은 있다. 우리 가족은 같은 지역에 사는 할머니 할아버지, 이모, 외삼촌, 외사촌들로 이루어진 확대가족에 속해 있었다. 헨리에타와 나는 그들을 자주 만났고 잘 알았다. 어머니가 돌아가신 후에는 그들이 우리를 보살폈다. 우리는 일 년 남짓 외조부모님 농장에서 지냈고 또 몇 년은 신혼이었던 이모 부부의 농장에서 살았다. 우리는 외사촌들을 자주 만나고 어울려 놀았다. 사랑과 보살핌의 고리가 우리를 감싸고 있었다. 헨리에타와 나는 언제나 단짝이었고 절대 떨어지지 않았다. 같이 놀고, 맡겨진 집안일을 같이 하고, 학교를 같이 다니고, 무슨 일이든 같이 했다. 나는 결코 혼자가 아니었고, 언제나 둘이 함께였다.

그러나 어머니를 잃은 후, 우리는 아버지와도 소원해졌다. 가끔 함께 지내던 친척들이 헨리에타와 나를 비글로의 집에 데려가 아버지를 만나게 했고, 가끔은 아버지가 우리를 만나러 오기도 했다. 아버지가 몇 달 동안 가정부를 고용해 우리 네 아이들(쌍둥이 두 쌍)이 같이 집에 있었던 적도 몇 번 있었지만, 그러다 다시 친척들에게 돌아갔다. 나는 아버지보다 같이 지내던 친척들에게 더 애착을 느끼게 되었다.

헨리에타와 내가 일곱 살이던 1939년 10월에 아버지는 북서쪽으로 70킬로미터 정도 떨어진 미네소타의 에저턴 출신의 제니 하넨버그와 결혼했다. 두 사람의 만남은 더없이 특이했다. 우리 교회가 속한 교단의 지역교회 목회자 모임에서 우리 목사님이 에저턴에서 온 목사님께 최근에 아내와 사별한 우리 아버지 이야기를 하면서 그쪽 교회에 마땅한 재혼 상대가 있느냐고 물었다. 그리고 질문을 받은 목사님은 곧장 제니 하넨버그를 떠올렸다. 두 목회자는 현장에서 바로 만남을 주선했고 아버지가 에저턴으로 그녀를 만나러 갈 날짜와 시간까지 정했다. 아버지는 직접 차를 몰고 그곳으로 갔다. 하넨버그 가족이 전해 준 이야기에 따르면, 제니는 삼십대 중반인 자기를 만나러 올 남자가 있을 리 없고, 온다면 훨씬 어린 여동생 클라라를 보러 오는 거라고 우겼다. 그래서 아버지가 나타났을 때, 그녀는 하나도 꾸미지 않은 모습이었다.

친척들과 살던 헨리에타와 나, 코니와 조앤, 네 아이는 결혼식이 끝난 후 비글로에서 아버지, 새어머니와 함께 살게 되었다. 그러나 나는 더 이상 아버지가 친밀하게 느껴지지 않았고, 이후로도 다시는 회복되지 않았다. 어머니가 돌아가시고 아버지가 재혼할 때까지 별다른 접촉이 없다 보니 유년기의 사랑의 유대가 깨어진 것이었다. 새어머니는 놀랍도록 독창적이고 창의적인 주부였고 모두에게 한결같이 너그러웠다. 모두가 그녀를 사랑했다. 그러나 나는 아이가 부모에게 갖는 애정으로 새어머니를 대하지 못했다. 새어머니의 충실한 아들이 되었지만 가까워지지는 않았다.

내 생각에는 친어머니의 죽음으로 나보다 아버지가 더 큰 충격을 받았던 것 같다. 아버지는 그 일을 절대 입에 담지 않았고 나도 아버지에게 묻지 않았다. 아버지의 두 번째 결혼생활은 행복했다. 그러나 아버지에게는 우울감 같은 것이 있었고, 좀처럼 웃지 않았다. 아버지의 우울감에는 많은 원인이 있었고, 앞으로 살펴보겠지만, 이른 나이에 세 살 반의 두 아이와 갓난아이 둘을 두고 떠난 젊은 아내의 죽음이 한 가지 원인이었던 것은 분명하다.

...

우리는 가난했다. 호스트먼 식료잡화점에서 아버지가 받는 월급은 변변치 않았다. 그러나 우리에겐 넓은 텃밭과 상당한 크기의 딸기밭, 사과농원이 있었다. 여름에는 먹을 수 있는 많은 채소를 길렀고, 먹고 남은 것은 통조림으로 가공하여 다음 해 늦봄에 텃밭에서 다시 신선한 채소를 수확할 때까지 먹었다. 토마토와 당근은 지하 저장고에 보관했고, 과수원에서 거둔 사과는 통조림으로 만들어 겨우내 먹었다. 농장을 운영하는 외삼촌 한 분이 소나 돼지를 잡으면 고기를 일부 가져다주었고, 우리는 한두 주 동안 신선한 고기를 먹었다. 남은 것은 통조림으로 만들었다. 우리가 식료잡화점에서 사는 것은 밀가루, 설탕 등의 기본 식료품뿐이었다. 새어머니는 식구들이 먹을 빵을 전부 구웠는데, 대단히 훌륭했다. 바느질도 많이 했고 특히 본인과 딸아이들의 옷을 직접 만들었다.

성탄절 선물은 유용한 물건들이었는데 대체로 양말, 스카프, 장갑 같은 옷가지였다. 장난감은 거의 없었다. 시어스로벅 백화점과 몽고메리워드 백화점에서 보내온 성탄절 상품 안내서는 우리가 상상하고 꿈꾸지만 들어가 볼 수 없는 꿈의 나라를 펼쳐 보였다. 나는 우리 가족이 가난하다고 생각하지 않았고, 오히려 가진 것이 **충분하다**고 여겼다. 그리 많지 않아도 충분하다고 느낄 수 있었다. 저녁 식사는 뜨거운 베이컨 기름과 시럽을 뿌린 빵에 통조림 깍지콩이 전부였지만, 우리는 정성껏 차린 음식을 먹었고 식사를 거르는 일은 없었다.

마을 사람들 대부분의 생활 조건이 우리와 비슷했다. 우리가 살던 집의 주인이던 예스키 가족은 형편이 조금 나았고, 돈 있는 소수의 사람들은 겨울에도 식료품 가게에서 신선한 과일과 채소를 살 수 있었다. 가끔 아버지를 따라 가게에 갔을 때 나는 그들을 지켜보았다. 그러나 그들의 형편은 중요하지 않았다. 우리는 충분히 가졌으니까. 나는 환경을 탓하며 더 가진 이들을 부러워하지는 않았다. 내 기억에 라디오에서는 대체로 비누와 차가운 시리얼 광고가 나왔다.

어쩌면 우리의 가난은 부모님을 압박했을지도 모른다. 부모님은 우리를 먹이고 입히고 집세를 꼬박꼬박 내야 했으니까. 하지만 늘 근검절약해야 했어도, 두 분이 가난에 무너지지는 않았다. J. D. 밴스가 『힐빌리의 노래』에서 묘사한 백인 노동자의 가난과는 달리, 우리의 가난은 정신을 꺾어 놓고 가정을 파괴하는 것이 아니었다. 우리에겐 웃음이 있었다. 우리 가족은 함께 모여 체커, 다이아몬드 게임, 체스, 까롬 등 많은 게임을 했다.

...

아버지는 시내의 호스트먼 식료잡화점에서 일하셨다. 그러나 제2차 세계대전 초기에 가족을 남겨두고 다른 곳으로 일을 찾으러 떠나겠다고 선언하셨다. 아버지는 덴버의 쌤소나이트 공장에서 일자리를 찾으셨다. 모종의 전시 물품을 제조하는 곳이라고 했다. 나는 아버지가 집을 떠나 덴버에서 일하게 된 것이 '전시 체제'의 일부분이라고 생각했다. 행크 핀스트라 외삼촌 가족이 몇 년 전에 덴버로 이사해 살고 있었기 때문에 아버지는 그들과 함께 지내셨다.

여러 해가 지나고 아버지가 돌아가신 후에야 나는 아버지가 마을을 떠났던 진짜 이유를 외삼촌 한 분에게서 듣게 되었다. 호스트먼 씨가 횡령을 했다는 이유로 아버지를 해고했던 것이다. 이 의혹은 아버지의 영혼에 큰 상처를 남겼을 것이다. 아버지는 바위처럼 강직하다는 확고한 평판을 받던 사람이었다. 아버지의 해고 이후, "매트가 우리가 생각하던 그런 사람이 아니었어?"라는 의심과 풍문과 수군거림이 마을에 퍼져 나갔을 것이다. 아버지는 깊은 수치심을 느꼈을 것이다. 아버지가 비글로를 떠난 것은 일자리를 잡기 위해서만이 아니라 그 치욕에서 벗어나기 위해서였음을 이제는 안다. 몇 년 후, 호스트먼 씨의 아들이 횡령범인 것으로 사실이 밝혀졌다. 호스트먼 씨는 아버지에게 사과하고 예전의 일자리를 돌려주겠다고 제안했지만 아버지는 거절하셨다.

아버지와 어머니가 무슨 일이 있었는지 말해 주지 않고 그 치욕으로부터 우리 자녀들을 보호한 것은 실수였을까? 잘 모르겠다.

···

주변에는 늘 할 일이 많았다. 어린 시절부터 그랬다. 아이들도 거기에 함께 참여해야 했다. 먼지 털기, 바닥 닦기, 설거지, 식기 물기 닦기, 감자껍질 벗기기, 물 떠오기, 석탄 채우기, 눈 치우기, 풀 깎기, 정원에 씨 뿌리기, 잡초 뽑기, 완두콩과 콩 따기, 사과껍질 깎기, 창문 닦기, 빨래 널기, 빨래 걷기, 비누 만들기. 우리 각각은 맡은 임무가 있었다. 우리는 어릴 때부터 책임감 있게 일하는 습관을 들였다.

그래도 이웃의 다른 아이들과 밖에서 놀 시간은 있었다. 우리는 학교놀이, 교회놀이, 소꿉놀이 등 많은 역할놀이를 했다. 당연히 소프트볼도 했고, 숨바꼭질, 깡통 차기, 링 어라운드 로지, 그리고 형, 누나들이 가르쳐 준 여러 전통적인 놀이를 했다. 많은 놀이들이 의미 없는 이름을 갖고 있었다. 그 이름을 듣기만 했지 글로 써놓은 것을 본 적이 없었다. pum pum pullaway(술래잡기), ollie ollie oxen all in free(꼭꼭 숨어라 머리카락 보인다), anti aye over(꼬리잡기). 내 아이들과 손주들은 이런 놀이들을 잘 모른다.

초등학교 기억은 별로 없는데, 이상한 일인 것이 나는 공부도 잘했고 학교생활을 좋아했기 때문이다. 비글로 주위의 여러 학군은 하나로 통합된 상태였다. 시골에 있던 한 칸짜리 학교 건물이 폐쇄되고, 마을에 큰 건물이 세워졌다. 주위 농장의 아이들이 버스를 타고 등교했다. 각 학년은 열다섯 명 정도 되었고 두 학년이 한 교실을 썼던 것으로 기억한다.

비글로 초등학교에 관해 또렷이 기억나는 일은 학교 체육관에서 열린 전교생 조회 때 『골든북 노래책』*The Golden Book of Favorite Songs*에 실린 노래를 부른 것이다. 나는 해진 그 노래책 사본을 하나 갖고 있다. 그 책에는 놀랄 만큼 다양한 곡이 들어 있다. 애국적인 노래('미국 찬가')부터 남북전쟁 노래('옛 야영지에서 오늘 텐트를 치네'), 스티븐 포스터의 노래('켄터키의 옛집'), 흑인 영가('내가 탄 마차는'), 복음 찬송('비바람이 칠 때와'), 성탄절 노래('저 들 밖에 한밤중에'), 동요('바바 블랙쉽'), 심지어 네덜란드 노래 '빗자루, 빗자루'De Bezem, de Bezem 까지.

방과 후 집안일을 하지 않거나 동네 아이들과 놀지 않을 때면, 손에 잡히는 대로 책을 읽었다. 용감한 형제 시리즈, 밥시 쌍둥이 시리즈, 잭 런던, 제인 그레이, 부스 타킹턴, 그레이스 리빙스턴 힐의 소설 등 대체로 모험 이야기였다. 문학 고전은 없었다! 학기 중에는 학교에 있던 작은 도서관에서 책을 빌렸다. 여름에는 집 안팎에서 책을 구해 읽었다. 나는 그중 하나였던 롱펠로의 『하이어워사』를 좋아했다. 부모님이 우리에게 읽어 주신 책으로는 식후에 성경과 에거마이어의 『어린이 성경 이야기』밖에 없었다. 비글로의 집에 있는 어린이 책은 어린이용 성경 이야기가 전부였다.

헨리에타와 나는 매년 5월 첫날이면 작은 바구니들을 장식해서 사탕을 약간 담고 이 '5월의 바구니'들을 마을의 급우들에게 전달했다. 이 전통이 어디에서 왔고 무슨 의미가 있었는지는 모르겠다.

• • •

나는 아홉 살 때부터 2년 동안 여름의 대부분을 친할머니와 미혼의 키스 삼촌이 사는 집에서 보냈다. 두 분에게서 일상 네덜란드어를 배웠고, 결혼 전 성이 반 아르켈이었던 할머니를 잘 알게 되었다. 적어도 나는 그렇게 생각했다(나중에 알고 보니 생각했던 것만큼 할머니를 잘 알지는 못했다). 부모님은 두 분 다 네덜란드 이민자였다. 두 분은 부모형제와 함께 미국으로 왔는데, 친어머니는 여섯 살, 아버지는 열두 살 때였다. 친가의 이민 정황은 좀 아는데, 외가인 핀스트라 가족의 이민에 대해서는 아는 바가 거의 없다.

아버지의 가족은 네덜란드의 우트레흐트에서 살았는데, 그곳에서 할아버지는 가구공이었다. 나는 할아버지가 새 나라로 이주할 때 가져오신 수공구 몇 개를 물려받았다. 그중 일부에는 NW라는 머리글자가 새겨져 있다. 아버지의 가족은 1915년 12월 초에 미국을 목적지로 우트레흐트를 떠났고, 로테르담호를 타고 로테르담을 출항하여 그달 22일에 엘리스섬에 내렸다. 19세기 후반에서 20세기 초에 네덜란드에서 미국으로 온 대부분의 사람들은 종교적 이유나 경제적 이유 때문에 이민을 택했다. 그런데 내가 들은 바에 따르면, 아버지 가족은 그렇지 않았다. 할머니가 아들들이 네덜란드 군대에 징집되는 것을 원하지 않아 이민을 왔다는 것이었다.

네덜란드 우트레흐트시에 살던 가족이 왜 남서부 미네소타의 농촌에 정착하고 싶어 했을까? 유감스럽게도 나는 이 질문에 답해줄 수 있는 분들이 살아 계시는 동안에 여쭈어 볼 생각을 하지 못했다. 아마도 그들을 지원해 줄 누군가가 그 지역이 있었던 것 같다. 하지만 비글로 이외의 다른 선택지는 없었을까? 삼촌들은 모두 농부가 되었다. 아버지는 농부가 되지 않았고 할아버지도 마찬가지였지만, 할아버지는 목수로 일하며 어려운 살림을 근근이 꾸려가다 내가 태어나기 한 해 전이자 가족이 미네소타로 이민 온 지 16년이 지난 1931년에 예순하나의 나이로 돌아가셨다. 누구도 할아버지 이야기를 하지 않았고, 유감스럽게도 나 역시 그분에 대해 물어본

적이 없기에 할아버지가 어떤 사람이었는지 전혀 아는 바가 없다.

　내가 암스테르담의 자유 대학교에서 가르치던 1980년대의 어느 날, 버트 반 아르켈이라는 사람이 전화를 걸어왔다. 그는 자신이 나의 외가 쪽 친척이라며 아내와 함께 내게 점심 식사를 대접하고 싶다고 했다. 버트는 은퇴한 목사였고, 알고 보니 족보 애호가였다. 그는 반 아르켈 가문에 대해 모르는 게 없었고 내가 그 족보에서 어디쯤 위치하는지도 알고 있었다. 점심 식사가 끝날 때쯤, 그는 이제 시간이 좀 있으니 네덜란드 교회의 기록들을 조사하여 내 친가 쪽 월터스토프 혈통을 추적해 볼 생각이라고 말했다.

　한두 달 사이에 그는 내 친가 쪽 혈통을 유리안 월터스토프까지 추적했는데, 그가 1727년 네덜란드 레이든 인근의 작은 마을 하제르보드에서 결혼식을 올린 기록을 끝으로 길이 막혔다. 그로부터 일이 년 후, 내가 다시 암스테르담에서 가르치던 때에 또 다른 사람이 연락을 해와서 월터스토프 계보에 대해 나를 만나 이야기하고 싶다고 했다. 그는 만나는 자리에 독일인들의 족보를 추적하는 여러 권으로 된 큰 책에 실린 볼터스토르프 족보를 요약한 몇 쪽을 가져왔다. 그 책은 제2차 세계대전 직후에 출간된 것이었다. 볼터스토르프 가문은 안톤 볼터스토르프Anton Wolterstorff, 라틴어: Antonius Wolterstorpius까지 거슬러 올라가는데, 그는 1430년에 북부 독일의 작은 마을인 노이루핀에서 태어났다. 이후 수 세기에 걸쳐 많은 볼터스토르프들이 목사나 교육자로 활동했다.

　독일 족보에서 볼터스토르프 가계도의 가지 하나가 게오르크 볼터스토르프라는 사람에게서 끝나는데, 그는 1699년 5월 17일에 태어났고 사망 일자는 나와 있지 않았다. 그런데 독일 족보에 나온 게오르크의 생년월일이 버트 반 아르켈이 조사한 네덜란드 족보의 유리안의 생년월일과 일치했다. 결론은 분명했다. 1700년대 초의 어느 시점에, 게오르크는 독일을 떠나 네덜란드로 갔고 '게오르크'에서 '유리안'으로 이름을 바꾼 것이다.

버트 반 아르켈이 반 아르켈 가문에 대해 알려준 바에 따르면, 그 가문에는 오랫동안 두 분파가 있었다. 하나는 부유한 사업가와 목사 등의 전문직 종사자들로 이루어졌고, 다른 하나는 평범한 노동자들로 이루어졌다. 내 외할머니는 가난한 분파 출신이었다. 그 말을 들으니 결국 외할머니 가족이 이민을 결정한 것은 경제적 문제가 한 가지 요인이었던가 싶었다.

버트 반 아르켈은 월터스토프 족보 연구의 결과를 알려준 지 두 달 뒤에 다시 내게 전화를 했다. 그는 육촌인 또 다른 반 아르켈에게 나에 관해 이야기를 했는데, 이 육촌이 우리 부부와 버트 부부를 우트레흐트 교외에 있는 그의 집으로 오후부터 저녁 시간까지 초대했다고 말했다.

이 육촌은 우트레흐트 교외의 벽돌 공장을 소유하고 있었다. 그는 우트레흐트시가 확장될 때, 벽돌 공장을 팔고 시골에 집을 지었다. 벽돌 공장을 좋은 값에 판 것이 분명했다. 집은 크고 위용 있는 저택이었고 아름다운 가구가 비치되어 있었으며 넓은 거실의 벽은 주로 박제된 동물 머리가 장식하고 있었다.

그가 우리를 초대한 이유 중 하나는 여러 해 전에 미네소타에 있던 나의 외할머니가 네덜란드에 남아 있는 상류층 반 아르켈 친척들에게 보낸 편지들을 갖고 있었기 때문이었다. (외할머니는 1953년에 일흔아홉의 나이로 돌아가셨다.) 편지들은 매력적이었다. 제2차 세계대전이 끝난 지 얼마 후, 네덜란드에 여전히 아직 물자 부족이 심각하던 시절에 쓴 한 통의 편지에서 외할머니는 옷가지와 음식을 보내도 되겠느냐고 물으셨다. 가문 내 하층 분파의 구성원이 힘든 형편의 상류층 구성원을 도울 수 있는지 묻고 있었다! 외할머니의 편지는 사회적 예절을 정말 놀랍게 실천한 사례였다.

또 다른 편지도 내게 깊은 감동을 주었다. 편지에서 외할머니는 본국 네덜란드의 친척들에게 미국 생활을 묘사하고 있었다. 외할머니는 미국 생활이 어떠한지에 대해 내게 한 번도 말씀하신 적이 없었다. 그 편지는 1930년대에 쓴 것이었고, 물론 네덜란드어로 돼 있었다. 외할머니는 '바아스baas'라는 네덜란드어를 쓰셨는데, 어원은 영어단어 '보스boss'와 같지만 보스와 달리 계급적 의미를 강하게 함축하고 있다. 이곳 미국에서는 같은 건축팀의 보스가 옆집에 살 수도 있고, 일이 끝나고 나면 그와 맥주 한 잔을 할 수도 있다. 그러나 바스와는 그런 연대감이 없다. 누군가를 '바스'라고 부를 때는 고용주나 감독관으로서 그의 지위를 인정하는 것일 뿐 아니라 그를 사회적 윗사람으로 인정하는 것이다.

외할머니는 이렇게 쓰셨다. "Hier, niemand hoeft iemand baas te noemen"("여기선 누구도 다른 사람을 '바스'라고 부르지 않아요").

...

긴 겨울 저녁이면 아버지가 비글로의 우리 집 식탁에 앉아 펜으로 그림을 그리시던 모습이 지금도 눈에 선하다(형제들과 나는 그 그림들을 나눠서 보관하고 있다). 아버지가 그린 이미지들은 다른 그림이나 삽화에서 가져온 것이었는데 (내가 아는 한) 자연을 직접 그린 것은 없었다. 하지만 아버지의 그림들은 원본을 베낀 것이 아니었다. 그 그림들은 원본의 이미지들을 펜과 잉크라는 전혀 다른 표현 수단을 사용하여 옮긴 것이었다. 지금 내가 그 그림들을 보면 원래의 이미지를 새로운 표현 수단으로 옮기는 데 얼마나 많은 시각적 상상력이 들어갔는지, 아버지가 자신의 표현 수단을 얼마나 능숙하게 다루었는지 감동하게 된다. 헨리에타와 내가 아직 어린아이였을 때, 우리는 삼나무 궤짝을 뒤지다가 아버지가 세인트폴의 어느 미술학교에서 드로잉 통신 강좌를 일부 수강했음을 알려주는 서류 파일을 발견했다.

가족 사이에 돌았던 이야기는 다음과 같다. 아버지는 1920년대 중반에 칼빈 대학에서 일 년을 공부한 후 그만둘 수밖에 없었다. 농장에서 일해야 하는 아버지의 세 형제가 아버지만 대학에 가도록 허락받는 것을 못마땅하게 여겼기 때문이었다. 애석하게도 나는 그 이야기가 사실이냐고 아버지에게 여쭤 보지 않았다. 최근에야 나는 아버지가 신입생이었는데도 그해(1926년) 대학 졸업앨범 삽화를 그리는 일에 선정되었다는 사실을 알게 되었다. 내가 이 이야기를 했더니 헨리에타는 그 졸업 앨범을 본 적이 있다고 말했다. 많은 급우들이 아버지의 앨범에 너는 화가가 되어야 한다고 적어 놓았던 것이 기억난다고 했다. 아버지는 화가가 될 꿈을 꾸셨던 걸까?

인생이 그렇게 흘러간 것에 대한 실망이 아버지가 우울감에 시달린 원인 중 하나가 아니었을까? 아버지는 대학을 중퇴할 수밖에 없었고, 화가가 되는 것은 불가능한 일이었다. 아버지가 정말 그런 실망을 안고 사셨는지 모르지만, 내게는 한 번도 그런 얘기를 하지 않으셨다.

...

아버지는 목공이셨다. 목공은 아버지의 본질이고 정체성이었다. 아버지가 비글로의 식료잡화점에서 일하셨을 때, 근무 시간 후에는 목공 일을 하셨다. 생애의 마지막 25년 동안은 전업 목공이셨다. 아버지는 타고난 목공이라고 할 수 있었다. 할아버지는 우트레흐트에서도, 이후 비글로에서도 목공이셨다. 나 역시 틈틈이 목공 일을 해왔는데, 근년에는 많이 하지 못했다. 나는 목공의 모든 면이 좋다. 새로 자른 나무 냄새도 좋고, 조각들을 정확하게 맞춰 내는 일도 좋고, 전부 마음에 든다. 내 아들 클라스와 크리스토퍼도 부업으로 목공 일을 하고 있고, 사위인 T. J. 릭보스트는 직업이 목수다. 그는 최고의 목수, 목공을 아는 목수다!

철학을 처음 접하는 학생들에게 철학을 가르치고 무엇이 좋은 철학 논문에 기여하는지 설명할 때 나는 다음의 말로 조언을 요약하곤 한다. "좋은 철학 논문에는 지적 상상력과 숙련된 솜씨가 담겨 있습니다." '숙련된 솜씨'는 목공을 염두에 둔 말이다. 초기에 나의 조언은 좀 더 개방적이었다. "좋은 철학 논문에는 지적 상상력과 숙련된 솜씨가 담겨 있습니다. 모든 열장이음이 딱 들어맞아요." 그러면 학생들의 얼굴에 어리둥절한 표정이 서렸다. 그 표정은 "열장이음이 뭐지?"라고 묻고 있었다. 이후 나는 그 문장을 뺐는데 못내 아쉬웠다. 좋은 철학논문에서는 모든 열장이음이 꼭 들어맞는다!

아버지는 나무를 귀하게 보도록 가르치셨다. 다양한 수종의 목재를 모으셨고, 마감되지 않은 목재 한 토막의 결을 쓸어내리며 이렇게 말씀하시곤 했다. "봐라, 닉, 이건 정말 아름다워질 거다." 아버지는 목공을 감춰진 아름다움을 드러내는 과정으로 생각하신 것 같다. 실외용 목재에는 칠을 해야 한다는 것을 아셨지만, 정말 밋밋한 소나무 목재가 아닌 한, 실내용 목재에는 절대 칠을 하지 않으셨다. 페인트칠은 나무 특유의 아름다움을 가린다고 보고 니스칠을 고집하셨다.

아버지는 완벽주의자였다. "충분히 괜찮다"는 말은 충분히 괜찮지 않았다. "더할 나위 없이 좋아야" 했다. 아버지는 가끔 전반적인 목수 일도 하셨는데, 그 일을 잘하지는 못하셨다. 마무리까지 하는 일은 괜찮았지만, 당시에 '거친' 목수 일이라 부른 일은 잘하지 못하셨다. 요즘에는 그 일을 '골조 세우기'라고 한다. 아버지는 거친 목수 일이 제대로 된 작업이 아니라고 직관적으로 판단하신 것 같다.

내가 척 외삼촌의 농장에서 일할 때 있었던 일이 또렷이 기억난다. 척 외삼촌은 사료 창고와 외양간 사이에 헛간을 하나 짓기로 하고 아버지에게 그 일을 맡겼다. 그런 헛간은 보통 사나흘이면 올라갔다. 그야말로 거친 목수 일에 불과했다. 그런데 아버지가 2주 동안 작업을 하는 통에 외삼촌이 속을 태웠다. 아버지는 근사한 서랍장이라도 만드는 것처럼 헛간을 짓고 있었다.

칼릴 지브란의 『예언자』에는 목공 일을 대하는 아버지의 태도를 포착한 대목이 있다.

사랑 없는 모든 노동은 공허하다.
사랑으로 일할 때, 그대는 자신과 타인과 신과 연결된다.
그러면 사랑으로 일한다는 것은 무엇인가?
사랑하는 사람이 입을 옷을 짜듯 마음에서 뽑아 낸 실로 옷을 짜는 것이다.

사랑하는 사람이 살 집을 짓듯 애정을 갖고 집을 짓는 것이다.

사랑하는 사람이 먹을 열매를 기르듯 정성껏 씨 뿌리고 기쁨으로 그 열매를 수확하는 것이다.

그대가 만드는 모든 것에 영혼의 숨결을 불어넣는 것이다.

그리고 모든 축복받은 망자들이 곁에 서서 지켜보고 있음을 아는 것이다.……

노동은 눈으로 볼 수 있는 사랑이다.

예술에 대한 근대적 사고방식에는 예술과 공예, 즉 **순수** 예술과 공예의 구분이 깊이 자리 잡고 있다. 이 구분에는 예술이 우월하고 공예는 열등하다는 서열 의식이 자리 잡고 있다. 나는 처음 근대의 예술철학을 접한 이래로 소위 공예를 천대하는 이런 입장에 분개하고 반대했다. 나의 이런 반응은 어릴 때 순수 예술 전통과 공예 전통을 모두 접했기 때문에 생긴 것이 분명하다. 아버지가 펜으로 그린 그림은 순수 예술, 감상용 예술이었고, 아버지가 만든 서랍장과 기타 목공품은 공예였다. 아버지는 순수 예술품이 공예품보다 우월하다고 생각하지 않았다. 서랍장이 펜으로 그린 그림보다 유용하므로 그림보다 열등하다는 생각은 아버지에게서 찾아볼 수 없었다.

　새어머니는 낡은 깔개로 아름다움을 드러냈다. 어머니는 넝마를 여덟 가닥으로 꼬아 깔개를 만드는 기술을 예스키 부인에게 배웠는데 아주 비범한 기술이라고 했다. 깔개들은 원형 또는 타원형이었고, 꼬는 작업을 마치면 소용돌이가 만들어졌다. 원형 깔개의 경우에는 단일한 소용돌이였고 타원형 깔개는 이중 소용돌이였다.

새어머니는 정확한 색감을 갖고 있었다. 소용돌이 안에서 색상들의 이어짐은 기가 막힐 정도였고, 새어머니는 밝은 색상과 차분한 색상을 섞어서 밝은색이 무늬를 더욱 돋보이게 만들었다. 어머니는 가닥들을 고르게 제대로 붙들어 매는 기술도 좋아서 깔개들이 말리지 않고 원래의 형태를 잘 유지했다.

　나의 외사촌 데이빗 셸하스는 여러 가지 일을 하지만 무엇보다 그는 시인이다. 그는 나의 새어머니이자 그의 젠 이모가 만든 깔개를 가지고 시를 썼다.

　문 앞
　거실 바닥에
　젠 이모가 짜준 깔개가 놓여 있다.
　한때 당신의 점퍼, 스커트, 재킷이었고
　나의 바지와 스포츠 코트였던 해진 천으로 만든 사랑의 동그라미.
　그 깔개는 우리의 결혼처럼 미완성의 조각들로 만들어졌고 완성되기
　전에는 어떤 무늬가 될지 상상할 수 없었지. 이모는 우리의 헌옷가지
　상자에서 어울리지 않는 자투리 천들을 골라
　한데 모으고 말아서 아름다운 직물로 짜냈어.
　우리가 결혼하고 살아온 세월만큼이나 오래된 그 깔개는
　많이도 빨고 툭툭 털고 밟았는데도 여전히 색상이 밝고
　짜임이 너무 느슨하지도 너무 단단하지도 않아
　말리지 않을 만큼 탄력 있고
　깔개의 여러 기능을 잘 수행할 만큼 뻣뻣하지.
　제 몫 하는 아름다운 물건.

사랑의 원, 둥근 깔개.

...

새어머니의 고향마을 에저턴으로 곧장 넘어가 보자. 우리 가족은 내가 열두 살 되던 해에 그곳으로 이사를 갔다. 데이빗의 가족은 우리의 새 집에서 한 블록 반 정도 떨어진 마을에 살았다. 그의 어머니인 트레나 이모는 내가 알았던 사람들 중에 손에 꼽을 만큼 훌륭한 분이었다. 따뜻하고, 언제나 반가이 맞아 주고, 마음이 넓고 지적 호기심이 많고 개방적인 분이었다. 슬프게도, 그분은 1963년 마흔아홉의 젊은 나이에 암으로 세상을 떠났다.

새어머니는 주중에 정확히 아침 열 시면 트레나 이모댁으로 가서 커피를 마셨다. 새어머니는 집 안으로 들어가 빗자루를 집어 들고 현관을 쓸었다. 쓰레기나 먼지가 있든 없든 상관없었다. 그건 중요하지 않았다. 많은 이들이 이런 행동을 자신의 집안 관리에 대한 암묵적 비판이라고 여겼을 것이다. 하지만 트레나 이모는 언니의 사려 깊은 여러 배려 중 하나로 받아들였다. 트레나 이모는 어린아이 여럿을 돌보느라 바빴기 때문이다.

어느 토요일 오후, 나는 이모 댁에 들어갔다가 라디오에서 나오는 메트로폴리탄 오페라 공연을 들었다. 십대 초였던 내게 오페라는 악쓰는 소리처럼 들렸다. 그래서 이모에게 물었다. 틀림없이 비난조의 목소리였을 것이다. "저런 걸 왜 듣고 계세요?" 이모의 답변은 지금도 내게 경이로운 비유로 남아 있다. "닉, 이건 내가 세상을 바라보는 창이야.ᵉ 여기 앉아 봐. 내가 설명해 줄게." 이모는 대공황 때문에 학교를 중학교 2학년까지밖에 다니지 못했고, 당시에 통신 강좌로 고등학교 과정을 거의 끝내고 있었다.

　나는 이모에게 들은 말을 '출발점'으로 삼아 몇 번의 졸업식 축사를 했다. "교육이 세상을 바라보는 창이 아니면 무엇이겠습니까? 여기 앉아 보세요. 제가 설명해 드리겠습니다."

· · ·

우리 가족의 생활은 대단히 종교적이었는데, 친척들과 이웃들의 생활도 마찬가지였다. 네덜란드 혈통 사람들은 우리처럼 북미주개혁교회 소속 교회에 다니거나 미국개혁교회 소속 지역교회에 다녔다. 우리는 네덜란드 혈통이 아닌 사람들을 '미국인들'이라고 불렀는데, 그들은 지역 장로교회에 나갔다. 시인이자 비평가인 도널드 데이비는 영국의 비국교도 운동을 다룬 책에서 이렇게 밝힌다.

> 장로교 예배에 처음으로 음악이라는 감각적 은혜를 입힌 사람은 바로…… 장 칼뱅이다. 그 음악이 미적으로 모두 뛰어날 수는 없었다. 그러나 프랑스 칼뱅주의 교회의 예배에 참석해본 사람이―그가 종교적 체험을 했든 못했든 상관없이―그 안에서 미학적 체험을, 그것도 특히 강렬한 미학적 체험을 했음을 부인할 수 있을까? 건축부터 교회 장식, 회중 음악, 목사의 제네바 가운에 이르기까지, 모든 것이 단순함, 진지함, 절도를 호흡한다.＊＊

＊　　그 자리에 함께 있었던 이모의 아들 데이빗은 그녀가 이렇게 말했다고 기억한다. "이건 내가 이 먼지투성이 마을에서 벗어나 세상을 바라볼 수 있는 창이야."

＊＊　Donald Davie, *A Gathered Church* (New York: Oxford University Press, 1978), 25.

정확히 그러했다. 단순함, 진지함, 절도. 우리는 주일마다 제일 좋은 옷을 갖춰 입었고, 주일을 위해 그렇게 갖춰 입었으며, 예배가 시작되기 한참 전에 교회로 들어가 침묵 속에서 마음을 모았다. 그것은 만질 수 있을 것만 같은 짙은 침묵이었다. 교회 내부에는 회반죽이 하얗게 발라져 있었고, 천장은 지붕을 따라 경사를 이루며 솟아올랐지만 너무 높지는 않았다. 장식은 설교단과 성찬대의 약간의 조각이 전부였는데, 우리 친할아버지의 솜씨라고 들었다. 스테인드글라스 창은 없었고 시각적 표상도 없었다. 대부분의 사람들은 그런 교회 내부를 비어 있다고 여긴다. 몇 년 전 내가 예일 대학교에서 가르칠 때, 종교개혁사를 전공한 역사학과의 동료 교수 리 완들은 장 칼뱅이 빛은 가둘 수 없는 것이기에 하나님에 대한 최고의 상징이라고 믿었고, 그것이 칼뱅의 후예들이 건축하고 개조했던 교회 건물들의 내부가 그렇게 밝은 이유를 설명해 준다고 말했다. 그 교회들은 비어 있지 않았고, 빛으로 가득했다. 우리가 다니던 비글로의 작은 교회도 그랬던 기억이 난다. 나는 그 안에서 선포되는 말을 이해하기도 전에, 개혁교회의 건축 양식과 예배자들의 행동을 보며 그 전통 속으로 이끌려 들어갔다.

예배가 시작되면 장로들과 집사들이 입장했다. 그들은 검은색 또는 파란색 정장을 입었고, 밭에서 일하느라 구릿빛이 되고 주름살이 깊게 패인 얼굴은 박박 문질러 씻은 탓에 환히 빛났다. 그들 뒤로 목사가 들어왔고, 설교단에 오르기 전에 장로 중 한 명과 악수를 했다. 예배가 끝나면 모든 장로들이 그와 악수를 했지만, 목사가 설교 중에 한 말에 동의하지 않을 때는 악수를 거부했다. 우리는 여기저기서 모은, 그러니까 19세기 미국과 영국, 16세기 독일 등에서 전해진 찬송을 불렀다. 그리고 시편 찬송을 불렀다. 모든 예배에는 시편 찬송이 빠지지 않았고, 언제나 제네바 시편 찬송의 곡조에 맞춰 힘차게 불렀다. 나는 찬송가 곡조가 위아래로 가파르게 오르내린다는 인상을 받았는데, 그에 비해 제네바 시편 찬송은 장중하고 서두르지 않고 위엄 있게 행진하는 듯했다. 예배가 네덜란드어로 진행될 때는, 나이 든 많은 교인들이 시편 찬송을 외워서 불렀다.

반복에 대한 거부감은 없었다. 새롭고 혁신적인 것만이 의미 있다는 생각은 비글로에 이식된 네덜란드 개혁교회 전통에는 아직 침투하지 않았다. 반복은 예배 의식과 성경의 요소들이 사람의 영혼에 깊이 새겨지게 하고, 노망이 들지 않는 한 이후의 어떤 것도 그것을 앗아가지 못한다. "우리의 도움은 천지를 지으신 여호와의 이름에 있도다." 목사는 어김없이 이 말씀을 읊조리며 예배를 시작했다.

목사는 길게 설교했는데, 종종 열정적으로, 때로는 눈물을 흘리며 말씀을 전했다. 어떤 목사들은 네덜란드어로 '쁘레이크또온'이라고 하는 설교 어투를 사용했다. 일상적 말투와 노래의 중간 쯤 되는 변형된 말투였다. 목사가 "긴 기도"라는 친숙한 이름의 기도를 드리는 동안, 장로들과 집사들은 눈을 감고 선 채 몸을 앞뒤로 흔들었다. 칼뱅주의에는 모든 것의 중심에 선택 교리가 있다는 고정관념이 있다. 그러나 나는 선택에 대한 설교를 들어 본 기억이 없다. 그런 설교들이 있었다 해도 기억에 남을 만한 것은 아니었다. 선택 교리는 내가 속한 전통에서 두드러지지 않았다.

우리는 일 년에 네 번 주의 만찬을 가졌다. 만찬 한 주 전에는 우리 죄의 깊이와 예수 그리스도의 죽음과 부활을 통해 우리 죄를 대속하신 하나님의 헤아릴 수 없는 사랑을 묵상함으로써 성찬식을 준비하라는 긴 예비적 권고가 있었다. '성찬주일'에는 침묵 속에서 빵과 포도주를 나누었다. 은쟁반에 놓인 한입 크기의 빵을 먹고, 은 잔에 담긴 포도주를 모두가 마셨다. 목사는 마지막으로 성찬에 참여했다.

매주 일요일에 두 번, 오전과 오후에 예배가 있었는데, 그중 한 설교는 하이델베르크 교리문답으로 진행했고 주기가 정해져 있었다. 종교개혁 시대의 독일 하이델베르크에서 전해진 이 교리문답은 52개의 '주일'로 나누어져 있고, 목사는 이것을 가지고 일요일마다 한 주일 분량씩 일 년에 걸쳐서 설교했다. 이것은 교리였지만 감정이 듬뿍 스며 있었다. 이 교리문답이 작성되었을 당시 하이델베르크에는 종교적 박해를 피해 온 프랑스 피난민들이 많았기 때문인 것으로 알고 있다. 첫 번째 질문과 대답은 교리문답의 전체 분위기를 결정했다. 수십 년이 지난 지금도 그 문답은 내 심장과 나와 같은 신앙 전통에 속한 많은 이들의 심장 구석구석에 여전히 메아리친다.

질문: 사나 죽으나 당신의 유일한 소망은 무엇입니까?
답변: 사나 죽으나 몸과 영혼은 나의 것이 아니고 나의 신실한 구주 예수 그리스도의 것이라는 사실입니다.

하나님이 우리의 구원을 위해 하신 일과 하고 계시는 일을 전유하려는 우리의 관심이 예배 가운데 깊이 스며 있었다. 우리는 예배 가운데 하나님이 하시는 일을 분별하고 받아들여야 한다(이 일은 자동적으로 이루어지지 않았다)는 권고를 받았다. 그리고 예배를 마치고 나갈 때 감사함으로 살아가라는 권고를 받았다.

독일의 위대한 사회학자 막스 베버가 자본주의의 기원에 대한 유명한 분석에서 주장한 바에 따르면, 칼뱅주의자들이 열정적인 행동주의로 얻고자 한 것은 하나님의 선택받은 무리에 속한다는 표지로 여겼던 경제적 성공의 확보였다. 바깥에 있는 사람의 눈에는 그런 식으로 보일 수 있겠다 싶고, 내부인 중에서도 영국 청교도처럼 정말로 그렇게 생각하고 말한 이들이 있었을 가능성이 있다. 그러나 그것은 내가 경험한 전통을 희화화한 주장이다. 내가 경험한 행동주의는 감사에서 우러난 것이었다. 죄, 구원, 감사는 '하이델베르크 교리문답'을 아우르는 틀이었다. 내 아버지는 직관적으로 부富를 하나님의 총애보다는 수상한 거래의 표시로 여기셨다.

우리의 경건생활에 대한 그림을 완성하려면 가정 예배를 언급해야 할 것이다. 모든 가족 식사—모든 식사는 가족 식사였다—는 기도로 시작하고 마무리되었는데, 감사기도가 주를 이루었다. 특히 생활의 기본 요소에 대한 감사가 빠지지 않았다. 우리는 의식주로 이루어진 생활의 기본 요소를 당연하게 받지 않고 그 모두를 하나님이 주신 선물로 이해했다.

기도로 식사를 마치기 전에 읽기 시간을 가졌다. 아침 식사와 점심 식사 후에는 주로 성경을 읽었고 가끔은 경건 서적을 읽었다. 저녁 식사 후에는 거의 언제나 어린이 이야기 성경의 한 장을 읽었다. 내가 교회와 가정에서 배운 경건은 모두 성경—신구약 성경—을 중심으로 한 것이었다. 그리고 모든 면에서 공동체적 경건이었다. 우리는 함께 기도했고, 함께 성경을 읽었다. '개인 기도생활'에 대한 언급도 분명히 있었겠지만, 나는 기억이 나지 않는다.

모종의 종교적 전통에서 양육 받은 많은 이들은 그 전통을 답답하게 여기고 결국엔 거기서 떠났는데, 나의 경우는 그렇지 않았다. 나는 기독교의 개혁파 전통에 들어옴으로써 시공간적으로 널리 퍼져 있는 한 공동체의 일원이 되었고, 그 공동체의 사고방식과 행동방식이 여러 해에 걸쳐서 나의 토대가 되고 나를 양육하고 가르치고 인도하고 훈육했다. 나는 내가 받아들인 전통과 자주 논쟁을 벌였지만, 그것은 외부인으로서가 아니라 내부자로서의 논쟁이었다. 이 공동체의 일원이라는 사실은 나의 정체성의 핵심적 부분이었고 지금도 그렇다. 내가 미국 국민의 일원이라는 사실 또한 내 정체성의 핵심이다. 가끔은 이 두 정체성이 서로 충돌할 때도 있다.

같은 전통 안에서 양육을 받고도 그것을 거부한—때로는 매섭게 거부한—이들이 있는데 나는 왜 이 전통을 계속해서 받아들이고 있을까? 이 전통이 삶을 부정하는 것이 아니라 긍정하기 때문인 것 같다. 이 전통은 신학과 천국에 가는 것보다는 세상에서 감사하고 기뻐하고 책임감 있게 사는 일을 강조했다. 가족 안에 예술이 있었고 책, 음악, 놀이, 친척과 친구들과의 어울림이 있었다. 출입금지는 많지 않았다. 당시 우리 교단은 '세속적 유흥'이라는 이유로 극장 출입을 금지했다. 그러나 지역에 극장이 없었기에 그런 금지는 의미가 없었다. 비글로에는 극장에 가는 사람이 없었다.

...

우리 가족이 새어머니의 고향인 에저턴으로 이사한 것은 1944년 가을의 일이었다. 그때 헨리에타와 나는 열두 살이었다. 아버지는 마을의 두 군데 목재 하차장 중 한 곳의 관리자 일을 얻으셨다. 전쟁이 진행 중이었고 목재가 귀했던 터라 박봉이었다. 나는 들어오는 소량의 목재를 쌓는 일을 도왔다. 1941년에 이반이 태어나면서 가족이 늘었다.

인구가 천 명 정도 되는 에저턴은 비글로보다 훨씬 크게 느껴졌다. 처음에 나는 그 크기에 압도되었지만, 곧 마을과 그곳 사람들을 사랑하게 되었다. 지금도 그 마음은 여전하여 적어도 2년에 한 번씩은 그곳을 방문하려 한다. 그들은 내 사람들이고 지금의 나를 만들었다. 나는 그들, 특히 친척들—이모, 외삼촌, 외사촌들—과의 관계가 끊어지는 것을 원하지 않는다.

에저턴을 찾을 때면 나는 늘 아침 일곱 시경에 외사촌 폴과 함께 '부스'로 간다. 그곳은 시내 시설물 중 하나의 뒤편에 있는 작은 공간인데, 부스라고 불리는 이유는 방의 절반 정도를 부스가 차지하고 있어서다. 매일 아침 마을 사람 너덧 명이 부스에서 만나 계란 프라이, 토스트, 커피를 들면서 마을 소식과 한담을 나누고, 정치와 세계 문제를 논하고, 이야기를 주고받는다. 조금씩 윤색하기는 해도 대부분 실화였다. 몇 년 전에는 부스 바깥 건물의 벽에 튼튼한 새장이 붙어 있는 것을 보고 누가 만든 것인지 물었다. 그러자 모인 이들 중 한 사람이 말했다. "그거, 매트가 만들었지. 이제 사십 년, 사십오 년 정도 됐을 거야." 내 아버지 매트 씨는 인생의 마지막 25년을 그 건물 2층에서 일하셨다.

우리가 에저턴으로 이사했을 때, 시내는 상점과 가게가 들어선 몇 개의 블록으로 이루어져 있었다. 음식점 둘, 은행, 빵집, 정육점, 약국, 포목점이 하나씩, 자동차 수리점이 둘, 볼링장, 당구장, 치과, 지역신문 「에저턴 엔터프라이즈」의 사무실 등등이 있었다. 비글로에는 없는 것들이었다. 지금 에저턴은 우리가 이사하던 때보다는 시설물이 적지만, 시내는 여전히 마을 활동의 중심지다.

매스컴이 등장하기 전에는 아마도 모든 작은 마을이 나름의 방식으로 특이했을 것이다. 에저턴 사람들은 이상하고 특이한 별명을 좋아했다. 몇 가지가 기억이 나지만 내가 기억 못하는 것도 많다. 그래서 최근에 방문했을 때 부스 사람들에게 기억나는 별명이 있는지 물었다. 여기에 특이한 별명을 소개한다. "머트[잡종개]"(매리언), "앱"(앨버트), "패트[뚱뚱이]"(플로렌스), "켈"(캐롤라인), "플롭[실패작]"(실명은 존), "타이니(꼬마)"(몸집이 거대했다), "점보"(체격이 다부졌지만 거대한 정도는 아니었다), "빅 점보"(정말 거대했다), "럭스[젬병]"(루진), "덤보[얼뜨기]", "펑키", "슬립", "스네이크", "크로우바[쇠지렛대]", "오잉키[꿀꿀이]", "스퀴키"(끽끽대는 목소리를 갖고 있었다), "베어", "스냅", "새치[아가리]", "스피드"(자동차 수리 일이 너무 느린 사람이었다), "딩키", "팅크", "벅샷[얼간이]", "여디", "캐첨[저놈 잡아라]"(경찰), "치즈볼"과 "거시기." 치즈볼은 동네 식당에서 맥주와 치즈볼을 시켜 먹고 계산 없이 그냥 나갔다가 그런 별명을 얻었다. 웨이트리스가 길에다 대고 "야, 치즈볼!"이라고 외쳤던 것이다. 거시기는 고등학교 농구부에서 쓸 국부 보호대를 사러 동네 백화점에 갔다가 그런 별명을 얻었다. 괴짜로 유명한 나이든 과부 점원이 사이즈를 물었는데, 그는 어깨를 한 번 으쓱하고는 모른다고 대답했다. 점원이 말했다. "그럼, 거시기 사이즈가 어떻게 되나?" 그는 이 대화를 친구들에게 들려주는 실수를 저질렀다!

...

비글로에 있을 때는 친가 쪽 친척들을 매주 예배 후에 만났다. 외가 쪽 친척인 핀스트라 사람들은 그보다 뜸하게 만났는데 한 달에 한 번 정도 되었을 것이다. 그들은 16킬로미터 정도 떨어진 워싱턴 안 팎에 살았고, 당시에 그 정도 거리는 아주 멀게 느껴졌다. 에저턴으로 이사한 후에는 새로운 외가인 하넨버그가 사람들을 만났다. 이제 월터스토프 가문과 핀스트라 가문 친척들은 가끔씩만 보게 되었다.

하넨버그가는 그때나 지금이나 놀랍다. 우리 가족은 마을에 살았고, 앱 이모부와 트레나 이모 가족도 그랬다. 나머지 하넨버그가 사람들은 전부 농부였다. 오전 예배가 끝나면 모두—이모들, 이모부들, 그 집 아이들—우리 집에 모였는데, 떠들썩한 무리였다. 그 자리에는 집에서 만든 풍성한 간식과 많은 커피, 그리고 십대 초반의 아이에게 더없이 눈부신 지적 경험이 있었다. 우리 집 거실에서는 엄청난 토론과 논쟁이 터져 나왔고, 화제는 예측불허였다. 설교부터 신학, 정치, 당시 농장에 도입되던 제초제, 음악, 호수에 이전만큼 물고기가 많지 않은 이유, 사우스다코타에 새로 지은 댐과 그것이 그 지역 북미 원주민에게 끼칠 영향, 지역 학교, 시장市長, 지역 경찰, 네덜란드 축제, 해럴드 스타슨(미국의 법률가, 정치가—옮긴이), 허버트 험프리(미국의 정치가, 존슨 대통령의 부통령—옮긴이)까지 다양했다. 여자, 남자, 십대, 할아버지 할 것 없이 원하는 사람은 누구나 대화에 참여했다. 그러다 갈 시간이 되면 모두가 포옹하고 헤어졌다.

돌이켜 볼 때 지금 내 마음에 와닿는 것은 우리 거실에서 지적인 삶, 지성의 삶이 실현되었다는 것이다. 바로 거기서 나는 사람과 그의 주장을 구분하는 능력을 습득했다. 누군가가 말한 내용에 동의하지 않는 것은 그 말을 한 사람을 공격하는 일이 아니다. 물론 의견을 달리할 때도 예의를 갖추는 것은 기본이다.

내가 일하는 철학 분야에서는 사람과 그의 주장을 분리하는 능력이 핵심이다. 철학은 의견 차이로 유지된다. 의견 일치는 철학을 죽인다. 철학개론 수업을 가르칠 때 보면 수강생 중에는 거의 언제나 사람과 그의 주장을 분리하는 능력을 습득하지 못한 소수의 학생들이 있었다. 토론 시간에 누군가가 무슨 말을 하고 다른 학생이 그 말에 반대하고 나서면, 첫 번째 학생의 얼굴에 낙담한 표정이 스치거나 때로는 눈에 눈물이 고였다. 나는 사람과 그의 주장을 구분하지 못했던 이들이 그렇게 할 수 있게 돕는 것을 내 소명의 한 부분으로 여겼다. 가끔은 예의 바르게 의견을 달리하는 법도 가르쳐야 했다.

하넨버그가 사람들이 헤어지기 전에 모두 포옹을 한다는 사실은 그들이 서로 사랑하고 아낀다는 것을 드러냈다. 그들의 사랑과 보살핌은 일손이 딸릴 때 일을 돕는다거나, 병들었을 때 돌봐 준다거나, 갓 구운 파이를 가져다주는 등의 모습으로 나타났다. 가끔은 그 사랑이 아주 비범한 형태로 나타나기도 했다.

그로부터 여러 해가 지난 후에 있었던 일이다. 듀이 하넨버그 외삼촌과 크리스틴 외숙모는 시카고에 살았고, 듀이 외삼촌의 막내 여동생 클라라 이모와 남편 빌은 클리블랜드에 살았다. 듀이 외삼촌과 크리스틴 외숙모는 사회정치적 견해가 아주 보수적이었고, 클라라 이모와 빌 이모부는 아주 진보적이었다. 어느 해, 듀이 외삼촌 부부가 클라라 이모 부부에게 같은 차로 에저턴의 친척들을 방문하자고 제안했다. 그런데 가는 길에 듀이 외삼촌과 클라라 이모가 정치 문제로 맹렬한 언쟁을 벌였고, 그 와중에 외삼촌이 이모를 모욕했다. 에저턴에 도착해서도 마음의 상처가 가시지 않았던 클라라 이모는 친척들에게 차 안에서 있었던 일을 이야기했다. 그런 가족 간의 불화는 그대로 둘 수 없었다. 그래서 내 외사촌들 서넛이 듀이 삼촌과 클라라 이모를 불러다 서로 대면하여 앉게 하고, 듀이 외삼촌이 클라라 이모에게 사과하게 했다. 클라라 이모는 오빠의 사과를 받아들였고 두 사람은 일어나 눈물을 쏟으며 포옹했다.

...

당시에 에저턴에는 유별난 사람들이 상당수 있었다. 마을이 고립되어 있다 보니 그들의 별난 면이 더 강화되었을 것이다. 그들은 하고 싶은 대로 행동하고 생각나는 대로 말했다. 생각과 혀 사이에 어떤 여과 장치도 없었다. 그들은 사려 깊은 모습과 더없이 당혹스러운 경솔함을 함께 보여주었다.

에저턴에는 예나 지금이나 뛰어난 이야기꾼이 많은데, 부스의 사람들도 그중에 있다. 내 외사촌 중 몇몇은 최고의 이야기꾼이다. "그거 들었어?" 또는 "그때 기억나?"라는 말로 시작해 믿기 어려운 놀라운 일, 괴이한 일, 유쾌한 일에 대한 이야기를 늘어놓는다. 대부분은 실제 있었던 일을 약간 윤색한 것이다.

외사촌들의 이야기 중 상당수는 우리 손자들이 '피트 할아버지'라고 불렀던 나의 외할아버지와 기독교 학교 교장으로 있다가 은퇴한 로베스 씨에 대한 것이다. 로베스 씨는 외할아버지의 절친한 친구다. 두 분은 사랑스러운 괴짜였고 경건했다. 가족들은 피트 할아버지가 길고 유창한 즉석 식사기도에서 아주 친밀한 사이의 누군가를 대하듯 하나님을 부르던 일을 지금도 기억한다. 로베스 씨는 인근의 여러 교회에서 자주 설교를 했다.

피트 할아버지는 1927년에 홀로되셨고 내가 그분을 알게 된 무렵에 농사일을 그만두셨다. 그분은 농사일을 좋아하지 않는다는 것을 숨기지 않으셨고, 친척들의 말로는 그럭저럭 먹고 살 만큼만 농사를 지으셨다고 한다. 할아버지는 네덜란드 신학을 읽고 토론하는 일을 훨씬 좋아하셨다. 그분은 학문을 깊이 사랑하셨고, 열 명의 자녀 대부분도 그렇다. 듀이 외삼촌만 대학에 갔고 나머지 형제 중에서는 제일 어린 클라라와 테드가 고등학교를 마쳤다. 다른 형제들은 대공황 때문에 학교를 일찍 그만둘 수밖에 없었다. 내가 그분들에게서 감지했던 학문에 대한 사랑은 아쉬움과 갈망의 형태로 나타났다. 학교 교육이 너무 빨리 끝난 데 대한 아쉬움과 닫혀 버린 문들 너머에 놓인 것을 알고 싶은 갈망이었다. 그들은 자녀들이 대학을 졸업하는 모습을 큰 자부심과 감사한 마음으로 지켜보았다.

손주들 사이에서 도는 피트 할아버지의 이야기들은 말로 전달해야 한다. 글로 적어 놓으면 할아버지의 네덜란드 억양이 사라지기 때문에 그 이야기들만의 독보적인 특성을 상당히 잃게 된다. 이 사실을 말해 두고, 여러 이야기 중 세 가지를 소개할까 한다. 두 번째 세 번째 사연은 내가 직접 목격한 것이기도 하다. 피트 할아버지의 이야기는 많은 경우 개리슨 케일러(미국의 풍자작가, 방송인—옮긴이)의 최고의 이야기들처럼 길고 복잡하다. 그러나 내가 소개하려는 이야기들은 짧다.

로베스 씨는 피트 할아버지가 가장 아끼는 낚시 동무였다. 할아버지는 여러 종류의 술을 즐기셨지만, 로베스 씨는 철저한 금주자였다. 어느 월요일 오후 낚시터에서 돌아오는 길에 두 분은 지역에서 평판이 안 좋은 노변주점을 지나치게 되었다. 로베스 씨는 차 안에서 한마디했다. "누가 다이너마이트를 가져다가 저기를 폭파시켜 산산조각 내야 해." 그러자 피트 할아버지가 이렇게 응수했다. "어허, 로베스, 자네 말이 안 되는 소리를 하고 있구면. 일요일에는 사람들에게 설교를 해서 천국에 보내려는 자네가 월요일에는 다 폭파시켜서 지옥에 보내려 하는군."

당시 우리 가족은 걸어서 교회에 갔다. 우리는 예배가 시작되기 20분 전에 도착해서 늘 앉는 앞쪽 신도석에 자리를 잡고 조용히 앉았다. 다른 사람들도 들어오면 조용히 앉아 있었다. 피트 할아버지는 대체로 예배 시작 10분 전에 들어와 언제나 우리 앞자리에 앉으셨다. 어느 일요일, 거의 모두가 자리를 잡고 사방이 조용한 예배 시작 직전, 할아버지가 갑자기 이리저리 움직이셨다. 몸을 앞뒤로 흔들다가 약간 일어나 앉았다가 다시 몸을 앞뒤로 흔들다가 살짝 일어났다 앉으셨다. 이런 행동이 1분 정도 이어지자, 어머니가 할아버지를 진정시키기 위해 몸을 기울여 할아버지 어깨를 힘주어 붙드셨다. 할아버지는 딸의 손을 밀어내고 일어서시더니 몸을 돌려 딸을 쳐다보고 큰소리로 말씀하셨다. "젠, 변소에 가고 싶어서 그래, 변소에." 나는 두 손으로 얼굴을 가렸다. 교회 안에 있던 어른들의 얼굴에는 공포의 표정이 스쳤을 테고, 아이들은 웃음을 간신히 참았을 것이다. 하넨버그 씨가 괴짜라는 사실은 다들 알고 있었지만, 이번은 수위가 너무 높았다!

피트 할아버지는 귀가 어두웠다. 여러 보청기를 껴 봤지만 당시의 보청기들은 큰 도움이 되지 않았다. 우리 앞줄 좌석에는 소리를 잘 듣게 해주는 장치가 되어 있었다. 할아버지는 자리를 잡은 후에 귀에 이어폰을 꽂고 앞쪽에 설치된 장치에 연결하셨다. 그러고 나서 전원을 켜고 소리 크기를 조정하셨다. 어느 일요일에는 할아버지가 아무리 만져도 장치가 작동을 하지 않았다. 이어폰을 몇 번이나 꽂았다 뺐다 하고 다이얼을 만지작거린 끝에, 할아버지는 일어나 몸을 반쯤 돌리고 이어폰을 흔들며 네덜란드어로, 누구나 들을 수 있을 만큼 큰소리로 말씀하셨다. "Wat is't met dit God-vert ding?"("이 망할 놈의 물건이 뭐가 잘못된 거지?") 예배가 끝난 후, 친척들은 사위인 잭 삼촌에게 할아버지를 따로 모시고 가서 교회에서 큰 소리를 내서는 안 된다고 말씀드리는 일을 맡겼다. 조언은 잘 받아들여지지 않았다. 할아버지는 이렇게 대꾸하셨다. "뭐냐, 나만 죄인이라는 게냐?"

이모들과 외삼촌들은 피트 할아버지 이야기를 하는 것이 그분을 놀리는 일이라고 여기고 얘기에 참여하지 않았다. 지나고 생각해도 그들에게는 교회에서 할아버지가 했던 행동들이 전혀 우습지 않았다. 지독히 당혹스러울 뿐이었다. 그런 이야기를 몇 가지 듣고 나면 그들은 이렇게 말했다. "하지만 할아버지가 괴짜이기만 한 게 아니라는 걸 기억해야 해." 물론 그 말은 옳았다. 하지만 나는 분명히 증언할 수 있다. 그분의 손주들인 우리가 함께 피트 할아버지 이야기를 하는 것은 어른을 놀리는 일이 아니라 특별했던 분의 기억을 애정을 담아 간직하고 기념하는 우리만의 방식이었다. 그분 안에는 거침없는 소탈함과 심오한 경건이 더없이 놀라운 방식으로 결합되어 있었다. 그분에겐 가식이 전혀 없었다. 할아버지는 1975년, 아흔여덟 번째 생일을 세 주 앞두고 돌아가셨다.

...

1945년, 내가 열세 살 되던 해 봄에 아버지는 내가 새어머니의 동생인 척 외삼촌 농장에 가서 일하게 될 거라고 선언하셨다. 척 외삼촌의 아이들이 아직 어려서 집안일과 농장 일을 거들 사람이 필요하다고 하셨다. 아버지는 척 외삼촌의 농장에서 일하고 싶으냐고 내게 묻지 않으셨다. 그저 선언하셨을 뿐이다. 내가 이 독단적 선언에 화가 났던 기억은 없다. 그냥 그렇구나 하고 받아들였다. 몇 달후, 아버지는 헨리에타에게 아그네스 이모—새어머니의 여동생—농장에서 가사 일을 돕게 될 거라고 선언하셨다.

척 외삼촌과 켈 외숙모는 시내에서 북쪽으로 5킬로미터 정도 떨어진 곳에서 살았다. 나는 외삼촌 집에 머물면서 아침에 집안일을 하고 버스를 타고 학교에 갔다가 방과 후에 버스를 타고 돌아와서 저녁 집안일을 해야 했다. 주말과 여름에는 집안일에 더해 농장일까지 해야 했다. 나는 당시에 '삯꾼'이라 불리던 사람이었고, 내가받는 삯은 숙식이 전부였다. 척 외삼촌과 켈 외숙모가 친척이나 친구를 만나러 갈 때나 한 주에 한 번 식료품을 사러 시내에 나갈 때는 어린 외사촌들도 돌봐야 했다.

척 외삼촌 집에서 일하게 된 이후로는 에저턴의 집에서 긴 시간을 보내는 일이 다시는 없었다. 나는 매주 일요일은 집에서 지냈고, 나중에는 가끔이지만 며칠 또는 몇 주씩 집에 머물기도 했다. 그러나 그 기간은 막간에 해당했다. 나는 열세 살 이후 죽 "집밖에서"

지내며 생계를 해결했다.

척 외삼촌은 내게 많은 일을 맡겼다. 당시 농장에는 아직 전기가 들어오지 않은 상태였다. 전기는 2년 후에야 들어왔다. (5월의 어느 저녁에 전기불이 갑자기 환하게 밝혀지는 걸 보면서 흥분하던 기억이 생생하다. 우리는 전기가 들어올 것을 기대하며 모든 스위치를 켜 놓았었다.) 처음에는 손으로 소젖을 짰는데, 소젖 짜는 법을 배운 후로 아침 일은 거의 나 혼자서 했다. 젖을 짜고 소와 돼지와 닭에게 먹이를 주었다. 외삼촌은 내가 알람시계에 깨어 일어난 뒤에도 한 시간가량 침대에 더 머물렀다. 나는 저녁 일도 거의 혼자서 했다. 잡일은 기본적으로 내 책임이었다.

돌이켜 보면 척 외삼촌은 요구가 많은 작업 감독이었다. 엄하거나 가혹하지는 않았지만 요구가 많았다. 하지만 당시에 나는 그런 식으로 생각하지 않았다. 내가 아침 일을 하고 있는 동안 외삼촌이 잠자리에 있다는 사실이 가끔 분하기는 했지만, 그 문제를 곱씹지는 않았다. 어느 여름에 한 주에 한 번씩 마을에서 수영 수업을 받을 수 있는지 물었다가 내가 농장을 비우면 곤란하다는 말을 듣고 좀 속상했던 기억이 난다. 나는 하버드 대학원에 다니면서 수영을 배웠다. 수영할 줄 모르는 학부 신입생들과 함께 수영 수업을 들었다. 당시에는 수영을 못하면 하버드 대학교를 졸업할 수 없었다.

여름이면 해야 할 일이 훨씬 늘어났다. 아침과 저녁의 잡일 사이에 농장 일을 했다. 거름을 뿌리고, 귀릿단을 묶고, 옥수수를 기르고, 손이 필요한 모든 일을 했다. 대부분 혼자 일했다. 일의 특성상, 옥수수 경작은 혼자 하는 일이다. 그런데 울타리를 치고 수리하는 일은 다르다. 울타리 치는 일은 두 사람이 함께 할 수 있다. 그러나 척 외삼촌은 울타리를 설치하고 보수하는 법을 가르쳐 주고는 내가 그 일을 혼자 하게 맡겼다.

어느 여름, 척 외삼촌, 켈 외숙모, 아이들은 농장을 나에게 맡기고 한 주 동안 휴가를 떠났다. 아침저녁의 잡일 사이에 나는 헛간 지붕널을 얹어야 했다. 당시에는 지붕 공사를 할 때 밧줄을 몸에 거는 안전조치를 취하지 않았다. 나를 포함한 누구도, 내가 지붕에서 떨어져 심하게 다치고 도움을 청할 수도 없게 될 가능성을 전혀 생각하지 않았던 것 같다.

그러나 요구 사항이 많은 작업 감독이라는 면이 척 외삼촌의 전부는 아니었다. 그는 땅을 사랑했다. 내가 외삼촌의 농장에서 일하기 몇 년 전, 외삼촌이 농장을 구입했을 때만 해도 잘못된 농사법으로 토질이 좋지 않은 상태였다. 외삼촌은 토질을 개선하여 다시 비옥하게 만든 것에 대단한 자부심을 느꼈다. 그는 닭을 아주 싫어했고 젖소와 돼지는 그냥 참아 줄 정도였지만 말은 사랑했다. 말에다가 프린스, 퀸, 로드 같은 왕실 이름을 붙였다. 내가 일할 당시는 트랙터가 말을 대체하는 과도기였다. 외삼촌은 짐 끄는 말을 포기하려 하지 않았다. 외삼촌의 말 중에 레이디라는 승마용 조랑말이 있었다. 나는 레이디를 자주 탔는데 늘 안장 없이 타고 나가서 방목장의 소들을 데려왔고 여름에는 저녁 식사 후에 그냥 재미로 타기도 했다. 몇 번은 레이디를 타고 5킬로미터 정도 떨어진 시내의 학교에 갔는데, 그때마다 나는 급우들의 선망의 대상이 되었다. 조랑말을 타고 등교하는 학생이 없었기 때문이다.

내가 농장 일을 즐겼던가? 나는 대부분의 농장 일을 싫어하지 않았고, 맡겨진 일을 잘 해내는 데서 만족을 얻었다. 그러나 농장 일을 정말 즐겼던 것 같지는 않다. 당시의 농장 일은 대부분 고되고 성가시고 지루하고 더럽고 먼지를 뒤집어쓰는 데다 악취도 심했다. 겨울에는 몹시 추웠고 여름에는 극심하게 더웠다. 현대의 농장 일은 다르다. 고도로 기계화되어 힘이 훨씬 덜 들고, 트랙터에는 냉난방 장치가 달려 있다.

그때를 생각할 때 한동안 많이 그리웠고 지금도 가끔 그리운 것은 자연과의 접촉이다. 토양의 모습과 촉감, 동물들의 냄새와 소리, 벌레를 쫓는 닭들, 날카롭게 부는 바람, 맹렬한 뇌우, 사나운 눈보라, 방목장에 두루 맺힌 이슬, 봄철의 푸르른 밭, 여름에 여물어가는 곡식, 새로운 날의 달콤한 향기, 발효된 사료용 목초의 시큼한 냄새, 꿩, 헛간 고양이, 제비의 모습까지.

고등학교 3학년 이후로는 농장에서 일한 적이 없다. 가끔 나는 도시 거주자들이 어딘가에 작은 농장을 사서 도시의 소음과 소란을 떠나 소일 삼아 여유롭게 농사를 짓는 일에 대해 열정적으로 이야기하는 것을 듣는다. 그러나 그들은 자신이 어디로 발을 들여놓으려 하는지 모른다.

척 외삼촌은 여든 살 되던 1989년 1월 13일에 흑색종으로 사망했다. (학생 지도의 책임 때문에 나는 그의 장례식에 참석하지 못했다.) 그의 죽음이 뜻밖의 소식은 아니었지만 그래도 내게는 큰 충격으로 다가왔다. 척 외삼촌과 아버지는 십대 시절의 내게 가장 많은 영향을 끼친 사람이었다. 외삼촌을 위해 일한 세월은 나라는 사람을 이루는 데 크게 기여했다. 농사에 대해 물론 많이 배웠지만, 더 중요하게는, 외삼촌을 본받아 땅과 그 비옥함을 깊이 사랑하게 되었고 책임을 지는 법도 배웠다.

대학 진학을 위해 타지로 떠난 이후, 나는 에저턴에 돌아갈 때마다 농장을 찾아가 외삼촌과 켈리 외숙모를 만났다. 외삼촌은 내가 하는 일에 늘 관심을 가졌다. 한번은 농가 마당으로 가는 문에 기대서 소들을 보다가, 외삼촌이 나에게 이렇게 물었다. "닉, 넌 철학을 연구하지, 맞지? 말해 봐라, 철학이 뭐냐?" 내가 철학이 무엇인지 최선을 다해 설명하자 외삼촌은 이렇게 대답했다. "이해한 것 같아. 정말 흥미롭구나. 물어보길 잘했어." 그리고 외삼촌은 내 어깨를 감싸 안았다.

...

1947년 9월에 나는 아이오와주 헐에 위치한 웨스턴 기독고등학교 신입생으로 등록했다. 에저턴에서 정남쪽으로 100킬로미터 정도 떨어진 곳이었다. 당시 우리 남매가 다니던 에저턴의 기독교 학교에는 중학교 과정까지밖에 없었기 때문에 나는 웨스턴 기독고등학교에 등록하게 되었다.

미국 연방 대법원이 브라운 대 교육위원회 재판 판결에서 공립학교의 통합을 명령했을 때, 미국 남부에서 사립학교들이 우후죽순처럼 설립되었다. 그들은 자녀가 백인 전용 학교에 남아 있기 원했던 백인 부모의 자녀들에게 분리 교육을 제공하려 했다. 그런 학교들 중 일부는 '기독' 학교로 자처했다. 요즈음 전국적으로 세워진 '기독교' 학교들은 현대 과학과 미국 문화로부터 학생들을 보호하는 것을 목표로 삼았다. 학생들은 지구의 나이가 6천 년이 되었고 진화론은 신화이며 기후 변화는 과학자 무리들이 저지르는 사기 행각이라고 배웠다. 우리 남매가 다닌 기독교 학교들은 전자의 학교들과 기원이 많이 달랐고, 후자의 기독교 학교들과도 결이 사뭇 다른 철학을 갖고 운영되었다.

네덜란드의 신학자이자 정치가 아브라함 카이퍼는 19세기의 마지막 몇십 년 동안 '학교 투쟁'이라고 불리게 되는 운동을 이끌었다. 카이퍼와 네덜란드의 지지자들은 네덜란드 공립교육을 이루는 세계관이 세속적이라고 확신했고 그 대안으로 기독교 세계관이 반영된 교육을 원했다. 그들의 목표는 주위 사회와 문화로부터 학생들을 보호하는 것이 아니라 학생들이 그리스도인으로서 사회와 문화에 참여하도록 준비시키는 것이었다. 그들은 국가가 두 형태의 교육을 모두 지원하는 것이 정의로운 일이라고 주장했고, 결국 투쟁에서 승리했다.

19세기 말엽과 20세기 초엽에 미국으로 이민을 온 카이퍼 추종자들은 카이퍼의 눈으로 미국 공립학교 체제를 바라보았다. 그들은 미국 공립학교 교육이 세속적 세계관으로 이루어졌다고 인식하고 자녀들이 기독교 세계관에 의한 대안 교육을 받기 원했다. 그래서 그들은 기독교 학교들을 세우고 공적 기금을 조성하기 시작했다. 그들이 세운 기독교 학교 체제는 미국 남부의 분리 학교나 근년에 세워진 보호주의적 학교들과는 다르며, 가톨릭 또는 루터파 학교 체제에 비길 만하다.

웨스턴 기독고등학교는 1919년에 설립되었다. 여러 해 동안 그곳은 지역 내 유일한 4년제 기독고등학교였고, 내가 다니던 1940년대에도 마찬가지였기에 북서부 아이오와뿐 아니라 남서부 미네소타와 동부 사우스다코타에서도 학생들이 왔다. 학기 중에는 매주 월요일 이른 아침에 에저턴에서 열다섯 명의 학생이 웨스턴 기독학교 버스를 타고 거의 100킬로미터를 달려 헐로 등교했고, 금요일 오후에 집으로 돌아갔다. 3학년 때 나는 헐 시내에서 기숙을 했고, 4학년 때는 헐 바깥 몇 킬로미터 떨어진 곳에서 모피를 얻기 위해 밍크를 기르는 농부를 도와 숙식을 제공받고 일했다. 밍크에게 주로 말고기를 먹였는데, 가끔은 우리도 말고기를 먹었다.

당시 아버지는 어느 후원자가 내 수업료를 내준다고 말씀하셨는데, 지금까지도 그 후원자가 누구인지 모른다. 시간이 많이 흐르고서야, 나는 웨스턴 고등학교에 다니는 특권을 누리는데 헨리에타는 그러지 못해 새어머니가 크게 속상해 하셨다는 사실을 알게 되었다. 헨리에타는 에저턴의 공립고등학교에 다녔다. 어머니가 속상해 하실 만했다. 그것은 공평하지 **않았다**. 지금은 헨리에타가 나를 부러워했고 그럴 만했다는 것을 알지만, 당시에 누이는 그런 내색을 한 적이 없었던 것 같다. 헨리에타는 학교에서 나보다 학년이 1년 늦었는데, 우리 둘이 비글로에서 5학년으로 있을 때, 학년 초에 선생님이 가정 방문을 오셔서 부모님께 나의 한 학년 월반을 제안하셨고 부모님은 동의하셨다. 이 결정이 헨리에타에게 미칠 영향에 대해 논의가 있었는지는 모르지만, 나는 그에 대하여 들은 기억이 없다.

아버지는 학교 성적을 중시하셨다. 나는 꾸준히 좋은 성적을 받았고 나중에 간호사가 된 누이들도 그랬는데, 막내 남동생 이반 코니(코넬리우스)는 성적이 좋지 못했다. 코니는 아주 똑똑하다. 그는 아이오와와 사우스다코타 전역에서 용수 처리장과 하수 처리장을 짓는 회사의 감독이 되었고 복잡한 청사진 읽는 법을 쉽게 배웠다. 그러나 판에 박힌 학교의 틀은 견디기 힘들어했다. 아버지는 우리의 좋은 성적에 대한 칭찬의 말에 인색했지만 성적이 안 좋은 코니를 나무라는 데는 아낌이 없었다. "왜 더 열심히 공부해서 더 좋은 성적을 받지 않는 거냐?" 코니는 그런 꾸중에 함축된 "닉처럼"이라는 말을 알아차렸을 것이다. 학교의 틀을 견디지 못하고, 야단을 맞고 열심히 공부하라는 말을 듣는 것으로는 의욕이 생기지 않는 사람들이 상당히 많다. 아버지는 코니가 바로 그런 부류였음을 결코 이해하지 못하셨다.

나는 웨스턴 고등학교를 사랑했다. 하지만 당시에는 그 이유를 설명하지 못했을 것이다. 돌이켜 보면 세 가지 이유가 두드러진다. 그 이전까지의 경험을 통해, 나는 학교 교육이 교과 진도를 나가는 것으로 이루어진다는 생각을 갖고 있었다. 교과 진도라는 표현이 명시적으로 쓰이든 아니든, 그 안에는 각 과목마다 나가야 할 진도가 따로 있고 수업이 모든 면에서 잘 진행되면 학기말에는 그 학기의 진도를 다 나가게 된다는 가정이 담겨 있다. 그리고 다음 학기가 되면 진도를 나가야 할 새로운 자료 뭉치를 받게 되는 것이다.

웨스턴 기독고등학교에서 받은 교육을 돌이켜 볼 때 떠오르는 이미지는 진도를 나가는 것이 아니라 전망이 새롭게 펼쳐지는 것이다. 배운 내용이 또렷이 기억나는 미국 문학과 영국 문학 수업에서 나는 미국과 영국 문학의 광대한 풍경을 엿본다는 느낌을 받았다. 교과서에 없는 작품들을 읽는 숙제가 있었던 것도 이런 느낌에 분명히 일조했을 것이다. 나는 교과 내용보다 **더, 훨씬 더 많은 것이 있다**는 느낌을 받았다. 역시 기억에 남아 있는 미국 역사 수업도 마찬가지였다. 나는 그 시간에 미국 역사의 광대한 풍경을 엿보았다. 내 앞에는 **훨씬 더 많은 것이** 있었다.

대학교수가 되었을 때, 나는 많은 동료 교수들이 '진도'를 염두에 두고 일을 하고 일부는 의식적으로 진도를 나간다는 것을 알고 깜짝 놀랐다. 자연과학 분야의 교수들이 특히 그랬다. 교육과정 개정을 논의하고 학장이 강좌 수업 시간을 좀 줄이자고 제안하면, 그들은 '진도를 나갈' 수 없다는 이유로 반대했다. 그때 나는 그들이 말하는 '진도를 나가야 할 자료'라는 것이 어느 아이비리그 교수가 버몬트의 여름 별장에 앉아서 출판사의 집필 의뢰를 받은 교과서에 넣기로 결정한 내용에 불과하다는 냉소적인 생각이 들었다. 물론 그런 생각을 입 밖에 꺼내지는 않았다.

철학에서는 진도를 나간다는 관점에서 생각하는 것 자체가 말이 되지 않는다. 근대 철학 수업, 또는 윤리학 수업에서 진도를 나가는 것이 무슨 의미가 있을까? 우리 앞에는 언제나 더 많은 것이 있다. 교수는 하나의 전망을 열어 주면서 일부 학생들이 그것을 대단히 매력적으로 여기고 좀 더 탐구하기를 바라는 동시에 대부분의 학생들은 그렇게 한 번 보는 것으로 충분하다고 생각할 것임을 미리 알고 있어야 한다.

웨스턴 고등학교가 좋았던 두 번째 이유는 친구들과의 우정 때문이었다. 그때까지 나는 내가 외롭다는 사실을 깨닫지 못하고 있었다. 척 외삼촌 농장에 일하러 가기 전에는 헨리에타와 거의 떨어져 지낸 적이 없었다. 그런데 농장에 간 후로는 헨리에타를 비롯한 다른 식구들을 일요일에만 잠깐씩 볼 수 있었다. 주중에는 척 외삼촌 가족과 함께 살았지만, 그곳에서 나는 가족의 일원이 아니라 삯꾼일 뿐이었다. 내가 외조카라는 사실은 큰 의미가 없었다. 나는 열세 살 때부터 가족들과 안정적으로 함께 지내지 못했다. 그리고 에저턴의 급우들에 대해 말하자면, 내가 그들과 어울릴 수 있는 기회는 수업 시간이 전부였다. 수업이 끝나면 곧장 버스를 타고 농장 일을 하러 가야 했기에 친구들과 '어울릴' 시간이 전혀 없었다. 나는 운동에는 소질이 없었는데, 설령 잘했다 해도 농장 일 때문에 방과 후 운동부 활동에 참여하기는 어려웠을 것이다.

그런데 웨스턴 고등학교에 진학한 후로는 매주 두 번, 한 시간 반 동안 동기들과 같이 차를 타고 가며 멋진 우정을 경험했다. 그리고 헐 시내에서 기숙하던 3학년 때는 함께 기숙하던 동기들과 방과 후에 어울리며 동지애를 쌓았다. 나는 더 이상 혼자가 아니었다.

웨스턴 고등학교를 사랑하게 된 세 번째 이유도 우정과 관련이 있다. 이전에 내가 알던 이들은 전부 비글로와 에저턴 사람들이었는데 이제는 멀리서 온 학생들과 사귀게 된 것이다. 학업의 풍경들이 새롭게 펼쳐진 것처럼, 새로운 사람들의 공동체가 내 앞에 열리고 있었다. 나는 에저턴을 사랑했지만, 그곳이 답답하게 느껴지기 시작했다.

2015년 5월에 졸업축사 요청을 받고 웨스턴 기독고등학교에 가게 되어 나는 무척 기뻤다. 나는 축사 제목을 '좋은 일을 찾아서'라고 짓고, 졸업생들이 어떤 종류의 일을 찾아야 하는지를 다루었다. 그해에 졸업하는 딸을 둔 사촌이 졸업식 전에 나와 얘기하면서 딸아이가 내 말을 이해하지 못할까 봐 걱정하더라고 말했다. 졸업식이 끝나고 그 아이가 내게 다가와 축사 내용을 전부 이해했다고 말해 주었다. 흐뭇했다.

02_
전망

내가 대학을 **갈지**, 간다면 **어디로** 갈지는 의문의 여지가 없는 문제
였다. 나는 미시간주 그랜드래피즈에 있는 칼빈 대학에 진학할 것
이었다. 그곳은 우리 가족이 속한 교단인 북미주개혁교회Christian
Reformed Church가 후원하는 대학이었다. 나는 고등학교를 졸업하고 대
학에 입학하기 전 여름(1949년)에 목수 보조로 일하면서 번 돈으로
수업료를 냈다. 당시에는 수업료가 저렴했다. 학기 중에는 부업으로
그랜드래피즈의 '베이커 북하우스'에서 일하며 숙식비를 해결했다.

　베이커에서는 발송부 일을 맡았다. 그런데 내가 책을 포장하
는 데 서툴렀기 때문인지, 아니면 나의 능력이 다른 일에 더 적합하
다고 판단해서인지는 몰라도 몇 달 후 나는 중고서적 카탈로그 준
비를 돕는 일과 교정 일을 맡게 되었다. 대학 시절 내내 베이커에서
일했다. 그 일과 여름에 하는 목수 조수 일 덕분에 이천 달러 정도
의 빚만 지고 대학을 졸업할 수 있었다. 당시에는 흔한 일이었다.

　나는 눈이 부시게 환한 세계로 들어섰다. 아주 신나면서도 겁
이 나는 세계였다. 교양영어 시간에 탁월한 교사인 헨리 자일스트
라를 만난 것은 너무나 큰 행운이었다. 그는 우리 집과 가까운 노스

다코타 출신이었고 존재감이 대단했다. 큰 키에 호리호리했고 험상 궂은 외모를 갖고 있었다. 수업 첫날에 그는 내가 난생처음 들어 보는 단어를 몇 개 썼다. 그중에 기억나는 한 가지는 'chivalrous'(기사도적인)이다. 미네소타 남서부나 아이오와 북서부에 사는 사람들은 'chivalrous'라는 단어를 쓰지 않았다. 나는 그 단어를 처음 들어 보는 다른 두 단어와 함께 적어 놓고 서점에 가서 사전을 하나 구입한 뒤 내 방으로 돌아와서 찾아보았다. 나는 그 단어들의 의미를 적어 놓고 외웠다. 다음 수업에도 그는 처음 들어 보는 단어들을 썼다. 그런 일은 다음 수업, 그다음 수업 시간에도 있었다. 그래서 나는 수업 시간에 괘선지 공책을 가지고 다니는 습관을 들였다. 거기에 낯선 단어를 적고 내 방에 돌아오면 사전을 뒤져 의미를 기록하고 암기한 뒤 이전에 적어 놓은 단어들을 복습했다. 영어는 친숙한 나만의 개인어와는 비교할 수 없는, 엄청나게 방대한 것이었음이 드러나고 있었다. 그것은 새로운 풍경이었다!

자일스트라의 수업은 또 다른 면에서도 나를 겸손하게 만들었다. 학생들은 매주 에세이를 한 편씩 써야 했는데, 매번 내 에세이의 점수는 B였다. 나는 과제에 A-보다 못한 점수를 받는 데 익숙하지 않았다. 자일스트라는 여백에다 여러 구체적인 논평을 적어 주었고, 끝부분에서는 이런 취지의 문장을 썼다. "자네 에세이는 힘이 너무 들어갔네." 구체적인 표현은 그때그때 달랐지만 메시지는 언제나 동일했다. 나는 그의 지적이 옳았다고 생각한다. 나의 에세이에 힘이 너무 들어갔다면 그것은 내가 너무 힘들여 썼기 때문이었을 것이다. 학기말 즈음에 나는 마침내 A를 받았고, 이후 또 A를 받았다. 글 쓰는 법을 배우고 있었다.

나는 몇 해에 걸쳐 자일스트라 교수의 여러 다른 수업을 들었는데, 가장 기억에 남는 것은 셰익스피어 수업과 19세기 영산문과 영시 수업이다. 그를 만나면 문학 작품이 생생하게 살아났다. 심지어 토마스 칼라일의 시원찮은 산문조차도 그랬다. 그는 시 안에서 살고 시를 호흡하는 사람이었다. 셰익스피어의 한 대목을 공부하다가도 셰익스피어의 다른 대목이나 스펜서 또는 밀턴의 한 대목이 떠오르면 그 대목을 기억하여 읊어 나가곤 했다. 그가 암기하지 못한 대목이 떠올랐는데 책을 강의실에 가져오지 않은 경우에는, 한 학생―가령 베하이스―을 지목하여 이렇게 말했다. "베하이스 군, 도서관에 가서 이런이런 책을 가져다주겠나?" 도서관은 강의실 바로 옆에 있었고 서가가 열려 있었기에 베하이스 군은 금세 책을 가지고 돌아왔다. 자일스트라는 해당 쪽을 펼치고 머리에 떠오른 대목을 읽어 주었다. 다른 학생들과 나는 그가 누군가를 도서관에 보내기로 사전에 계획한 경우와 현장에서 바로 결정한 경우의 비율이 궁금했다.

교수들은 자일스트라를 자신들의 지도자 중 한 사람으로 인정했다. 자일스트라가 말할 때면 경청했는데, 그가 그들의 사고를 고양시켜 주었기 때문이었다. 내가 학생이었을 때 그가 출간한 얇은 에세이집의 제목 『비전의 증언』 Testament of Vision 은 그의 메시지를 압축한 것이다. 이 책은 문화에 참여하는 기독교의 비전을 증언하면서, 그리스도인들이 문화를 멸시할 것이 아니라 문화, 특히 문학에 참여해야 한다고 유창하게 촉구했다.

1956년 12월, 자일스트라는 암스테르담의 자유 대학교에서 가르치는 학기를 끝내고 암스테르담의 거리 모퉁이에서 아내와 함께 버스를 기다리던 중 쓰러져서 심장마비로 세상을 떠났다. 그때 그의 나이 마흔일곱이었다. 당시 나는 박사후 연구원으로 영국 케임브리지에 가 있었던 터라 그가 죽었다는 소식을 접하는 데 시간이 좀 걸렸다. 그 소식을 듣고 나는 충격을 받았다. 그는 나의 영웅이었다.

…

1학년이 끝나갈 무렵(1950년) 나는 대학신문 「차임스」의 부원으로 함께해 보자는 초대를 받았다. 나중에야 그 초대가 자일스트라 교수의 제안으로 이루어졌음을 알게 되었다. 「차임스」의 필자들은 똑똑하고 고매하고 자기 의견이 강하고 교양 있고 요란하고 유쾌했고, 대학당국과 교회 및 정부에 비판적이었다. 그들은 다른 사람의 말을 재치 있고 빠르게 받아넘겼다. 여기에 대한 준비는 에저턴의 우리 집 거실에서 어느 정도 한 셈이었지만, 그 수준은 완전히 달랐다. 필진이 뉴스 기사를 썼지만 그들은 뉴스에는 실상 관심이 없었다. 그들의 관심사는 오피니언, 특히 자신들의 의견 개진에 있었다. 그들은 뉴스 기사에 의견을 넣었고 편집장은 자신의 의견을 전하는 긴 사설을 매주 썼다. 나는 3학년 때 편집장이 되었다.

2007년 「차임스」 창간 100주년을 기념하는 자리에 생존해 있는 전前 편집장과 필진들이 모두 초대를 받았다. 그때 누군가가 전 편집장들이 자기 해의 「차임스」 합본을 가져다가 자신이 쓴 사설들을 죽 읽고 오랜 세월이 지난 지금의 느낌을 사람들 앞에서 얘기해 보자는 제안을 했다. 나는 내가 쓴 많은 사설이 장황하고, 거만하게 거드름을 피우고, 잔뜩 무게를 잡는 데 깜짝 놀랐다. 그중 하나는 이렇게 시작했다.

근대는 사춘기의 시대다. 우리는 당장의 즉각적 열정에 빠져 살아간다.… 우리는 과감해지려 시도하지만, 바지를 입을 때 끝단을 접어 올리는 정도의 사춘기적 과감함도 넘어서지 못했다.

한편으로 우리는 늙었고 지쳤고 심심해한다. 젊음의 즐거운 자유 분방함은 삶에서 사라졌다. 덕분에 십 대 소년들이 세상의 짐을 다 짊어진 것처럼 우울한 얼굴과 조심스러운 걸음걸이로 돌아다니는 우스꽝스러운 광경을 보게 된다.

정말 끔찍했다. T. S. 엘리엇의 짝퉁이라 할 만했다! 왜 교수님들은 나를 한쪽으로 데려가 좀 밝아지라고 말해 주지 않았을까?

그 2007년 모임에서 나는 거드름피우기 경연대회를 제안했다. 전 편집장들이 자신이 쓴 사설 중에서 가장 많이 거드름을 피운 대목을 낭독하고 투표에 부치자는 것이었다. 나는 내가 손쉽게 일등을 할 거라고 생각했다. 그러나 놀랍게도, 나의 선임 편집장이었던 로드 젤르마가 나와 동점을 이루었다. 투표는 공정했음을 인정할 수밖에 없었다. 거드름을 피우는 데 있어서 로드는 나와 동급이었으니까!

1950년 가을에 「차임스」 사무실에서 처음 만난 이후, 로드와 나는 줄곧 절친으로 지냈다. 그는 정말 훌륭한 대화 상대이고 좋은 이야기를 사랑하며 이 경이로운 세상에서 경이를 포착하는 예리한 눈을 가졌다. 어린 시절을 보낸 미시간호 동쪽 호수변 지역에 깊은 애착을 갖고 있는 그는 저명한 시인이기도 했다.•

• 로드 젤르마는 2018년 5월 11일에 사망했다.

...

내가 철학 수업을 처음 들은 것은 2학년 1학기 때였는데, 헨리 스토브가 담당 교수였다. 내가 그 수업을 들은 것은 철학 수업 두 과목이 모든 학생에게 필수였기 때문이지, 철학이 무엇인지 알았거나 관심이 있어서가 아니었다. 그러나 철학을 접하자마자 나는 사랑에 빠졌다. 첫 수업이 시작되고 삼십 분 정도 되었을 때 나는 스스로에게 이렇게 말했다. '내가 이걸 잘할 수 있을지는 모르겠지만, 혹시 잘한다면 바로 이거야.' 내가 철학을 선택한 것이 아니라 철학이 나를 선택했다.

첫 삼십 분의 무엇이 나를 사로잡은 걸까? 모르겠다. 그때 스토브 교수가 한 말은 전혀 기억나지 않는다. 내가 기억하는 거라곤 철학에 매료되었다는 사실뿐이다. 그가 철학이 무엇인지 설명했을까? 수업 강좌명이 철학개론이었으니 설명했으리라는 게 합리적인 추측이긴 하지만 기억이 나지 않는다. 그 강좌의 뒷부분 수업 내용, 특히 아우구스티누스의 『고백록』을 삼 주간 꼼꼼히 읽은 것은 기억이 난다. 그 이전까지는 어떤 텍스트를 그렇게 꼼꼼히 읽는 것을 본 적이 없었다. 스토브가 그 본문에서 논평하는 내용들도 놀라웠고 『고백록』 자체도 놀라웠다. 이것이 철학이라면 더 공부해 보고 싶었다.

나는 그 첫 번째 강좌 이후에도 스토브의 많은 강좌를 수강했다. 그 역시 나름의 방식으로 자일스트라 교수 못지않은 탁월한 교사였다. 인상이 좋지는 않았지만, 그는 언어의 마술사였다. 그의 입에서는 아름다운 문장들이 술술 흘러나왔다. 그의 별난 행동도 언어 못지않게 매력적이었다. 그는 교탁 뒤에 오래 서 있지 못했기 때문에 강의실 앞쪽을 한동안 돌아다니다가 아주 자연스럽게 교탁 위로 올라가 다리를 꼬고 앉은 채 강의를 계속했다.

텍스트를 꼼꼼히 공감하며 읽는 것이 그의 강점이었다. 아퀴나스의 『신학대전』으로 진행한 토론식 수업이 특히 생각이 난다. 『신학대전』은 수많은 '질문들'로 이루어져 있다. 학기말까지 우리는 그중 앞부분에 있는 스무 개 남짓의 질문을 다루었다. 내가 가진 『신학대전』 판본으로 120쪽 정도의 분량이었다. 가톨릭 신자들에게 아퀴나스는 교회의 '성인 박사'Doctor Angelicus 중 한 사람이다. 스토브는 아퀴나스가 가톨릭 신자들뿐 아니라 개신교 신자들의 지적·종교적 유산이기도 하다는 점을 강조했다. 개신교 신자로서 비판의 목소리를 얼마든지 낼 수 있지만, 그 전에 먼저 아퀴나스를 기독교 사상이라는 기획의 선구자 중 하나로 인정하고 그의 말을 이해하기 위해 힘껏 노력하는 일이 있어야 한다고 말했다.

스토브는 탁월한 교사였지만 마음에 들지 않는 학생이나 동의할 수 없는 의견을 표명하는 학생은 모질게 대했다. 교수들은 그를 자일스트라와 더불어 자신들의 지도자 중 한 사람으로 인정했는데 본질적인 이유는 같았다. 그는 문화에 참여하는 기독교의 강력한 비전을 정확히 표현해 냈다.

...

대학은 내게 자기 이해로 가는 여정이었다. 이곳, 내가 양육 받은 신앙 전통인 개혁파 개신교에 속한 이 대학에서 나는 놀라운 재능과 헌신을 겸비한 일부 교수들을 통해 그 전통이 작용하는 모습을 지켜보았고 전통과 나를 이해하기 시작했다. 내가 속한 전통을 포함한 어느 전통 안에서든 신실하게 살아가는 법, 전통의 근본적 윤곽은 파악하고 받아들이면서도 세부 내용에는 크게 매이지 않는 법, 전통 안에서 현재의 삶을 번성하게 할 수 있는 요소는 전유하고 나머지는 버리는 법, 전통을 내부에서 비판하고 전통의 범위를 확장하고 전통의 성취를 기뻐하고 그 걱정거리와 고통의 기억들에 공감하는 법을 배웠다. 괴테의 『파우스트』 1부 '밤' 장면에 나오는 한 대목이 떠오른다.

> 네가 유산으로 물려받은 것을
> 이제 자신의 과업으로 받으라.
> 그렇게 해서 그것을 너의 것으로 삼을 수 있을 테니.

서양 문화—문학, 철학, 신학, 과학을 비롯한 모든 것—라는 어마어마하게 광대한 풍경이 눈앞에서 열리고 있었다. 금지구역은 없었다. 그러나 서양 문화의 각 분야를 따로 다루는 것이 아니라, 전체를 하나로 아우르는 비전이 있었다. 우리는 이 막대한 문화적 유산을 '기독교적 시각에서' 이해하고 해석하라는 도전을 받았다. 이뿐만 아니라 그 문화 안에서 그리스도를 구현하라는 도전을 받았다. 어떤 식으로든 그리스도의 정신을 뿜어내는 시를 짓고, 철학을 제시하고, 그림을 그리라는 도전이었다. 매력적인 카리스마를 가진 철학과의 윌리엄 해리 젤르마William Harry Jellema 교수는 아우구스티누스의 전문 용어를 사용하여 "두 도성이 있다"고 말한 다음, 두 도성을 라틴어로 바꿔 말하곤 했다. "키위타스 데이civitas Dei 와 키위타스 문디civitas mundi. 여러분의 소명은 키위타스 데이의 건설에 참여하는 것입니다." 예일 대학교 법학교수인 앤서니 크론먼Anthony Kronman 의 최근 저서 『교육의 종말』Why Our Colleges and Universities Have Given Up on the Meaning of Life 은 삶의 의미를 포기해 버린 미국 대학들의 현실을 절절히 애도하는 책이다. 내가 칼빈 대학을 다닐 때, 학교는 인생의 의미를 결코 포기하지 않았다.

나를 비롯하여 내가 어울렸던 학생들에게 그것은 가슴 설레는 도전이었다. 물론 비전을 말하는 온갖 이야기들을 못 견디게 지루해하는 이들도 있었고, 개혁파 개신교 전통에 대한 일부 학생들의 태도는 우리와 정반대였다. 그들은 그 전통의 제약과 모난 부분들에 화를 냈고 짜증스러워했다. 그들의 관심사는 기독교적 시각**에서 해석된** 니체가 아니라 그 전통을 **공격하는 무기로 쓸** 니체였다. 우리는 서로 멋진 논쟁을 벌였다.

친구들과 나는 교수님들뿐 아니라 서로에게서도 힘을 얻고 가르침을 받았다. 3, 4학년 때 나는 플라톤 클럽의 회원이었는데, 매달 한 번씩 저녁에 만나 철학을 논하는 학생 동아리였다. 아무나 회원이 될 수는 없었다. 회원이 되려면 신청을 하고 기존 회원들의 투표를 거쳐야 했다. 학년 초에 우리는 그해에 읽고 토론할 책을 한두 권 정했다. 그리고 월례모임을 준비하면서 모임에서 읽을 부분에 대한 발표문을 돌아가며 썼다. 그 발표문과 읽어온 내용을 가지고 한 시간 남짓 토론한 후에는 관심이 있는 여러 주제로 넘어갔다. 신나는 시간이었다. 지도교수인 헨리 스토브 교수는 모든 모임에 충실하게 참석했고 거의 언제나 끝까지 자리를 함께 했다. 모임은 세 시간의 대화 끝에 보통 밤 11시에 끝났다.

...

내가 1장에서 언급한 아브라함 카이퍼는 칼빈 대학의 배후에 있는 영적·지적 거물이었다. 1837년 생인 그는 (1920년에 사망했다) 신학자, 목사, 정치가, 저널리스트, 활동가에다 1901년부터 1905년까지는 네덜란드 수상을 역임한, 여러 분야에 박식하고 선견지명이 있는 네덜란드인이고 개혁파 전통에 확고히 자리를 잡은 인물이었다.

그는 그 전통의 핵심에 창조, 타락, 구속이 의미심장하게 서로 맞물려 있다는 독특한 이해가 자리한다고 보았다. 개혁파 사람들은 우주를 살펴볼 때—우주 안의 인류와 그들의 일을 포함하여—그 안에서 선함을 발견하고, 그것이 하나님의 선하심, 하나님의 탁월하심의 반영이라고 해석한다. 보다 구체적으로는, 그 선함과 탁월함의 상당 부분이 인류에게 베푸신 하나님의 선물—하나님의 은총, 하나님의 호의—이라고 해석한다. 하나님의 은총은 우리의 번성에 보탬이 되는 **하나님의 창조세계**와 우리의 번성에 보탬이 되는 **인간의 창조물** 모두에서 볼 수 있다. 우리의 번성에 보탬이 되는 문화적 산물과 사회제도 배후에는 카이퍼가 말한 하나님의 '일반 은총'common grace이 있다.

그러나 개혁파 사람들은 자연계 안에서 선함과 선물만이 아니라, 하나님이 원하시는 인간 번성의 좌절, 박탈, 고통, 때 이른 죽음이라는 악도 목격한다. 인류가 행한 일과 만든 것들 안에도 하나님의 뜻과 목적을 위반하는 죄가 있다. 창조세계에 내재하는 선의 잠재력은 인류에 의해 생명을 억누르고 억압하는 힘으로 바뀌었다. 언제나 어느 정도의 선함은 남아 있지만, 개혁파 사람들의 감수성 깊숙한 곳에는 죄의 참화와 그 편만함에 대한 인식이 자리 잡고 있다. 죄는 우리 존재의 구석구석—예술, 추론, 기술을 비롯한 모든 것—에 파고들었다.

이와 같은 찬성과 반대의 변증법이 개혁파 전통의 특징이다. 하나님의 창조세계에 대한 찬성과 모든 인간의 번성을 원하시는 하나님의 뜻에 역행하는 그 신비한 힘—박탈, 고통, 때 이른 죽음의 형태로 나타나는—에 의해 하나님의 창조세계가 유린당하는 것에 대한 반대이다. 그리고 인간의 행위와 업적에 대한 찬성과 반대이다.

개혁파 사람들은 죄의 참화에 관한 전체론적 견해를 갖고 있고, 그에 대응하여 하나님의 구원의 범위도 전체론적으로 바라본다. 하나님이 그리스도 안에서 세상에 오신 것은 영혼들이 천국에 가도록 구원하시기 위해서만이 아니라 여기 이생에 샬롬과 번영을 가져다주기 위해서이기도 했다. 개혁파 중에서도 카이퍼가 대표하는 분파 안에서는 영미 복음주의자들에게 전형적인 것이었던 회심에 대한 강조가 전체론적으로 이해된 성화에 대한 강조로 바뀌었다. 우리는 거룩한 삶, 즉 모든 인간이 천수를 누리고 번성하기 원하시는 하나님의 바람에 참여하는 삶을 살도록 부름을 받았고, 찬성할 것은 찬성하고 반대할 것은 반대한다고 선언하고 거기서 더 나아가 회복을 위해 투쟁하도록 부름을 받았다.

카이퍼는 그런 투쟁이 어떤 형태로 나타나야 하는지 분명한 견해를 갖고 있었다. 지금까지 카이퍼가 이해한 개혁파의 입장을 개괄적으로 살펴보았는데, 이제 카이퍼가 거기에 독특하게 기여한 바를 제시하고자 한다. 그리스도를 따르는 이들은 교회 생활에 참여할 뿐 아니라, 다른 일반 시민들과 공유하는 제도와 관습들 안에서

그리스도인으로 생각하고, 느끼고, 말하고 행동하도록 부름을 받는
다. 그리스도인들은, 설령 가능하다 해도, 자기들끼리 어딘가로 가
서 자기들만의 경제, 통치 조직, 예술 세계, 학계를 별도로 만들어
내서는 안 된다. 그들은 다른 이들과 함께 자기 나라의 경제, 정치,
통치 조직, 예술 세계, 학문에 참여해야 한다.

하지만 종교적·도덕적으로 중립적인 참여 방법은 존재하지 않
는다. 모두가 **있는 모습 그대로의 자신**으로 참여한다. 어떤 모습을
갖고 있든 상관없이, 우리는 하나님과 세상과 삶과 선과 옳음에 대
한 확신을 가진 피조물이다. 우리 각 사람은 세계관을 갖고 있고, 공
유된 관습과 제도에 참여할 때 그 세계관이 우리가 하는 일에 영향
을 끼친다. 미묘한 방식, 그리 미묘하지 않은 방식으로 다 영향을 끼
친다. 사람들의 세계관은 분명 차이가 있고, 그 차이는 심오하다. 그
렇기 때문에 그리스도인은 그리스도인으로서 참여한다. 그래야 **마
땅하다**. 자연주의자가 자연주의자로서, 인본주의자가 인본주의자로
서 참여하는 것과 마찬가지다.

이것이 나의 대학 교육을 형성한 비전이다. 칼빈 대학 교수들
은 학자인 그리스도인의 삶에 대한 이 비전을 아우구스티누스와 중
세의 철학자요 신학자인 안셀무스로부터 빌려온 모토인 "이해를
추구하는 신앙"으로 요약해 냈다. 이해**에 덧붙은** 신앙이 아니고, 이
해**가 떠받치는** 신앙이 아니고, 이해**를 추구하는** 신앙이다. 나중에 나
는 아우구스티누스와 안셀무스가 그 모토로 의미한 바가, 자신이
믿음으로 이미 받아들인 것을 자신이 아는 내용으로 바꾸는 일—
그래서 더 이상 **믿기만** 하지 않는 것—이 기독 지성인의 소명이라는
것이었음을 알게 되었다. 칼빈 대학 교수들은 그 모토로 그리스도

인 학자는 각 분과학문에 참여하도록 부름 받았다는 것을 전하고자 했다. (심리학 교수라면) 신앙의 눈으로 심리적 현실을 바라봄으로써 심리학이라는 학문에 참여하는 것이다. 심리학의 모든 면이 그리스도인과 비그리스도인에게 다르게 보이지는 않겠지만, 다르게 보이는 부분도 많을 것이다.

교수들은 하나님의 존재를 지지하는 증거를 구성하는 일이나 성경의 신뢰성을 지지하는 증거 또는 예수님의 부활을 지지하는 증거를 수집하는 일에 대해서는 아무 언급이 없었다. 그런 기획을 노골적으로 반대하지는 않았지만, 아무런 관심을 보이지 않았다. 특히 그들은 기독교 신앙을 정당화하기 위해 증거나 증명이 필요하다고 말하지 않았다. 헨리 스토브 교수가 가르친 아퀴나스의 『신학대전』 토론 수업에서 우리는 아퀴나스의 '다섯 가지 방법', 즉 신의 존재를 지지하는 그의 다섯 가지 논증을 깊이 공부했다. 스토브 교수는 우리의 기독교 신앙이 아퀴나스의 '방법' 중 어느 하나가 타당한 것으로 증명되는지 여부에 달려 있다거나, 그중에 타당성이 입증되는 것이 없다면 신의 존재를 지지하는 다른 타당한 논증의 존재 여부에 달려 있다고 한 번도 말하지 않았다. 그는 그런 논증에 변증적 가치가 있는지도 묻지 않았다.

내가 대학에서 흡수한 이 '카이퍼주의'식의 개혁파 전통은 지금까지 나의 입장으로 남아 있다. 나는 이 입장을 일부 저작에서 나의 대학 교수들 중 누구보다 더 자세히 풀어냈지만(첫 번째 시도의 결과물이 『종교의 한계 내에서의 이성』*Reason within the Bounds of Religion, Eerdmans*, 1976이다), 입장의 반전은 없었고 마음의 큰 변화도 없었다. 이 비전은 내게 큰 도움이 되었고 평생토록 나아가야 할 방향과 지향점을 제시했다. 앞으로 살펴보겠지만, 이것은 하버드 대학교에서 대학원 공부를 할 때도 큰 도움이 되었다.

...

나는 몇 쪽 앞에서 윌리엄 해리 젤르마(동료와 친구들은 그를 '해리'라고 불렀다)에 대해 말하면서 '카리스마'라는 단어를 썼다. 그는 표준적인 교수평가양식이 제시하는 '잘 가르친다'는 기준에 거의 다 어긋났다. 그가 수업 시간에 정각에 도착했는가? 절대 그런 일은 없었다. 과제와 시험을 사전에 공지했는가? 천만의 말씀이다. 읽기 과제는 명확했는가? 종종 그렇지 못했다. 업무 시간에 자리를 지켰는가? 그렇지 않았다. 그 외 모든 항목이 이와 같았다. 하지만 그는 내가 만난 가장 카리스마 있는 교수였다. 그는 잘생겼고—이 부분이 아마 그의 카리스마에 일조했을 것이다—그 외에도 많은 장점을 갖고 있었다.

수업 시간에 그는 이삼 분 정도 늦게 들어와—교무실에서 동료들과 이야기를 나누다가—문을 닫고는 교탁으로 성큼성큼 걸어가면서 단호한 목소리로 이렇게 말했다. "우리가 지난번에 논의한 바와 같이." 그리고 45분간 수업이 이어졌다. 흥미진진한 수업이었다. 수업 시간에 그는 강의와 소크라테스식 질문법을 결합시켰다. 수업에 들어온 학생들의 이름이 적힌 카드 다발을 들고 카드를 섞다가 이름을 하나 고르고는—예를 들면 "밴더 메어 군."—이후 10분에서 15분간 밴더 메어 군과 소크라테스식 대화를 이어갔다. 누군가에게 그것은 무시무시한 일일 수도 있었겠지만 그는 소크라테스식 대화를 부드럽게, 때로는 유머를 섞어가며 진행했다.

3학년 1학기에 앨빈 플랜팅가Alvin Plantinga를 만났다. 그는 1학년 (1950-1951)을 하버드 대학교에서 보냈지만, 칼빈 대학에서 막 심리학을 가르치기 시작했던 아버지 코넬리우스 플랜팅가를 통해 젤르마의 명성을 전해 듣고 하버드의 봄방학 기간에 젤르마의 강의 몇 개를 청강했다. 그리고 그 자리에서 학년이 끝나면 칼빈으로 옮기기로 결정했다. 우리는 금세 친구가 되었고 이후 줄곧 우정을 유지했다. 젤르마는 칸트의 『순수이성비판』을 꾸준히 가르쳤고, 4학년 때는 알과 내가 그 수업을 듣는 유일한 학생이었다. 알과 나는 둘 다 19세기 후반에 스코틀랜드의 세인트앤드루스 대학에서 시작된 저명한 강좌인 기포드 강연을 했다. 우리는 젤르마 교수가 자신의 과목을 수강한 학생 전부가 기포드 강연자가 될 줄 알았다면 빙그레 웃었을 거라고 한마디씩 했다!

젤르마 교수는 1920년대에 미시간 대학에서 철학 석박사를 했고 박사학위를 받은 직후 칼빈 대학에서 철학을 가르치기 시작했다. 내가 칼빈 대학에 진학했을 때 그의 제자들 상당수가 미국 전역에서 철학을 가르치고 있었는데, 대표적인 인물로는 미시간 대학의 윌리엄 프랑케나, 네브라스카 대학의 O. K. 바우스마가 있었다. 1930년대 후반에 젤르마와 대학 총장인 랄프 스토브 사이에 갈등이 일어났고, 스토브 총장은 젤르마가 신학적 자유주의자라고 비난했다. 내가 재학 중일 때 학교에 돌던 전설에 따르면 이 비난은 성격 차이를 가리는 구실이었다. 젤르마에게 불리한 어떤 공식 조치도 없었지만, 그는 이 논란으로 사임하고 인디애나 대학교 철학과로 자리를 옮겼다. 그러나 내가 입학하기 전해에 다시 칼빈 대학으로 의기양양하게 돌아왔다. 랄프 스토브는 (상당한 압력을 받고) 총장직을 떠났고 새로운 총장이 취임했으며 교수들은 젤르마가 옳았음이 입증된 것으로 여겼다.

그는 왜 돌아왔을까? 직접 물어본 적은 없지만 나는 그 이유를 알 것 같다. 그는 기독교 사상 전반의 대의와, 특히 기독교 철학의 대의에 깊이 헌신한 사람이었다. 칼빈 대학에서 그는 인디애나 대학교에서는 불가능했을 방식으로 그 대의의 진전을 위해 일할 수 있었다.

영웅들에게도 약점은 있다. 내가 칼빈 대학에서 가르치려고 돌아왔을 때, 젤르마 교수가 철학과 학과장으로 있었다. 교수 2년 차에 내 논리학 수업 수강생 중에 젤르마가 특히 좋아하고 칭찬하는 학생이 있었다. 분명히 유능한 학생이었지만 과제 몇 개를 내지 않아서 그에게 최종 C학점을 주었다. 학과장이 그 학생을 좋아하고 눈여겨 본다는 사실은 생각도 하지 않았다. 학점이 나온 직후, 젤르마가 전화를 걸어와 집으로 오라고 말했다. 그는 잔뜩 화가 났고 나를 엄하게 질책했다. 그 학생은 C보다 나은 점수를 받을 자격이 있으니, 내가 점수를 매기는 일을 더 잘해야 할 거라고 했다. 상처 입고 주눅 든 나는 대학으로 차를 몰고 가 교무처에 성적 변경 양식을 제출했다.

젤르마는 많은 논문을 쓰지 않았고 써 놓은 것들도 대단히 난해하고 볼품이 없었다. 그러나 그의 말에는 강력한 힘이 있었고, 그의 태도에는 지적인 면과 인격적인 면 모두에서 큰 권위를 갖춘 위엄이 있었다. 그가 남긴 유산은 그의 학생들과 **그들의** 학생들의 사상과 삶에서 찾을 수 있다.

···

나에게 대학은 진지하기만 한 곳이 아니었다. 나는 친구들과 따뜻한 우정을 나누었고 그들 중 상당수와 지금까지도 잘 지낸다. 그리고 장난도 쳤다. 캠퍼스에서 가장 큰 건물에는 여러 행정실을 갖춘 대학 본부와 채플, 몇 개의 강의실, 그리고 큐폴라(돔)가 있었는데, 건물 2층에서 계단을 오르면 큐폴라로 들어갈 수 있었다. 내가 재학할 당시 학생들 사이에서는 몇 년 전에 일부 학생들이 밤에 암소를 데리고 그 계단을 올랐다는 전설 같은 이야기가 떠돌았다. 다음날 아침 학생들과 교직원들이 출근했을 때 위쪽 어딘가에서 불가사의 한 소의 울음소리가 들려왔고, 결국 관리인들이 소리의 출처를 찾아냈다. 누군가가 암소를 데리고 계단을 오른 것은 분명한데, 암소는 도로 내려가지 않으려 했다. 암소는 너무 무거워서 들고 내려갈 수 없었기에, 관리인들은 할 수 없이 큐폴라 안에서 암소를 죽이고 해체해야 했다. 이것이 이야기의 전말인데, 사실인지는 모르겠다.

나는 친구들과 비슷한 장난을 쳤다. 채플 바깥에는 1미터 조금 못되는 미켈란젤로의 「모세」 석고 복제품이 받침대 위에 서 있었다. 어느 날 밤, 우리 무리는 포드 모델 T를 분해해서 행정동 로비의 넓은 정문으로 들어온 후 재조립해서 모세를 운전석에 앉혔다. 사람들이 만지지 못하도록 그 주위에 동아줄을 두르고 근사한 글씨를 쓴 표지판을 세워 두었다.

시내산 특급
왕복여행 할인요금 1달러

요금은 통에 넣어 주세요.

공모자들 중 일부는 작업이 이루어지는 동안 야간 경비원이 오지 않게 하는 임무를 맡았는데, 그들이 어떻게 그 일을 해냈는지 나는 끝까지 알지 못했다.

우리는 아침에 문이 열린 직후에 로비로 들어서는 학생들과 교직원들의 놀란 얼굴을 바라보며 신이 났다. 소문은 금세 퍼졌고, 사람들이 엄청나게 몰려들면서 즐거운 소란이 이어졌다. 관리인들은 우리가 만들어 놓은 것을 해체하기 시작했다. 모델 T를 건물 안에 솜씨 좋게 들여온 우리와 달리 그들은 빼내는 데 영 서툴렀다.

이른 오후까지는 모든 일이 순조로웠는데 공모자들은 오후 4시까지 모두 총장실로 오라는 호출을 받았다(총장이 우리가 벌인 일인지 어떻게 알았는지는 지금도 모르겠다). 윌리엄 스풀호프 총장은 본인의 회의실 대형 탁자 주위로 선 우리—12명쯤 되었던 것 같다—에게 벽을 보고 서라고 말한 뒤 야단치기 시작했다. 그러나 내 관심을 끌었던 것은 그가 말한 내용이 아니라 어조였다. 내가 듣기에 그의 어조는 자신은 이것이 정말 악의 없는 장난이라고 생각하지만 우리를 꾸짖는 것이 총장의 의무라고 말하는 것 같았다. 우리가 받은 벌은 그의 꾸지람을 들은 것이 전부였다.

우리의 장난을 시작으로 향후 20년 동안 모세와 관련된 장난들이 이어졌다. 결국 대학 징계위원회의 위원 한 사람이 화를 주체하지 못하고 대형 해머를 가져다가 모세를 산산조각 냈다.

···

클레어 킹마Claire Kingma를 처음 만난 것은 내가 3학년, 그녀가 신입생이던 학년(1951년)초 「차임스」 사무실에서였다. 나는 그녀에게 바로 관심이 갔다. 그녀는 아름다웠고 태도와 옷차림이 세련되었지만, 그것은 화려한 세련미가 아니라 (말이 되는지 모르겠지만) 절제된 세련미였다. 그녀는 다른 여자들이 어떻게 옷을 입는지 둘러보고 따라 입지 않았다. 자신의 옷차림을 **스스로** 결정했다. 물론 스스로 옷차림을 결정하고 그 결과가 형편없는 사람도 있지만, 클레어의 경우는 그렇지 않았다. 괴이한 차림은 없었다. 뜻밖의 방식으로 걸친 스카프와 색다른 직물, 색다른 스타일의 재킷 정도였다. 세련미는 갖추되 결코 현란하지 않았다. 그녀가 본인 옷의 대부분을 스스로 만들었음을 나는 나중에야 알았다. 클레어는 지금도 옷을 직접 지어입고, 사람들은 여전히 그녀에게 다가와 옷차림이 너무 멋지다고 말한다. 이후에 나는 그녀의 옷차림이 주위 사물에 자기만의 흔적을 남기는 그녀의 재능을 보여주는 한 가지 사례일 뿐이라는 것을 알게 되었다. 그녀는 독특한 것과 아름다운 것을 알아보는 눈을 가졌다.

클레어는 의학 쪽으로 진로를 2년 정도 고려했지만 결국 영문학을 전공했다. 늘 그랬듯 지금도 읽기를 매우 좋아한다. 나는 '독자 그 자체'의 플라톤적 형상을 그녀 안에서 온전히 볼 수 있다는 말로 가끔 그녀를 놀린다. 처음에는 클레어의 옷차림과 행동거지가 나의 관심을 끌었지만, 곧 나는 그녀의 성품 곧 그녀의 '내경'을 사랑하게 되었다. '내경' 內景, inscape 이라는 용어는 20세기 초의 영국 시인

제라드 맨리 홉킨스Gerard Manley Hopkins에게서 빌려온 것인데, 그는 이 단어로 개별 사물들의 구별된 특성을 가리켰다. 그의 편지에는 정원에 있는 나무를 베어 낸 것을 애도하는 감동적인 대목이 있다. 그는 자신이 사랑하게 된 하나의 내경이 영원히 사라진 것을 슬퍼한다.

> 정원 구석에서 자라던 물푸레나무가 베어졌다. 처음에는 가지를 쳤다. 그 소리를 듣고 밖을 내다본 나는 거기서 그렇게 불구가 되어 버린 물푸레나무를 보았다. 그 순간 큰 고통이 찾아왔고, 나는 차라리 죽어서 세상의 내경들이 파괴되는 것을 더 이상 보지 않게 되기를 바랐다. •

우리 각 사람은 설명할 수 없고 이해할 수도 없는 이유들로 어떤 이들의 내경에 끌리고 마음이 가는 것을 발견한다. 우리는 그들을 사랑하게 된다. 그렇게 우리 각자는 고유한 윤곽의 사랑을 갖게 된다. 사람 안의 특정한 내경 때문에 이 사람을 사랑하고 저 사람을 사랑한다. 그리고 이 사람을 저 사람보다 더 사랑한다. 나는 클레어의 무엇 때문에 그녀를 사랑하게 된 걸까? 그녀의 내경 안에 있는 무엇이 그녀를 계속 사랑하게 하는 걸까? 말문이 막힌다. 말로 표현할 수가 없다.

클레어는 감정이 풍부한 사람이고 대화에 특별한 재능이 있어서 대화를 나누다 보면 상대방이 마음을 열고 그녀도 마음을 열게 된다. 어떤 행사에서 그녀 옆자리에 앉았던 사람이 나중에 내게 그녀와의 대화를 잊을 수 없다는 말을 한다. 그런 일이 한두 번이 아

• John Pick, ed. *A Hopkins Reader* (New York: Oxford University Press, 1953), 57.

니다. 그녀는 곤란한 처지의 사람들에게, 그들은 그녀에게 끌린다. 그녀는 그들에게 도움이 되는 말을 하는 비범한 재능을 갖고 있다.

내 직업이 우리가 사는 곳을 결정했다는 의미에서 우리 부부의 관계는 전통적이라고 할 수 있다. 내가 어떤 자리를 제안받을 때마다 우리는 함께 상의했고 매번 뜻이 모아졌다. 그러나 그 결과는 클레어가 나를 따라오는 것이었다. 그녀는 대학 3학년생 과정을 당시 여자대학이던 바사 대학에서 이수했다. 그리고 그곳에서 이전에 경험하지 못했던 방식으로 여성으로서의 자부심을 느꼈다. 이후 1970년대 중반에 페미니즘 운동이 발흥하자, 클레어는 열정적이고 행동하는 페미니스트가 되었고 지금도 그렇게 살고 있다. 나는 이 부분에서 아내의 뜻에 강력히 동의했고 지지했다. 우리 두 사람은 우리가 아는 이후 세대의 많은 여성들이 페미니즘에 관심을 갖지 않는다는 사실에 어리둥절하고 다소 마음이 아프다.

페미니즘은 내가 지지한 대의일 뿐 아니라 경험으로 배운 것이기도 하다. 나는 클레어와 여러 친구들 덕분에 여자들이 무시당하는 여러 방식에 민감해졌는데, 나 역시 인식하지 못한 채 그런 행태에 상당 부분 가담하고 있었다. 예를 들면, 언어의 문제가 있었다. 내 책『행동하는 예술』Art in Action, Eerd\mans, 1980을 펼치면 목차에 이런 소제목들이 보인다. "예술적으로 행위하는 인간Man", "피조물 가운데 하나인 인간Man", "인간Man의 소명", "인간Man의 목적." 이제는 그런 성차별주의적 언어를 보면 등골이 오싹해지고 얼굴이 달아오른다. 내가 좀 더 일찍 정신이 들어서 그런 단어들을 쓰지 않았다면 얼마나 좋았을까.

클레어와 나는 서로를 사랑하는 두 인격체로 혼인의 언약을 맺었다. 곧 우리의 정체성은 뗄 수 없이 엮였고, "당신은 누구십니까?"라는 질문에 상대방을 언급하지 않고는 대답할 수 없게 되었다. 나는 그녀의 계획을 염두에 두고 계획을 세우고, 그녀도 나의 계획을 염두에 두고 계획을 세운다. 그녀가 기뻐할 때 나도 기쁘고, 그녀가 슬퍼할 때는 나도 슬프다. 그녀 역시 나의 기쁨과 슬픔에 함께한다. 우리는 일심동체가 되었다. 우리의 한결같은 사랑은 헌신에 힘입어 유지되었다.

···

대화의 재능이 물려받는 것이라면, 클레어는 그것을 아버지(얀 빌렘 킹마)로부터 물려받았을 것이다. 장인어른은 내가 아는 누구보다 대화에 능한 분이고 정치를 제외한 모든 주제로 거침없이 이야기하셨다. 종종 가족들이 창피하게 여기고 "도무지 말을 멈추실 줄을 모른다"고 말할 정도였다. 킹마 씨네 사람들은 하넨버그 씨네 사람들 못지않게 놀라웠다. 클레어 가족은 아버지가 칼빈 대학에서 네덜란드 어문학 강사 자리를 잡으면서 얼마 전에 그랜드래피즈로 이사했다. 이사 오기 전, 그들은 오랫동안 필라델피아에서 살았는데 거기서 클레어의 아버지는 시내 담뱃가게에서 일을 했다. 그러나 그분이 어떤 형태로든 담배를 입에 댄 적은 없을 것 같다.

클레어의 어머니(게지나)는 예술가였다. 장모님은 여러 가지를 만드셨는데, 그중에서도 놀랄 만큼 아름답고 상상력 넘치는 자수가 일품이었다. 다섯 자녀 모두 장모님의 재능을 물려받았다. 장인어른은 예술가까지는 아니지만 예술품 애호가였다. 담뱃가게에서 일한 기간, 즉 1930년대 중반부터 1940년대 중반까지 금요일마다 남는 시간에 시내 미술관에서 열리는 미술품 경매에 참석하여 싸게 나오는 물건을 노리셨다. 동양 예술품에 집중했고 그에 대한 지식을 깊이 있게 습득했으며 많은 비용을 들이지 않고 참으로 놀랄 만한 소장품을 확보했다. 장인어른은 각 작품에 대해 길게 이야기하며 언제 어디서 만들어졌는지 말씀했고, 대단히 열정적으로 소개하여 작품의 감탄하고 즐길 만한 측면에 관심을 갖게 했다. 내가 아버지를 통해 습득한 예술 사랑은 장인 장모님께 배운 예술 사랑으로 한층 강화되었다.

장인어른은 어떻게 필라델피아의 담뱃가게에서 일하다가 칼빈 대학에서 네덜란드 어문학을 가르치게 되었을까? 나는 그 경위를 조금밖에 알지 못한다. 장인어른은 일곱 살 때 네덜란드의 도시 아메르스포르트에서 부모님과 함께 미국으로 이민을 온 터라 어릴 때부터 네덜란드어를 사용했다. 내가 그분을 알게 되었을 때, 네덜란드 문학과 영문학에 깊은 애정을 갖고 있으며 대학원 공부를 하지는 않았지만 두 분야에 박식한 것을 확인할 수 있었다. 장인어른은 1940년대 중반에 교사의 소명을 느꼈다. 그래서 담뱃가게 일을 그만두고 인근 고등학교에서 영어를 가르치기 시작하셨다. 하지만 고등학생을 가르치는 일이 그분에게 적합하지 않다는 것이 금세 분명해졌고, 장인어른은 다른 종류의 가르치는 자리를 알아보았다.

이것이 배경 정보이지만, 이것만으로는 칼빈 대학이 장인어른에게 네덜란드 어문학 강사 자리를 제의한 경위가 설명이 되지 않는다. 아마도 대학에서 구인광고를 내고 장인어른이 신청을 했을 것이다(자격을 갖춘 신청자가 많지 않았을 것이다). 칼빈 대학 행정실에서 장인어른에 대한 소문을 들었을 가능성도 있다. 어쨌든, 장인어른은 칼빈에서 가르치는 일에도 완전히 만족하진 못했는데, 대학원 공부를 하지 않은 터라 대학 수준에서 가르치는 일에 자신이 없었을 수도 있다. 그래서 3년 후, 그 일을 그만두고 2년 동안 미시간 대학교에서 대학원 과정을 공부했다. 이후 장인어른은 캘리포니아 주 산타바바라의 웨스트몬트 대학 영문학과로부터 자리를 제안 받았다. 동시에 장모님도 그곳 미대에서 일해 달라는 제안을 받았다. 웨스트몬트 대학은 두 분 모두에게 딱 맞는 곳이었고, 두 분은 학생들과 교직원들에게 많은 사랑을 받았다.

...

나는 철학을 사랑했고 1953년에 철학 전공으로 칼빈 대학을 졸업했지만, 대학 시절 내내 신학교에 가서 신학자가 되는 가능성을 심각하게 고려했다. 4학년이 되자 선택을 내려야 했다. 일생을 철학자로 보낼 것인가, 신학자로 보낼 것인가?

그해 언제인가 철학 교수님들이 내게 하버드 철학과의 대학원 과정에 지원하라고 강력히 권하셨다. 내가 신학교를 고려하고 있음을 알지만 신학을 연구하기로 결정한다 해도 철학과 대학원에서 경험한 훈련이 큰 도움이 될 거라고 말씀하셨다. 최종 결정을 몇 년 미룰 수 있지 않느냐고도 하셨다. 그들의 조언이 설득력이 있었기에 나는 하버드에 지원해서 합격했고 두 개의 장학금을 받게 되었다. 1953년 가을에 하버드로 갔다.

첫해에 더할 나위 없이 열심히 공부했다. 내가 칼빈 대학에서 받은 철학 훈련은 매우 탁월했고, 서양철학의 전통이라는 광대한 전경을 열어 주었다. 그러나 칼빈에서 철학을 **공부하고** 과거의 위대한 철학 텍스트들에 푹 빠졌다면, 하버드에서는 철학을 **하는 것** 즉 스스로 철학적으로 생각하는 것에 집중했다. 철학하기를 위해서는 당대 철학이 어떻게 흘러가는지 잘 알고 있어야 하기에, 하버드 대학원 과정은 현대철학을 많이 다루고 철학사는 조금만 다루었다. 칼빈 대학에서는 현대철학을 전혀 공부하지 않았기에 수업을 따라가려면 많은 양을 공부해야 했다.

공부 부담을 가중시킨 요인은 바로 대학원 첫해 말에 치르는 '예시'preliminary examinations, 예비시험였다. 대부분의 미국 대학 철학과에서는 2년 수업을 마치고 예시를 치르며 해당 학생이 박사 논문을 써서 박사 과정을 마치도록 허락할지, 아니면 석사학위만 갖고 학교를 떠나게 할지 결정하는 척도로 사용한다. 예시가 예시라고 불리는 이유는 박사 논문을 쓰기 위한 예비시험이기 때문이다. 누구도 이유를 설명해 주지 않았지만, 당시의 하버드 철학과에서는 첫해 수업을 끝낸 후에 예시를 치르게 했다.

내 기억으로는 첫해의 동기가 스물한 명, 그중 여학생은 한 명뿐이었다. 예시는 네 번의 필기시험으로 구성되었는데, 하루에 두 번씩 이틀 동안 치렀다. 며칠 뒤 시험 결과가 공지되었고, 우리 중 네 명이 박사 과정에 남도록 허락받았다. 한 명은 석사학위 공부를 계속할 자격을 얻었고 여학생을 포함한 나머지는 일 년 수고가 수포로 돌아간 채 짐을 싸야 했다. 칼로 썰 수 있을 것처럼 생생한 침울함이 우리 사이에 내려앉았다.

지금 생각하니 1년의 대학원 수업 후에 예시를 치른 목적은 분명했다. 하버드 철학과는 박사 학위를 받을 수 있을 것 같은 학생만 입학시키는—내가 아는 한, 오늘날에는 모든 대학원에서 그렇게 한

다―대신에, 입학 기준을 느슨하게 해놓고 예시를 통해 박사 과정
을 마칠 수 있을 것 같은 학생들만 선발한 것이다. 잔인한 일이었다.

...

당시는 하버드 철학과의 전성 시대였다. 가장 유명한 다섯 교수를
꼽자면, 윌러드 반 오만 콰인Willard van Orman Quine, 칼 헴펠Karl Gempel, C.
I. 루이스C. I. Lewis, 넬슨 굿맨Nelson Goodman, D. C. 윌리엄스D. C. Williams
가 모두 교수진에 있었다.

　　그곳은 소위 논리실증주의에 열광하는 분위기였는데, 칼빈에
서는 들어 보지 못한 철학 운동이었다. 논리실증주의자들의 주장
중 하나는, 신에 관한 내용이라고 내세우는 문장들이 사실은 무의
미하다―틀린 것이 아니라 무의미하다―는 것이다. 곧 이 주장이
의미에 관한 객관적 사실을 거론한 것이 아니라 논리실증주의 세
계관이 함의하는 내용임을 간파했다. 내가 칼빈 대학에서 받아들인
철학'관', 즉 철학은 기본적으로 세계관을 표현한 것이라는 견해가
큰 도움이 되었다.

　　논리실증주의 세계관의 핵심에는 현대 자연과학이 인간의 진
보를 진정으로 보장하는 유일한 탐구 방식이라는 확신이 놓여 있었
다. 그에 반해 철학의 사변적 하위분야인 형이상학과 종교는 막다
른 길로 여긴다. 이렇게 되면 자연과학과 막다른 길을 구획하는 기
준을 제시하는 것이 필요해진다. 논리실증주의자들은 이 작업을 위
해 문장의 의미에 관한 한 가지 명제를 제안했다. 그들은 문장이 의
미를 갖기 위해서는 경험적으로 검증 가능하거나 분석적으로 참 또
는 거짓이어야 한다고 말했다. 후자에 해당하는 문장의 사례는 "모

든 총각은 미혼이다"와 "2+2=4" 등이 있는데, 이런 문장들을 '분석적으로' 참이라고 부르는 것은 이런 문장들이 용어의 의미상 참이라고 생각되기 때문에 그 의미를 분석하는 것만으로 그 진리성을 확립하기에 충분하다는 생각을 깔고 있는 것이다. 현대 자연과학(과 수학)의 문장들은 이러한 의미 기준을 만족시키는 반면, 종교와 형이상학의 문장들은 그렇지 못하다는 것이 논리실증주의자들의 주장이었다.

과거에 종교와 형이상학은 '주장하는 내용이 참인지 거짓인지 결정할 방법이 없다'는 논리를 근거로 종종 일축되었다. 그런데 이제는 '주장하는 내용이 전혀 없다', 종교와 형이상학의 문장들은 무의미하다는 논리로 일축되고 있었다.

나는 자연과학에 대한 논리실증주의자들의 믿음이 조금도 설득력 있게 느껴지지 않았다. 그래서 신에 대한 주장으로 내세우는 말이 무의미하다는 그들의 주장으로 종교적 의심에 빠지기는커녕, 의미에 대한 그들의 주장을 바라볼 때 짜증과 어리둥절함을 동시에 느꼈다. D. C. 윌리엄스는 나의 이런 입장을 지지했다. 그의 태도는 "이 또한 지나가리라"는 것이었고, 정말 그렇게 되었다. 당시에는 논리실증주의가 확고해 보였지만 사실은 빈사 상태였고, 그 기획 자체의 내재적 난점으로 인해 불과 몇 년 후에 붕괴했다.

일부 논리실증주의자들은 자신들의 의미 기준이 지나치게 높다고 염려했다. 윤리학의 문장들―예컨대 "살인은 잘못이다"―은 경험적으로 검증 가능하지 않고 분석적으로 참이나 거짓도 아니다. 그러면 그런 문장들은 무의미하다고 일축해야 할까? 그렇게 되지는 않을 것이다. 하지만 논리실증주의의 죽음에 결정적인 영향을 끼친 것은 이 문제가 아니었다. 진짜 문제는 따로 있었다. 논리실증주의자들은 '경험적 검증 가능성'에다 그들이 요구하는 의무를 맡길 수 있도록 그 개념을 설명해 낼 수가 없었던 것이다. 종교와 형이상학은 경험적으로 검증 가능하지 않다는 판단이 내려지는 방식으로 그 개념을 설명하고 보니, 이론물리학의 상당한 문장들도 경험적으로 검증 가능하지 않게 되었고 따라서 무의미한 것이 되어 버렸다. 그래서 이론물리학 전체가 경험적으로 검증 가능하게 되는 방식으로 그 개념을 다시 설명했는데, 그러고 나니 대부분의 종교와 형이상학도 경험적으로 검증 가능하고 따라서 의미 있는 것이 되었다.

오늘날 논리실증주의의 사고방식은 소수의 극자유주의적 신학자들과 일부 강경한 종교 반대자들—이를테면, 샘 해리스Sam Harris 와 기타 소위 '새로운 무신론자들'—사이에서만 남아 있다. 전문 철학자들 중에는 더 이상 논리실증주의자가 없다고 단언할 수 있다. 짐 홀트Jim Holt 는 2017년 12월 21일자 「뉴욕 리뷰 오브 북스」New York Review of Books 에서 이렇게 썼다. "오늘날 논리실증주의를 말하면 우스꽝스러운 느낌이 든다. 이 단어는 건방지고 편협한 스타일의 철학—과학 만능주의적이고 사소한 것에 집착하는 동시에 오만하고 어수룩한—을 떠올리게 한다."* 정확한 평가다.

나는 그리스도인이라는 사실을 숨기지 않았지만, 논리실증주의에 열광하던 당시 분위기에서도 그 사실 때문에 나를 공격하거나 무시하는 사람은 없었다. 아마도 다들 이렇게 생각했을 것이다. '윌

• *New York Review of Books*, December 21, 2017, 74.

터스토프라는 이 친구가 좀 특이한 면이 있어. 종교를 믿는단 말이지. 하지만 똑똑해 보이니까 종교를 극복할 거야.'

2학년이 되자 논리실증주의와 경쟁하는 또 다른 철학 운동인 **일상언어**철학이 등장했다. 일상언어 철학자들의 견해에 따르면, 철학의 많은 혼란은 철학자들이 일상언어에서는 볼 수 없는 방식으로 단어를 사용하고 그 단어들에 분명한 대안적 의미를 할당하지 않기 때문에 생긴다. 일상언어 철학자들은 이런 식의 혼란을 보여주는 악명 높은 사례들을 지적하기를 좋아했다. 그들은 독일 철학자 하이데거의 글에서 볼 수 있는 문장 "무無가 무화無化한다"를 거론했다. 그들은 일상언어에 사물을 바라보는 특정한 방식이 들어 있고, 그런 시각은 종종 심오한 지혜와 통찰을 보여준다고 보았다. 그 지혜를 잘 드러내기 위해 그들은 '자발적으로' '의도적으로' '자유롭게 행동함' 같은 표현들이 일상의 대화에서 어떻게 쓰이는지 주의 깊게 관찰했다. 일상언어철학의 배후에는 얼마 전에 출간되었던 루트비히 비트겐슈타인의 『철학적 탐구』가 자리 잡고 있었다.

옥스퍼드 교수이자 대표적인 일상언어 철학자인 J. L. 오스틴이 내가 2년 차 대학원생이던 때에 하버드를 방문하여 강연을 했다. 그 강연은 이후 『말과 행위』How to Do Things with Words로 출간되었다. 오스틴과 유명한 하버드 행동주의자 B. F. 스키너의 논쟁이라고 광고되던 자리에 참석했던 기억이 생생하다. 스키너가 먼저 나서서 행동주의 심리학자들이 자유의지 같은 것은 없다는 사실을 어떻게 발견했는지 길게 설명했다. 행동은 조종과 예측이 가능하다는 논지였다. 답변에 나선 오스틴은 스키너의 말을 직접적으로 반박하지 않았다. 대신에 그는 스키너가 '자발적'이라는 단어를 썼던 몇 문장들을 언급하며 이렇게 말했다. "하지만 아무도 그런 식으로 말하지 않을 겁니다." 조금 후에는 스키너의 다른 말 중에서 '자유롭게'라는 단어를 쓴 문장들을 가리키며 또다시 이렇게 말했다. "하지만 아무도 그런 식으로 말하지 않을 겁니다." 오스틴의 주장은 그런 식으로 이어졌다. 스키너의 얼굴에는 당혹스러운 표정이 역력했다. 어쩌면 그는 '하지만 내가 방금 그렇게 말했잖아'라고 생각했는지 모른다. 물론 오스틴이 의미한 바는 관용적 일상 영어를 구사할 때는 그렇게 말하지 않을 거라는 뜻이었다. 스키너는 좀처럼 이해를 못했는데, 적어도 그날 저녁에는 그랬다. 그가 만약 이해했더라면, 어깨를 으쓱하고는 이렇게 말했을 것 같다. "그래서 뭐 어떻다는 겁니까? 나는 일상 영어로 말한다고 주장한 적이 없거든요."

나는 논리실증주의에 거부감을 느꼈지만, 일상언어철학에는 한동안 흥미가 있었다. 나는 몇 편의 수업 과제를 작성하면서 사람이 할 말과 안 할 말에 대해 몇 가지 논평을 했다. D. C. 윌리엄스 교수는 그중 한 편에 이런 메모를 남겼다. "이 과제에서는 언어학의 뱀이 남긴 끈적끈적한 흔적이 감지된다." 이 새로운 철학 운동에 대한 그의 태도는 논리실증주의의 경우처럼 "이 또한 지나가리라"였다. 그는 이번에도 옳았다. 잠시 빛을 보는가 싶더니 일상언어철학은 사라졌다.

나는 곁다리로 그리스어 수업을 두 개 들었다. 고대 그리스를 전공한 저명한 망명 독일학자 베르너 예거Werner Jaeger의 수업이 기억에 남는다. 당시에 예거는 교부 니사의 그레고리우스의 저작을 편집하고 있었다. 나는 그의 연구실에서 진행되는 수업 준비 차 다른 두 학생과 와이드너 도서관에 모여 그가 편집한 그레고리우스의 텍스트를 열심히 읽어 나갔다.

...

클레어와 나는 1955년 6월, 대학원 2년 차와 3년 차 사이의 여름에 결혼했다. 결혼식은 그랜드래피즈에서 열렸고 헨리 스토브가 주례를 섰다. 결혼식이 시작되기를 기다리는 동안, 스토브는 본인의 결혼 시작을 기다릴 때 있었던 일을 얘기하며 나를 즐겁게 해주었다. 그의 들러리였던 헨리 자일스트라가 위스키 한 병과 솔을 가지고 왔는데, 위스키는 스토브의 긴장을 풀어 줄 용도, 솔은 그의 비듬을 털어 낼 용도였다.

기숙사에서 사는 시절이 끝나서 감사했다. 대부분의 대학원 동료들은 대학원에서 머무는 기간을 최대한 늘렸는데, 나는 그렇게 하지 않았다. 대학원생 시절은 무척 즐거웠지만 그 기간을 늘리고 싶은 마음은 없었다. 가능하면 3년의 과정이 끝나기 전에 박사논문을 마치리라 다짐했다. 내가 제일 좋아했던 하버드 교수 D. C. 윌리엄스는 고전형이상학을 가르치고 고전형이상학으로 논문을 썼다. 그의 지도를 받으면서 형이상학은 나의 첫사랑이 되었다. 당시에 형이상학은 유행과 아주 동떨어져 있었고 논리실증주의 이전 시대의 유물로 취급받았다. 하지만 상관없었다. 나는 형이상학이 좋았다! 3학년 초에 알프레드 노스 화이트헤드Alfred North Whitehead의 형이상학을 주제로 작성한 논문계획서가 통과되었다. 윌리엄스가 내 지도교수가 될 것이었다. 당시 나는 그에게 논문 지도를 받는 유일한 학생이었다. 나는 박사논문을 열심히 썼고 다음 해 7월에 마무리를 했다.

박사논문을 쓰면서 나는 화이트헤드에 환멸을 느끼게 되었다.

논문을 철학과에 제출한 뒤로 다시는 쳐다보지도 않았고 화이트헤드도 다시 읽지 않았다. 나는 윌리엄스 교수의 어느 수업에서 화이트헤드의 초기 저작을 몇 편 읽고 매력적이라고 생각했다. 그 초기 저작들 때문에 그의 철학을 박사논문 주제로 삼았다. 그런데 어리석게도 미리 들여다볼 생각을 못했던 그의 후기 저작을 막상 논문을 쓰면서 살펴보니 모호하고 불분명했다.

그럼에도 불구하고 윌리엄스 교수는 내가 박사논문을 제출한 후 내게 편지를 보내어 칭찬을 아끼지 않았고 예의 그 재치도 보여주었다. "지금까지 화이트헤드에게 자네만큼 근면하고 통찰력 있고 독창적인 동시에 존경심과 공감적 태도를 보여준 주해자이자 해석자는 없었지 싶네.…… 자네가 그를 다룬 솜씨는 러셀이 라이프니츠를 다룬 것에 비길 만하네." 하지만 윌리엄스는 거기서 그치지 않고 나의 논문에 중대한 결함이 없는 것은 아니라고 지적했다. "좋은 점만 있는 것은 아니네. 크게 두 가지 결점이 있네.…… 첫째는 미숙함 또는 미성숙이랄까, 다듬어지지 않았다고 할까, 마무리가 부족하달까.…… 자네의 스타일에서는 가끔 서툰 발길질이 보이네." 둘째, "자연스럽게 연결되는 흐름이 부족하네. 독자는 자꾸만 멈췄다가 다시 출발해야 하고, 다음 역이 지난 번 역과 같은 노선에 있는지도 분명하지 않을 때가 있어. 바꿔 말하면, 석재는 좋은데 모르타르가 못 따라갈 때가 있네."

대학원 3년 차 어느 시점에 윌리엄스는 나를 연구실로 불러 '셸던 해외연수 장학금'이라는 하버드 장학금 안내 팸플릿을 건네며 지원하라고 했다. 장학금에 대한 설명을 읽어 보니 그 목적이 박사논문 주제상 해외 연구가 필요한 대학원생들을 지원하기 위해서라고 되어 있었다. 그래서 내 박사논문 주제는 해외 연구가 필요하지 않다고 말했다. 화이트헤드의 저술들은 동네 서점과 하버드 도서관에서 쉽게 구할 수 있었다. 어쨌거나 나는 여름이 끝나기 전에 박사논문을 마무리할 수 있을 것 같았다. "그런 건 중요하지 않네." 윌리엄스의 대답이었다. 그래서 나는 상당한 액수의 그 장학금에 지원했고 수여자로 선정되었다.

수상자 발표가 난 직후, 나는 다른 수상자들과 함께 장학위원회의 위원장인 고전학자 J. P. 엘드르가 주최하는 환영회에 초대를 받았다. 그것은 새로운 여섯 명의 셸던 장학생을 위한 조촐하고 아늑한 셰리주 파티였다. 엘드르와 대화를 나누다 보니, 내가 그 장학금으로 박사학위 주제를 연구할 것이 아님을 아는 눈치였다. 대화 도중 그는 내 어깨를 두드리며 이렇게 말했다. "월터스토프 군, 자네는 이 돈으로 유럽 문화를 맛봐야 하네." 그는 정확히 그렇게 말했고, 나는 그 말을 잊지 않았다. 이런 생각이 들었다. 하버드가 내게 이 돈을 주고 유럽 문화를 맛보기 원한다면, 미네소타 촌구석 출신의 촌놈인 내가 누구라고 거기 의문을 제기하겠는가?

당시에는 미국인 철학자들이 옥스퍼드로 몰리고 있었다. 옥스퍼드가 일상언어철학의 중심지였기 때문이다. 반골 기질이 발동한 나는 케임브리지로 가기로 결정했다. 여전히 신학을 공부할 가능성을 염두에 두고 있었기에, 케임브리지에서 한 학기를 보내고 클레어와 함께 암스테르담으로 가서 신학 강좌를 수강할 생각이었다. 당시에는 개혁파 신학을 공부하고 싶어 하면 암스테르담의 자유 대학교로 가야 한다고 많이들 생각했다. 우리는 10월 초에 뉴욕에서 사우샘프턴으로 가는 배표를 끊었다.

...

클레어는 첫 번째 아이를 임신하고 있었고 출산예정일은 1956년 9월 초였다. 우리는 아직 산타바바라로 이사하지 않아 그랜드래피즈에 계시던 클레어의 부모님과 여름의 초엽을 보내고, 미네소타로 차를 몰고 가서 내 부모님을 만났다. 8월 말에 그랜드래피즈로 돌아가기 전, 클레어는 에저턴의 마을 의사를 찾아가 임신 말기에 차로 1천 3백 킬로미터나 여행하는 것이 안전한지 물었다. 의사가 대답했다. "아무 문제 없습니다. 통증이 느껴지거나 불편해도 그 원인을 알고 있으니까요." 의사가 여행이 안전하지 않다고 말했다면 우리가 어떻게 했을지는 모르겠다.

9월 9일에 에이미 엘리자베스가 그랜드래피즈에서 태어났다. 숱이 많은 까만 곱슬머리의 예쁜 아기였다. 나는 아기를 안고, 아기가 움직이는 것을 지켜보고, 아기에게 뽀뽀하고, 병원에서 안고 나와서 차 안에 있는 클레어의 무릎에 놓아 주고, 클레어의 부모님 댁에 도착해서 아기를 다시 안아 들고, 재우고, 한 주 후에 세례를 받을 때 그 모습을 골똘히 지켜보는 경험을 느긋이 즐겼다. 짜릿했다. 산부인과 의사는 아기가 자궁 속에 있을 때 발의 위치 때문에 한쪽 발목이 약간 변형되었다고 했다. 심각한 상태는 아니었다. 깁스 몇 번으로 해결될 문제라고 했다. 영국이나 네덜란드의 의사에게 문의해야 했다.

박사논문 구술시험이 영국으로 떠나기 며칠 전인 9월 마지막 날로 잡혔다는 통지를 받았다. 우리는 이렇게 결정했다. 내가 기차를 타고 보스턴으로 가서 박사논문 구술시험을 치르고, 며칠 뒤에 클레어가 에이미를 데리고 그랜드래피즈에서 뉴욕의 그랜드센트럴 역에 오면 거기서 만나는 것이었다. 우리가 유럽에서 일 년을 지내는 데 필요할 짐은 클레어가 챙겨 오기로 했다. 당시에 뉴저지의 교회에서 목회하고 있던 소중한 친구 루 스미즈가 그랜드센트럴역에서 차를 대고 기다릴 계획이었다. 뉴저지에 있는 그의 집에서 루와 그의 아내 도리스와 하룻밤을 보내기로 했다.

나는 계획대로 보스턴으로 가서 철학과 교수진 전체 앞에서 박사논문을 변론했다. 변론이 잘 진행되지 않았다고 느꼈다. 교수들 중 일부가 자신들은 형이상학을 인정하지 않는다고 넌지시 말했기 때문이다. 교수들은 나에게 나가 있으라고 한 후에 숙고를 시작했는데, 나는 그 시간이 길게만 느껴졌다. 불길한 느낌은 더욱 커졌다. 그러나 결국 윌리엄스 교수가 나와서 내 논문이 통과되었다고 알려 주었다.

나는 보스턴 교외 알링턴에 사는 친구 집에 머물렀다. 다음날 그와 함께 도로에서 축구공을 주고받다가 내 발이 우수관 구멍에 끼어 좀 크게 다쳤다. 친구는 나를 태우고 하버드 진료소로 갔는데, 발목이 심하게 삐었다는 진단과 함께 진통제 처방과 목발 한 쌍을 받았다. 다음날 나는 기차를 타고 뉴욕으로 갔고, 목발을 짚고 절뚝거리며 그랜드센트럴역의 약속 장소로 향했다. 클레어가 자그마한 에이미를 안고 짐 무더기에 둘러싸여 있었다. 루가 곧 우리를 발견했고 우리는 뉴저지로 향했다.

...

다음날 루가 우리를 맨해튼 중심부에 사는 또 다른 친구 진 캘런더의 집으로 데려다 주기로 정해 놓은 터였다. 진의 가족과 밤을 보낸 뒤 다음날 진이 우리를 배까지 태워다 주기로 했다. 에이미가 태어나기 전에 아기 여권을 받을 수는 없었으니, 우리는 에이미가 태어나고 최대한 서둘러서 엄마에게 안긴 에이미 사진을 찍고 여권을 빨리 받기 위해 제럴드 포드 의원(미시간주) 사무실로 갔다. 우리는 록펠러센터의 여권국에 여권이 있을 거라는 답을 들었고, 항구로 가는 길에 내가 여권을 찾아오기로 했다.

진은 느긋한 사람이었고, 나는 불안해지고 있었다.

"떠날 시간 아닌가?" 내가 물었다.

"서두를 거 없어." 진이 말했다.

길을 나서 보니 지하철 노동자들의 파업으로 교통이 혼잡했다. 마침내 록펠러센터에 도착하자 나는 목발을 짚고 절뚝거리며 외부 계단으로 올라가 엘리베이터를 타고 여권국으로 갔다. 그런데 여권은 있었지만 클레어의 서명이 필요했다. 나는 엘리베이터를 타고 다시 내려간 다음 목발을 짚고 계단을 내려가 차 안에서 기다리는 클레어에게 가서 그녀의 서명을 받고는 다시 한 번 건물을 오르락내리락했다.

손에 여권을 들고 차로 돌아왔을 무렵, 나는 배를 놓칠까 봐 초조해 죽을 지경이었다. 진은 여전히 느긋했고 서두를 것 없다고 했다. 우리는 배가 출발하기 30~40분 전에 부두에 도착했다. 그런데 배표를 찾을 수가 없었다. 접수창구의 여성이 상황을 파악하고 이렇게 말했다. "저기 의자에 앉아서 긴장을 좀 푸시지 그러세요? 찾으실 거예요." 나는 의자에 앉았고 금세 배표를 찾았다. 그녀는 배표와 우리를 번갈아 보더니 이렇게 말했다. "이번 출항에는 비어 있는 1등급 객실이 몇 개 있어요. 선생님 가족을 그중 하나에 넣어 드릴게요."

그렇게 우리는 출항했다. 호화롭게!

...

우리는 사우샘프턴에서 내려 기차를 타고 런던으로 갔고, 런던에서 기차를 갈아타고 케임브리지로 갔다. 런던으로 가는 기차 안 객실에서 우리 맞은편에 두 명의 영국인 노부인이 앉아 잡담을 나누고 있었다. 그들의 대화를 엿듣지 않을 수가 없었다. 그들은 최근에 죽은 친구 마이클에 대해 이야기하고 있었다. 대화 도중 한 사람이 다른 사람에게 말했다. "마이클이 너무 안되었어요. 연금도 받기 전에 죽었잖아요." 우리가 다른 세계에 들어섰음이 실감났다. 그전까지는 누군가가 연금을 받기 전에 죽었다는 이유로 그의 죽음을 애도하는 것을 들어 본 적이 없었다!

케임브리지에 도착한 우리는 택시기사에게 추천할 만한 호텔로 데려가 달라고 부탁했다. 그는 우리를 로열호텔로 데려갔는데, 알고 보니 케임브리지에서 가장 큰 호텔이었다. 객실은 휑뎅그렁했고 전체적으로 적갈색이었다. 그날 호텔 저녁 식사는 고정 메뉴였다. 삶은 감자, 삶은 콜리플라워, 화이트소스를 뿌린 대구가 백포도주 한 잔과 함께 하얀 접시에 담겨 나왔는데 식탁보도 하얀색이었다. 흰색 위에 흰색 위에 흰색. 지금도 우리는 그 이야기를 하며 웃는다. 클레어는 색깔을 사랑하고, 나도 그렇다.

케임브리지에서 살 준비를 미리 해놓지 않았던 터라 믿을 만한 숙박 안내소를 소개해 달라고 호텔에 요청했다. 호텔이 추천해 준

숙박 안내소는 너덧 가지 가능성을 제시했다. 케임브리지 버스 노선도를 손에 들고 그 집들을 찾아 나섰다. 여전히 목발을 짚은 채였다. 목발을 짚고 걷는 것이 얼마나 힘든지 아무도 말해 준 적이 없었다. 무난해 보이는 첫 번째 집을 고르기로 마음먹었다. 이 집 저 집 보러 다닐 생각이 없었다. 도심의 길가에서 본 집들은 전부 더러웠기에 나는 버스를 타고 도시 변두리에 있는 집으로 갔다. 버스정류장에서 집까지 걸어가는 길은 멀었고 목발을 짚은 탓에 힘들었다. 그러나 빅토리아풍의 멋진 벽돌주택은 괜찮아 보였다.

초인종을 누르자 나온 여성은 미스 안셀이라고 자신을 소개했다. 그녀는 우리가 원하는 대로 두 달 반 동안 머물 방이 있다고 했다. 꽤 큰 거실이 하나 있고, 2층에 작은 부엌이, 3층에는 침실이 있었다. 2층의 욕실과 화장실은 다른 두 입주자인 이스라엘인 부부와 독신의 영국인 남자와 함께 써야 했다. 우리가 그 집에 머무는 동안 영국 남자는 영국인의 축구 사랑을 알게 해주었다. 이 집이면 틀림없이 괜찮을 것 같았다. 나는 계약서에 서명하고 호텔로 돌아와 가족과 함께 택시로 짐을 옮겼다.

...

삼 년간 대학원에서 무지막지하게 공부한 후라, 케임브리지에서 머무는 동안에는 쉬엄쉬엄했다. 목발을 벗자 클레어와 함께 케임브리지 탐험에 나섰다. J. P. 엘드르가 권한 대로 유럽 문화를 맛보았고 큰 즐거움을 느꼈다. 유모차가 필요했기에 클레어는 신문에서 광고를 보고 택시를 타고 가지러 갔다. 그녀는 정말 거대한 '동차'童車, perambulator, 영국인들은 유모차를 그렇게 불렀다를 가지고 돌아왔다. 우리 둘 다 그런 물건은 처음 봤다. 그러나 꽤 유용했다. 클레어는 에이미를 영국식 표현으로 '배'에 달고 다녔는데, 에이미가 그쪽을 더 좋아하는 것 같아서였다. 영국인들에게 이것은 완전히 잘못된 방식이었고, 여자들은 걸핏하면 나서서 클레어에게 아기는 등을 대고 누워야 한다고 가르쳤다.

나는 많은 권위자들의 강의를 들었다. 그중 몇 명을 꼽자면 당시 얼마 전 옥스퍼드에서 케임브리지로 옮겨와 중세 시를 강의하던 C. S. 루이스, 비트겐슈타인에게 깊은 영향을 받았고 상당히 괴짜였던 철학자 엘리자베스 앤스콤, 비트겐슈타인의 기행을 따라하던 철학자 존 위즈덤 등이었다. 존 위즈덤은 갑자기 강의를 멈추고 강단에 몸을 기대더니 눈을 감은 채 얼굴을 찡그리고 이마를 탁 쳤다. 그대로 30초 정도 아무 말이 없다가 고개를 들고 이렇게 말했다. "아냐, 아냐! 전부 틀렸어. 다시 시작해 보겠습니다." 루이스는 딱딱하고 격식을 차리는 느낌이 들었고 한 번도 미소 짓지 않았다. 몇 년 전 옥스퍼드에서 기적에 대한 루이스의 책을 놓고 그와 앤스콤이 벌인 공개 토론에 대해서는 다들 알고 있었다. 그 논쟁에서 앤스콤이 쉽게 이겼다는 것이 대체적인 평가였다.

나는 철학자 C. D. 브로드로부터 오후에 킹스칼리지의 연구실에서 차를 마시자는 초대를 받았다. 브로드는 최고의 형이상학자였다. D. C. 윌리엄스와 함께 그의 저작 일부를 공부했던 터라 그와 토론하고 싶은 많은 형이상학의 문제들을 생각해 두었다. 하지만 그는 차를 마실 때는 '일' 얘기를 하지 않는다는 점을 분명히 했다. 그래서 우리는 잡담을 나누었다. 그는 내게 학부를 어디에서 했느냐고 물었다. 그는 탁월한 철학자들을 배출하는 칼빈 대학의 명성을 알고 있었고, 그런 성과는 분석철학의 논증 방식과 네덜란드 개혁파 신학의 논증 방식이 유사하기 때문일 거라고 추측했다. 다소 산만하게 이어진 대화 도중에 그는 영어와 프리스어가 상당히 비슷해서 북해 연안 항구에서 만난 영국인 어부와 프리스인 어부가 서로 의사소통이 가능했다는 말도 했다. 그 말이 사실인지는 모르겠다.

...

1956년 가을에 러시아인들이 헝가리를 침공할 조짐이 보였다. 미스 안셀의 '응접실'은 집 1층 입구에서 조금만 들어가면 앞쪽에 있었다. 그곳은 어두웠고 적갈색이 두드러졌으며 관의 내부처럼 느껴졌다. 그녀는 매일 하루종일 세계 지도자들에게 편지를 써서 러시아인들을 막기 위해 할 수 있는 일을 하라고 촉구했다. 해럴드 맥밀런 영국 수상에게는 자기가 러시아와 헝가리 사이의 선로에 드러눕겠으니 영국 정부가 그리로 가는 비용을 지불하고 그녀가 살아남을 경우 돌아올 차비를 내라고 썼다고 내게 말했다. 그녀가 수상실에서 답변을 받았는지는 모르겠다.

　미스 안셀의 집 뒤에는 꽤 큰 사과밭이 있었다. 때는 가을이었고 사과가 떨어지고 있었다. 어느 날, 우연히 내가 입구에 서 있을 때 이스라엘인 부부가 응접실로 들어가 미스 안셀에게 떨어진 사과 몇 개를 집어가도 되겠느냐고 물었다. 클레어와 내가 볼 때 그들은 분명 아주 가난했다. 미스 안셀은 정원은 세입자들에게 출입금지라고 싸늘하게 대답했다. 머나먼 헝가리인들을 향한 연민, 자기 집 세입자들에 대한 냉대. 얼마 후에 나는 찰스 디킨스의 소설 『황폐한 집』*Bleak House* 을 읽었는데, 거기서 디킨스는 젤리비 부인을 풍자적으로 묘사한다. 젤리비 부인은 아프리카 선교 사업에 많은 힘을 쏟고, '가엾은 아프리카인들'을 돕는 일에 모든 관심을 기울인다. 그러나 그녀의 아이들은 누더기 차림이고, 방치되어 알아서 살아남아야 한다. 나는 케임브리지 힐스로드의 빅토리아풍 집에서 살아 있는 젤리비 부인을 만났다. 그녀는 값싼 자유주의의 이미지로 내게 남아 있다.

...

우리는 12월 중순에 네덜란드로 떠났다. 먼저 기차로 영국 해안까지 간 다음, 배편으로 영국해협을 건넜는데, 상당량의 짐과 거대한 유모차를 가져갔고 에이미를 안은 클레어가 함께했다. 우리는 암스테르담에서 방을 잡을 때까지 헤이그의 클라라 이모와 빌 이모부 집에서 몇 주 머물기로 했다.

클라라 이모는 새어머니의 여동생이다. 제2차 세계대전 말엽에 이모는 맨해튼에서 일했고 곁다리로 음악학교에서 피아노 레슨을 받고 뛰어난 피아니스트가 되었다. 이모는 일요일마다 뉴저지 선원 선교회 예배에서 피아노 반주를 했는데, 거기서 장래의 남편인 네덜란드인 빌 코겔러를 만났다. 엔지니어였던 빌은 셸Royal Dutch Shell사에 고용되어 퀴라소에서 근무했다. 전쟁이 끝날 무렵, 빌은 어떤 이유에선가 미국으로 보내졌고 우여곡절 끝에 호보켄에 있는 선원 선교회에서 일요일 예배를 드리기에 이르렀다. 빌과 클라라는 결혼한 후에 헤이그로 이사했고, 그곳에서 빌은 셸사의 본부 사무실에서 근무했다.

빌 이모부는 후크반홀란드의 배에서 우리를 만났다. 처음 만난 자리였지만, 사진으로 얼굴을 익혔기에 서로를 알아보았다. 우리는 기차를 타고 헤이그로 갔고, 택시로 집까지 이동했다. 이모와 이모부는 엘렌, 지네트, 빌렘, 이렇게 어린 자녀가 셋 있었기에 우리 세 사람이 합류하자 집이 붐볐다. 그렇지만 그들은 놀랄 만큼 따뜻하게 대해 주고 반갑게 맞아 주었다. 우리는 그들 가족을 전부 사랑하게 되었고, 가까운 관계를 오랫동안 유지했다.

이모 댁에 머무는 동안 일요일에는 그분들이 다니는 교회에 같이 갔다. 나는 네덜란드어로 말하는 것은 어렵지만, 네덜란드 말을 알아듣는 것은 꽤 했다. 그래서 예전과 설교를 따라갈 수 있었다. 어느 일요일, 예배가 끝난 후 클라라는 미국인답게 뒷자리에 앉아 있던 여성에게 인사를 하고 자기 소개를 했다. 그 여성은 허리를 곧추세우고 차가운 어조로 "Ik heb niet de eer om U te kennen"("죄송하지만 모르는 분이군요")라고 말하고는 나가 버렸다.

이모 가족과 함께 지내고 몇 년 지나지 않아서 그들은 오하이오주의 클리블랜드로 이사했다. 그곳에서 빌 이모부는 정유공장 설계를 전문으로 하는 엔지니어링 회사에 자리를 잡았다. 친척들 중에서 제일 좋아하는 사람을 지명하는 일은 위험하지만 어쨌거나 나는 말하고 싶다. 빌 이모부와 클라라 이모는 우리 부부가 제일 좋아하는 이모부와 이모다. 지적 호기심이 많고 마음이 열려 있고 삶의 태도가 긍정적이며 우리가 하는 일에 늘 관심을 보이신다. 우리는 그분들에게 깊은 유대감을 느꼈다. 한번은 클리블랜드로 가서 90대의 클라라 이모를 만났는데, 이모는 그 얼마 전에 출간된 내 책 『정의: 정당한 것들과 부당한 것들』*Justice: Rights and Wrongs*을 갖고 계셨다. 이모는 이렇게 말했다. "닉, 이 책을 읽고 있는데 무척 맘에 드는구

나. 그런데 몇 가지 물어볼 게 있어." 역시 이모였다! 이모는 대학에 다니지 않았다. 이모는 2017년 6월 22일, 백세 생일을 석 달 앞두고 돌아가셨다. 빌 이모부는 그보다 10년 전인 2007년 1월 7일에 아흔 다섯의 나이로 돌아가셨다.

…

어느 토요일, 우리가 빌 이모부와 클라라 이모 댁에 머물고 있을 때 그 집에서 참으로 놀라운 공연이 있었다. 그날은 엘렌의 일곱 살 생일이었고, 오후와 저녁에 걸쳐 파티가 열렸다. 손님 대부분이 도착한 후, 범상치 않게 보이는 키 크고 약간 뚱뚱한 노신사가 검은색 스리피스 정장 차림에 황금시계줄을 차고 성큼성큼 걸어 들어왔다. 그 뒤로 똑같이 범상치 않은 외모의 여성이 눈에 확 띄는 모자를 쓰고 들어왔다. 노신사는 빌 이모부의 아버지, 네덜란드 제일란트주의 주도인 미들브루흐의 부르흐메이스뜨르(시장)였다.

부르흐메이스뜨르는 사회자 역할을 맡아 그날 행사를 연출했다. 그는 모든 손님을 환영한다는 인사말을 하고, 손녀인 엘렌의 생일을 축하하는 자리에 이렇게 많은 사람이 참석한 것을 보니 너무나 행복하다고 말했다. 그다음, 바깥이 좀 쌀쌀하니 모두가 보를 borrel, 네덜란드 진 한잔을 마시자고 제안했다. 보를을 음미하며 잡담을 나눈 후, 그는 이제 노래를 할 시간이라고 말했다. 그래서 우리는 함께 노래를 불렀다. 다시 잡담을 나눈 후, 그는 차를 마실 시간이라고 선언했다. 그래서 차를 만들었고 모두가 차를 마시고 케이크를 먹었다. 그다음은 시를 낭독할 시간이었다. 네덜란드에서는 생일파티와 결혼식에 참석하는 하객들이 축하의 시를 써 오는 것이 관습이다.

나는 이 사실을 나중에야 알게 되었다. 시라고 했지만 물론 엉터리 시였다. 그래도 재미있는, 때로는 아주 웃기는 엉터리 시였다. 엘렌의 생일파티 하객들은 자신들이 지어온 '시'를 일부 낭독했고 곳곳에서 웃음이 터져 나왔다. 하객들이 저녁 식사를 마치고 떠날 때까지 그렇게 순서가 이어졌다.

나는 그와 같은 모임을 본 적이 없었다. 미국에서도 물론 생일파티를 하지만 그렇게 연출된 집단 공연이 아니다. 나중에야 클레어와 내가 헤이그의 그 토요일 오후에 경험한 모임이 네덜란드의 생일잔치, 결혼식 피로연, 기타 행사에서 전형적으로 볼 수 있는 의식적 특성을 다소 극단적으로 보여준 사례임을 알게 되었다. 대체로, 네덜란드의 생활에서는 미국의 경우보다 의식이 훨씬 더 많은 곳에서 두드러진 역할을 한다.

헤이그에서의 그 생일잔치를 본 지 삼십 년 후, 암스테르담의 자유 대학교에서 철학을 가르치고 있을 때, 나는 몇몇 박사학위 후보자들의 최종 구술시험과 학위 수여식에 참가하게 되었다. 그 행사가 어떻게 진행되었는지 설명하기에 앞서, 하버드에서 나의 최종 구술시험이 어떻게 진행되었는지 회상해 보려 한다. 나는 철학과 건물인 에머슨홀의 한 강의실에서 교수진을 상대로 한 시간가량 구술시험을 본 다음, 밖으로 나가 좀 떨어진 곳에서 기다리라는 말을 들었다. 교수진의 숙고가 끝난 후, 나의 지도교수였던 D. C. 윌리엄스 교수가 나와서 다시 들어오라고 했고, 심사위원장이 결과를 발표한 뒤 나는 교수들과 악수를 나누었다. 졸업식에 참석하지 못했던 나는 다음해 6월에 졸업식에서 공식적인 학위 수여가 있음을 알리는 문서를 우편으로 받았다.

자유 대학에서는 일반인도 후보자의 박사논문 구술시험에 참관할 수 있었다. 시험을 치르는 학생의 친구와 친척들, 교수들, 동료 학생들, 관심 있는 일반인 모두가 참석한다. 후보자는 서너 명으로 이루어진 시험관의 질문을 받는데 그중 한 사람은 후보자의 지도교수이고, 시험관 중 적어도 한 명은 언제나 다른 대학에서 온다. 시험이 시작되기 직전, 철학과 교수들은 외부 심사위원들과 함께 모두 교수복을 입고 강당 근처의 방에 모인다. 그다음 그들은 메이스 (지팡이)를 든 의전관을 뒤따라 강당으로 들어간다.* 시험관들은 긴 테이블에 자리를 잡고 나머지 교수들은 강당의 첫 좌석에 자리를 잡는다. 정장 차림의 후보자는 소위 들러리paranymph, 이들도 정장 차림이다 두 명의 호위를 받으며 4.5미터 정도의 거리를 두고 시험관들 앞에 선다. (내 사전은 '들러리'paranymph를 '고대 그리스에서 신랑과 함께 집으로 신부를 데리러 가는 친구'로 정의한다.) 네덜란드 교육 제도에서 들러리의 공식 기능은 후보자가 시험관의 질문에 잘 대답할 수 있게 돕는 것이다. 물론, 어떤 질문에 대해서든 후보자가 들러리에게 실제로 문의한다면 그것은 재앙과 다름없을 것이다. 그런 일은 결코 일어나지 않는다.

구술시험은 이렇게 진행된다. 먼저 후보자가 자신의 논문을 간략히 요약하고 시험관들이 돌아가며 후보자에게 질문을 한다. 시험이 진행되고 정확히 한 시간이 지나면 줄곧 서 있던 의전관이 메이

---

* 의전관beadle에 해당하는 네덜란드어 용어는 쁘델pedel이고 강세는 두 번째 음절에 있다. 영어와 네덜란드어 용어는 어원이 같다. 미리엄웹스터 사전은 beadle을 이렇게 정의한다. "하급 교구직원. 그의 임무에는 예배와 일반 행사에서 안내 및 질서유지가 포함된다."

스를 똑바로 들어 올렸다가 바닥을 치며 "호라 에스트"("시간이 되었다"는 뜻의 라틴어)라고 외친다. 그 순간에 말하고 있던 사람이 문장을 마무리하면, 시험은 거기에서 멈춘다. 의전관이 교수진과 시험관들을 이끌고 이전에 모였던 방으로 돌아가고 교수들과 외부 시험관들은 학위를 수여할지 투표한다. 내 경험상 투표 결과는 언제나 찬성이었다. 후보자는 방으로 불려 들어가 지도교수로부터 결정을 듣고 나서, 과거에 자유 대학교에서 박사학위를 받은 모든 사람의 이름이 적혀 있는 몇 권짜리 된 큰 책에 이름을 적는다. 그다음 의전관은 후보자, 시험관, 교수진을 이끌고 다시 강당으로 간다. 후보자와 지도교수가 마주보고 서고, 지도교수가 결정 내용을 알리고, 관중은 박수갈채를 보내고, 지도교수는 '라우다찌오' 곧 후보자의 연구를 칭찬하는 짧은 연설을 한다. 그러면 의전관이 의식이 끝났음을 선언한다. 박사학위 수여와 관련된 이 의식은 네덜란드의 모든 대학이 비슷하다고 한다.

자유 대학에서는 폐회 선언 후 모두가 강당 옆에 있는 큰 공간으로 자리를 옮긴다. 그곳에는 포도주, 주스, 간식이 준비되어 있고, 청중은 줄을 서서 차례로 후보자에게 축하의 말을 한다. 그날 저녁 후보자는 인근 식당에서 친구, 친척, 교수들에게 저녁 식사를 대접한다.

...

1957년 1월 중순, 클레어와 나는 에이미―발에 깁스를 한 상태였다―를 안고 암스텔 강이 내려다보이는 암스테르담의 아파트로 입주했다. 이번에도 우리는 J. P. 엘드르의 권유에 따라 유럽 문화를 맛보았다. 클레어와 나는 암스테르담을 사랑하게 되었고 이후로도 그 사랑에서 헤어나지 못하고 자주 다시 찾는다.

당시 네덜란드 개혁파 공동체 내의 신학 교수와 신학생들의 주된 견해에 따르면, 당시 개혁파 전통에서 활동하는 가장 뛰어난 조직신학자는 미국과 네덜란드를 통틀어 자유 대학교의 G. C. 버르카워G. C. Berkouwer였다. 그래서 나는 버르카워의 수업을 듣기 시작했다.

그의 강의에는 존경할 만한 부분이 많았다. 이를테면 그의 교회 일치 정신, 동의하지 않는 이들에게도 논쟁적이지 않은 태도, 깊은 역사적 학식 등이었다. 그러나 그의 강의에는 내가 하버드에서 접한 분석철학 전통의 특징인 엄밀함이 심각하게 결여되어 있었다. 그의 지적 담화 방식은 당시에 내가 받아들인 방식과 달랐다. 한 달쯤 후, 나는 버르카워가 현대의 개혁파 신학자 중 최고라면 신학자들 사이에서 평생을 보낼 수 없겠다고 결정했다. 나는 철학에 머물기로 했다. 그리고 지금까지 그 결정을 한 번도 후회한 적이 없다.

하지만 신학에 대한 관심은 여전했다. 종교철학을 하는 내 동료들 중 많은 이들이 현대신학을 지적으로 무능하다고 여기고 무시한다. 내 생각은 다르다. 많은 현대신학은 현재의 분석철학과 상당히 다른 담화 방식을 구사하지만 무능하지는 않다.

앞의 두 단락에서 나는 두 차례 **분석철학**analytic philosophy을 언급했다. 분석철학이 무엇인지 모르는 독자들이 있을 것 같아서 내 이야기를 잠시 멈추고 최대한 간략하게 설명해 보겠다. 분석철학은 이제 하나의 전통으로 자리 잡은 철학하기의 방식이고, 나 역시 이 전통의 특징을 그대로 갖고 있다. 물론 이 전통의 '감'을 제대로 잡으려면, 이 전통 안에서 연구를 했거나 현재 연구하고 있는 철학자들의 책이나 논문을 읽어 봐야 한다. 지난 75년 동안 철학에 **분석** 전통과 **대륙** 전통이라 부르는 두 가지 주된 전통이 있었다는 말을 흔히 들을 수 있다. 20세기의 모든 철학자가 두 전통 중 하나에 속하는 것은 아니다. 화이트헤드처럼 예외도 있다. 하지만 대부분은 둘 중 하나에 속한다.

가령 플라톤주의를 누군가에게 설명한다면, 플라톤 및 그의 학파에 속한다고 자처한 이들이 제시하고 옹호하는 주된 철학적 입장들을 소개할 것이다. 그런데 현대의 분석철학과 대륙 철학을 설명할 때는 그렇게 하지 않는다. 두 철학 모두 철학적 주제들에 대한 특정한 입장을 특징으로 하지 않는다. 대신에 정전正典으로 여기는 특정 저작들과 특정한 철학 스타일—여기서 '스타일'은 저술방식과 사고방식을 모두 가리키는 용어이다—을 갖고 있다.

분석철학의 전통을 세운 대표적 인물은 독일의 철학자 고틀로프 프레게Gottlob Frege, 1848-1925, 영국의 철학자 버트런드 러셀Bertrand Russell, 1872-1970, 그리고 G. E. 무어G. E. Moore, 1878-1958이다. 이 세 인물은 모두 당대에 유행하던 소위 관념론에 반대했다. 그들은 관념론의 높이 날아오르는 사변적 특성에 반발했다. 관념론이 내세우는 주장에는 정확성과 명료함이 결여되어 있고, 내세우는 논증에는 엄밀함이 결여되어 있다고 보고 비판했다. 그들은 이 모든 측면에서 더 나은 철학을 하는 것을 목표로 삼았다.

그들의 영향력은 지금도 여전히 살아 있다. 분석 전통의 철학자들은 흔히 논증의 엄밀함, 표현상의 정확성, 명료함을 중요하게 생각한다. 분석학자들에게 표현상의 정확성은 흔히 은유, 과장, 직유 같은 비유적 표현을 잘 쓰지 않는 것으로 나타난다. 대륙 철학자들의 훨씬 더 문학적인 스타일과 달리, 분석철학자들은 암시와 빗 댐이 없는 건조하고 문자적인 스타일을 구사한다. 그 결과, 분석철학자가 다른 분석철학자의 저작을 논할 때는 상대 철학자가 말하는 내용이 대체로 분명하기 때문에 해석에 시간과 노력을 비교적 덜 들이고, 그 주장이 옳은지, 상대가 제시하는 논증이 설득력 있는지 여부에 초점을 맞춘다. 그러나 대륙 철학자의 저작을 다룰 때는 해석에 훨씬 더 많은 시간과 노력을 기울인다.

높이 날아오르는 사변에 대한 반감에 대해 말하자면, 분석철학자들은 그로 인해 속칭 '저공 비행'을 한다. 그래서 자신의 견해를 제시할 때 예시를 많이 들어 그들이 옹호하는 명제들이 적절한 사례들에 들어맞는다는 것을 스스로와 독자들에게 확실히 보이려 하고, 다른 이들의 견해를 비판할 때는 흔히 반례를 많이 제시하여 수사적 표현 대신 실제적이고 구체적인 내용 위주로 전개한다.

그런데 내가 지금까지 말한 내용으로는 내가 생각하는 분석철학의 '심층 구조'가 드러나지 않는다. 분석철학자들이 엄밀한 논증과 정확하고 명료한 표현을 중요하게 생각하는 이유가 무엇일까? 본인과 논쟁 상대가 내세우는 주장들이 적절한 사례에 들어맞는지에 집중하는 이유가 무엇일까? 내가 볼 때 그 이유는 철학자의 과제에 대한 암묵적 이해에서 찾을 수 있다. 내가 그 이해를 설명할 수 있는 최선의 방법은 임마누엘 칸트의 사상을 간략하게 언급하는 것이다. 칸트는 당시(18세기 후반) 자연과학의 급속한 발전을 보면서 그 성장이 계속 이어질 경우 철학자들에게 무엇이 남을지 나름의 방식으로 묻게 되었다.

칸트가 찾은 답의 핵심은 다음과 같다. 과학 활동의 핵심은 우

연적인 것들, 즉 원칙적으로 다르게 될 수 있었던 사실과 법칙을 발견하는 것이다. 그렇다면 철학자들에게는 **필연적인 것들**, 즉 다르게 될 수 없는 사태를 탐구하는 일이 남는다. 과학자들과 일반인들은 여러 다른 종류의 판단—지각적 판단, 도덕적 판단, 미적 판단 등—을 내리고 비판하지만 그런 판단의 근거에 대해서는 잘 묻지 않는다. 그런 일은 철학자들의 몫으로 남는다. 우리 모두는 지각적 판단을 내린다. 그러면 그런 판단의 궁극적 근거와 정당성을 제공하는 것은 무엇일까?

철학자의 임무에 대한 이 칸트적 이해가 분석철학의 전통을 형성했다. 미술을 연구하는 분석철학자는 미술의 우연적인 면에 대한 판단은 미술사학자와 미술 평론가에게 맡긴다. 미술 철학자는 그런 작업에서 물러나 이렇게 묻는다. 미술의 본질은 무엇인가? 재현이란 무엇인가? 표현력이 무엇인가? 미학적 차원이란 무엇인가? 우리는 무엇을 토대로 미술적 미학적 가치를 판단하는가? 이런 것들이 칸트 스타일의 질문이다. (이것이 소크라테스 스타일의 질문이기도 하다는 것을 알아보는 독자들도 있을 것이다.)

나의 철학적 사고와 글들은 분명히 분석적 전통에 속한다. 하지만 두 가지 방식으로 그 전통과 차이를 보인다. 나는 대부분의 동료 분석철학자들에 비해 대륙 전통의 주요 인물들을 많이 다루었다. 그중 일부를 꼽자면 가다머Gadamer, 하버마스Habermas, 리쾨르Ricoeur, 데리다Derrida, 아도르노Adorno 등이다. 이 철학자들을 제대로 해석하면 내가 다루는 문제들에 대한 중요한 실마리를 제공해 줄 거라는 것이 나의 판단이었다. 그리고 나는 전형적인 분석철학자의 경우보다 개념 분석을 덜했고 대륙 철학자들 특유의 현상학적 묘사는 많이 사용했다.

흐름을 끊는 설명은 여기까지 하자. 내가 예일대에서 가르치던 1990년대에 나와 종교철학을 공부한 학생들은 조직신학 수업을 의무적으로 들어야 했다. 당시의 강의계획서에는 20세기의 스위스 신학자 칼 바르트Karl Barth의 저작이 상당수 들어 있었다. 분석철학으로 훈련받은 학생들은 종종 절망에 빠져 망연자실한 채로 내 연구실로 찾아와 분통을 터뜨렸다. 나는 그들에게 이렇게 말해 주었다. 분석철학 텍스트를 읽는 것처럼 바르트의 글을 읽어서는 안 된다. 바르트는 실패한 분석철학자가 아니다. 바르트의 대륙 스타일에 맞는 대안적 읽기 방식을 익히고 연습해야 한다. 긴장을 풀고, 마음을 열고, 자신의 전제를 옆으로 치워 놓으면, 왜 바르트를 기독교회의 위대한 신학자라 하는지 서서히 깨닫게 될 것이다. 대부분의 학생들은 결국 그 일을 해냈다.

...

1957년 봄 어느 날, 아버지가 네이메이흔에 있는 찰리 핀스트라 삼촌 댁을 방문하라는 내용의 편지를 보내셨다. 나에게 찰리라는 이름의 삼촌이 있는지 몰랐다. 한 번도 들어 본 적이 없는 이름이었다. 그러나 나는 아버지가 알려 주신 주소로 연락을 했고, 어느 날 클레어, 에이미와 함께 찰리 삼촌 가족을 만나러 암스테르담에서 기차를 타고 네이메이흔으로 갔다. 삼촌 댁에 도착해 보니 그들의 지독한 가난이 한눈에 보였다. 집은 작았고 음식은 변변찮았다. 그러나 그들은 우리를 따뜻하게 환영해 주었고 에이미를 보고는 탄성을 내질렀다.

다음날 우리는 찰리 삼촌의 사촌 안드레아스를 만났는데, 그는 찰리 삼촌을 본인 회사의 트럭 운전사로 고용하고 있었다. 크고 웅장한 집에 살았던 안드레아스는 그날 저녁에 우리를 집으로 불러 대단히 훌륭한 저녁 식사를 대접했고 하룻밤 묵고 가길 청했다. 하지만 우리는 찰리 삼촌이 무시당하는 느낌을 받을까 봐 선뜻 그러겠다고 할 수가 없었다. 안드레아스는 찰리 삼촌에게 연락을 해서 상황 설명을 했고 찰리 삼촌은 수긍했다.

안드레아스는 아주 잘사는 것이 분명했다. 그렇다면 어떻게 된 일일까? 그는 왜 호화롭게 살면서 사촌이자 직원인 찰리 삼촌이 가난하게 사는 것을 방치하는 걸까? 우리는 의아했다. 그런데 그와 관련된 얘기가 그날 저녁에 다 나왔다. 찰리 삼촌은 10대 초에 나머지 가족들과 함께 미국으로 이민을 갔었다. 그런데 20대 초에 경범죄를 저지르고 수감되었다. 감옥에 있을 때 다른 수감자와 싸움을 벌였고 칼로 부상을 입혔다. 그는 네덜란드로 강제 추방되었지만 거기서도 거듭 법에 저촉되는 행위를 했다. 그는 수감되었고, 안드레아스가 그를 꺼내 주었고, 다시 수감되었고, 안드레아스가 다시 그를 꺼내 주는 과정이 이어졌다. 안드레아스가 찰리 삼촌의 슬픈 이야기를 들려줄 때 우리는 실외에 있었다. 그는 달을 가리키며 말했다. "찰리는 제정신이 아니네."

가족 중 누구도 찰리 삼촌을 언급하지 않은 이유를 알게 되었다. 그는 말썽꾸러기였고 다들 그를 부끄러워했다. 그에 관해 말하고 싶어 하지 않았고, 그저 잊고자 했다. 이해할 만한 반응이었다. 그런데 왜 아버지는 찰리 삼촌을 찾아가라고 하시면서 배경 정보를 전혀 주지 않았을까? 왜 우리가 상황을 알아내도록 내버려 두셨을까? 6월에 클레어와 내가 로테르담에서 미국으로 돌아가는 배를 탔을 때, 찰리 삼촌은 부두에 서서 작별인사를 했고 눈물을 펑펑 쏟았다.

몇 년 후 찰리 삼촌은 비행기로 미국에 와서 그곳에 살고 있던 딸을 만났다. 그는 빌린 차로 여기저기 다니면서 친척들을 포함한 상당히 많은 사람들을 속여 돈을 뜯어냈다(클레어와 내게는 연락하지 않았다). 그는 매력적인 사람이었고 공감을 끌어내는 데 천재였다. 그의 사기 행각의 성공 비결은 사기꾼처럼 보이지 않는다는 데 있었다. 그는 알랑거리거나 환심을 사려 하지 않았다. 대신에 놀랍도록 따뜻하고 배려심 있는 사람으로 보였는데, 나름의 복잡한 방식으로 정말 그렇기도 했다.

03_
예일

우리가 암스테르담에 머물던 1957년 3월 말에 나는 예일 대학교 철학과 학과장 브랜드 블랜샤드의 편지를 한 통 받았다. 예일대 철학과 강사 자리를 제안하는 내용이었다. 그는 내게 그 자리에 지원하라고 하지 않고 그 자리를 제안했다. 클레어와 나는 그 문제로 간단히 의논했고, 나는 수락한다고 답장을 써 보냈다. 그해 8월 말에 만나 보니 블랜샤드는 다소 격식을 차리는 사람이었기에 내가 예일대에서 갑자기 그런 제안을 받게 된 경위를 편안하게 물어볼 수가 없었다. 하지만 어떻게 된 일인지 알 수 있을 것 같았다. 그는 하버드대 철학과 학과장에게 전화를 걸어 최근에 졸업한 하버드 박사중에 예일대의 그 자리에 추천할 만한 사람이 있는지 물었고, 하버드 철학과 학과장은 나를 추천했던 것이다. 일명 인맥이 작동한 것이었다. 지금은 그런 인맥이 거의 남아 있지 않는데, 좋은 현상이다. 그런 인맥은 불공평했기 때문이다. 그러나 당시에 나는 그런 불공평함을 생각하지 않았다. 예일대에서 자리를 제안 받아 놀라고 기뻤을 뿐이었다.

...

예일대의 철학적 분위기는 하버드대와 많이 달랐다. 하버드대에서는 분석철학이 지배적이었지만, 예일대에서 분석철학은 주변적인 위치에 있었다. 현대의 대륙 철학과 철학사가 강했고 쇠락하는 영국과 독일 관념론이 간신히 명맥을 잇고 있었다. 내가 학교에 도착했을 때 정년 보장 교수 중 유일한 분석철학자였던 아서 팹은 동료들의 무시와 따돌림을 받고 있었다. 다음 해, 분석철학자 윌프리드 셀라스가 정년 보장 교수진에 합류했다. 셀라스는 팹보다 나이가 많았고 더 유명했으며 거침이 없었다. 누구도 그에게 함부로 하지 못했다.

가르치는 일을 전업으로 한 것은 예일대가 처음이었다. 하버드 3년 차에 나는 라파엘 데모스의 강의 「고대철학 개론」의 수업 조교를 맡았다. 그 강의는 엄청나게 인기가 있었고 매 학기 3백 명의 학생이 수강했다. 많은 경우 수업이 끝날 때 학생들이 기립박수를 보냈다. 데모스는 젤르마와 같은 방식의 카리스마가 있는 것은 아니었지만—적어도 내게는 그렇게 보였다—그의 강의는 아름답게 짜여 있었고 갈채를 받을 만했다.

강의 수업 조교 일을 맡으면서 가르치는 직업에 친숙해질 수 있었다. 수업 내용을 구성하고 강의하는 것은 선임 교수의 몫이었다. 전체 수강생이 각 스무 명 정도의 토론그룹으로 나뉘었고, 수업 조교는 한 주에 한 번 그 주의 읽을거리를 가지고 토론그룹의 토론을 이끌었다. 하버드대에서는 누구도 토론을 이끄는 법을 수업 조교들에게 설명하지 않았고, 가르치는 법에 대한 일반적인 설명도 없었다. 우리가 배우는 과정에서 가르치는 법을 배웠을 거라고 추정하는 것 같았다. 예일대에서 가르치기 시작할 때도 나는 가르치는 법에 대한 설명을 듣지 못했다.

예일대에서는 브랜드 블랜샤드와 윌프리드 셀라스의 수업 조교를 맡았다. 그러나 강사로서는 '예일 지도 학습 프로그램'의 일부를 가르치는 것이 나의 주된 임무였다. 신입생과 2학년생들이 이 프로그램에 지원해서 매년 150명 정도가 선정되었다. 프로그램에 참가하는 학생들은 철학, 문학, 종교, 역사 등 인문학 전반에 걸친 위대한 텍스트로 구성된 공통의 강의계획서를 받았다. 매주 초에 모여서 그 주의 읽을거리에 대한 강의를 듣고, 한 주에 두 번 소규모 토론그룹으로 모였다. 나는 그중 두 그룹을 가르쳤다.

짜릿한 경험이었다. 지도 학습 프로그램에는 예일대 신입생과 2학년생 중 최고의 인재들이 모였기에 학생들은 아주 똑똑했다. 그들은 학습 자료에 열정적으로 몰두했다. 읽을거리를 읽고 토론할 뿐, 공부하는 내용이 장래에 무슨 도움이 될지 염려하지 않았다.

나는 수업계획서의 철학 텍스트를 가르칠 실력은 습득한 상태였지만 도스토옙스키의 『지하로부터의 수기』, 디드로의 『라모의 조카』, E. M. 포스터의 『인도로 가는 길』, 단테의 (『신곡』)「지옥」편의 발췌문 같은 문학 텍스트를 가르칠 기술은 없었다. 그 부분이 불편하고 자격지심이 느껴져서 나는 문학을 전공하고 문학 텍스트를 가르치는 법을 나보다 잘 아는 프로그램 동료 강사들의 조언을 구했다. 그리고 열심히 준비했다. 예일대는 그때나 지금이나 놀라울 만큼 풍성한 문화적 기회를 제공한다. 콘서트, 강연회, 미술관 등 미국의 다른 어느 대학보다 더 풍성할 것이다. 그러나 나는 그 모두를 거의 다 무시할 수밖에 없었다.

가르치다 보면 녹초가 되곤 했다. 흔히 그렇듯 잘 진행이 되면 들뜬 나머지 녹초가 되었다. 잘 안 되면, 실망 끝에 녹초가 되었다. 처음 몇 년 동안에는 가르치는 일이 감정의 롤러코스터라 할 만했다. 몇 년이 지나자 감정을 가라앉히는 법을 배웠다. 잘 진행이 되면 잘 안 될 때가 오기 마련이고, 잘 안 되면 나중에 다시 잘 될 거라는 사실을 기억할 수 있게 되었다.

…

내 경력 전체를 통틀어 지금까지 가장 심란한 교수 경험으로 손꼽을 만한 일이 예일대에 온 첫해 봄, '예일 정신의학 연구소'에서 맡았던 수업 시간에 있었다. 그 연구소의 많은 환자가 예일대 학생들이었고 연구소는 그들에게 학부 수준의 강좌를 제공하고 있었다. 그 전년도에 리처드 번스타인이 철학 수업을 가르쳤는데, 여러모로 대단히 성공적이었다는 평가를 받았다. 딕과 그의 아내 캐롤은 그해에 이스라엘에서 지내게 되었기에 그 수업을 다시 맡을 수가 없었고, 그 대신에 내가 초청을 받은 것이었다. 그해 말에 딕과 캐롤이 돌아왔을 때, 우리는 좋은 친구가 되었고 이후 줄곧 좋은 친구로 남아 수년간 일본 도자기와 20세기 중엽의 덴마크 가구 등 취미를 공유했다. 처음 만난 그때부터 딕은 내가 좋아하는 토론 상대였다.

나는 정신의학 연구소에서 한 과목을 가르치는 일이 걱정이 되었다. 그러나 돈이 필요했기에 (나의 예일대 봉급은 연봉 4천 달러에 불과했다) 수락했고 번스타인이 했던 대로 학생들에게 서양철학사의 하이라이트를 소개하기로 했다. 이 특이한 학생 그룹을 어떻게 가르쳐야 하는지에 대해선 아무런 설명을 듣지 못했다. 그때만 해도 그런 상황을 대수롭지 않게 여겼는데, 지금 돌이켜 생각하면 놀랍고도 무책임한 일이었다.

첫 번째 수업 시간에 맞춰 도착해서 접수처에 있는 사람에게 내 소개를 했더니, 그가 나를 수업이 진행될 체육관으로 데려가서 간병인에게 소개하고 우리를 들여보낸 후 문을 잠갔다. 열다섯 명의 학생이 수업 시작을 기다리고 있었다. 그들은 휑한 공간의 중앙에 둥그렇게 놓은 금속의자에 앉아 있었다. 체육관 곳곳에는 푹신한 매트가 놓여 있었다. 학생 하나가 그중 한 매트를 가져다가 동그랗게 놓인 의자 가운데에 놓고 그 위에 똑바로 누웠다. 간병인이 이 특이한 행동을 아무렇지도 않게 생각하는 것 같았기에 나도 아무 말하지 않았다.

내가 작성한 수업계획표의 선두는 플라톤이었다. 나는 대단히 열정적으로 플라톤의 형상론을 소개했다. "선善 자체, 아름다움 자체, 침대 자체. 이런 것들이 영원하고 변하지 않고 보이지 않고 시공간 바깥에 있다는 생각입니다. 대단히 흥미로운 생각 아닙니까!" 그러자 갑자기 매트에 누워 있던 학생이 벌떡 일어나 앉더니 도저히 못 믿겠다는 목소리로 이렇게 외쳤다. "플라톤이 **뭐라고** 했다고요? 그가 **뭐라고** 했다고요?" 그 학생이 무슨 말을 하는 것인지 나는 알았다. '이건 미친 소리예요. 공간을 차지하지 않는 침대라고요? 그 사람은 제정신이 아니에요.' 역할이 뒤바뀌면서 나의 우주가 흔들렸다. '정신 나간' 사람은 누구였을까? 정신이 멀쩡한 사람은 누구였을까? 플라톤의 사상에 대해 관심을 불러일으키려던 시도는 한마디 짧은 질문에 고꾸라지고 말았다.

맥이 빠지긴 했지만 나는 남은 시간 동안 최선을 다해 수업을 진행했다. 가르쳐 본 경험이 좀 더 있었더라면 당황하기보다는 재미있다고 느꼈을 것이다. 하지만 나는 이제 막 시작한 초짜였다.

기가 꺾인 채로 집으로 차를 몰고 오면서 머릿속으로 수업계획서를 검토해 보았다. "다음은 아리스토텔레스야. 문제없어. 좀 지루하긴 하지만, 누구도 그가 미쳤다고 생각하지는 않을 테니까. 아퀴나스도 그래. 그다음, 데카르트와 그가 외부세계의 존재를 의심한 이유들. 안 돼, 안 돼. 도박을 할 순 없어." 나는 겁쟁이의 길을 택하기로 했다. 다음 수업을 시작할 때 수업계획서에 변화가 있다고 발표했다. "서양 전통의 모든 위대한 철학자를 다 다룰 수는 없으니까, 데카르트는 건너뛰겠습니다."

몇 년 뒤, 루트비히 비트겐슈타인의 『확실성에 관하여』를 읽다가, 다음 대목을 접하고 이때의 일이 떠올랐다. "나는 어느 철학자와 함께 정원에 앉아 있다. 그는 우리 옆에 있는 나무를 가리키며 거듭거듭 이렇게 말한다. '나는 저게 나무라는 것을 알아요.' 다른 누군가가 우리 옆에 와서 그 말을 듣기에 내가 말해 주었다. '이 친구는 미친 게 아닙니다. 우리는 철학을 하고 있을 뿐이에요.'"•

...

예일대에서의 초창기는 선생으로서의 경력을 형성하는 시기인 동시에 다른 면의 형성기이기도 했다. 나는 철학을 배우는 학생의 시기를 뒤로하고 미국 철학자들의 집단에 들어서고 있었다. 예일대

•   Ludwig Witgenstein, *On Certainty*, passage numbered #467.

선임 교수들은 나와 좀 거리감이 있었고, 그들과 별다른 접촉이 없었다. 하지만 상당한 규모의 젊은 강사들과, 교육 조교로 일하는 고학년 대학원생들과는 끊임없이 철학을 이야기했다. 복도에서, 수업을 마치고 다음 수업을 하러 걸어가면서, 커피숍에서, 디너파티에서도. 그중 한 사람은 칼빈 대학에서 온 친한 벗 알 플랜팅가였다. 그는 이제 예일대에서 내 동료가 되었다. 알은 칼빈 대학을 졸업한 후 미시간 대학교에서 1년간 철학대학원 과정을 하고 예일대로 옮겨와 있었다. 내가 예일대에서 강사로 첫해를 보낼 때, 알은 박사논문을 마무리했다. 나는 그와 다시 함께하게 되어 매우 기뻤다.

대부분의 강사들은 나처럼 다른 대학 출신이었다. 나는 그들을 통해 미국 전역에서 철학이 어떻게 돌아가고 있는지 감을 잡았다. 우리는 '미국 철학회'(APA)에 가입했고 협회 행사에 함께 참석하여 그곳에서 다른 철학자들을 만났다. 광범위한 동지애가 만들어지고 있었다. 매번 만날 때마다 우리는 잠깐 친분을 나눈 다음 서로 "무슨 연구를 하세요?"라고 묻곤 했다. 우리는 천생 철학자였다.

철학자 모임에 적극 참여한 일은 내 정체성을 이루는 중요한 부분으로 남아 있다. 칼빈대 재학 시절에 접한 '카이퍼주의적' 비전을 설명할 때 밝힌 대로, 나는 다른 그리스도인 학자들과 대화하는 일뿐 아니라 그리스도인으로서 철학이라는 오래되고 계속 진행 중인 사회적 행위에 참여하는 것도 기독교 학자로서의 나의 소명이라고 보았다. 나는 여러 해에 걸쳐 동료 그리스도인들을 위해, 그리고 그리스도인이든 아니든 동료 철학자들 모두를 위해 글을 썼다. 말하자면 오른손과 왼손 모두로 글을 쓴 것이다.

나는 1991-1992 학년도의 미국 철학회(중부 지역) 회장으로 선출되는 영예를 얻었다. 2006년에는 미국 철학회가 신설한 강좌인 '듀이 강좌'의 첫 강연자로 초청을 받는 영예도 누렸다. 그 강좌의 취지는 선배 철학자들이 철학자로 살아온 자신의 경력을 성찰하게 하자는 것이었다. 나는 내 강연에 "철학 인생"*이라는 제목을 붙였다. 같은 해에 나는 '미국 예술 과학 아카데미' 회원에 선정되었다.

...

클레어와 나는 거의 우연히 장인 장모님의 뒤를 따라 예술품을 수집하기 시작했다. 우리는 어쩌다가 '국제 그래픽 아트 협회'IGAS에 대해 들었다. IGAS의 사명은 독창적인 목판화, 에칭, 조각동판화, 석판화, 실크스크린, 애쿼틴트 판화 등 현대의 그래픽 아트를 홍보하는 것이었다. IGAS는 전 세계 주요 미술가들이 찍어 낸 판화 작품을 위임받아 두 달에 한 번씩 열다섯 점 정도의 새 판화의 흑백 사진이 담긴 소책자를 미술가들의 간략한 이력과 함께 보낸다. 그 판화들은 보통 50점에서 100점 정도의 상당한 양을 찍었고, 가격은 놀랄 만큼 낮은 평균 15달러 선에서 매겨졌다.

　IGAS는 맨해튼에 본부가 있었고 클레어와 나는 틈만 나면 기차를 타고 뉴욕으로 가서 실제 판화들을 보곤 했다. 많은 작품이 미학적으로 탁월했다. 우리는 IGAS에서 벤 샨, 카렐 아펠, 코르네유, 사다오 와타나베, 쉬코 무나카타, 그 외의 수많은 이들의 판화를 구입했다. 생존하는 예술가들의 활동을 지원한다는 생각이 마음에 들

---

* 　다음 책에 실려 있다. Steven M. Cahn, ed., *Portraits of American Philosophy* (Lanham, MD: Rowman and Littlefield, 2013), 5-23.

었다. 물론 저렴한 가격에도 끌렸다. 원본 미술품들을 저렴한 가격에 구할 수 있는 기회였다(하나의 판으로 찍은 한 점 한 점은 다 복제품이 아니라 원본이었다). 같은 판으로 찍은 그림을 갖고 있는 다른 모든 이들과 같은 예술품—같은 판화—을 공유한다는 사실도 매력적으로 다가왔다. 회화 작품의 소유자는 한 명뿐이지만, 판화의 경우는 같은 판으로 찍은 그림을 소유한 모두가 동일한 작품을 소유한 것이다. 판화는 회화와는 다른 방식으로 "보통 사람을 위한" 예술이다.

목공을 가까이 하며 자란 탓인지, 그래픽 아트인 판화가 예술과 공예의 경계에 있다는 사실 때문에 판화가 더욱 매력적으로 느껴졌다. 판화는 분명히 '순수 예술'이지만 판을 제작하고 잉크를 묻혀 프레스로 찍는 방식은 회화보다는 목공 일에 더 가깝다. 겨울 저녁이면 비글로의 우리 집 식탁에 앉아 펜으로 그림을 그리던 아버지의 기억도 내가 판화에 매력을 느끼게 만든 또 다른 요인일 것이다. 펜으로 그린 그림은 판화와는 다른 독특함을 갖고 있다. 에칭과 조각동판화와 달리 종이 위에 선을 그리니 말이다.

하지만 판화를 왜 **수집**할까? 두 달에 한 번씩 기차를 타고 맨해튼의 IGAS 사무실로 가서 새로 나온 판화들을 보고 즐기는 것으로 왜 만족하지 못할까? 왜 그것들을 소유할까? 나는 **소유** 자체가 아니라 예술 작품들**과 함께 사는 것**에 매력을 느낀다. 우리 집의 판화들은 내 환경 속에 자리 잡은 일상생활의 일부다. 어딘가로 가지 않아도 그것들을 볼 수 있다. 방금 나는 컴퓨터 앞에 앉아 있다가 일어나서 집안을 돌아다니며 벽에 걸린 판화들을 또다시 감상했다. 샤갈의 판화 세 점, 루오의 판화 두 점, 와타나베의 판화 세 점, 피터

디의 판화 세 점, 코르네유의 판화 두 점, 조니 프리들랜드의 판화 한 점, 벤 샨의 판화 한 점, 나의 동서 폴 스튜어트의 판화 두 점. 모두가 오랜 벗들이다.

액자에 들어 있지 않은 판화들은 손으로 만져 볼 수 있다. 화가 손의 자취를 따라가는 에칭이나 조각동판화의 감촉에서는 이루 말할 수 없는 멋스러움이 느껴진다.

...

결국 예일대는 우리가 잠깐 머문 곳이 되었다. 예일대에 온 지 2년 차였던 1959년 봄에 나는 칼빈 대학 철학과 자리를 제안하는 해리 젤르마의 편지를 받았다. 클레어와 나는 즉시 수락하고 싶은 마음이 강하게 들었지만, 결정을 내리기 전에 이 문제를 예일대 철학과의 선배 교수들 일부, 특히 나를 고용한 브랜드 블랜샤드와 상의하는 것이 지혜로운 일이라고 판단했다.

블랜샤드는 내가 예일대를 떠날 것을 고려한다는 사실에 당혹스러워했다. 그는 내가 계속 머무르게 될 가능성이 높은데 왜 떠날 생각을 하며, 그것도 칼빈처럼 작은 대학으로 갈 생각을 하느냐고 물었다. 그는 내가 그런 가능성을 고려한다는 것 자체에 짜증이 난 것 같았다. 대놓고 말하지는 않았지만 그의 말에는 예일대보다 더 명망 있는 고등 교육기관은 없다는 암시가 담겨 있었다. 예일대가 학계라는 사다리의 꼭대기에 있다고 본 것이다. 제정신이라면 누가 예일대에 머물 수 있는데 여기를 떠나려 한단 말인가?

명망은 내게 별로 중요하지 않았다. 나는 기독교 철학자로서 어디에서 가장 발전하고 번성할 수 있는지에 따라 결정을 내리고자

했다. 블랜샤드는 그런 식의 결정과 관련해서는 나에게 해줄 말이 없었다. 나는 이 문제를 윌프리드 셀라스와도 상의했는데, 그는 좀 더 이해심이 있었다. 그의 아버지 로이 우드 셀라스는 미시간 대학교에서 철학을 가르쳤고, 거기서 대학원생이던 해리 젤르마를 가르쳤다. 윌프리드는 칼빈 대학을 잘 알았고 전문 철학자들을 상당수 배출한 그 학교의 평판도 알고 있었다. 그리고 그는 내가 막연하게만 인식하고 있던 문제를 지적해 주었다. 예일대 철학과는 교수진 중에서 승진할 사람을 발탁할 때 변덕스럽고 예측이 불가하다는 평판이 있다는 점이었다. (이런 평판은 2년 후 철학과에서 딕 번스타인의 임기를 연장하지 않기로 하는 철저히 불합리한 결정을 내리면서 더욱 굳어졌고, 이 결정으로 인해 예일대 학생들 사이에서 엄청난 소란이 일어났다.) 셀라스는 예일대에서 가르치는 것을 중요하게 생각한다면, 자신의 경우처럼 정상에 있을 때 들어오는 것이 최선일 것이라고 말했다.

나는 클레어에게 논의한 내용을 들려주었고 우리는 칼빈 대학의 제안을 수락하기로 결정했다. 그 결정에는 모교에 대한 애정도 작용했지만, 무엇보다 고전적인 개신교의 소명Beruf 의식에 걸맞게 부름 받았다는 생각이 있었기 때문이었다. 나는 단순히 좋은 철학자가 아니라, 칼빈 대학에서 내게 영감을 준 이들, 특히 해리 젤르마와 헨리 스토브의 뒤를 따르는 기독교 철학자로 부름을 받았다고 느꼈다. 그리고 그런 방향으로는, 적어도 경력 초기에는 예일보다 칼빈에서 더 많이 성장하고 발전할 수 있을 것이라고 판단했다.

그 사이 가족이 한 사람 더 늘었다. 1958년 1월 31일 이른 아침에 에릭이 태어났다. 클레어의 출산을 위해 우리가 병원으로 떠나면 아래층에 사는 집주인이 에이미를 봐주기로 미리 정해 두었었다. 출산 전날 저녁, 클레어가 진통을 느꼈을 때 눈이 많이 내리고 있었다. 병원은 멀지 않았지만 제설차가 보이지 않았고 나는 눈길에 갇힐까 봐 걱정이 이만저만이 아니었다. 거리에 차가 없었기에 정지 신호와 신호등을 무시한 채 한 번도 멈추지 않고 그대로 달렸다. 앞이 거의 보이지 않는 상태였지만 제때 도착할 수 있었다.

에릭은 태어날 때부터 삐죽삐죽 솟은 빨간 머리가 풍성해서 우리는 애정을 담아 우리 작은 스떼이끌파르끈('고슴도치'를 말하는 네덜란드어)이라고 불렀다. 에릭의 출생은 에이미의 출생만큼이나 귀중하고 신나는 일이었다. 그 작은 아기를 처음으로 품에 안았을 때, 이 아이를 안전하게 보호하고 사랑하고 양육하고 이끌어 주어 번성하게 하도록 하나님이 나와 클레어의 손에 맡기셨다는 확신이 밀려왔다. 물론 에이미 때도 마찬가지였다.

04_
격동의 시기에 가르침

1959년 9월 나는 칼빈 대학에서 철학을 가르치고 실천하기 시작했고 그 일은 이후 30년간 이어지게 된다. 철학을 가르치고 실천하는 것은 나의 소명이었고 나는 그 일을 사랑했다. 그리고 칼빈 대학은 내게 이상적인 장소였다.

내가 '철학을 실천함'이라고 말하는 것을 하버드 사람들은 '철학함'이라고 불렀다. 대부분의 사람들은 철학을 철학자들이 생각한 내용—그중 일부는 철학 텍스트에 남는다—이라고 본다. 물론 그런 부분이 있다. 그러나 그보다 더 기본적으로 철학은 사회적 실천이고 특정한 종류의 지속적 활동이며, 구체적으로는 철학적으로 사고하고 철학 텍스트를 쓰고 철학을 가르치고 토론하는 활동이다. 텍스트에 담긴 철학적 사고는 이런 사회적 실천에서 생겨난다. 실천이 기본이다.

어떤 식의 사고가 철학적 사고일까? 윌프리드 셀라스가 철학에 대해 제시한 설명이 더없이 적절해 보인다. 그가 말하기를, 철학은 만사—말 그대로 '만사'—가 어떻게 서로 연결되는지—'서로 연결된다'는 말의 가장 넓은 의미에서—를 다룬다. 정의는 사랑과 어떤 관련이 있는가? 하나님의 계명은 하나님의 사랑과 어떤 관련이 있는가? 어떤 것을 아름답게 만드는 요인은 무엇인가? 철학적 사고는 이런 문제들에 관해 생각하는 것이다.

철학적으로 생각하는 일의 어떤 점을 나는 좋아하는가? 철학적 사고의 결과로 나오는 이해가 좋고, 그 이해를 얻는 과정도 좋다. 이해가 쉽게 주어질 때도 있다. 설득력이 있고 이해를 돕는 철학 텍스트를 읽을 때 그런 일이 일어난다. 그러나 종종 이해는 분투와 좌절 끝에 찾아온다. 나의 관심은 이해하지 못하는 것에 쏠리고, 그 때문에 당황하고 혼란스러워진다. 내가 대답할 수 없는 질문들이 떠오른다. 나는 이해하기 위한 노력과 이해 자체—이해가 주어진다면—를 모두 사랑한다. 이해를 사랑하고 이해의 달성을 사랑하는 마음이 나의 철학 실천의 동기이자 에너지원이다. 내게 철학 실천은 사랑의 행동이다.

우리 모두는 때때로 이해하지 못하는 어떤 것을 이해하려고 시도한다. 효용을 생각하여 그런 시도를 할 때가 많다. 어떤 것을 이해해야만 우리가 스스로 설정한 목표를 달성할 수 있는 경우에 그렇다. 그러나 늘 그렇기만 한 것은 아니다. 가끔은 그저 이해하는 것이 좋아서 이해하려는 시도를 하기도 한다. 셰익스피어의 소네트를 이해하는 것이 좋아서, 플라톤이 어느 대화편에서 하려고 하는 말을 이해하는 것이 좋아서, 유전적 구조를 이해하고 종교개혁의 원인을 이해하는 것이 좋아서. 철학 실천의 동기와 에너지원이 되는 사랑은 바로 이런 것들일 가능성이 높다. 이해에 대한 **사심 없는** 사랑. 그런 사랑이 사라진다면 철학은 죽고 말 것이다. 옛말대로 철학을 한다고 빵이 생기지는 않으니 말이다.

내 공개 강연을 몇 번 들은 누군가가, 청중의 마음에 질문을 하나 심고 함께 그 질문에 대한 답을 찾아가자고 초대하는 나의 전략이 마음에 와 닿았다고 말한 적이 있다. 나는 그것이 전략이었음을 인식하지 못했지만 그의 말을 듣고 보니 수긍이 갔다. 나는 공개 강연뿐 아니라 강의실에서 가르칠 때도 그런 전략을 쓰고 있었다. 내가 철학을 가르치는 목표는 물론 학생들에게 철학적 사고의 광대한 전망을 열어 주는 것이었지만, 거기에 더해 그들이 공부하는 철학자와 함께 철학적으로 사고하도록 만드는 것이기도 했다. 데카르트가 생각한 내용을 배우기만 하는 것이 아니라 데카르트의 사고방식을 따라가는 것, 내가 모종의 철학적 주제를 탐구할 때 나와 더불어 생각하게 하는 것이다. 모든 것이 잘 진행된다면, 학생들은 스스로 철학적으로 사고하기 시작할 것이다.

철학을 살아 있게 만드는, 이해에 대한 사심 없는 사랑은 예술과 과학 전반에서도 볼 수 있다. 그 사랑이 도처에 있다는 것은 인간이 어떤 존재인지에 대해 중요한 것을 말해 준다. 우리는 하나님, 세상, 우리 자신을 이해하기를 갈망하고 좋아하는—그리고 이해할 능력도 있는—특별한 존엄함을 지닌 피조물이다. 오늘날 이해에 대한 이런 사랑이 유럽과 미국 모두에서 위협을 받고 있다. 대학들은 경제에 주는 이득에 근거하여 자신들이 가르치는 내용을 정당화하도록 요구받고 있다. 우리는 이대로 경제라는 기계의 부속품으로 전락할 것인가? 실재는 신비롭다. 심오하고 한없이 신비롭다. 그 신비의 일부를 꿰뚫어 보고 싶은 갈망을 포기해야 하는가?

가끔 이해는 우리가 이해하게 된 대상에 대한 경이감과 경외감을 불러일으킨다. 하나님의 창조세계의 기막힌 광대함과 놀라운 정교함에 대한 경이감과 경외감, J. S. 바흐의 B단조 미사곡 같은 인간 창조성의 산물에 대한 경이감과 경외감이 그 사례이다. 이해의 결과로 경이감과 경외감 대신 공포가 떠오르는 경우도 있다. 인간이 다른 인간에게 저지른 일에 대한 공포, 인간이 지구와 그 거민들에게 한 일에 대한 공포, 인간에게 닥친 비극적인 일들에 대한 공포. 이 글을 쓰기 몇 달 전 나는 워싱턴 DC의 홀로코스트 박물관을 방문했는데, 그곳에서 공포를 경험했다.

학생이 교육받는 과정에서 이해 그 자체를 사랑하지 않고, 자신이 이해하게 된 대상 앞에서 경이감과 경외감을 경험하지 못한다면, 그 학생이든 그가 받은 교육이든 뭔가 심각하게 잘못된 것이다. 그가 공포를 느끼지 않는 경우도 마찬가지다. 교육이 잘 진행되면 지성뿐 아니라 마음도 끌어들인다.

경이감과 경외감의 원인은 많다. 나는 1960년 8월 9일 우리 셋째 아이 로버트 폴이 태어났을 때 경이감과 경외감에 사로잡혔다. 아마 그때 읽고 있던 어떤 자료 때문이었던 것 같은데 내용은 잊어버렸다. 나는 다시 한 번 한껏 들떴고, 그때는 특히 내 품에 안긴 새 생명의 정교함과 자궁 속의 삶에서 바깥 세계의 삶으로 넘어가는 과정의 정교함이 너무나 놀라웠다. 고대 이스라엘의 시편 기자는 인간 생명의 정교함을 암시한 바 있다. 그는 하나님을 부르며 이렇게 썼다. "내가 주께 감사하옴은 나를 지으심이 심히 기묘하심이라.…… 기이하게 지음을 받[음이라]"(시 139:14-15). 내 품에 안긴 기막힐 정도로 정교하게 짜여진 인간 생명에 대해 시편 기자가 알았을 내용보다 훨씬 많은 것을 아는 나로서는 경이감과 경외감이 자연스러운 반응이었다.

···

나의 생애에서 전무후무한 격동의 시대가 펼쳐졌다. 1963년 11월 22일에 존 케네디 대통령이 암살되고, 몇 년 뒤인 1968년 4월 4일에 마틴 루터 킹 2세가 암살되고, 같은 해 6월 6일에 로버트 케네디가 암살되면서 미국 전체가 충격에 빠졌다. 베트남 전쟁은 좀처럼 끝나지 않은 채 미국에 엄청난 논란과 불안을 조성하고 있었다. 미국 전역에서 사람들이 시위 행진을 벌였고 시위자들이 경찰과 주 방위군이 쏜 총에 맞았다. 학생들은 대학 건물들을 장악하고 연좌 시위를 벌였다. 폭동이 일어났고 여러 도시의 일부 구역들이 통째로 불탔고 광범위한 약탈이 일상적인 일이 되었다. 북베트남과 미국은 마침내 1973년 1월에 평화 협정을 체결했다.

같은 기간에 인권 운동도 벌어지고 있었다. 1955년 12월 1일, 앨라배마주 몽고메리의 로자 파크스가 버스에서 백인에게 자리를 양보하기를 거절한 것이 발단이었다. 그녀의 거절이 도화선이 되어 인종분리 정책에 반대하는 광범위한 시위가 여러 해에 걸쳐 이어졌고 마틴 루터 킹 2세가 결국 이 운동의 공인된 지도자가 되었다.

페미니즘 운동도 탄력을 받고 있었다. 미국에서는 그 이전에 페미니즘 운동이 있었는데, 그 운동은 1920년 8월 26일에 여성들에게 투표권을 보장하는 미국헌법 수정조항 19조가 통과되는 결과를 만들어 냈다. 1963년에 『여성성의 신화』The Feminine Mystique를 출간한 베티 프리단Betty Friedan은 흔히 두 번째 페미니즘 운동을 일으킨 주역으로 인정받는다. 그녀는 수정조항 19조 통과 50주년 기념일인 1970년 8월 29일에 전국적으로 '평등 쟁취를 위한 여성 파업 시위'를 여는 것을 도왔다. 여성의 권리를 지지하는 대규모 시위가 미국 전역에서 벌어졌다.

모든 기관이 개혁의 압력을 받고 있었다. 대학과 교회, 경찰, 군대, 기업체, 정당. 그중 상당수의 기관들이 저항에 직면했다. 도처에서 분노가 들끓었고 그것이 종종 격렬한 말다툼으로, 때로는 폭력으로 터져 나왔다. 사회 구조가 흔들리고 있었다. 철학자로서의 내 경력은 바로 이런 사회적 상황 속에서 시작되었다. 흥분과 위협, 환희와 경고가 뒤섞인 시대였다.

나는 베트남 전쟁에 대해 반대 의사를 분명히 표명했다. 캠퍼스 안팎의 반전 시위에서 발언을 했다. 한밤중에 누군가 전화를 걸어서 나와 우리 가족을 위협했다. 나는 민권 운동도 확고하게 지지했다. 남부까지 가서 시위에 참가하지는 않았지만 그랜드래피즈의 행진과 시위에는 함께했다. 나는 페미니즘 운동의 지지자이기도 했다. 하지만 앞에서 밝힌 바 있듯, 여자들이 무시당하는 수많은 방식을 제대로 알아보지 못했다.

...

칼빈 대학 철학과에는 나름의 갈등이 있었다. 해리 젤르마는 자신이 아브라함 카이퍼 노선에 서 있다고 밝혔고, 전에 그의 학생이었고 당시에는 젊은 동료가 된 헨리 스토브도 마찬가지였다. 카이퍼에게 영향을 받은 철학자들의 노선은 이들 외에도 두 무리가 더 있었다. 암스테르담의 자유 대학교에 있는 헤르만 도예베르트Herman Dooyeweerd와 디륵 폴른호픈Dirk Vollenhoven이 그중 한 노선의 대표자였다. 남아공 포체스트롬 대학교의 헨드릭 스토커Hendrick Stoker는 나머지 노선을 대표했다. 카이퍼계의 이 세 가지 철학적 줄기 중 앞의 두 노선의 대표자들은 서로 잘 지내지 못했다. 스토커로 말하자면, 다른 노선의 대표자들에게 거의 무시당했다.

도예베르트와 폴른호픈은 둘 다 유별나게 체계를 중시하는 사상가들이었다. 도예베르트는 체계적 철학(그의 전공 분야는 법철학이었다)에서, 폴른호픈은 철학사에서 그런 면모를 보여주었다. 두 사람은 함께 '법이념 철학'(1950년대에는 '개혁 철학'이라 불리게 되었다)이라는 철학 체계를 창시했다.

젤르마는 체계라면 질색을 했다. 그는 체계를 구축하거나 철학사를 체계화하는 데 아무런 관심이 없었다. 그의 흥미를 끈 것은 고대인들의 이교적 세계관이 어떤 식으로 고대 철학을 형성하고 거기에 표현되었는지, 중세의 기독교 세계관이 어떤 식으로 중세 철학을 형성하고 거기에 표현되었는지, 근대의 세계관이 어떤 식으로 근대 철학을 형성하고 거기에 표현되었는지였다.

젤르마가 불쾌해한 것은 도예베르트와 폴른호픈의 체계에 대한 열중만이 아니었다. 젤르마는 철학이 세계관에 의해 형성된다고 말한 반면, 도예베르트는 철학이 소위 '근본 동기'ground motif에 의해 형성된다고 말했다. 여기까지는 중요한 차이가 없다. 그런데 도예베르트가 근본 동기 개념을 사용한 방식을 둘러싸고 중요한 차이점이 생겨났다. 도예베르트는 고대인들의 근본 동기와 근대인들의 근본 동기가 모두 기독교와 상반된다고 보았고(여기까지는 젤르마와 같았다), 의심의 여지 없는 기독교적 근본 동기를 정의했다. 그리고 법이념 철학이 기독교적 근본 동기에 의해서만 형성된 첫 번째 철학이라고 주장했다. 다시 말해, 법이념 철학이 최초의 진정한 기독교 철학이라는 것이었다. 또 그는 중세 철학자들이 기독교적 근본 동기를 어느 정도 포착했지만, 그것이 고대 이교도들의 근본 동기와 상반됨을 알아보지 못하고 자연이라는 이교적 근본 동기와 은총이라는 기독교적 근본 동기를 엮어 자연/은총의 종합적 근본 동기를 만들어 냈다고 보았다. 그 결과가 바로 '종합 철학'synthesis philosophy이었다.

젤르마는 이런 도식을 여러 부분에서 대단히 짜증스럽게 여겼다. 법이념 철학이 최초의 진정한 기독교 철학이라는 승리주의적 주장이 그랬고, 중세 철학을 종합 철학으로 퇴짜 놓는 것도 그랬다(그는 중세 철학자들이 우리 기독교 철학자들의 선조라고 생각했고 그렇게 가르쳤다). 그는 다른 철학자들이 잘못된 근본 동기로 인해 어떻게 오류와 왜곡으로 빠져드는지 밝히기 위해서만 그들을 연구하는 도예베르트, 폴른호픈, 그리고 그 추종자들의 습관을 못마땅해 했다. 젤르마는 플라톤, 아리스토텔레스, 아퀴나스, 데카르트, 칸트로부터 배울 것이 있다고 생각했고 그렇게 가르쳤다. 그들을 간단히 연구하고는 잘못된 부분들이 있다고 해서 함부로 무시해 버려서는 안 되는 일이었다.

내가 칼빈대 학생이었을 때, 에반 라너가 칼빈대 철학과에 임용되었다. 라너는 '미국인'(미네소타주의 내 친척들은 네덜란드 혈통이 아닌 이들을 그렇게 불렀다)이었지만, 자유 대학 대학원에서 철학 훈련을 받았고 법이념 철학의 열렬한 지지자였다. 그는 수업 시간에 그 체계를 대단히 열정적으로 설명했다. 내가 젤르마에게 카리스마를 느낀 것처럼 많은 학생들이 라너를 카리스마 있는 인물로 여겼다. 제2차 세계대전 후에 네덜란드에서 캐나다나 미국으로 이민 온 학생들이 특히 그러했다.

법이념 철학의 가장 붙임성 있는 대표자라고 해도 젤르마의 노염을 샀을 텐데, 에반 라너는 붙임성이 없었고 젤르마의 철학 접근법에 대한 멸시를 숨기지 않았다. 젤르마는 라너의 접근방식을 드러내 놓고 무시하는 식으로 고스란히 갚아 주었다. 갈등은 격렬했다. 내가 칼빈 대학에서 가르치기 시작했던 1959년 무렵에는 갈등이 너무 심해져서 두 사람은 꼭 필요한 경우가 아니면 말을 섞지도 않았다. 갈등을 중재하기 위해 내가 할 수 있는 일은 없어 보였다. 나는 그 상황을 그저 견뎌야 했다.

철학과 학과장인 젤르마는 학과 교수들에게 가르칠 과목을 정해 주었다. 그런데 라너는 종종 대학 요람에 실린 대로 수업을 진행하지 않았다. 논리학을 가르치도록 할당받으면 도예베르트의 논리철학을 가르치는 식이었다. 학생이었던 어느 학기에 나는 라너가 맡은 근대 철학 과목을 수강 신청했다. 첫 수업 시간에 그는 데카르트를 이해하려면 그의 중세적 배경을 알아야 하고, 데카르트의 중세적 배경을 이해하려면 고전 고대 철학자들을 이해해야 하며, 고전 고대 철학자들을 이해하려면 소크라테스 이전 철학자들을 이해해야 하고, 소크라테스 이전 철학자들을 이해하려면 헤시오도스를 이해해야 한다고 주장했다. 최초의 그리스 시인 중 한 사람인 헤시오도스는 우리가 철학이라고 알아볼 수 있을 만한 것이 등장하기 몇 세기 전에 작품 활동을 했다. 그렇게 해서 수업은 헤시오도스로 시작했고 언어학적 내용을 많이 다루었다. 그 학기가 끝나기 한 주 남짓 남았을 때, 아리스토텔레스까지 진도가 나갔다. 그래서 라너는 거기서부터 진도를 건너 뛰어 데카르트에 대한 강의를 두 번 하고 그 학기를 마쳤다. 우리 학생들은 젤르마가 격분했다는 말을 들었다. 앞에서 나는 하버드에 도착했을 때 철학사는 잘 배워서 알고 있었다고 썼다. 거기에 단서 조항을 달아야겠다. **근대** 철학사는 잘 배우지 못했다.

젤르마와 라너가 은퇴하고 나자 분위기가 달라졌다. 젤르마 분파와 도예베르트-폴른호픈 분파는 카이퍼의 영향을 받은 철학의 구별된 두 분파로 계속 존재했지만(남아공 분파와 더불어), 서로에 대한 적대감은 사라졌다. 나는 도예베르트-폴른호픈 분파의 일부 구성원들과 오랫동안 친하게 지냈고, 특히 칼빈 시어벨트, 헹크 하트, 램버트 자위더바르트와 친했다. 지금은 우리의 우정이 더욱 깊어졌다. 나는 하르트와 시어벨트가 교수진으로 있던 토론토의 '기독교 학문 연구소'에서 한 과목을 하르트와 공동으로 가르쳤고, 자위더바르트는 칼빈 대학 철학과에 합류했다. 이후에 나는 도예베르트-폴른호픈 분파의 네덜란드 대표자들과도 좋은 친구가 되었는데, 특히 밥 하웃즈바르트, 산드르 흐리피윤, 요한 판 드르 후픈과 친해졌다.

…

칼빈 대학에서 가르친 지 채 3년도 되지 않은 시점에서 나는 다른 젊은 교수진과 대학 커리큘럼 개혁에 대해 이야기하기 시작했다. 그것은 시대의 격동이 반영된 행동이었을까? 그럴지도 모른다. 그러나 대체로는 우리가 대학원에서 익힌 학업 접근법이 동기가 되었다고 생각한다. 하버드는 철학하기라는 사회적 활동으로—철학이라는 기술로—나를 인도했다. 나의 젊은 동료들도 비슷하게 역사학의 기술, 사회학의 기술 등 각 분과 학문의 기술을 접했다. 우리는 시작 단계에서 학생들을 각 분과 학문의 기술로 안내한다는 계획에 흥분했다. 물론, 고참 동료들도 이 같은 방식으로 학문의 기술에 들어서게 되었고, 박사 과정을 마쳤다. 그러나 그들이 어떻게 가르치는지 살펴본 결과, 학생들을 학문의 기술로 안내하기보다는 그 결과물을 가르친다—즉, 철학 책, 역사 책, 사회학 책에서 볼 수 있는 내용을 가르친다—는 인상을 받았다. 그것은 그들이 더 이상 자기 학문의 현역 종사자가 아니기 때문임이 분명했다. 그들은 가르치는 데 자신의 에너지를 거의 대부분 쏟았지만, 우리가 볼 때 그들의 수업은 너무 수동적이고 퇴영적이었다. 우리가 대학원에서 습득한 행동주의적 태도와 맞지 않았다.

젊은 교수들끼리 일 년 정도 토론한 후, 우리는 커리큘럼 개정 위원회를 꾸리는 안건을 교수 회의에 제출하기로 결정했다. 논의 과정에서 고참 교수 중 일부가 칼빈 대학 커리큘럼의 기본 구조가 1930년대 미시간 대학에서 가져온 것임을 기억해 냈고 그동안 개정된 적이 없음을 지적했다. 우리의 안건은 통과되었다. 이 결정을 되돌아볼 때마다 나는 개혁파 젊은이 무리가 내놓은 대학 커리큘럼 개정안을 수용한 고참 교수들의 너그러움에 놀란다. 나라면 그렇게 너그러울 수 있었을까? 그런 겁 없는 주장을 무시하지는 않았을까? 어쨌거나, 이어진 교수 회의에서 위원회가 꾸려졌고 위원회는 나를 위원장으로 뽑았다.

일찍부터 우리는 개정 커리큘럼을 제안하는 일을 책임 있게 감당하려면 먼저 기독교 인문교양 교육의 기획 전체를 진지하게 성찰해야 한다고 의견을 모았다. 따라서 우리의 최종 보고서는 크게 기독교 인문교양 교육의 토대와 기독교 인문교양 교육 커리큘럼이라는 두 부분으로 이루어졌다. 나는 1965년 여름 내내 그 보고서를 썼다. 다음 학년도에 교수단은 보고서를 놓고 토론 및 논쟁을 줄곧 벌였고 1966년 봄에 일부 수정을 거쳐 우리의 커리큘럼 제안을 채택했다. 보고서는 이후 어드만스 출판사에서 『기독교 인문교양 교육: 칼빈 대학 커리큘럼 연구 위원회 보고서』*Christian Liberal Arts Education: Report of the Calvin College Curriculum Study Committee*, 1970 라는 제목으로 출간되었다. 당시 칼빈 대학 총장이자 우리 위원회 회원이던 윌리엄 스풀호프는 출간 보고서의 서문에서 이렇게 썼다.

대학 커리큘럼 개정은 하나의 학문 공동체가 벌일 수 있는 가장 과감하면서도 가장 보람찬 일이다. 커리큘럼 개정에는 좌절과 두려움, 불안이 뒤따를 수 있는 반면, 교수진의 생각과 감정에서 가장 고상한 최선의 것을 이끌어 낼 기회가 될 수 있다.

이 보고서에 담긴 커리큘럼 개정 과정은 진을 빼는 순간보다는 신나는 순간들을 더 많이 선사했다. 돌이켜 보면 칼빈 대학 커리큘럼을 개정하자는 제안을 가늠하고 평가하고 결정하는 과정에서 우리 교수 공동체는 여러모로 최고의 시간을 경험했다고 말할 수 있을 것 같다.……

1965-1966학년도에 열린 일련의 교수 회의는 기본적으로 예닐곱 개의 위원회 제안을 가지고 토론을 벌였고, 그에 따라 결정을 내리는 과정에서 교수진이 경험할 수 있는 가장 흥분되고 극적이고 자랑스러운 순간들을 맞이했다. 우리는 기독교 고등교육의 기본 원리들과 기독교 대학이자 개혁파 대학으로서 우리 존재의 핵심에 자리 잡은 문제들을 참으로 이해하게 되었기 때문이다.……

나는 커리큘럼 보고서 작성을 시작으로 하여 여러 방식으로 교육 철학에 발을 들여놓았다. 교육 철학 과목을 가르친 적은 없지만, 교육에 대한 논문을 많이 썼고 강연도 많이 했다. 그중 상당수가 『삶을 위한 교육』*Educating for Life: Reflections on Christian Teaching and Learning*, Baker, 2002 과 『샬롬을 위한 교육』*Educating for Shalom: Essays on Christian Higher Education*, Eerdmans, 2004에 실려 있고, 둘 다 클래런스 졸더스마와 글로리아 스트롱크스가 편집했다. 대부분의 교수들은 가르치는 행위와 그 제도적 기반을 깊이 생각하지 않고 가르친다. 나는 가르치는 행위를 돌아보고 내가 몸담은 기관의 건전성을 위해 적극적으로 일해야 할 부담을 느꼈다.

그 학기가 끝난 후인 1962년 12월 15일에 감사하게도 네 번째 아이가 태어났다. 우리는 아이의 이름을 니콜라스 잰이라고 지었다. 내 이름을 딴 니콜라스, 클레어의 아버지 이름을 딴 잰이다. 우리는 늘 그 아이를 '클라스'라고 불렀는데, 네덜란드에서 니콜라스를 부르는 별칭이다. 아이는 꼭두새벽에, 그것도 예정일보다 두 주나 일찍 태어났다. 전날 밤에 우리는 파티에 참석했는데, 클레어는 파티에서 너무 오랜 시간 서 있었던 것이 이른 출산의 원인이라고 생각한다. (우리가 1962년 소득세 신고에서 자녀공제를 받을 수 있도록 해가 바뀌기 전에 아이가 나오길 바라지 않았냐고 클레어가 한마디 한다!) 그 파티에서 영문학과의 동료 교수 톰인 하퍼는 클레어의 산통이 시작되고 병원으로 가야 할 때가 되면 다른 아이들을 봐 줄 테니 전화하라고 했다. 그로부터 몇 시간 후, 새벽 3시에 나는 톰에게 전화를 걸었고 그는 바로 우리 집으로 왔다. 나이가 어느 정도 든 에이미와 에릭은 남동생을 열광적으로 환영했다. 당시 겨우 두 살이었던 로버트는 내 기억으론 다소 어리둥절한 것 같았다.

...

1963년 가을에 앨빈 플랜팅가가 우리 학과에 합류했다. 내가 예일 대를 떠날 때 알도 그곳을 떠났고 디트로이트의 웨인 주립대학교에서 몇 년 동안 가르쳤다. 그는 나만큼이나 기독교 철학의 기획에 헌신했고, 철학을 공부하는 일뿐 아니라 실천하는 데도 열심을 냈다. 나는 박사논문을 위해 화이트헤드의 형이상학을 읽다가 화이트헤드에게 환멸을 느꼈지만, 형이상학 자체에 환멸을 갖게 된 것은 아니었다. 사실 나는 그 시점에 나중에 『보편자에 대하여』On Universals, University of Chicago Press, 1970라는 책으로 나올 원고를 쓰고 있었다. 알은 장 폴 사르트르로 박사논문을 썼지만 나와 비슷하게 사르트르를 버리고 책을 집필했다. 그 책은 이후 『신과 타자의 정신들』God and Other Minds이라는 제목으로 출간되었다. 알은 내 원고의 여러 장을 읽고 논평을 해주었고 나도 그를 위해 같은 일을 했다.

그 과정을 일이 년 계속하다가 우리는 정기적으로 의견 교환을 하기로 했고, 학과의 다른 구성원들도 각자의 연구물을 가지고 합류하도록 초청하기로 했다. 우리는 매주 화요일 오후에 두 시간 동안 만나서 우리 중 한 사람이 작성하여 미리 나눠 준 원고를 가지고 토의할 계획이었다. 철학과 구성원이던 클리프 올레베케가 합류했다. 그리고 리처드 마우Richard Mouw가 1968년 가을에 철학과 교수가 되면서 우리와 합류했다. 그다음에 피터 드 보스, 켄 코나인다이크, 그레그 멜레마, 델 라치, 리 하디, 스티브 와익스트라가 차례대로 합류했다. 내가 칼빈에 머문 시간 내내 우리는 매주 화요일 오후에 두 시간씩 모였고 때로는 여름에도 거르지 않고 회원 중 한 사람이 미리 배포한 논문이나 책의 한 장章을 한 쪽씩 검토했다. "논문 전체에 대해 할 말이 있습니까? 논문 전체에 대해 더 할 말이 없습니까? 그럼 1쪽으로 넘어갑시다. 1쪽에 대해 할 말이 있습니까? 1쪽에 대해 더 할 말이 없습니까? 그럼 2쪽으로 넘어갑시다. 2쪽에 대해 할 말이 있습니까?" 모임은 이런 식으로 진행되었다. 이 화요 토론 모임은 내가 철학의 기술을 통달하는 데 무엇보다 큰 도움이 되었다. 다른 참가자들의 경우도 마찬가지였으리라.

그것은 거친 사랑이었다. 우리는 서로에게 진심으로 관심을 가졌고 우리가 하는 일로 서로를 돕기 원했다. 우리는 그리스도인으로서 철학을 실행하는 과업에 뜻을 같이했다. 우리는 기독교 철학자들의 진정한 공동체였다. 그래도 비판적 논평이 쏟아지면 듣는 사람은 감정이 상할 수 있었다. 화요 모임이 진행되고 몇 년 후부터, 나는 새로운 학과 구성원이 오면 비판적 논평들은 개인적인 것이 결코 아님을 분명히 밝혔다. 우리는 서로를 돕기를 진심으로 원했다.

철학과는 다른 방식으로도 함께했다. 우리는 매년 여름에 하루 저녁을 정해 우리가 기독교 철학자들, 철학자 일반, 북미주개혁교회, 교회 일반, 기독교 대학들을 비롯한 다양한 사람들을 어떻게 섬길 수 있고 섬겨야 하는지 논의했다. 우리는 다루어야겠다 싶은 문제들을 확인했고 누가 그 문제들을 가장 잘 다룰 수 있을지 고려했고 임무를 분담했다. 리치 마우는 어느 해인가 알 플랜팅가가 북미주개혁교회 주간지 「더 배너」The Banner에 기고문 몇 편을 쓰겠다고 자청하자, 나머지 사람들이 일제히 이렇게 말한 것을 기억했다. "아니, 아닙니다. 그 일은 우리 중 다른 사람들이 더 잘할 수 있어요. 어쨌거나 교수님의 재능을 잘 쓰는 방식은 아닙니다." 돌이켜 보면 이렇게 우리 마음대로 의제를 설정하는 것이 다소 주제넘게 느껴진다. 하지만 당시에는 신나는 일이었다.

...

1960년대와 70년대에 내가 칼빈에서 가르친 학생들은 비범했다. 똑똑하고 거침없고, 할 말을 똑 부러지게 하고, 자신만만하고, 수줍음이라고는 전혀 없고, 예의를 갖추었지만 무조건 복종하지 않고 큰 질문들에 몰두했으며, 졸업 후 일자리를 찾는 일에는 관심이 없어 보였다. 그런 모습은 부분적으로 당대의 사회적 격동이 반영된 탓이기도 했을 것이다. 그들 중 몇몇을 언급하는 것이 다른 이들에게는 부당한 일이겠으나, 그래도 나는 언급하고 싶다. 철학에서 뛰어난 경력을 만든 많은 이들에 더해 뛰어난 역사가로 성장한 데일 반 클레이, 시나리오 작가이자 영화 감독으로 성공한 폴 슈레이더, 영화 미술 감독이자 프로덕션 디자이너인 지니 오프월, 편집자 말린 반 엘더린과 존 포트, 보건행정가 데니스 톨스마, 출중한 신학자가 된 닐 플랜팅가가 있다. 목록은 이 외에도 많다. 그 이후의 학생들도 재능이 많았지만 당시에는 이후엔 볼 수 없는 신바람—흥분과 강렬함—이 있었다.

그 신바람은 젊은 교수들에게도 있었다. 이것도 당시의 사회적 격동의 영향 때문이었음이 분명하다. 그러나 나는 이것이 커리큘럼 위원회의 활동이 불러일으킨, 기독교 고등교육의 본질과 미래에 대한 토론 및 논쟁의 연속선상에 있다고 생각한다. 우리는 미래가 열려 있고 우리에게 손짓하고 있다는 느낌을 공유했다. 교수회가 끝나면 자주 누군가의 집에 모여 맥주를 마셨고 디너파티도 열었다. 좋은 시절이었다. 클레어와 나는 루 스미즈(신학)와 그의 아내 도리스, 짐 드 보르스트(정치학)와 아내 줄리, 조지 마즈던(역사)과 아내 루시, 에드 반 클레이(역사)와 아내 일레인, 에드와 에르비나 부베 부부와 특히 가까워졌다.

그중에서도 부베 부부와 좀 더 가까웠다. 에르비나는 연극을 가르쳤고 연극 연출도 했다. 에드는 화가였고 회화와 미술사 둘 다 가르쳤다. 그의 미술사 수업은 능수능란했다. 나는 그가 한 무리의 칼빈대 학생들을 이끌고 뉴욕 메트로폴리탄 미술관을 누비면서 학생들이 눈 앞의 미술품에 눈을 뜨게 하는 현장에 함께한 적이 있다. 그런데 그 무리가 자꾸만 커져서 주위를 둘러보니 다른 팀에 있던 사람들이 그들의 안내자를 떠나 에드의 설명을 들으러 온 것이었다.

당시 대학 당국에서는 손수 뭔가를 하는 것이 머리를 쓰는 것보다 열등하다고 여겼다. 미술품을 만드는 일은 미술사를 공부하는 것보다 열등하고, 연극 연출은 연극 공부보다 열등하다는 식이었다. 그런 비하가 몰리는 지점에 부베 부부가 있었다. 나는 그 사실에 대단히 분개했고 자주 그들을 대변하여 발언하고 행동했다. 우리는 같이 울었고 때로는 같이 웃었다. 부베 부부가 칼빈에서 가르치기 시작했을 때만 해도 연극학과와 미술학과 둘 다 힘없는 신생 학과였지만, 그런 무시에도 불구하고 10년에서 15년 후에는 크게 성장했다. 상당 부분 에드와 에르비나의 단호하고 열정적인 노력 덕분이었다. 에르비나는 2006년 7월에 사망했다. 에드는 지금도 나의 귀중한 친구로 남아 있다.

내가 가족을 소홀히 했던가? 나는 그렇게 생각하지 않지만, 가족들이 어떻게 느꼈는지는 그들이 말해야 할 문제다. 학회 참석차 다른 지역에 가거나 강연을 나가는 경우를 제외하고, 우리 가족은 모두가 늘 저녁 식사를 함께했고 보통은 아침 식사도 함께했으며 가능할 때는 점심도 같이 먹었다. 저녁 식사 시간에는 모두가 그날 있었던 일을 이야기했다. 저녁 식사가 끝나면 식탁에서 가정 예배를 드렸고 일요일에는 같이 교회에 갔다.

나는 대학의 내 연구실을 학생들이나 교수들과 만나는 장소로 사용했다. 자료를 읽거나 강연을 준비하거나 글을 쓰는 일은 연구실이 아니라 집에 있는 서재에서 했다. 이 말은 내가 집에 많이 있었다는 뜻이다. 내 서재의 문은 늘 열려 있었다. 클레어나 아이들이 내게 할 말이 있으면 그냥 들어오면 되었다.

아이들은 모두 똑똑했고 학교에서도 잘했다. 재촉을 할 필요가 없었다. 클라스는 학교를 좋아한 적이 없다고 말했는데, 나는 그 말을 곧이곧대로 받아들인다. 그러나 클라스는 학교 공부를 좋아하는 것처럼 열심히 했다. 당연히, 아이들은 낮에 일어났던 여러 일들 때문에 가끔씩 달래 줘야 했다. 클레어는 나보다 그 일을 훨씬 잘했다.

클레어와 나에게 심각한 고민을 안겨 준 아이는 없었다. 마약을 한 적도 없고, 과음을 한 적도 없고 심각한 건강 문제도 없었다. 자기들끼리 일상적인 말싸움을 벌이긴 했지만 도를 넘지 않았고 다툼이 오래가지도 않았다. 아이들 각각이 나름의 방식으로 성숙하도록 돕는 일은 큰 기쁨이었다. 한번은 클라스가 왜 자신에게 조언을 많이 하지 않았느냐고 물은 적이 있다. 나는 필요하다고 생각하는 만큼 조언을 했고, 그런 경우가 많지 않았을 뿐이라고 대답했다. 클라스의 말은 본인이나 다른 형제들에 대한 나의 바람과 이상을 더 적극적으로 말해 줬으면 했다는 뜻이었다. 나는 그것을 나중에야 깨달았다.

여름철이면 아이들은 나름의 놀이를 만들어 냈다. 자전거를 타거나 걸어서 동네를 돌아다녔고 인근 호수나 연못에서 물고기와 개구리를 잡았다. 최근에 아이들은 자신들이 어디 있었는지 무슨 일을 했는지 엄마 아빠에게 다 말하지 않았다고 실토했다. 클레어와 나는 아이들 때문에 염려한 적이 없다. 십 대가 되자 아이들은 스스로 여름철 일자리를 찾았다. 아이들은 외부 강연이 잡히고 가족들이 따라가는 경우가 아니면 내가 휴가를 떠나지 않았다고 자주 나를 약올린다. 여름철에 다른 지역에서 강연을 맡게 되면 종종 그것을 가족 휴가의 기회로 삼았던 것은 사실이다. 그러나 아이들이 그 문제로 나를 놀릴 때면, 나는 강연과 관계없이 가족 휴가를 떠났던 때를 거론한다. 아이들은 그런 휴가를 무시하는 경향이 있다.

그러니까 나는 적어도 물리적으로는 아이들 곁을 지킨 아버지였고, 아이들을 돌보거나 관심을 갖는 일에 함께했다. 내가 정서적으로도 함께했을까? 아닐 수도 있다. 아이들은 내게 비밀을 털어놓지 않았다. 대신에 클레어에게 털어놓았다. 그것은 내가 여러모로 바빴기 때문이라기보다는 클레어처럼 다른 사람에게 나를 열지 않았기 때문인 것 같다. 다른 사람들도 그녀에게 하는 것과는 달리 내게는 마음을 잘 열지 않는다. 아내의 정서적 개방성은 그녀가 가진 많은 매력 중 하나다.

05_
가르치는 일 너머

클레어의 여동생 율랄리와 그녀의 남편 폴 스튜어트가 1964년 여름 이른 아침에 전화를 걸어와 제안할 것이 있다며 찾아가서 상의해도 되겠느냐고 물었다. 그들은 미시간주 앨비언에 살았고, 폴은 그곳 앨비언 대학의 미술학과에서 가르치고 있었다. 얘기를 들어보니, 폴의 대학 친구 필 도스터가 며칠 전에 그들에게 연락을 해서 필과 그의 아내 지니, 필의 여동생 차와 남편 로이 스트리커가 그랜드래피즈에서 정남쪽으로 50킬로미터 정도 떨어진 곳에 있는, 80에이커 크기의 땅을 구입하려고 하는데 함께할 생각이 있는지 물었다고 했다. 필은 그 지역에서 자랐는데, 거기 살고 있는 친척이 그 땅이 매물로 나온 사실을 전해 주었다는 것이다. 필은 폴과 율랄리에게 관심을 가질 만한 다른 사람을 아느냐고 물었고, 그들은 우리에게 연락해 보겠다고 말했다. 우리는 폴과 율랄리에게 분명히 관심이 있다고 대답했다. 80에이커짜리 땅의 호가는 3,500달러였다.

　나는 그해 봄에 시카고 대학교 철학과에서 형이상학 세미나를 가르쳤다. 매주 한 번 그랜드래피즈에서 피어마켓 열차를 타고 시카고로 갔다가 당일에 돌아왔다. (당시에 피어마켓 열차는 옛 영광의 흔적을 간직하고 있었다. 리넨 테이블보에 자기그릇과 은식기가 놓이고, 웨이터가 주문을 받는 식당칸이 있었다.) 시카고 대학에서 세미나를 지도하고 받은 돈을 3,500달러 중에서 우리 몫을 지불하는 데 쓸 수 있었다.

폴과 율랄리가 우리와 이야기를 나눈 지 얼마 후, 관계자들 모두가 그 땅에서 만나 안면을 트고 이곳저곳을 거닐었다. 클레어와 나는 도스터 부부와 스트리커 부부가 금세 마음에 들었고, 땅은 비범했다. 언덕이 아주 많았고 땅의 일부는 훼손되지 않은 꽤 큰 습지였으며 상당 부분은 나무가 우거져 있었다. 그 땅의 남동쪽 모퉁이에는 베어 낸 적이 없는 듯한 너도밤나무 숲이 장관을 이루었다. 아름다운 개울이 토지를 관통하여 흘렀고 높은 개울둑이 길게 형성되어 있었다. 그중 한 지점에는 개울둑에 여러 개의 굴이 있었다. 몇 년 후에 나는 이 굴들이 석회석으로 만들어진 돌기둥tufa으로 이루어졌고 그곳이 미시간주 남부에서 빙하에 뒤덮이지 않았던 두 곳 중 하나라는 사실을 알게 되었다.

그 땅은 여러 해 동안 농사를 짓지 않은 상태였다. 오래된 콘크리트와 석재로 기초가 놓인 흔적들이 있었지만 건물은 다 허물어지고 없었다. 농사라고 해봐야 방목 정도였던 것이 분명했다. 언덕의 경사가 심해 경작에 적합하지 않았고, 골짜기에는 습지 말고는 평평한 땅이 거의 없었다.

우리 일행은 인근 마을 오렌지빌의 식당으로 자리를 옮겨 우리가 본 것을 신나게 이야기하면서 그런 비범한 땅은 개발되지 않도록 보호해야 한다는 데 동의했다. 필은 그 땅에서 작은 수련원을 시작할 꿈을 꾸었다. 우리는 부르는 값을 주고 땅을 구입하기로 했다.

조합 설립을 위한 법률 문서를 작성했고 1965년 1월에 우리는 그 땅의 공동 소유주가 되었다. 원래 주인이던 가너와 폴 브라운 부부의 요구사항은 하나뿐이었다. 봄에 곰보버섯 채취를 허락해 달라는 것이었다.

시간을 빨리 돌려서 우리가 '그 땅'이라 부르는 그곳 이야기를 계속해 보겠다. 땅을 구매했을 때 우리 공동 소유자들은 전부 미시간주 남서부에 살고 있었다. 그런데 몇 년 뒤 스트리터 부부는 콜로라도로 이사 갔고, 도스터 부부는 뉴욕주로 이사했다. 폴과 율랄리 부부는 폴이 앤아버의 미시간 대학교(그 땅에서 200킬로미터 정도 떨어진 곳)에서 판화 제작을 가르치게 되면서 앤아버로 이사했다. 그래서 그곳에서 고작 50킬로미터 떨어진 곳에 사는 우리가 다른 이들보다 훨씬 자주 그곳을 찾았고, 우리 아이들이나 친구들과 함께 종종 하이킹을 갔다. 우리는 그곳 지형의 다양성과 거기서 자라는 토종 식물종의 놀랄 만한 다채로움을 사랑했다.

나는 자연이 활기를 되찾고 있다는 사실이 좋았다. 방목장을 만드느라 사람의 손을 탔던 지역에 교목과 관목 들꽃들이 다시 나타나고 있었다. 그 광경 앞에서 나는 제라드 맨리 홉킨스의 시 「하나님의 장엄」의 구절들을 떠올렸다.

세상은 하나님의 장엄으로 충전되어 있다.
그것은 흔들린 금박에서 쏟아지는 빛처럼 불꽃을 발하리라.……
세대를 이어서 짓밟고, 짓밟고, 짓밟아 왔구나.
모두가 생업으로 시들었구나.……
그런데 이러함에도 자연은 결코 다함이 없구나.

만물 깊은 곳에서 가장 소중한 신선함이 살아 있구나.……

성령께서 이 구부러진 세상을 따뜻한 가슴으로

그리고 아! 찬란한 날개로 품고 계시기 때문이다.

1973년 여름에 우리 모두 그 땅에 오두막을 짓기로 했다. 내가 설계를 맡았고, 우리 가족이 가장 가까이 살았기에 대부분의 목공 일도 내가 했다. 젊은 시절에 목수 조수로 일했던 경험이 유용했다. 여러 해 동안 우리는 그 오두막에서 아주 즐겁게 시간을 보냈다. 그러나 그곳에 자꾸만 도둑이 드는 바람에 흥이 깨졌다. 우리가 설치한 화목난로가 두 번이나 도둑맞았다. 내가 자랐던 비글로와 에저턴 부근의 시골 지역은 안전했다. 집에서는 문을 잠그지 않았고 다들 차나 트럭에 키를 꽂아놓고 다녔다. 그 땅의 이웃 사람들과 이야기를 나누면서 나는 미시간 남부의 그곳이 안전하지 않다는 사실을 알게 되었다. 이웃들이 '레드넥'redneck, 백인 하류층을 비하하는 말—옮긴이 이라고 부르는 이들이 문제였다.

1988년 5월, 내가 암스테르담 자유 대학교에서 가르치고 있을 때, 그랜드래피즈에 있던 아들 클라스로부터 장거리 전화를 받았다. "지금 앉아 계세요?" 아들이 물었다. 내가 대답했다. "아니, 하지만 앉으마." 클라스는 오렌지빌의 경찰이 전화를 걸어와 방화범들이 우리 오두막에 불을 질렀고 아무것도 남지 않았다는 소식을 전했다고 했다. 그때 나는 아파트에서 친구 딕 번스타인과 함께 저녁 식사를 하고 있었다.

오두막이 전소되었다는 소식을 듣자 분노보다는 안도감이 들었다. 이제 더 이상 침입에 대처할 필요가 없었다. 오두막을 다시 짓기에 충분한 보험금이 나온다는 소식을 들었지만, 다시 짓는다 해도 똑같이 일이 일어날 가능성이 높다는 판단이 들었다. 도스터 부부와 스트리커 부부는 오두막을 쓰지 않은 지 여러 해 되었기에 오두막을 다시 짓는 데 관심이 없었다. 그래서 우리는 오두막을 다시 짓지 않았다.

2010년에 도스터 부부와 스트리커 부부가 조합에서 빠지고 싶다고 선언했다. 처음에는 모두가 그 땅이 개발되지 않게 막고 싶다고 말했었지만, 이제 그들은 그 땅을 시장 가치대로 팔기를 원했다. 그 땅의 감정평가를 받아서 매물로 내놓는 수밖에 없었다. 평가액은 24만달러로 나왔고, 우리는 그 가격에 땅을 내놓았다.

그 땅을 내놓은 지 몇 주 후, 한 여성이 우리가 제시한 값을 지불하겠다고 나왔다. 그녀는 부동산 중개인에게 그 땅에서 유기농 가축을 기르고 싶다고 말했다. 그리고 도로 근처에 건물 두 동을 짓고 거기서 본인과 몇 사람이 모여 심리 상담을 할 생각이라고 했다. 그녀는 토지 매매 계약을 맺되 대금은 5년 후에 지불하겠다고 제안했다. 속이 쓰렸다. 유기농 소가 무엇인지는 모르겠으나, 어쨌거나 가축을 기르기에 우리 땅만큼 부적당한 곳도 없지 않을까 생각이 들었다. 구릉이 너무 많았고 나무가 지나치게 우거졌고 습지도 많았다. 그녀의 제안과 그 땅의 용도에 대한 설명이 모종의 불법적 활동에 대한 위장이라는 확신이 들었다. 그게 무엇인지 누가 알겠는가?

클레어와 나는 우리가 다른 부부들의 지분까지 사야 할지 상의하고 아이들과도 상의했다. 가능하기는 하겠지만 과연 그래야 할까? 향수 때문에 판단이 흐려지는 것은 아닐까? 나는 칼빈 대학 생물학과에서 생태학을 가르치는 친구 데이비드 워너스에게 그곳에 나와 함께 가서 특별한 곳인지 아닌지 말해 달라고 부탁했다.

　그는 말수가 적은 사람이다. 너도밤나무 숲을 보고 경이롭다고 감탄한 것 외에는, 그저 "여기 이 사초를 보세요", "이 사초를 봐요", "여기 또 다른 종의 사초가 있어요"라고 말할 뿐 별로 말이 없었다. 그는 풀의 일종인 사초sedge, 莎草를 잎의 단면을 보고 구분할 수 있다고 가르쳐 주었다. 단면이 'W'자 모양이라는 것이었다. 우리 땅에서 사초가 많이 자라는 것은 합당한 일로 보였다(이름이 W로 시작하는 월터스토프 부부의 땅에서 W 모양의 사초가 자라는 것이 합당하다는 농담—옮긴이).

　산책하는 동안 데이브는 그 땅에 대한 자신의 생각을 밝히지 않았다. 그러나 다음날 나는 띄어쓰기 없는 여섯 쪽 분량의 서정적인 소감을 적은 이메일을 받았다. 데이브는 그곳이 비범한 땅이라고 말하고 있었다. 남부 미시간에서 그런 곳을 본 적이 없다고 했다. 그러자 하나님이 이 비범한 땅을 안전하게 지키라고 우리 손에 두셨고, 이곳을 못 쓰게 만들 것 같은 사람에게 땅이 팔리게 내버려 두는 것은 신앙적으로 무책임한 일이라는 생각이 들었다. 클레어와 나는 다른 세 부부의 지분까지 구입하여 우리와 아이들, 손주들까지 공동 소유자로 하는 유한책임회사를 설립했다. 우리는 그 땅을 '월터스토프 토지 보호 구역'이라고 이름 짓고 결코 개발되지 않도록 남서부 미시간 토지보호협회에 위탁했다. 협회 사람들은 필요한 서류를 작성하여 이름 없던 개울에 '케이브 크릭'Cave Creek이라는 공식 명칭을 붙였다.

　2015년 6월에 미시간 주립대학교의 식물학자 두 명이 토지보호협회 사람들 몇 명을 대동하고 너도밤나무 숲을 탐험했다. 식물학자 중 한 사람이 쓴 소감문에는 여러 내용에 더해 이런 대목이 있었다. "케이브 크릭 숲[너도밤나무 숲]은 정말 멋진 곳이었다. 세어 보니 65종의 너도밤나무가 있었는데, 그중 63종이 토종이었다.…… 아주 근사한 식물들이 보였는데 특히 스틸로포룸 디필룸Stylophorum diphyllum, 애기똥풀 양귀비이 절정이었다. 야생에서는 본 적이 없는 것들이었다."

매년 4월 말과 5월 초면 우리 가족은 한두 주밖에 피어 있지 않아서 '춘계 단명 식물'이라 불리는 꽃들을 보러 그곳에 꼭 간다. 숲의 바닥은 하양, 핑크, 자줏빛 카펫이다. 클레이토니아, 네덜란드 금낭화, 미국 금낭화, 연령초, 노루귀, 제비꽃, 삿갓나물, 혈근초, 란봉옥, 제라늄, 꽃잔디, 그 외에 많은 꽃들로 화사하다. 그 광경을 묘사하려면 『팅커 계곡의 순례자』Pilgrim at Tinker Creek에서 온전히 드러난 애니 딜라드Annie Dillard의 글솜씨 정도는 있어야 할 것이다.

...

여러 가지 일이 빠르게 일어났다.* 1964년 여름, 북미주개혁교회 CRC 총회에서는 예전禮典 위원회를 임명하여 교단의 예전 관련 문서, 규칙, 관행을 검토하고 바람직하다고 여기는 방향의 개정을 권고하는 임무를 맡겼다. 나는 위원으로 참여해 달라는 요청을 받았다. 그 이유는 알지 못했다. 당시에 나는 예전에 대해 아는 바가 전

---

* 1960년대 말과 1970년대 초에 나는 그때까지 독립적으로 존재하던 그랜드래피즈의 기독교 학교들을 통합하는 일을 담당한 위원회의 위원장을 맡았다. 그 경험은 당시 내 삶에서 큰 자리를 차지했고 학교 통합은 그랜드래피즈의 기독교 학교 운동에서 중요한 일이었지만 그에 대해서는 쓰지 않기로 했다.

혀 없었다. 추측컨대 위원회를 임명한 사람들이 내가 예술에 관심이 있다는 사실을 알고 예전과 예술이 서로 모종의 관련이 있을 거라고 생각했던 것 같다. 그것은 분명한 사실이다. 위원회가 맡은 임무가 흥미로워 보였으므로 나는 수락했다.

1960년대에 가톨릭, 루터파, 성공회, 장로교, 감리교 등 대부분의 주류 교단이 예전 개정에 착수했다. 동방정교회만 큰 예외였다. 그러나 CRC가 이 예전개혁의 흥분에 휘말려 예전 개정 위원회를 임명한 것 같지는 않다. 한때는 개혁 교단의 예전이 교단 전체에 걸쳐 사실상 동일했지만 당시엔 더 이상 그렇지 않았던 데다가, 주의 만찬과 세례의 형식이 심각하게 시대에 뒤떨어졌다고 많이들 느꼈기 때문이다. 길고 엄격한 그 형식은 16세기 네덜란드에서 유래했고 크게 개정된 적이 없었다.

나는 나의 임무를 진지하게 받아들였고 예전의 역사와 신학을 열심히 읽기 시작했다. 신학보다는 역사가 더 흥미로웠다. 신학자들은 대개 아주 일반적인 수준에서 논의를 전개했다. 도움이 되는 내용도 있었지만, 정말 흥미진진했던 것은 역사가들이 발굴해 낸 세부 내용들이었다. 그것들은 아름답고, 소름끼치고, 심오하고, 설명할 수 없고, 영감을 주고, 괴이했다.

위원회는 1968년 교단 총회에 제출한 보고서 도입부에서 이렇게 썼다. "위원회는 임무를 충실히 수행하기 위해 기독교 예배 일반과 특수하게는 개혁과 예배의 역사를 철저히 공부해야 한다는 판단을 내렸다." 위원회에는 예전 전문가가 없었기에, 우리는 함께 독학에 나섰다. 모임 준비의 차원에서 자체적으로 긴 도서목록을 만들었고, 모임은 우리가 읽은 내용과 그것이 우리 임무를 수행하는 데 어떤 의미가 있는지에 관한 열띤 토론으로 진행되었다. 예전을 공부하는 멋진 방법이었다!

보고서 작성자는 당시 칼빈 대학 종교신학과에서 가르치던 루이스 스미즈였고, 보고서는 대단히 훌륭했다. 루이스 스미즈는 기독교 예전 전반과 특히 개혁파 예전의 역사에서 인상적인 부분들을 개괄한 후, 예전 관행을 평가할 때 써야 할 원리들에 대한 대단히 유용하고 통찰력 있는 논의를 제공했다. 그다음, 통합된 '말씀과 성례의 예배'를 위한 예전을 제시하고 총회에 개교회들의 사용을 권고했다. 권고한 예전의 구조와 거기 담긴 많은 내용은 다른 교단들에서 개정하여 나오고 있는 것들과 유사했다.

말씀과 성례가 통합된 예배는 개혁파 전통의 혁신이었다. 1525년, 울리히 츠빙글리Ulrich Zwingli는 자신이 시무하던 취리히의 교회에서 가톨릭 미사를 없애고 일 년 동안 마흔여덟 번의 설교 예배와 네 번의 주의 만찬 예배를 진행하는 것으로 대체했다. 장 칼뱅은 이런 구성에 항의했고 주의 만찬은 매주 일요일에 지켜야 한다고 주장했다. 그러나 연 4회 주의 만찬을 지키는 츠빙글리의 관행은 칼뱅이 오기 몇 년 전부터 제네바에서 이미 시행되었고, 시의회는 시민들에게 익숙해진 관행을 바꾸기를 거부했다. 이후 연 4회 주의 만찬을 지키는 것은 전 세계 개혁파 교회의 거의 보편적 관행이 되었다.

우리 위원회는 예전의 역사와 신학을 공부하면서 우리 교단 교회들이 말씀과 성례가 통합된 예배와 함께 적어도 매주 한 번은 주의 만찬에 참여할 기회를 제공해야 한다고 확신하게 되었다. 1968년 총회는 여기에 동의했고 위원회가 제안한 예전의 시범 사용을 승인했으며, 이후 약간의 수정을 거쳐 영구적으로 사용하도록 승인했다. 그 이후로 북미주개혁교회는 계속해서 새롭게 개정된 예전 문서들을 내놓았는데, 정도 차는 있지만 그 모두가 1968년 보고서의 정신과 일치했다.

교단 예전 위원회에서 활동하며 예전 역사를 읽고 나니 예전은 위원회, 총회, 신학교에만 한정시키기에는 너무나 중요한—그리고 너무 매력적인—주제라는 확신이 들었다. 나는 칼빈 대학 학생들에게 예전 수업을 제공해야 한다고 생각했다. 그래서 예전 전문가가 아님에도 예전 과목을 가르치기 시작했다. 1966년 칼빈 대학 교수회가 승인한 커리큘럼 개정의 혁신적 내용 중 하나는 소위 '1월 임시 강좌'였다. 어떤 이유로든 정규 커리큘럼으로 적합하지 않은 과목을 교수들이 1월 중에 3주 강좌로 편성하여 집중적으로 가르치게 하는 것이었다. 나는 2년 동안 예전에 대한 임시 강좌를 맡았다. 수업은 잘 진행되었다. 나는 즐거웠고 많은 것을 배웠으며 학생들의 반응도 뜨거웠다.

그러나 어디까지나 임시 강좌였기 때문에 나는 그 수업을 넘겨받아 정규 학기 커리큘럼에 넣으라고 종교신학과에 제안했다. 그들의 반응은 '교회론Ecclesiology: 교회의 교리'라는 과목의 일부로 넣겠다는 것이었다. 나는 기겁을 했다. 예전은 교리가 아니라 활동이다. 찬양하고, 빵을 먹고, 포도주를 마시고, 기도를 드리는 방식으로 하나님을 예배하는 활동이다. 그 자리에서 나는 무슨 수를 써서라도 예전이 신학자들의 손에 들어가지 않게 하리라 결심했다. 그래서 그 수업을 내가 맡도록 승인을 받았고 몇 년 동안 정규 학기 과목으로 가르쳤다. 지역 주민들도 참여할 수 있게 저녁 시간에 가르쳤다.

학생들의 반응은 이번에도 뜨거웠지만, 나는 불편했다. 짧은 임시 과목을 가르칠 정도의 지식은 있었지만, 한 학기 분량의 과목을 가르치기에는 준비가 부족하다고 느꼈다. 더욱이 나는 철학자에서 예전학자로 경력을 바꿀 준비가 되어 있지 않았다. 그래서 2년 후 그 수업을 그만두었고 그때부터 예전은 20년간 대학 커리큘럼에서 사라졌다가 1997년에 다시 등장했다. 내가 맡았던 저녁 예전 수업의 수강생 중 한 명이었던 존 위트블리트는 그 주제에 매료되어 노터데임 대학교에서 예전학 박사학위를 받기에 이르렀다. 존은 뛰어난 학자일 뿐 아니라 비범한 기획 능력을 갖추고 있었다. 1997년 그는 칼빈으로 돌아와 정규 과목으로 예전을 가르쳤고 '칼빈 기독교 예배 연구소'를 설립했다. 이 연구소는 놀라운 활동을 하고 있다. 다양한 재단에서 큰 액수의 기금을 받아 여러 교회와 학술기관이 진행하는 예전 사업을 지원했고, 매년 1월 말에는 칼빈 대학에서 예전 컨퍼런스를 주최한다. 근년에는 전 세계에서 1,600명이 넘게 이 컨퍼런스에 참가했다. 작게 시작한 저녁 수업이 예전에 대한 이렇듯 비범한 관심으로 활짝 꽃핀 것을 보니 더없이 만족스럽다.

예전을 가르치는 일을 그만둔 후에도 나는 예전에 대한 생각을 멈추지 않았다. 대학 커리큘럼 개정 위원회 활동을 계기로 교육에 대해 생각하고 글을 쓰게 된 것처럼, 교단의 예전 위원회 활동을 계기로 예전에 대해 생각하고 글을 쓰게 되었고, 곧 살펴보겠지만 예전적 실천에 깊이 관여하게 되었다.

···

1967년이 되자 가족이 늘어나 집이 비좁아졌다. 아이가 셋일 때 그 집을 샀는데, 이제 아이가 다섯이었다. 학년이 시작된 직후인 1967년

9월 23일에 다섯 번째 아이인 크리스토퍼 매튜가 태어났다. 아이의 가운데 이름 매튜는 내 아버지의 이름이다. 안 그래도 방이 더 필요하다고 느끼던 터였다. 이제 그 필요가 분명하고 시급해졌다.

아이 하나하나를 처음 안을 때 느꼈던 불안함이 기억난다. 매번 아이들은 내가 상상했던 것보다 훨씬 작았고, 금방이라도 부서질 것처럼 연약해 보였다. 그런데 크리스토퍼를 안을 때는 느낌이 달랐다. 편안했고 자신감이 있었다. 신생아를 어떻게 안는지, 아이를 돌볼 때 내 몫을 어떻게 감당할지 파악했다는, 어쩌면 지나친 자신감이었다. 다른 아이들은 새로운 남동생이 생겼다고 흥분했고 가족의 일원으로 따뜻하게 환영했다. 어느 아이에게도 질투의 느낌을 찾아볼 수 없었다. 아이들은 각각 나름의 고유한 내경을 보여주기 시작하고 있었다. 크리스토퍼의 내경은 어떤 모습일까?

클레어는 우리가 좋아하던 중개인의 도움을 받아 매물로 나온 집을 서른 군데 넘게 봤고, 그녀가 가능성 있어 보인다고 판단한 집들을 내가 봤다. 결국 우리는 그 모두를 거절했다. 우선 가격대가 맞지 않았고, 우리의 필요에 맞지 않았고, 건축학적으로 형편없었다. 1967년 여름의 어느 날 아이들을 데리고 산책을 하고 있을 때, 막다른 골목의 매력적인 부지에 '매물' 표지판이 있는 것을 보았다. 우리는 그 땅을 사서 집을 짓기로 그 자리에서 결정했다.

우리가 집을 짓게 된다면 건축가를 고용해야겠다고 오래전에 결심했었다. 나는 일을 맡길 건축가에게 제시할 구상을 발전시키기 시작했다. 그때쯤엔 가족들이 어떤 삶을 원하는지 알았고 디자인에 대한 구상도 어느 정도 있었기에 나는 평면도와 입면도의 스케치를 그리기 시작했다. 많은 시행착오 끝에 우리의 필요에 맞고 우리 마음에 들고 우리가 문의한 건축업자가 건축비 견적을 제시할 수 있을 정도의 상세한 디자인을 만들어 냈다. 건축가는 필요없었다!

하지만 우리에겐 건축업자가 쓸 건축 드로잉이 필요했다. 나는 건축 훈련을 받은 적이 없었고 건축 드로잉을 그릴 줄도 몰랐다. 내가 그린 것은 모눈종이에다 평면도와 입면도를 스케치한 것일 뿐이었다. 그래서 나는 근처 목재 저장소로 가서 내 스케치로 건축 드로잉을 그려 줄 사람을 아느냐고 물었다. 그렇다고 했다. 소개받은 사람이 처음 그린 그림들은 내가 구상한 디자인의 일부를 구현하지 못했다. 가령, 내가 전망으로 의도한 것이 그의 드로잉에서는 전망이 아니었다. 그러나 곧 그는 내가 원하는 것을 담아낸 드로잉을 내놓았다. 우리는 1968년 여름에 집을 지었다.

그것은 분명 20세기 중반의 모던 하우스(어떤 이들은 '캘리포니아 스타일 농가'라고 부를 것이다)로, 단층과 평지붕에 옥외 쪽으로 크게 트여 있다. 어떤 이들은 그 집을 보고 프랭크 로이드 라이트의 '대초원 양식'이 떠오른다고 말하고, 다른 이들은 스칸디나비아 건축이 떠오른다고 한다. 일본 건축물이 떠오른다는 이들도 있다. 사람들이 그 집의 어떤 부분 때문에 그렇게들 말하는지 알 것 같지만, 나는 그 집을 디자인할 때 그런 양식들은 전혀 염두에 두지 않았다. 그저 "내가 하고 싶은 대로 한"것 뿐이었다.

그 집은 부지에 원래 있던 커다란 검은 버드나무 몇 그루를 둘러 L자로 설계되었다. L자에서 도로 쪽을 바라보는 부분에는 생활 공간이 있고, 도로와 직각을 이룬 부분에는 침실이 있다. 대부분의 집에는 벽에 창이 뚫려 있는데, 나는 창이 죽 있다가 벽에서 사라지면 재미있을 것 같았다. 그래서 방의 한 면에는 바닥에서 천장까지 창들이 있고, 길게 늘어진 창들 옆으로 벽이 방해 요소 없이 죽 펼쳐진다. 그다음 몇 개의 방에 미닫이 유리문이 달려 있고 그 위에 채광창이 나 있다. 이처럼 천장에서 바닥까지 빛이 있다가 창 없는 벽이 나타나고, 다시 천장에서 바닥까지 빛이 들어오다가 창 없는 벽이 있는 식이다. 창과 문의 테두리는 빛의 띠 곧 온전한 벽체의 리듬이 더 잘 살아나도록 내가 고안했다. 창이 없이 죽 펼쳐진 큰 벽체는 우리가 모아 놓은 판화들을 전시하기에 이상적인 공간이었다.

그 집 설계의 또 다른 특징은 L의 두 획에 꽉 찬 공간solids과 빈 공간voids의 배열이 반전되어 나타난다는 점이다. 집 안으로 들어서면 벽장과 부엌의 일부가 들어찬 영역이 맞이하는데, 이 꽉 찬 영역을 중심으로 입구, 거실, 부엌, 가족 방, 서재 등의 공간이 서로 연결되어 차례로 나타난다. L자의 뒷부분에는 중심에 빈 공간이 있고 그 주위를 닫힌 침실과 욕실들이 에워싼다. 집 전면의 천장은 높이가 3미터인데, 이곳에서 낮의 활동이 이루어지기 때문이다. 뒤쪽의 방들은 천장 높이가 2.4미터이다. 조용히 잠자는 공간이라는 점을 고려한 것이다. 집 곳곳에는 많은 양의 자연목이 있다. 집 앞쪽 천장은 모두 천연 삼목이고, '가족실'의 벽과 뒤쪽 복도와 욕실 벽도 그렇다. (이것은 물론 나의 성장 환경을 반영한다.) 마감 목공은 대부분 내가 직접 했다.

나는 건축이 본질적으로 공간 형성과 빛의 조절 작업이라고 생각한다. 나는 공간을 이루고 빛을 조절한 우리 집의 '외형'을 묘사했다. 공간 자체나 빛을 묘사하는 법은 모른다. 우리가 그 집에 사는 것을 크게 즐겼고 방문객들이 종종 감탄을 표했다는 정도만 말해 두기로 하자.

우리가 그 집을 지었을 때부터 클레어는 돌출 현관이 없어서 아쉽다고 했다. 현관을 덧붙일 자리는 분명했지만 아무리 디자인을 해보아도 내 눈에는 투박해 보였다. 그렇게 35년이 흘렀고, 이후 입구를 다시 설계하는 과정에서 현관을 어떻게 디자인해야 할지 알 수 있었다. 전에는 집 전체의 디자인을 현관에 반영하려 했지만, 이제는 다시 설계한 입구에 맞춰 디자인하기로 했다.

돌출 현관을 만들려면 토지 용도 규정이 허용하는 기준보다 30센티미터 정도 더 경계선에 가까워져야 했기에, 우리는 토지 용도 규정의 변경을 요청했고 도시계획위원회 앞에서 해명할 기회를 갖게 되었다. 현장을 직접 살펴보는 과제를 맡았던 위원회의 한 위원은 우리의 요청에 열렬히 찬성했다. 하지만 다른 위원은 격렬히 반대했는데, 나는 그 사람이 개발업자일 거라고 짐작했다. 나는 그 집이 경계선에 가깝게 지어져서 변경이 필요하게 된 이유가 부지 안에 있는 커다란 검은 버드나무를 살리고 싶어서였다고 위원회에 설명했다. 반대하는 위원은 이 설명을 받아들이기를 거부하며 이렇게 말했다. "집이 나무보다 오래갑니다. 나무를 베었어야지요."

나는 우리의 변경 요청이 받아들여지지 않을까 봐 우려했다. 그래서 동원할 수 있는 논리를 다 끄집어냈다. 아내는 우리가 집을 지을 때부터 돌출 현관이 없는 것을 아쉬워했는데 최근에야 우리 마음에 드는 디자인을 찾아냈다, 이제 칠순을 맞은 아내에게 돌출 현관을 생일 선물로 주고 싶다(클레어는 실제로 얼마 전에 칠순 생일을 기념한 터였다), 이런 설명을 구구절절 늘어놓았다. 변경 허가 안건은 한 표 차이로 통과되었다.

내가 '돌출 현관'이라 부른 것은 사실 돌출 현관이 아니라 북향의 일광욕실이다. 그것은 아름답게 증축되었다! 이 년 전, 어느 봄날 저녁에 내가 일광욕실에 앉아 있는데, 차를 몰고 온 누군가가 초인종을 눌렀다. 그는 자신이 우리 집을 오래전부터 동경해 왔다며 이번에 집 앞을 지나가다가 내 머리가 하얗게 센 것이 눈에 들어왔다고 했다. 그는 혹시 집을 팔 생각이 있느냐고 물었다.

...

1969년 10월에 나는 「리폼드 저널」The Reformed Journal 의 편집위원으로 합류해 달라는 요청을 받았다. 그 무렵 나는 그 「저널」에 이미 열세 편의 기고문을 실었고, 첫 번째 원고를 실은 시점은 1960년 10월이었다. 1990년 「저널」이 폐간될 당시 그때까지 내가 실은 기고문은 여든아홉 편에 이르렀다. 그 31년 동안 나는 전문 철학자로서 생각을 하고 글을 썼을 뿐 아니라 교회를 위해서도 생각하고 글을 썼는데, 「리폼드 저널」은 나의 그 두 번째 면을 드러내는 주된 장이었다. 나는 미국의 정치 문제, 남아프리카공화국의 인종차별 정책, 팔레스타인 사람들의 곤경, 베트남 전쟁, 미국의 민권투쟁, 교회의 신학적 갈등, 교육, 학교 선택, 미술과 음악, 예전, 여성 목사 안수 등에 대해 썼다.

「리폼드 저널」은 주목할 만한 잡지였다. 미국의 종교 저널리즘 안에서 독특한 위치를 차지했고 고유의 목소리로 발언했다. 1951년부터 1990년까지 사십 년간 매달(여름에 두 차례 2개월 합본호가 나온 것을 제외하면) 발행되었고 어드만스 출판사가 재정 지원과 출간을 맡았다.

「저널」의 부제는 '개혁주의적 논평과 견해를 담은 정기 간행물'이었다. 부제가 미처 밝히지 못한 것은 이 잡지의 진보성이었다. 어느 초기 호에서 편집인 중 한 사람인 제임스 단 James Daane은 전후 세계에 "활력이 가득하고 창조적 에너지로 들썩이는 개혁신학"이 필요하다고 선언했다.

구독자들은 충성도가 아주 높았지만, 수 자체는 그리 많지 않았고 내 기억으로는 2,800명을 넘긴 적이 없다. 그러나 적은 구독자 수에도 불구하고 「저널」은 놀랄 만큼 영향력이 컸고, 실제로 구독자들보다 더 많은 사람이 읽고 거론했다. 편집위원들은 구독자 수가 적다는 사실로 자주 고민했고 그 수를 늘리기 위해 어떤 조치를 취할 수 있을지 상의했다. 상의는 번번이 수포로 돌아갔다. 한번은 편집위원회가 전문 업체를 고용해 조언을 구하기도 했다. 그들의 조언은 글의 수준을 낮추라는 것이었다. 물론 "수준을 낮추라"는 표현을 쓰지는 않았지만 그런 의미임이 분명했다. 위원회는 그 조언을 대번에 거절했다. 구독자가 많은 수준 낮은 잡지보다는 비평적 존경과 넓은 영향력이 나았다. 사실, 독자들이 「저널」에서 마음에 드는 점으로 자주 지목한 것은 수준을 낮추지 않고 잘 쓴 기사였다. 「저널」에 실린 글이 어떠한지 직접 감을 잡고 싶은 사람은 제임스 D. 브랫과 로널드 A. 웰스가 편집한 에세이 선집 『「리폼드 저널」 대표 에세이』 The Best of the Reformed Journal에 실린 90편의 글을 훑어보면 된다.

「저널」은 다섯 명의 친구가 창간했다. 해리 부르, 제임스 단, 조지 스토브, 헨리 스토브, 헨리 자일스트라. 자일스트라를 제외하면 모두 북미주개혁교회에서 안수 받은 목사였다. 「저널」은 교단 내의 논쟁에서 태어난 터라 초기에 교단 구성원들이 관심을 가질 만한 신학적·교회적 문제들을 주로 다루었다. 브랫과 웰스는 40년에 걸쳐 잡지가 나오는 동안 「저널」이 다룬 주제들이 어떻게 변했는지 잘 정리했다. "첫 10년간 잡지는 북미주개혁교회 내에서 교단의 확고한 정통 옹호자들에 맞서 벌어진 내부적 논쟁에 초점을 맞추었다. 1960년대와 70년대에는 전쟁과 평화, 인종과 민권, 미국의 해외 정책과 기독교 시온주의 등 사회정치적 이슈들에 대한 관심이 일어났고, 신학계에 제시된 근본적으로 새로운 제안들과 미국 개신교에서 옛 '주류'가 쇠퇴한 현상을 다루었다. 마지막 10년 동안, 로널드 레이건 대통령 재임 기간에 보수 정치가 승리하면서 「저널」은 '도덕적 다수파'Moral Majority 와 '기독교 연합'Christian Coalition 같은 단체가 내세운 주장들에 맞서 카이퍼 전통 및 니버 전통에 따른 비판적 개혁파의 사상을 부드러운 표현으로 일관되게 제시하여 성경적 기독교를 대변하려 했다."

브랫과 웰스는 더 나아가 이렇게 말한다. "많은 이들에게 이 잡지의 가장 두드러진 측면은 독특한 관점과 광범위한 논평의 결합이었다. 종교 잡지에 걸맞게 신학에 대한 글과 교회 총회들에 대한 숙고가 잡지 전반에 펼쳐지지만, 문학과 영화 리뷰, 고등교육과 미학 이론에 대한 에세이, 철학과 과학—때로는 과학철학—에 대한 기고문도 실렸다. 「리폼드 저널」은 민권 운동과 페미니즘의 재탄생 같은 중요한 사회적 동향에 지속적으로 관심을 기울였고, 베트남 전쟁과 기독교 우파의 발흥에 따르는 정치적 논쟁에도 관심을 가졌다. 이 잡지는 팔레스타인 기독교인들의 곤경에 지면을 할애하고 특히 (때로는 거의 유일하게) 남아공 아파르트헤이트에 저항하는 지도자급 기독교인들―흑인, 백인, 유색인―의 목소리를 싣는 등 범교회적 관심사를 가진 것도 특징이었다. 이 모두가 더해져서 탄생한 일관된 성찰의 모음에는 신학적 입장이 분명히 반영되고, 전문 학술지 수준에서 논의가 전개되고, 예측 가능하게 굳어진 습관적 견해를 넘어서는 참신한 입장을 제시하려는 열의가 담겼다."

「저널」은 "복음주의 개신교의 무대에서 주목받는 잡지"가 되었다. 이 잡지는 "주류 영역에서 전통 개신교적 믿음의 평판을 높여주었고, 복음주의자들에게는 현대 공공 생활의 폭넓은 사안들에 대해 어느 정도 수준의 대담한 논평을 내놓아야 하는지 기준을 제시했다."

1960년에 편집진은 '우리가 보는 세상'As We See It이라는, 잡지를 여는 코너를 도입했다. 특히 여기서 「저널」은 독특한 목소리를 내었다. 브랫과 웰스가 엮은 선집에 나오는 존 포트의 '편집인 노트'를 인용해 보겠다. "기사와 리뷰의 중요성이 어떠하든, 독자들이 보기에 이 잡지의 성격을 가장 분명하게 규정한 것은 잡지를 여는 '우리가 보는 세상' 코너였을 것이다. 이 코너는 「저널」의 최고의 (그리고 저널리스트에게 가장 보람찬) 글을 배출했고, 형식과 내용 면에서의 절충성과 다양성은 기고자들의 잡식성 호기심을 반영했다. 다소 호기롭게 말하자면 이 코너의 글들은 「뉴욕 타임스」의 전설적인 '장안의 화제'Talk of the Town 코너와 유사하게, 고전적 사설부터…… 독자의 공통된 인간적 경험에 생생하게 호소력을 발휘할 차분하고 성찰이 깃든 개인적 논평까지 아우른다."

나는 「저널」에 글을 쓰고 편집위원으로 있는 것이 좋았다. 자신의 전통을 창조적으로 사용하여 당대의 사건들과 이슈들을 다루는 종교적 지식인 공동체에서 활동하는 일원이라는 의식이 있었다. 나는 많은 기고자들을 알았다. 우리는 우리의 입장을 좌/우, 진보/보수의 표준적 범주에서 보지 않았고, 우리 고유의 관점에서 우리 스스로 생각했다. 형언할 수 없는 열정이 있었다. 신나는 시간이었다.

내가 「저널」의 편집위원으로 합류했을 무렵, 다섯 명의 창간위원 중 헨리 스토브와 해리 부르, 이 두 사람만 월례 편집회의에서 활동하고 있었다. 헨리 자일스트라는 세상을 떠났고, 제임스 단은 패서디나의 풀러 신학교에 자리를 잡았고, 조지 스토브는 뉴저지에서 목회를 했다. 헨리 스토브는 물론 내가 이미 알고 있었고, 해리 부르와는 이제 막 만난 사이였다. 내가 위원회에 합류했을 때, 좋은 친구 루이스 스미즈가 위원으로 있었고, 나중에 들어온 위원 중에는 칼빈 대학 철학과의 동료 리처드 마우도 있었다.

해리 부르는 내가 알았던 그 누구 못지않게 기억에 남는 사람이었다. 그는 그만의 내경을 갖고 있었다! 처음 그를 알게 되었을 때, 그는 북미주개혁교회 선교사로 나이지리아의 신학교에서 섬기다가 은퇴한 상태였다. 해리는 타협, 기만, 회피의 냄새가 나는 것은 무엇이든 싫어했다. 각 파가 좋을 대로 해석할 수 있는 흐물흐물한 언어의 타협을 받아들이는 것보다는 위원회나 모임에서 자기 견해를 옹호하며 싸우는 쪽을 선호했다. 그는 선교사로 있던 어느 시점에 교단에서 미국 정부의 제한을 피하기 위해 캐나다의 기관을 통해 나이지리아로 선교비를 몰래 전달한다는 것을 알게 되었다. 불법적인 요소는 전혀 없었던 것으로 밝혀졌지만, 해리는 몹시 화가 났고 공개적으로 문제를 제기했다. 불법은 아니라도 기만적이라고 보았기 때문이다.

북미주개혁교회CRC의 표준적 고백 문서 중 하나는 1619년 네덜란드의 도시 도르트레흐트에서 있었던 개혁파 교회(주로 네덜란드 교회) 총회에게 채택한 도르트 신조다. 해리는 도르트 신조가 가르치는 이중예정 교리, 즉 하나님이 어떤 이들은 구원 받도록, 다른 이들은 저주 받도록 '예정하신다'는 교리에 열렬히 반대했다. 그래서 어느 해 그는 도르트 신조에서 이중예정 교리를 가르친 부분은 나쁜 신학으로 거부해야 한다고 길게 주장하는 청원을 CRC 연례 총회에 냈다. 총회는 그 문제를 연구할 위원회를 임명했고 나에게 위원으로 일해 달라고 요청했다.

나는 도르트 신조를 주의 깊게 읽은 적이 없고 이중예정의 교리를 골똘히 생각해 본 적도 없었기에, 그 교리가 잘못된 것이라는 해리의 확신에 직관적으로 동의했고 해리의 입장을 지지하게 될 것으로 예상했다. 그러나 도르트 신조와 해리의 이의서를 꼼꼼하게 읽고 나서는 해리가 몇 가지 중요한 점에서 도르트 신조를 잘못 해석했다는 결론을 내릴 수밖에 없었다. 신조의 본문은 해리가 이해한 내용과 달랐다. 도르트 신조가 이중예정의 교리를 정말로 가르친다고 설득력 있게 논증을 시도해 볼 수도 있을 텐데, 해리는 그런 논증을 펼친 것도 아니었다. 다른 위원들도 나와 생각이 같았기에 우리는 해리가 도르트 신조를 오해했다는 취지의 보고서를 썼다.

해리는 잔뜩 속이 상한 채 내게 전화를 걸어 내 연구실에서 이야기를 하고 싶다고 했다. 그는 약속 시간에 나타나 "안녕하신가, 닉"이라고 말했다. 그다음 아무 말 없이 짊어지고 온 가방에서 잔 두 개를 꺼내어 내 책상 모서리에 놓고, 보온병을 꺼내 뚜껑을 열고 잔에다 따르고, 가져온 작은 양철상자에서 오레오 쿠키를 몇 개 꺼

낸 다음 자리에 앉았다.

그가 말했다. "닉, 우리 얘기 좀 하세." 그리고 우리는 얘기를 길게 나눴다. 대화 도중 어떤 시점에서 이런 생각이 스치고 지나갔다. '이중예정을 주제로 이야기를 나누며 오레오 쿠키라니, 얼마나 잘 어울리는지! 해리는 이것을 염두에 두었던 건가?' 나는 그에게 물어보지 않았다.

. . .

알 플랜팅가와 나는 노터데임 대학교의 많은 또래 철학자들과 친구이거나 아는 사이였다. 우리는 그들을 기독교 철학이라는 기획의 동역자로 여겼다. 그래서 1960년대 후반 또는 1970년대 초반의 어느 시점에 우리는 칼빈대 철학자들과 노터데임 철학자들이 가끔 모여서 각자 진행하고 있는 연구 내용을 논의하자고 제안했다. 각 학과의 다수의 철학자들이 사전에 논문을 써서 배포한 다음 일 년에 두 번, 칼빈과 노터데임에서 번갈아 가며 만났다. 동지애가 대단했다.

이 모임이 몇 년 이어지자, 기독교 철학회를 결성하여 우리의 논의를 다른 이들과도 나누자는 제안이 나왔다. 우리는 다른 기독교 철학자들을 이 기획에 끌어들였다. 특히 고 윌리엄 P. 올스턴William P. Alston과 메릴린 애덤스Marilyn Adams, 로버트 애덤스Robert Adams, 엘레노어 스텀프Eleonore Stump, 피터 반 인웨건Peter van Inwagen, 조지 마브로즈George Mavrodes가 생각이 난다. '기독교 철학회'The Society of Christian Philosophers는 1978년에 공식적으로 조직되었고 즉시 날아올랐다. 마치 댐이 터지고 강물이 넘쳐 흐르는 것 같았다.

오늘날 기독교 철학회는 회원이 9백 명이고 '미국 철학회'APA

의 최대 규모의 지부이며 북미 철학 무대에서 중요한 자리를 차지하고 있다. 예상할 수 있다시피 협회의 많은 회원들은 미국의 기독교 칼리지와 대학교에서 교수직을 맡고 있지만, 주요 '세속' 대학교에서 자리를 잡고 있는 철학자들도 많다. 기독교 철학회의 회원 중 적어도 열 명이 전국 APA의 회장을 역임했다. 협회의 회원 자격은 초교파적이기에 자신이 그리스도인이라고 밝히기만 하면 가입할 수 있다. 협회는 계간지 「신앙과 철학」*Faith and Philosophy* 를 출간하는데, 이제(2018년) 나온 지가 35년이 되었다. 기독교 철학회의 결성은 한국 같은 다른 나라들에서 비슷한 협회들이 결성되게 하는 자극제가 되었다.

하버드에서 대학원 공부를 하던 시절에 나는 주요 대학교에서 자리를 잡고 있는 소수의 기독교 철학자들을 알고 있었다. 그중 몇 명을 꼽아 보면, 하버드대의 나의 교수 중 한 사람이던 존 와일드 John Wild, 칼빈 대학 졸업생으로 미시간 대학교에서 가르치고 윤리학 연구로 유명한 윌리엄 프랑케나 William Frankena, 또 다른 칼빈 졸업생으로 네브라스카 대학교에서 가르치는 O. K. 바우스마 O. K. Bouwsma, 역시 칼빈을 졸업하고 켄터키 대학교에서 가르치는 제시 드 부르 Jesse de Boer 가 있었다. 그러나 내가 알기로 그리스도인인 철학자들 중에서 분명한 기독교적 주제로 논문을 쓰는 경우는 드물었고, 그런 면에서 바우스마는 예외적인 인물이었다. 바우스마는 이런저런 철학적 입장의 문제점을 환히 드러내는 유머러스한 짧은 이야기를 지어내는 뛰어난 능력으로 유명했다. 시카고 시내의 유서 깊고 거대한 파머하우스 호텔에서 열린 1960년대 APA(중부 지역) 연례 대회에서 그가 논리실증주의의 문제점을 부각하고자 들려준 이야기는 고전적 사례가 되었다.

바우스마의 강연 장소는 대연회장이었다. 나는 그 장면이 어제 일처럼 눈에 선하다. 반원형으로 좌석이 배치되었고 내 오른쪽 몇 줄 앞에는 미네소타 대학교 철학자들이 같이 앉아 있었는데, 그중 몇 명은 잘 알려진 논리실증주의자였다. 나는 그들의 얼굴을 볼 수 있었다. 논리실증주의자들의 중심 주장을 기억하라. '한 문장이 경험적으로 검증 가능하지 않거나 분석적으로 참이나 거짓이 아니라면 그것은 무의미하다.' 여기 바우스마가 들려준 이야기가 있다(내 말로 정리했다).

어느 날 한 주부가 노크 소리를 듣고 나가 보니, 진공청소기 판매원이었다. 판매원은 신형 진공청소기를 팔고 있다며 집에 들어가서 시연을 해봐도 되겠느냐고 물었다. 주부는 지금 쓰는 진공청소기에 아주 만족한다고 말했다. 그러나 판매원은 완강했고 결국 주부는 그러라고 승낙했다. 판매원은 진공청소기의 플러그를 꽂고 전원을 켠 뒤 카펫 위로 청소기를 밀었다. 주부가 말했다. "먼지를 빨아들이지 않잖아요." 판매원 왈, "부인, 이 청소기가 빨아들이지 못한다면 그건 먼지가 아닙니다."

미네소타 대학교의 논리실증주의자들을 쳐다보니 다른 이들과 달리 그들은 웃고 있지 않았다.

바우스마의 처형이 그랜드래피즈에 살고 있어서 매년 여름이면 바우스마가 처형 집을 방문했고, 그때 칼빈대 철학과 교수들을 그 집으로 초대하곤 했다. 바우스마는 그때마다 알 플랜팅가를 함정에 빠뜨려 그날 저녁의 놀림감으로 삼거나 뭔가 바보 같은 말을 하게 만들었다. 그래서 매년 우리가 같이 차를 타고 그 집으로 갈 때마다 알은 이번엔 미끼를 물지 않겠다고 결심하곤 했다. 하지만 결코 소용이 없었다. 언젠가 그 자리에서 바우스마가 우리가 철학사를 공부하는 이유를 물었던 기억이 난다. 철학적 선조들로부터 뭔가 배우는 것이 있기 때문에 그렇게 하는 것 아니냐는 합의가 이루어졌다. 그 시점에서 바우스마는 알에게 물었다. 플라톤을 읽고 무엇을 배웠느냐고. 기습을 당한 알은 다소 당황한 채 플라톤이 내세운 몇 가지 단조로운 요점을 언급했다. 바우스마는 기회를 포착했다. "플라톤을 읽기 전에는 그걸 몰랐단 말인가?"

그리스도인들이 오랜 세월 동안 사실상 철학계에서 보이지 않다가 1970년대 후반에 전문 철학자 협회에서 두드러진 위치를 점하게 되고 그 이후 계속 그 자리를 유지한 이유는 무엇일까? 나는 논리실증주의의 죽음이 그 주된 요소라고 생각한다. 논리실증주의의 의미론이 함의하는 바는 신에 대한 논의가 무의미하다는 것이었음을 기억하라. 1960년대 초에 논리실증주의가 죽었을 때, 신자들이 무엇을 생각하고 말할 수 있는지 정해 주는 '경찰' 기능을 넘겨받을 운동이 없었다. 2세기가량 칸트주의자들이 개념은 경험을 초월하는 기능을 갖고 있지 않다고 주장했지만, 미국 철학자들 사이에서 칸트주의는 유럽에서와 같은 인기를 누린 적이 없었다. 사상 경찰은 사라졌다. 그리고 철학자들은 하나님에 대해 자유롭게 공개적으로 말하기 시작했다.

내 인생의 여러 만족스러운 가닥 중 하나는 '기독교 철학회' 설립에 관여하고 그 협회가 번성하는 것을 지켜보고 그 활동에 참여하며 회장으로 한 차례 섬긴 일이었다. 근년에 협회 모임에 참석할 때마다 젊은 철학자들의 수가 많고 그들이 참으로 열정적으로 참여하는 모습이 놀랍고 기뻤다.

···

1960년대의 사회적 혼란의 결과로 많은 젊은이들이 자신이 속한 교회에 비판적이 되었다. 그들은 보다 참여적 예전, 보다 강렬한 교제, 상명하달식 권위 구조 탈피, 사회정의에 대한 진지한 헌신, 남성과 동일한 여성의 발언권, 전쟁의 윤리성에 대한 열린 논의를 원했다. 변화를 지지하는 젊은이들 중에는 클레어와 나도 있었다.

　1959년, 우리는 그랜드래피즈로 이사하고 나서, 시내의 오래되고 안정되고 번창하는 교회였던 라그레이브애비뉴 개혁교회의 교인이 되었다. 그런데 알고 보니 교인들 대부분은 우리를 포함한 여러 사람들이 지지하는 변화를 반기지 않았다. 그들에게 사회적 혼란은 활기를 주는 것이 아니라 위협적인 것이었다. 우리가 교회에 합류할 때는 교인들이 이 정도로 사회적으로 보수적이라는 사실을 알지 못했다.

　1960년대 중반, 변화를 지지하던 여러 교회의 많은 이들이 서로를 발견하기 시작했다. 우리는 집에 모여 예배하고 교제했고 새로운 형태의 교회에 대해 신나게 이야기했다. 모임의 크기가 커지고 더 이상 누군가의 거실에서 모일 수 없는 정도가 되자, 일요일 오후마다 정기적으로 공적 예배를 드리고 교제를 나누기로 했다. 첫 번째 공개 모임은 그랜드래피즈 시내의 YMCA에서 있었다. 놀랍게도, 수백 명이 찾아왔다. 새로운 일이 벌어지고 있다는 흥분이 일었다. 그로부터 얼마 후, 우리는 '사도행전 교제 공동체'라는 이름을 생각해 냈다.

우리 가족은 라그레이브 교회의 일요일 오전 예배에 계속 충실히 참석했고, 나는 제직회에서 장로로 선출되었다. 나는 '사도행전 교제 공동체' 모임에 참석한다는 사실을 동료 제직들에게 정기적으로 알렸고, 그 일을 안 좋게 생각한다면 내게 그만두라고 말해 달라고 했다. 아무도 그렇게 하지 않았다.

'사도행전 교제 공동체'는 회관이나 학교 체육관을 전전해야 하는 불만족스러운 처지에 있었다. 그래서 나는 내가 위원장으로 있던 라그레이브의 예배 위원회에 '교제 공동체'가 일요일 오후에 교회에서 모이도록 초대하는 방안을 제안했다. 나는 교회 건물에 여유 공간이 많고, 그 모임은 라그레이브의 일요일 오전 예배의 대안적 형태가 될 것이고, 달리 교회 문을 드나들 일이 없는 많은 사람에게 매력적으로 다가갈 것이라고 말했다. 예배 위원회는 나의 제안에 동의했다. 전체 제직회는 예배 위원회의 제안을 수락했지만 불안해하는 기색이 역력했고 일말의 주저함도 있었다. '사도행전 교제 공동체'는 교회 지하실에서 모이도록 초청을 받았다.

대규모의 젊은이들이 첫 번째 집회에 참석하려고 나타났는데, 일부는 라그레이브에서 이전에 한 번도 본 적이 없었던 복장이었고 몇몇은 오토바이를 타고 왔다. 의자가 충분하지 않아 일부는 바닥에 앉았다. 모임에 참석해 제직회에 보고할 임무를 맡은 제직들은 이런 예절의 결핍에 충격을 받았다. 그것으로 실험은 끝이었다. 라그레이브애비뉴 개혁교회에서는 더 이상 대안적 예배가 없을 터였다.

앞서 나는 1968년 북미주개혁교회 총회가 교단 예전 위원회가 제안한, 통합된 '말씀과 성례의 예배'를 시험적으로 도입하도록 교회들에 권고한 바 있다고 언급했다. 그해 가을에 나는 라그레이브 예배 위원회에 교회가 두 달간 총회가 권고한 예전을 사용해 볼 것을 제안했다. 예배 위원회는 전체 제직회가 이 결정에 참여해야 한다고 판단했고 제직회는 우리의 제안을 수용했다. 담임목사는 그해 가을에 영국으로 안식년을 떠나 있어서 그 모임에 참석하지 않았다. 성탄절을 얼마 앞두고 교회로 돌아온 그는 우리가 도입한 새로운 예전을 무시하고 단독으로 이전의 예전을 원상 복귀시켰다. 그는 예배 위원회의 위원장인 내게 그 문제를 상의하지 않았다. 그저 새 예전을 폐기하고 옛 예전을 재도입했다. 나는 내가 순진했음을 깨달았다.

이 사건을 통해—여기에 사도행전 교제 공동체가 지하실을 예배 공간으로 썼던 그 악명 높은 일요일 오후의 상황에 제직회가 충격을 받은 일이 더해지면서—나는 라그레이브 교회 안에 우리가 '사도행전 교제 공동체'에서 지지하고 경험했던 새로운 형태의 예배와 교제를 통합할 가능성은 없다고 확신하게 되었다. 사도행전 교제 공동체에 있는 누구도 우리를 환영할 만한 다른 교회를 알지 못했다.

어떻게 해야 할까? 우리는 일요일 오전에는 다니던 교회에 나가고 일요일 오후 늦게 사도행전 교제 공동체로 모이는 방식을 병행할 수도 있었다. 그러나 우리는 서서히 마지못해, 그런 방식으로는 오래가지 못할 것이라는 결론에 이르렀다. 두 모임 모두에 충실하게 임하는 일—내 경우에는 라그레이브와 사도행전 교제 공동체 모두에 충실한 것—이 힘들어지고 있었다. 더욱이 교제 공동체를 유지하는 데 필요한 엄청난 양의 자원봉사 활동에 우리는 지치기 시작했다. 처음에는 신나던 자발적 활동이 결국 부담스러워진 것이다. 그리고 사도행전 교제 공동체 같은 비공식 그룹은 대부분 비교적 수명이 짧다.

우리는 둘 중 하나를 선택해야 한다는 결론을 내렸다. 사도행전 교제 공동체가 머지않은 장래에 없어질 것이라는 사실을 알고 현재의 방식대로 살거나, 북미주개혁교회 교단CRC 내의 한 교회로 받아 달라고 신청하는 것이었다. 나는 두 번째 선택지를 적극 지지했고, 리더들 대부분의 의견도 마찬가지였다. 우리는 우리가 배우고 실천한 것들이 흔적도 없이 사라지기를 바라지 않았다. 모두가 동의한 것은 아니었다. 어떤 이들은 우리가 CRC 내의 한 교회가 되면 머지않아 우리가 비판하던 교회들과 똑같이 될 것이라고 확신했고, 모임 안에서 다른 교단에 속한 이들은 우리가 CRC 회중이 되면 모임을 떠나야 할 것이라고 생각했다.

시간을 빨리 돌려서 1972년으로 넘어가 보자. 1972년 늦여름에 우리는 CRC 내의 회중으로 조직될 수 있게 허락해 달라고 그랜드래피즈 동부노회(CRC는 지역 노회들로 나뉘어 있다)에 신청했다. CRC 안에서 새로운 회중을 조직하는 전통적 사유는 기존 회중의 규모가 너무 크거나 너무 멀리 떨어져 있다는 것이었다. 둘 다 분명히 우리의 사유가 아니었다. 우리가 새로운 회중을 조직하고 싶어 하는 이유가 기존 교회들에 비판적이기 때문이라는 사실을 그해 가을 노회 하반기 모임에 참석한 대표자 모두가 알고 있었다. 그러나 우리가 곧장 속내를 드러내고 그렇게 말하는 것은 치명적인 일이 될 터였다. 그래서 우리의 주장을 제시하는 이들은 이 문제를 긍정적으로 표현하려고 최선을 다했다.

많은 열띤 토론 끝에 노회는 전례 없던 결정을 내렸다. 우리가 "전통적 감독 하에서" 일 년 동안 모이는 것을 허가한 것이었다. 그 결정이 실제로 의미하는 바는 우리가 CRC 내의 회중**인 것처럼** 조직화하여 모일 수 있고 상황이 순조롭다면 일 년 후에 노회는 우리가 회중으로 조직되도록 허락하겠다는 것이었다. 1973년 가을에 우리는 그 허가를 받았다. 모임의 멤버 중 한 사람이 교회 이름을 '종의 교회'Church of the Servant로 제안했고 즉시 만장일치로 동의를 얻었다. 투표에 부칠 필요도 없었다. 몇 년간 우리는 어느 장로교회 건물을 함께 썼는데, 그 이후로는 여러 학교 체육관을 전전하며 모였다.

우리가 이제 일요일 오전에 모인다는 사실은 사도행전 교제 공동체가 이전에 생각할 필요가 없었던 결정에 직면했다는 뜻이었다. 일요일 오전에는 어떤 예전을 따라야 할까? 교단 예전 위원회가 권장한 통합된 '말씀과 성례 예배' 모범을 따라야 할까? 나는 매주 주의 만찬을 하는 문제로 논쟁을 벌이기보다는 육 개월 동안 시도해보고 투표에 부치자고 제안했다. 나의 제안은 받아들여졌다. 6개월 후에 투표를 해보니, 매주 성찬을 하자는 의견이 만장일치였다.

우리에겐 젊은 이상주의가 가득했다. 전임 목회자를 고용하지 않고, 매주 지역 내 목회자를 모셔서 설교와 성찬 집례를 부탁하고, 서로가 서로의 목회자가 되기로 선언했다. 작고 친밀한 모임을 유지하고, 큰 교회가 되기보다는 [분리 개척으로] '자녀' 교회를 세우기로 선언했다. 외부적 대의보다 우리 자신을 위해 더 많은 돈을 쓰지 않기로 선언했다. 건물을 소유하지 않기로 선언했다.

그러나 2년 후 우리는 전임 목회자를 모셨다. 우리 교회는 급속히 성장했다. 무엇이 "우리 자신을 위해 돈을 쓰는 것"에 해당하는

지를 놓고 복잡한 토론에 들어갔다. 그리고 지금은 건물을 한 채 소유하고 있다. 우리는 젊은이 특유의 이상이 현실을 만나 다듬어지고 겸허해지는 경험을 했다. 우리의 근본 비전은 예나 지금이나 다름이 없지만, 그 비전을 구현하는 새롭고 뜻밖의 방식을 상상하고 추구하게 되었다.

종의 교회의 설립과 모임의 일원으로 참여한 것은 내게 놀랍도록 보람찬 경험이었다.

...

나는 국립 인문학 재단의 지원금과 댄포스 재단이 수여하는 하비슨 최고 교수상을 받고 1970-1971학년에 안식년을 보냈다. 가족 모두가 런던에서 일 년을 지내기로 했다. 런던 히스로 공항으로 날아가 리젠트 공원 근처의 저렴한 호텔을 잡고 일곱 가족 전체가 기다란 한 칸 방에 묵었다. 한 해 동안 지낼 거처를 마련하지 않았기에 다음날 아침에 나는 이름을 들어둔 '유니버설 앤츠'라는 단체에 연락했고 그들이 제시한 목록에서 가능성 있어 보이는 아파트 광고를 발견했다. 런던 남쪽 끝 교외인 베케넘에 있는 아파트였다. 나는 광고에 나온 번호로 전화를 했다. 전화를 받은 여성은 유쾌한 사람 같았고 설명을 듣고 보니 괜찮겠다 싶었다. 그래서 전철을 타고 가서 둘러보았고 우리 가족이 살기에 좋은 조건이라고 판단했다.

나는 폭스바겐 캠핑카를 미리 준비해 놓았고 런던에서 찾기로 되어 있었다. 알고 보니 캠핑카는 호텔 근처에 있었고, 다음날 아침 나는 캠핑카를 찾아서 가족과 함께 짐을 싣고 출발했다. 우리는 런던 북쪽에 있었기에 런던을 돌아가는 링로드를 타고 도시 남쪽으로 가야 했다. 그 길을 운전한 것은 내 평생 가장 끔찍한 경험 중 하나였다. 시간은 금요일 한낮이었고 차가 너무 많았으며 나는 도로 왼쪽에서 운전해 본 적이 없었다. 링로드Ring Road는 그 이름을 듣고 미국인이 상상할 법한 모습과 달랐다. 2-3차선 고속도로가 아니라, 서로 다른 일반도로들이 연속적으로 이어지면서 런던을 둘러가는 전체 길을 이루는 식이었다. 도로명은 계속 바뀌었고 우리가 아직 링로드에 있음을 알려 주는 것이라곤 가끔씩 나타나는 작은 표지판이 전부였다. 목적지에 도착할 무렵에 나는 긴장으로 초주검이 되어 있었다.

아파트는 기차역에서 몇 블록 떨어진 쾌적한 동네에 있는 아주 큰 빅토리아풍 집의 3층이었다. 집주인 킨치 씨 부부는 1, 2층에서 여섯 자녀와 함께 살았다. 우리는 서로 친한 친구가 되었다. 클레어와 나는 바브와 토니 부부와, 우리 아이들은 그들의 아이들과 친해졌다. 우리는 더없이 즐겁게 머물렀다.

클레어와 나는 바브와 토니에게 아이들의 학교에 대해 조언을 구했다. 그들은 일반 학교를 권하지 않았다. 그래서 그들의 조언에 따라 에이미를 인근 명문 여학교에, 에릭은 인근의 명문 남학교에 등록시켰다. 로버트와 클라스는 지역의 초등학교에 보냈다. 다들 새롭고 낯선 환경에 처음에는 좀 불안해하더니 이내 새로운 경험을 즐겼고 학교 공부도 잘했다. 이후에 아이들은 당시의 경험을 종종 회상하면서 웃음을 터뜨렸는데, 특히 로버트와 클라스는 학교 급식에 나온 '소시지'와 '머쉬 피즈'(으깬 완두콩)를 자주 떠올렸다. 안된 일이었지만 크리스토퍼는 너무 어려서 학교에 갈 수 없었다.

그해 나의 계획은 예술 작품의 존재론ontology, '존재론'은 형이상학의 다른 이름이다을 연구하는 것이었다. 가령, 음악 작품이란 무엇인가? 음악 작품의 존재론적 지위는 무엇인가? 음악 작품은 창조되는가 발견되는가? 문학 작품의 세계와 그 안에 등장하는 인물의 본질과 존재론적 지위는 무엇인가? 허구적 인물들은 인격체가 아님이 분명하다. 그렇다면 그들은 무엇인가? 그런 질문들이 나의 흥미를 끌었다.

그런 숙고를 거쳐 마침내 나온 책이 『예술 작품과 예술 세계』 Works and Worlds of Art, Oxford, 1980 이다. 나는 이 책을 다소 어렵게 썼는데, 지금은 그 점을 아주 애석하게 여긴다. 내가 그 책을 어렵게 쓴 이유는 당시에 예술철학이 철학의 하위분야 중에서도 취약한 분야로 널리 여겨졌던 터라 그것이 철학의 다른 어느 하위분야 못지않게 중량감 있게 전개될 수 있음을 보여주고 싶어서였다. 큰 실수였다. 그것은 내가 형이상학을 다룬 마지막 책이다. 이후 나는 형이상학에 대해 논문은 썼지만 책을 쓰지는 않았다. 아쉬운 부분이 있다면 시간의 본질에 대해서 더 깊이 있게 생각하고 쓰지 못한 점이다. 내가 볼 때 기존의 모든 이론은 설득력이 없다.

그해 가을 무렵, 클레어와 나는 봄에 아이들을 학교에서 데리고 나와 모두 함께 장거리 유럽 여행을 떠나기로 결정했다. 가난한 우리 버전의 그랜드 투어Grand Tour, 17세기 중반부터 19세기 후반까지 영국 상류층 자제들이 프랑스나 이탈리아를 돌아보며 서양 고전 문화와 귀족 사회의 교양을 익히기 위해 떠난 여행—옮긴이였다. 우리는 그런 기회가 다시 오지 않을 것 같다고 생각했다. 나는 지도, 안내책자, 유럽의 캠프장 목록을 구입했고 일정을 짰다. 1971년 3월 31일에 우리는 폭스바겐 캠핑카를 타고 출발해서 배편으로 영국에서 벨기에로 갔고, 벨기에에서 프랑스를 거쳐 이탈리아로 간 다음, 배편으로 그리스로 갔다. 그리스에서 이스탄불로 갔다가 다시 그리스를 지나 유고슬라비아에 갔고, 이탈리아 중부를 관통하여 오스트리아, 독일, 덴마크, 스웨덴, 노르웨이를 여행하고 배편으로 영국으로 돌아왔다. 당시는 유럽의 기념물들에 울타리가 세워지기 전이었다. 아이들이 판테온 계단에 앉아 있는 사진이 남아 있는데, 이제는 그런 행동이 허용되지 않는다. 같은 해 좀 더 이른 시기에 우리는 스톤헨지를 방문했었는데, 아이들이 거석巨石에 기대어 찍은 사진이 있다. 이후 스톤헨지는 흉한 철책으로 둘러쳐졌다.

우리는 13주 동안 여행을 다녔다. 에릭은 지도 읽기의 천재였고, 종종 앞좌석에 앉아서 길을 안내했는데, 도시를 지날 때는 특히 큰 도움이 되었다. 캠핑카 옆에 텐트가 달려 있어서, 아이들은 텐트에서 자고 클레어와 나는 캠핑카에서 잤다. 캠핑장 입장료 외에는 숙박비가 들지 않았고 클레어가 캠핑장에서 저녁 식사를 준비했기에 여행 비용은 하루 평균 20달러 정도였다.

아이들은 놀라울 만큼 참을성 있고 반듯하게 행동했다. 내가 계획한 여행지에는 대성당이 많았다. 나는 각 대성당이 과거에 본 다른 대성당과 어떻게 다른지 설명하곤 했다. 이를테면 부르주 성당은 두 개의 측랑側廊, Aisle이 양쪽에서 신랑身廊, Nave을 감싸고 있는 반면, 대부분의 다른 성당에는 측랑이 양쪽에 하나씩만 있다. 에릭은 내 설명을 주의 깊게 들으며 사진을 많이 찍었고, 다른 아이들은 나의 열의를 참아 주었다. 하지만 프랑스 남부의 어느 지점에서 에이미가 하소연하듯이 말했다. "우리 해변에 가면 안 돼요? 만날 교회만 봐야 하는 거예요?" 그래서 우리는 일정에서 벗어나 리비에라(이탈리아와 프랑스에 걸치는 지중해 연안 지역. 이탈리아어로 '해안'이라는 뜻—옮긴이)로 내려갔고 거기서 이틀을 머물렀다. 미시간호 동쪽 호수변 모래사장이 리비에라보다 낫다는 데 모두가 동의했다!

우리 모두 그리스가 마음에 들었다. 아테네, 고대 델포이, 펠로폰네소스 반도의 여러 유적지, 그중에서도 미케네, 올림피아, 옛 비잔틴 도시 미스트라가 좋았다. 그러나 개인적으로 내게는 이스탄불의 아야소피아 성당이 최고였다. 나는 그 앞에서 압도되었고 어안이 벙벙했다. 많은 방문객들은 이 엄청난 구조물이 솟아오르는 것이 아니라 폭포수같이 떨어져 내리는 것처럼 보인다고 말하는데, 나도 그와 같은 경험을 했다. 거대한 중앙 돔에서 그 절반 크기의 돔들이 내려오고, 절반 크기의 돔들에서 4분의 1 크기의 돔들이 내려오는 것 같았다. 6세기의 역사가 프로코피우스는 중앙 돔이 하늘에서 드리운 사슬에 매달린 것 같다고 적었다. 어떻게 된 일일까? 뭔가가 그것을 떠받치고 있어야 한다. 하지만 무엇이? 지지물은 어디에 있는가? 중앙 돔은 왜 공중에 떠 있는 것처럼 보일까?

많은 저자들이 그 이유로 돔의 아랫부분을 둘러싼 채광창들을 지목했다. 채광창들이 만들어 내는 빛의 띠 때문에 돔이 그 위에 떠 있는 것처럼 보인다는 것이었다. 그러나 뭔가 더 있는 것이 분명했다. 나는 마침내 해답을 얻었다. 중앙 돔은 네 개의 거대한 기둥이 떠받치고 있지만, 그리로 눈이 가지 않는 구조로 되어 있다. 건물 중앙에서 앞쪽을 바라보면 좌측의 두 기둥 사이의 벽과 우측의 두 기둥 사이의 벽이 보인다. 이 벽들은 기둥과 같은 대리석으로 건축되었고 그것들과 이어져 있다. 유심히 살펴야만 기둥이 끝나는 지점과 벽이 시작되는 지점이 눈에 들어온다. 이 벽들은 곳곳이 뚫려 있는 칸막이벽이어서 그 사이에 서면 기둥 대신 별로 중요해 보이지 않는 이 벽들이 눈길을 사로잡게 된다. 아야소피아 성당 전체가 착시 효과를 만들어 내는 걸작이다!

이스탄불에서 돌아오는 길에 그리스 북부의 메테오라에 들렀는데, 그곳에는 우뚝 솟은 바위들 위에 중세에 건축된 수도원들이 많았다. 거기서 우리는 당시만 해도 아직 통일 국가였던 유고슬라비아로 가서 오래된 교회들을 본 다음 이탈리아 북동부와 오스트리아를 거쳐 독일로 들어가 그곳의 바로크 양식 교회들을 보았다. 이후, 동쪽으로 가는 우회로를 타고 프랑스 동부의 떼제 공동체를 방문한 뒤 스칸디나비아 국가들로 갔다.

파리, 로마, 이스탄불에서의 운전은 여행 첫날 런던에서의 경험만큼 끔찍했다. 노르웨이에서의 어느 아침, 영국으로 돌아가는 배를 타기 위해 베르겐으로 가는 길은 운전이 공포 그 자체였다. 노르웨이에서는 으레 오래되고 멋들어진 목조 교회들을 찾아다녔는데, 그 모두가 큰 도로에서 벗어나 있었다. 우리는 시골길을 따라 골짜기에서 산꼭대기로 올라가야 했다. 여행 안내책자에는 경사가 급하다고 나와 있었다. 당시의 폭스바겐 캠핑카는 동력이 약했기에 차량 안내서를 보며 차가 오를 수 있는 최대 경사도를 확인했다. 사람과 짐을 잔뜩 실은 상태여서 살짝 불안하긴 했지만, 괜찮을 거라는 결론을 내렸다.

우리는 오르기 시작했다. 안내책자에는 도로가 포장되지 않았고 자갈길이라는 말이 없었다. 400미터쯤 지나면 도로가 지그재그로 길게 이어진다는 말도 없었다. 폭스바겐 기어를 1단으로 넣었다. 전날 밤에 비가 온 터라 굽이마다 땅이 무르고 질척거려 속도가 나지 않았다. 오른쪽을 슬쩍 봤더니 깎아지른 벼랑이었다. 도로가 좁아서 방향을 바꿀 수가 없는 터라 그냥 죽 가는 수밖에 없었다. 공포가 밀려왔다. '내가 무슨 짓을 한 거지? 일곱 명의 목숨을 위태롭게 만들었잖아. 가족들은 나가서 걷게 해야 할까?' 마침내 꼭대기에 안전히 도착했고 거기엔 주차 공간이 있었다. 한 시간 정도 지나서야 겨우 진정이 되어서 베르겐으로 계속 갈 수 있었다.

06_
각성

1960년대 말 어느 시점에 나는 예술적 각성을 경험했다. 어느 토요일 오후, 그랜드래피즈의 우리 집 거실에서 미시간 대학교 공영 라디오 방송을 듣던 중이었다. 미시간 대학교 라디오 방송은 보통 오후에 클래식 음악을 내보내는데, 그 날은 노동요, 즉 육체노동을 할 때 부르는 노래를 준비했다. 나는 그 노래에 매료되었다. 그리고 그때 각성이 찾아왔다.

　나는 칼빈 대학 철학과의 미학 과목을 가르치고 있었다. (다음 몇 단락에 걸쳐 나는 관행에 따라 '미학'과 '예술철학'이라는 용어를 혼용해서 쓸 것이다.) 칼빈에서 학부생으로 있을 때에도, 하버드 대학원생 시절에도 미학 과목을 수강한 적이 없다. 그 과목들을 듣는 학생들의 대화를 들어 보니, 철학보다는 탁상공론식의 예술 심리학처럼 느껴졌고 매력적이지 않았다. 그런데 칼빈대 철학과에서 미학을 가르치던 튜니스 프린스가 은퇴하자 철학과에서는 내게 그 과목을 맡겼다. 내가 예술에 관심이 있다는 것이 이유였다.

　운이 좋았는지 내가 철학과의 미학 수업을 맡기 몇 년 전에 개인적으로 알던 먼로 비어즐리Monroe Beardsley가 『미학』Aesthetics이라는 책을 출간했다. 그 책은 탁상공론 심리학이 아니라 철학이 분명했기에 나는 그 책을 새로운 수업의 교과서로 채택했다. 비어즐리의 예술 접근법에 영향을 준 널리 공유된 생각에 따르면, 예술은 특별한 삶의 영역이고 여가가 있어야만 원래 취지에 맞게 제대로 즉 심미적 관심을 가질 대상으로 만날 수 있다. 미학을 가르칠 때 나 역시 그런 전제에 따라 수업을 진행했고, 그 토요일 오후에 공영 라디오에서 흘러나온 노동요도 15분에서 20분 정도 그렇게 듣고 있었다. 그런데 문득 이런 생각이 떠올랐다. 방송국은 심미적 관심을 기울여 보라고 그 노래들을 틀어 주고 있었고 나도 그렇게 듣고 있었지만, 그 노래들은 원래 그런 목적으로 탄생한 것이 아니라는 것. 노동요는 사람들이 일을 할 때 부르는 노래였다.

당시에 나는 이런 조화되지 않는 생각을 어떻게 정리해야 할지 몰랐다. 비어즐리가 노동요의 존재를 몰랐을 가능성이 있을까? 그것은 개연성이 없어 보였고, 어쨌거나 나는 그 토요일 오후에 라디오에서 노동요 몇 곡을 듣기 오래전부터 그런 종류의 노래에 대해 알고 있었다. 노동요는 예술이 아니고, 따라서 예술 철학가들이 주목할 만한 대상이 아니라는 것이 가능한 일일까? 그러나 노동요는 분명 음악 작품이고 음악은 예술의 하나다. 그 정도면 예술 철학가들이 고려할 만한 대상이 되기에 충분하지 않을까? 혹시 비어즐리는 노동요가 본질적으로 열등하기 때문에 철학자가 관심을 가질 만한 가치가 없다고 가정하고 있는 것일까? 나도 그런 가정에 동조했던 것일까? 만약 그렇다면 노동요는 어떤 식으로 열등할까? 나는 그 노래들이 매력적이라고 생각하면서 들었고, 라디오 프로그램 제작자도 그렇게 생각했던 것 같다. 처음에 노동요를 불렀던 사람들은 일하면서 그 노래를 부르면 힘이 난다는 것을 발견했을 것이다.

이 질문들에 대한 답을 얻는 데 몇 년이 걸렸다. 그 숙고의 과정을 거쳐 나온 것이 내 책 『행동하는 예술』이다. 이 책은 『예술 작품과 예술 세계』와 같은 해에 출간되었다. 하지만 『예술 작품과 예술 세계』는 내가 『행동하는 예술』의 집필을 시작하기 오래전에 사실상 마무리된 상태였다.

『예술 작품과 예술 세계』는 내적 동기에 이끌려 쓴 책이다. 대학원 공부를 통해 형이상학에 관심을 갖게 되면서 『보편자에 대하여』를 쓴 것처럼, 철학과의 미학 과목을 가르치면서 자연스럽게 예술 작품의 존재론에 대해 생각하게 된 것이다. 그에 반해 『행동하는 예술』은 내게 일어난 예기치 못한 예술적 각성을 이해하기 위한 시도의 결과물이었다. 그런 면에서 『행동하는 예술』은 예전禮典에 대해 쓴 나의 여러 글과 비슷하다고 할 수 있다. 뜻밖에 교단의 예전 위원회에 임명된 일을 계기로 예전에 대해 생각하고 글을 쓰게 되었기 때문이다.

고전적 독일 철학자는 스물다섯 살쯤 되면 열두 권 분량의 철학 체계를 구상하고, 어떤 것에도 관심을 빼앗기지 않고 철학 체계의 서술에 꾸준히 전념하여 마지막 권까지 완성하고 죽으리라 다짐한다는 말이 있다. 물론 이것은 희화화한 말이지만 진실을 담고 있다. 많은 철학적 저술들이 내적 동기로 이루어진다는 얘기다. 그러나 『예술 작품과 예술 세계』 이후로 내 철학 활동은 이것과 거의 정반대가 되었다. 내가 생각하고 쓴 글은 거의 대부분 내게 닥친 일이 원인으로 작용했다.

『행동하는 예술』의 주된 논지는, 예술을 이해하려면 예술 작품이 자율적인 의미와 중요성을 갖고 있다는 생각을 포기하고 의미와 중요성이 행위에 담기는 수많은 방식에 주목해야 한다는 것이다. 노동요를 이해하려면 노동요가 육체노동을 할 때 노동 효율을 높이고자 부른 노래라는 사실에 주목해야 한다. 찬송가를 이해하려면 그것이 신을 찬양하기 위해 부른 노래라는 사실에 주목해야 한다. 교향곡을 이해하려면 대중이 몰두해서 듣도록 공연된다는 사실에 주목해야 한다.

나의 논지에는 바로 질문이 따라온다. 우리가 여러 다양한 방식으로 예술 작품을 향유하는 것이 사실이라면, 왜 비어즐리는 그 부분에서 예술에 관하여 잘못된 것이 분명한 주장과 가정을 한 것일까? 근대의 대부분의 다른 예술철학자들은 왜 비어즐리와 똑같이 했을까? 또 나는 왜 그렇게 했을까? 왜 예술철학자들은 예술의 특정 형태 및 예술을 향유하는 특정 방식에만 해당하는 것을 종종 보편적인 것으로 제시했을까? 그들은 예술을 즐기려면 여가가 있어야 한다고 썼다. 그것은 피아노 소나타, 바이올린 협주곡 등에는 분명히 해당하지만, 노동요로 쓰이는 음악의 경우에는 명백히 잘못된 주장이다. 그들은 예술이 "그 바깥에서는 존재 이유"가 없는 무용한 것이고, "예술 자체가 그 가치이며 존재 목적"이라고 본다. 그것은 서정시, 교향곡, 근대 무용 등에는 어느 정도 그럴듯하게 들리지만, 노동요, 찬송가 및 다른 형태의 예술에 대해서는 전혀 말이 되지 않는다.

예술철학자들이 지금과 같은 방식으로 글을 쓰는 이유에 대해 내가 『행동하는 예술』에서 제안한 답변은 근대 예술철학자들이 흔히 내가 "고급 예술이라는 근대 제도"라 부른 것을 주시했다는 것이었다. 나는 이 제도가 예술품을 대하는 한 가지 방식, 즉 심미적 감상의 대상으로 여기는 것을 중심으로 만들어졌다고 주장했다. 그리고 예술철학자들이 근대 예술에 대해 제시한 일반화는 그 제도 안에서 바라보는 예술에 대해서는 옳거나 거의 옳다는 점을 지적했다. 이어서 나는 예술철학자들이 예술품을 향유하는 방식으로 심미적 감상만 생각할 게 아니라 탐구의 범위를 넓혀서 예술이 행위로 구현되는 다른 많은 방식에도 주목해야 한다고 주장했다.

그날 토요일 오후에 라디오에서 노동요를 듣던 나는 내가 그 노동요들을 향유하는 방식과 원래 그 노래들을 불렀던 사람들이 향유하던 방식이 어긋난다는 거의 본능적 느낌에 이끌려 삶에서 예술이 맡는 역할을 재고하게 되었다. 그 이유는 무엇일까? 왜 나는 노동요를 편안하게 심미적으로 계속 듣지 못했을까? 노동요는 저 홀로 인정받는 예술에 해당하지 않으며 그러므로 철학자들의 관심을 받을 만한 가치가 없다고 무시할 수도 있었을 텐데 왜 그러지 않았을까? 혹시 내 종교적 배경에서는 찬송가를 부르는 일이 중요한 위치를 차지하기 때문이었을까? 찬송은 결국 일종의 노동요다. 아니면 노동요가 세상의 힘없는 사람들, 나와 기원이 같은 사람들의 음악이라는 생각이 막 싹텄던 것인지도 모르겠다.

『행동하는 예술』의 부제인 '기독교 미학 입문' Toward a Christian Aesthetic 은 그 책의 논지가 내가 위에서 언급한 주장, 즉 예술을 이해하려면 예술 작품이 행위로 구현되는 여러 방식이라는 맥락 안에서 예술을 고려해야 한다는 주장에 그치지 않는다는 점을 말해 준다. 나는 그렇게 이해된 예술을 바라보는 기독교적 시각을 이 책에서 제시했다. 이 책은 지금도 출간되고 있고, 새로운 세대의 학생들이 여전히 읽고 있다.

　『행동하는 예술』이 출간되고 두어 달 후에 나는 펜실베이니아에 있는 한 여성으로부터 전화를 받았다. 그녀는 방금 그 책을 다 읽었다면서 자기가 그랜드래피즈로 가면 책에 대해 대화를 나눌 수 있느냐고 물었다. "물론입니다." 나는 그렇게 대답했지만, 무슨 일로 800킬로미터나 운전하여 나를 만나려 하는지 의아했다. 그녀는 내 연구실에 자리를 잡고 앉자마자 감정을 주체하지 못하고 울음을 터뜨렸다. 서서히 이야기가 흘러나왔다. 그녀는 전문 무용수인데 최근에 그리스도인이 되었고 자신이 다니게 된 교회에서 예배 무용을 시작했다. 전문 무용수인 그녀의 동료들은 그 사실을 알고 나서 예배 무용은 무용의 품격을 떨어뜨린다고 거침없이 말했다. 그녀는 내 책을 읽고 무용수로서 자기 삶의 양면 모두에서 인정받는 느낌이 처음으로 들었다며 내 얼굴을 보면서 이 이야기를 하고 싶었다고 했다.

…

1970년대 초에 허먼 밀러사 인사 담당자로부터 전화를 받았다. 그는 그랜드래피즈에서 서쪽으로 30킬로미터 정도 떨어진 미시간주 질랜드의 본사로 와서 하루 동안 컨설팅을 해줄 수 있느냐고 물었다. 나는 바로 전화를 잘못하신 것 같다고, 나는 철학자라고 대답했다. "아닙니다, 저희가 원하는 분이 맞습니다." 그는 그렇게 말했다. 그들은 예술에 관심이 있는 철학자를 원했다. 좀 더 이야기를 나눈 후에 초대를 수락했는데, 호기심이 발동한 탓도 있고 그들이 제시한 자문료 액수가 내가 이전까지 받았던 그 어떤 사례비보다 훨씬 많았기 때문이기도 했다!

허먼 밀러사는 꼼꼼한 솜씨의 가정용, 상업용 가구를 생산한다. 이 회사는 75년이 넘게 훌륭한 산업 디자인을 이끄는 리더였다. 허먼 밀러사가 생산한 의자들 중 일부는 현대 디자인의 아이콘이 되었는데, 가장 유명한 것은 찰스 임스가 디자인하고 1956년에 처음 생산한 임스 라운지 의자와 빌 스텀프와 돈 채드윅이 디자인하고 1994년에 처음 생산한 에어론 의자다. 클레어와 나는 여러 해 동안 허먼 밀러 가구에 감탄했고 몇 가지 제품을 갖고 있었다.

미국 전역에서 다섯 명의 자문 위원이 왔다. 기자, 변호사, 미항공우주국에서 일하는 의사, 프리랜서 가구 디자이너(빌 스텀프), 그리고 나였다. 허먼 밀러사의 고위 간부 대여섯 명과 함께 회사의 대표인 맥스 드 프리가 참석했다. 맥스는 토론을 시작하기에 앞서 본인과 고위 간부들은 일 년에 두 번 하루씩 시간을 내어 통상 업무를 중단하고 잠시 물러서서 소규모의 자문 위원들과 함께 자신들이 허먼 밀러사에서 하고 있는 일을 돌아본다고 말했다. 이런 성찰의 시간은 큰 그림을 유지하는 데 도움이 된다고 했다.

맥스는 토의를 위해 몇 가지 질문을 적어 왔다. 질문을 토의하는 순서는 따로 없었고, 모든 질문을 다 다루어야 하는 것도 아니었다. 그것들은 그의 머릿속에 있는 생각일 뿐이었다. 우리 자문 위원들의 역할은 그날의 토론이 회사에 어떤 이익을 줄지 고심하는 것이 아니라 대화가 흘러가게 하는 것이었다. 그 자리에서 나온 내용을 어떻게 쓸지는 회사 사람들이 논의할 터였다.

맥스의 질문 중 세 가지가 기억이 난다. 첫째, 좋은 디자인을 만들라는 도덕적 명령이 존재하는가? 맥스는 허먼 밀러사가 1930년대 후반부터 좋은 모던 디자인에 전념해 왔다고 설명했고 그렇게 된 계기를 들려주었다. 당시에는 맥스의 아버지 D. J. 드 프리가 회사를 이끌었고 전통적 가구를 만들고 있었다. 어느 날 디자이너 길버트 로드가 자신이 만든 모던 가구 디자인 작품집을 내놓았다. D. J.는 흥미를 보였고 로드에게 이렇게 말했다고 전해진다. "음, 우리는 지금 돈을 못 벌고 있으니, 당신의 여러 디자인을 시도해 보는 게 좋을 것 같군요." 그 이후 여러 해에 걸쳐서 허먼 밀러사의 모던 가구를 위한 큰 시장이 있음이 입증되었다. 그러나 맥스는 회사가 좋은 디자인에 전념하는 데 있어서 틈새 시장이 있다는 사실보다 더 깊은 토대는 없는지 최근 들어 스스로에게 묻고 있다고 말했다. 좋은 디자인은 도덕적으로 요구되는 일일까?

또 맥스는 성장과 친밀함이 공존 가능한지 물었다. 여러 해 동안 허먼 밀러사는 직원들과 관리자의 친밀함을 중요하게 생각하고 친밀함을 높이기 위한 많은 전략을 개발했는데, 그날의 토론이 열리기 직전에 회사가 주식 공개를 한 자리에서 주주들은 성장을 강하게 요구했다. 맥스의 두 번째 질문은 바로 여기서 나왔다. 성장과 친밀함은 공존 가능한가?

맥스의 세 번째 질문은 사업의 목적은 무엇인가였다. 그가 이끄는 젊은 경영진의 일부에서는 사업의 목적이 돈을 버는 것이라는 목소리가 나오고 있었다. 맥스 자신은 그렇게 생각하지 않지만 논의할 만한 가치가 있는 주제인 것 같다고 말했다. 논의가 진행되는 과정에서 이 문제에 대한 그의 견해가 드러났다. 그가 생각하는 사업의 목적은 대중을 위해 유용하고 좋은 제품들을 만드는 것과 직원들에게 의미 있는 일자리를 제공하는 것이었다. 물론 회사가 사업을 유지하려면 수익을 올려야 하지만 수익과 사업의 관계는 호흡과 생명의 관계와 같다고 맥스는 말했다. 호흡을 해야만 살 수 있지만 호흡하기 위해 사는 것은 아니다. 회사는 모든 사람이 소중한 존재가 되고 모두가 공동 노동을 통해 얻은 열매의 정당한 몫을 누리는 공동체여야 한다.

맥스가 제기한 이런저런 질문들의 깊이와 넓이에 나는 깜짝 놀랐다. 그 모임에서 철학자인 나는 물밖에 나온 물고기 신세일 거라고 예상했었는데, 그곳은 물이었고 그것도 내가 노는 물이었다. 맥스의 질문들은 매우 철학적이었다. 그날 내가 무슨 말을 했는지는 전혀 기억나지 않는다. 내가 무슨 말을 했건 허먼 밀러 사람들에게 큰 도움이 되었을 것 같지는 않다. 거기서 제기된 사안들은 철학적 문제이긴 했지만 내가 계속 생각해왔던 사안들은 아니었기 때문이다. 내 기억에 남은 것은 그날이 너무나 즐거웠다는 사실뿐이다.

이후 나는 사업의 목적이 돈을 버는 것이라는 말이 나오거나 그렇게 전제되는 상황을 만나면, 허먼 밀러사에서 컨설팅을 했던 일과 돈을 버는 것은 기업 운영의 조건이지 목적이 아니라던 맥스의 견해를 들려주었다. 그러면 가끔 이런 답변이 돌아왔다. 허먼 밀러사가 제조하는 가구는 값비싼 명품이니 맥스가 그런 견해를 갖고 기업을 운영할 수 있는 거라고. 그 회사가 대중 시장을 상대로 저렴한 가구를 생산한다면 그런 이상적인 생각들을 가질 수 없을 거라고. 한번은 토론 참가자가 눈에 띄게 화를 내며 맥스가 주주들을 속이고 있다고 선언했다.

그날의 자문을 맡기 전에 나는 맥스를 만난 적이 없었지만, 이후 우리는 좋은 친구가 되었다.* 그는 놀라운 사람이었고, 내가 아는 사람들 중에서 손에 꼽을 만큼 뛰어났다. 그는 신앙심이 깊었고 미국개혁교회의 충실한 교인으로 평생을 보냈다. 그날 모임에서는 밝히지 않았지만, 그가 제기한 질문들의 배후에는 신앙적 확신이 놓여 있었고 그의 회사 운영 방식에도 신앙적 확신이 자리 잡고 있었다. 그는 다소 수줍음을 타는 사람이었고 자신의 신앙적 도덕적 믿음이 회사 운영에 어떤 영향을 미쳤는지 직접적으로 질문을 받는 것을 좋아하지 않았다. 대화 도중에 그에 대한 생각이 흘러나오도록 기다려야 했다. 그의 회사 운영에 대해 내가 제시할 수 있는 많은 사례 중에서 특히 감동적인 두 가지를 소개하고자 한다.

미시간주는 산업용 건물을 장애인들이 이용할 수 있게 만드는 것을 의무화하는 법안을 통과시켰다. 허먼 밀러사 공장들의 기계는 이전부터 장애인들도 쓸 수 있게 되어 있었지만, 건물들 자체는 그렇지 못했다. 그래서 회사는 새로운 법에 따르고자 경사로를 만들었다. 한번은 맥스가 경사로를 점검하러 나갔더니 장애인들은 경사로를 오르는 반면 일반인들은 계단을 오르는 모습이 눈에 들어왔다고 했다. 그는 모두가 경사로를 이용하도록 계단을 헐어 버리라고 지시했다.

어느 날 직원 중 한 사람이 맥스와 만나 금요일 점심 회동에서 자신을 빼 달라고 요청했다. 그 시간은 친밀함을 촉진하기 위한 회사 전략 중 한 가지였다. 맥스는 깜짝 놀랐다. 그는 그 금요일 회동을 자랑스럽게 여겼기 때문이다. 왜 그 모임에 참여하고 싶지 않은 걸까? 직원은 집에 심각한 장애를 가진 아이가 있고 중단 없이 일

• 맥스는 2017년 8월 8일에 사망했다.

에 집중하는 것이 자신의 어려움을 잊는 데 도움이 된다고 설명했다. "대표님, 제게 일은 치유의 시간입니다." 맥스는 그 말을 듣고 나서 당장 '어떻게 하면 모든 사람에게 일이 치유의 시간이 되게 할 수 있을까?'라는 생각을 했다고 내게 말했다.

그는 『리더십은 예술이다』에서 이렇게 썼다. "리더의 첫 번째 책임은 현실을 정의하는 것이다. 마지막 책임은 고맙다고 말하는 것이다."••

...

비길 데 없는 이야기꾼인 클레어의 아버지 얀 빌렘 킹마 씨—내게 예술에 대해 많은 것을 가르쳐주셨고 내가 많이 사랑하고 존경했던 장인어른—가 1969년 7월 20일에 캘리포니아 산타바바라에서 암으로 돌아가셨다. 클레어의 부모님이 산타바바라로 이사하신 후, 우리는 그분들을 자주 뵙지는 못했다. 그러나 우리 가족 모두가 기차로 두 분을 방문한 경우가 두 번이었고, 두 분도 비행기로 그랜드래피즈의 우리를 수차례 만나러 오셨다. 간단히 말해, 아이들은 외할머니 외할아버지와 친숙했다. 우리가 산타바바라의 두 분을 처음 방문했을 때, 로버트는 외할아버지의 품에 달려들며 이렇게 말했다. "저도 식물이 좋아요." 아이는 외할아버지가 식물을 좋아하신다는 사실을 클레어와 나를 통해 들은 터였다. 그분이 돌아가시기 직

•• 맥스가 대표이사로 있는 동안, 허먼 밀러사는 「포춘」지가 선정하는 미국의 "가장 존경받는 기업"과 "가장 일하기 좋은 기업"의 목록에 자주 올랐다. 1981년에 미국 건축가협회(AIA)는 '탁월한 디자인에 헌신'한 공로로 허먼 밀러사에 AIA 금메달을 수여했다.

전에 우리 가족 모두가 항공편으로 산타바바라로 가서 마지막 작별 인사를 하고 장례식에 참석할 수 있었다.

장인어른이 돌아가시고 정확히 4년 후인 1973년 7월 20일에 나의 아버지도 일흔 살의 나이로 돌아가셨다. 아버지의 죽음은 아무 경고 없이 즉각적이고 갑작스럽게 찾아왔다. 부검이 없었기에 우리는 사인을 알지 못한다. 나는 에저턴으로 날아가 장례식에 참석했고, 아버지에게 쏟아지는 애정과 존경에 깊은 감동을 받았다. 그 마음을 내게 직접 표현한 이들도 있었고, 나중에 내가 받은 회고집에 기록해 둔 이들도 있었다. 사람들은 내가 처음 듣는 사건들을 언급했다. 아버지는 공동체의 기둥이셨다. 집으로 돌아가는 비행기 안에서 생생하고 불안한 심상이 떠올랐다. 내가 큰 무리를 거느리고 광활한 지역을 지나가는데 내 앞에 아무도 없는 상황이었다. 나는 그야말로 훤히 노출되어 있었다.

...

1975년 봄에 나는 정말 어리석은 일을 저질렀다. 25년간의 대단히 성공적인 총장 임기를 마치고 은퇴하는 윌리엄 스폴호프의 후임으로 칼빈 대학 총장 후보에 나선 것이다. 그때 내가 총장으로 선택되지 않은 것에 날마다 감사한다. 내가 뽑혔다면 비참했을 것이다. 심성이나 기질이 행정가와 맞지 않는 나로서는 수천 명의 학생들과 수백 명에 달하는 교직원들의 안위를 책임지는 일에 따른 심적 부담이 너무나 컸을 것이다. 내가 사랑하는 것은 철학이다.

나는 오랫동안 칼빈 대학의 정책 결정에 깊이 관여했다. 커리큘럼 개정위원회 위원장을 맡은 후, 다른 여러 위원회에서 일했고 교수회의에서도 자주 발언을 했다. 대학의 방향과 안위에 관심을 가졌다. 무엇보다 칼빈 대학이 번영하고 있었다. 입학생 수가 늘고 있었고 학생들은 총명하고 거침없었으며, 젊은 신임 교수들이 들어오고 있었다. 똑똑하고 잘 훈련되고 열정적이고 자신의 연구 분야뿐 아니라 잘 가르치는 일과 대학의 번영에도 헌신적인 이들이었다.

스풀호프가 은퇴를 선언했을 때, 여러 학과의 많은 동료들이 나에게 후보자로 나서도록 강하게 권했다. 나는 그 문제를 가족들과 상의했다. 클레어는 내가 출마하기를 원했고 총장의 배우자로서 자신이 할 수 있는 많은 일들을 바로 떠올렸다. 반대하며 경고한 이들도 있었는데, 특히 알 플랜팅가와 처남 스튜어트 킹마가 반대했다. 처남은 당시에 미국 질병관리본부에서 행정가로 일하고 있었다. 그는 힘주어 경고했다. 그는 행정이 무엇인지 내부자로서 알고 있었고 내가 어떤 사람인지도 알았다. 그의 말을 경청했어야 했다. 그러나 나는 동료들의 간청에 굴복했고 길고 다면적인 인터뷰 과정을 통과했다.

무엇에 홀렸던 것일까? 왜 내가 중요하게 여기는 것을 당당하게 말하고 경영과 행정은 다른 사람에게 맡기자고 말하지 않았을까? 동료들의 권유를 받는 것과 총장이 된다는 생각에 우쭐해졌기 때문이다. 기고만장해졌던 것이다. 나중에 가서야 나는 이것을 스스로 인정했다.

물론 나는 전업 전문 철학자로서의 경력을 포기해야 한다는 것을 알고 있었다. 하지만 철학적 지식에 근거한 꽤 대중적 에세이를 계속 쓰리라 다짐했다. 그래서 아침 10시 이후 출근이 총장직 수락의 조건임을 공개적으로 밝혔다. 이른 아침 시간을 읽고 사색하고 글을 쓰며 보내려던 것이었다. 나는 총장직을 대하는 상반된 마음을 갖고 있었다. 총장후보자 추천위원회는 나를 따로 불러 엄하게 말했어야 했다. "진지하게 생각해 보세요. 총장직은 전업으로 감당해야 하는 자리입니다. 총장이 되고 싶은 마음이 있는 겁니까, 없는 겁니까?"

나는 고등교육기관의 장이 단순히 기술관료가 아니라 교육을 아는 지도자가 되는 것이 중요하며, 그러기 위해서는 읽고 사색하고 쓰는 시간이 필요하다고 생각한다. 그러나 돌이켜 보니, 내가 그런 활동을 위한 시간을 확보하겠다고 제안한 것은 그 일이 총장 역할을 제대로 수행하는데 중요하다고 생각해서가 아니었다. 나는 크게 달라진 형태로나마 철학자라는 직업을 이어가고 싶었던 것이다.

칼빈 대학은 북미주개혁교회가 소유하고 지배권을 행사한다. 교단 총회가 총장후보자 추천위원회에서 제출한 후보자 명단을 보고 총장을 뽑는다. 당시 추천위원회가 제출한 두 명의 후보는 일리노이 대학교 의과대학 행정가였던 앤서니 디크마와 나였다. 두 사람 모두 공개 인터뷰를 거쳤고 디크마가 최종 선택되었다.

나는 깊은 상처를 입었다. 내가 총장이 되는 상상을 하고 계획을 세우고 있었기 때문이다. 동료 중 한 사람이 그날 저녁에 나와 함께 밤을 지새웠다. 우리는 기대했지만 수포로 돌아간 일을 애석해했다. 그러나 한 주가 지나고 상처가 가시자 큰 안도감이 밀려들었다. 총회는 올바른 선택을 한 것이다. 하나님이 개입하셔서 나의 어리석음을 막으셨다는 생각이 들었다. 나는 교수진에게 편지를 써서 디크마를 함께 지지하자고 촉구했다. 그는 탁월한 총장으로 증명되었고, 나와도 개인적으로 좋은 관계를 맺었다.

• • •

1975년 9월, 나는 남아공 포체스트롬 대학교에서 열린 컨퍼런스에 참석했다. 그리고 그로 인해 인생이 달라졌다. 포체스트롬은 요하네스버그에서 차로 1시간 거리에 위치한 중형 도시다. 당시에 포체스트롬 대학교는 보수적인 아프리카너(남아공의 네덜란드계 백인─옮긴이)의 전통 안에 확고히 자리 잡고 있었다. 소위 흑인과 유색인종은 정식 학생으로 입학할 수 없었다. 컨퍼런스의 주제는 "개혁파 전통의 기독교 고등교육"이었다. 많은 수의 아프리카너들이 참석했고 남아공의 '흑인'과 '유색인' 학자들이 소수 참석했다. 대규모의 네덜란드 학자 대표단과 북미, 아시아, 기타 아프리카 국가들에서 소수가 참석했다. 나는 칼빈 대학의 공식 대표로 참여했다.

아파르트헤이트는 여전히 맹위를 떨치고 있었다. 나는 아파르트헤이트에 대해 알고 있었다. 개혁파 전통에 속한 교단의 구성원이 아파르트헤이트를 모를 수는 없었다. 내가 아는 바에 따르면 그것은 비난 받아 마땅했고, 내가 속한 전통의 수치였다. 그리고 나는 그곳에서 아파르트헤이트를 직접 목격했다. '백인에게만'Blankes alleen 허용된 지역과 버스, 가게, 식당, 화장실이 따로 있었다. 미국에서 민권 운동으로 해체되고 있던 인종분리 정책이 남아공에서는 활개를 치고 있었다.

아파르트헤이트는 컨퍼런스의 주제가 아니었지만, 휴식 시간과 식사 시간에 대표자들 사이에서 이루어진 비공식적 논의에서 두드러지게 등장했다. 아파르트헤이트에 대해 아주 잘 알고 단단히 화가 난 네덜란드인들은 컨퍼런스 안에 아파르트헤이트를 솜씨 좋게 밀어 넣었다. 아파르트헤이트와 직접적으로 관련이 있는 강연은 없었지만 네덜란드인들은 강연 후 질의 시간에 아파르트헤이트에 대한 진술을 하고 그와 관련된 질문을 던졌다. 결국 남아공 주최 측에서는 컨퍼런스를 장악한 네덜란드인들에게 완전히 두 손을 들고 아파르트헤이트를 토론 주제로 삼는 늦은 저녁 모임을 여는 데 동의했다.

지금까지도 그 모임은 내가 경험한 가장 열띤 토론으로 남아 있다. 네덜란드인들은 분통을 터뜨렸다. 나중에 알고 보니, 아프리카너들이 아파르트헤이트에 대한 비판을 받아넘기는 전형적인 전략은 비판자들이 내용을 잘못 알고 있다고 말하는 것이었다. 그런데 네덜란드인들에게는 사정을 잘 모른다는 식으로 나무라고 넘어갈 수 없었기에 전략을 바꿔 그들이 독선적으로 다른 사람을 판단한다고 비난했다. 45분 정도 이런 성난 논쟁이 이어지고 나니, 양측 다 서로에게 새롭게 할 말이 없었다. 그러자 남아공의 '흑인'과 '유색인' 대표자들이 발언을 시작했다. 그들은 남아공 사회에 만연한 공식적-비공식적 인종분리로 인해 매일 짊어져야 하는 모욕을 자세히 가슴 뭉클하게 묘사했다. 그들은 거주지에서 강제로 쫓겨나 반투스탄1960년대 남아프리카공화국 영토 안에 있던 반투족[남아프리카 흑인]을 격리하고 인종분리 정책을 추진하기 위해 설정한 보호령. 1993년 폐지—옮긴이으로 떠밀려 들어가야 했던 일을 이야기했다.

나는 정의를 촉구하는 이 외침에 감동했다. 그뿐 아니라, 정의를 나의 연구주제에 올리고 적절한 모든 방식으로 이 억압받는 이들을 강력하게 변호하는 일에 하나님이 부르신다는 확신이 내 안에 솟구쳤다. 그렇게 하지 않는다면 신앙적 불순종에 해당할 것이었다. 하나님은 공중에서 울리는 음성이 아니라 '흑인'과 '유색인' 대표자들의 입을 통해 내게 말씀하셨다. 이전에는 경험하지 못한 일이었다.

정의를 촉구하는 '흑인'과 '유색인'들에게 아파르트헤이트를 옹호하는 아프리카너들이 내놓은 답변에 나는 정말 깜짝 놀랐다. 그들은 정의가 아닌 자비가 관건이라고 주장했다. 그들 아프리카너들은 관대하고, 아파르트헤이트의 목표는 모든 남아공 사람들의 더 큰 선을 이루는 것이라고 말했다. 그들은 남아공에 10개가 넘는 인종 집단이 있고 아파르트헤이트의 목표는 각 인종 집단이 나름의 고유한 방식으로 번성하게 하는 것이라고 했다. 고유의 언어, 이야기와 시, 바구니 짜는 방식, 나름의 먹고 옷 입는 방식을 유지하면서 말이다. 구별된 발전이 목표였다. 그 목표가 이루어지려면 서로 다른 인종 집단이 분리되어야 했다. 그들은 서로 뒤섞여 살아갈 수 없기에 분리되어야 하고, 그래서 나온 것이 아파르트헤이트라고 했다. 분리된 발전이라는 영광스러운 미래를 이루기 위한 수단에 어느 정도 고통이 따르긴 하지만, 그것은 피할 수 없는 일이라고 했다. 위대한 선은 고통 없이 주어질 수 없다. 일부 아프리카너들은 자신들이 주변의 '흑인'과 '유색인'들에게 베푼 친절을 묘사하기도 했다. 그들이 부리는 '흑인'과 '유색인' 노동자들의 자녀에게 선물한 크리스마스트리 장식물들, 아이들이 커서 못 입게 된 옷가지 등등.

그다음 그들은 수세에서 공세로 전환하여 '흑인'들과 '유색인'들을 향해 이렇게 물었다. "우리가 당신들을 위해 한 일에 대해 왜 감사할 줄 모릅니까? 어째서 늘 우리를 비판하기만 합니까?" 그들 중 한 명은 눈물을 글썽이며 이렇게 호소하기까지 했다. "어째서 우리는 그냥 서로 사랑할 수 없는 겁니까?" 그 자리에서 나는 자비가—보다 정확히 말하자면 '자칭' 자비가—압제의 도구로 쓰이는 광경을 전에 없이 선명하게 보았다.

남아공을 떠날 즈음 나는 다른 사람이 되어 있었다. 그동안 나는 미국의 민권 운동을 지지하여 인종차별의 불의에 대해 말했고, 베트남 전쟁에 반대하여 그것이 정당한 전쟁이 아니라고 주장했었다. 그러나 정의를 내가 고민해야 할 개인적인 문제로 대한 적은 없었다. 정의에 대해 지속적으로 생각한 적이 없었다. 그러나 이제 정의는 내가 고민해야 할 문제였다. 나는 철학을 떠나 활동가가 되어야겠다는 결론을 내리지는 않았다. 반反아파르트헤이트 운동을 향한 나의 지지는 강연과 글로 청중과 독자들을 일깨워 정의를 촉구하는 요청과 아파르트헤이트라는 지독한 불의를 직시하게 하는 형태로 이루어질 터였다.

집으로 돌아오는 긴 비행기 여행 도중 일종의 공황발작을 경험했다. 내 삶이 산산조각 나는 느낌이 들었다. 나는 예술에 대해 생각하고 가르치고 글을 쓰는 사람이었다. 예전과 교육에 대해 생각하고 글을 쓰고 강연을 하고 있었다. 종교철학의 다양한 분야를 다룬 여러 에세이를 출간하고 있었고, 양육하고 부양해야 할 가족이 있었다. 그런데 하나님은 내가 할 일에 정의를 추가하셨다. 정의 일반과 정의가 중요한 이유에 대해 생각해야 할 뿐 아니라, 아파르트헤이트라는 구체적인 불의에 대해 잘 알아야 했고 그에 반대하는 발언을 해야 했다. 내가 참여하고 있던 다양한 활동들을 통합하는 그무엇이 있을까? 이것저것 집적대는 것은 많지만 결국 제대로 하는 것은 하나도 없게 되지 않을까? 정의, 예전, 예술, 철학이 서로 무슨 관련이 있을까? 이런 식의 파편화는 내 스스로 과제를 정하지 않고 주어진 상황에 대처하는 성향에 대해 치러야 할 대가일까? 내가 내부지향형 철학자가 아니라서 치러야 할 대가일까? 이 질문들에 대한 답을 찾는 데는 몇 년이 더 필요했다.

남아공에서 돌아온 직후, 나는 그곳 상황과 역사적 기원을 다룬 책을 몇 미터 분량이나 구입하여 열심히 읽었다. 정의 일반과 특별히 남아공의 불의에 대해 생각하고 말하고 쓰기 시작했다. 남아공을 몇 번이나 다시 찾았고 그중 두 번은 클레어와 함께 갔다. 아파르트헤이트 반대 운동에서 활발히 활동하는 많은 이들과 친구가 되었는데 그중에서도 앨런 부삭이 특별했다. 앨런을 위해 남아공으로 갔던 일은 내 생애에서 아주 특별한 경험 중 하나로 남아 있다. 나는 당시의 경험을 『하나님의 정의』Journey toward Justice, Baker, 2013의 '남아공에서 보낸 6일'이라는 장에서 꽤 길게 묘사했다. 여기서는 간단히 소개하고자 한다.

앨런은 1980-1981학년에 칼빈 대학 최초의 다문화 강사로 재직했고 클레어와 나는 그와 친구가 되었다. 그는 마음이 통하는 친구였다. 1985년 10월 15일 화요일 이른 아침에 앨런의 전화를 받았다. 그는 내게 최대한 빨리 케이프타운으로 와서 자신의 보석 조건 해제를 위해 법정 심리에서 증언해 달라고 부탁했다. 특별한 친구가 도움을 청할 때는 거절하지 않는 법. 그 주 토요일 오후에 나는 비자를 손에 든 채 그랜드래피즈에서 시카고행 비행기에 올랐다. 일요일 밤에는 케이프타운에서 내려 가족과 친구들에게 둘러싸인 앨런의 마중을 받았다.

앨런은 9월에 26일 동안 선동죄 혐의로 감옥에 갇혀 있었다.

성경 외에는 다른 어떤 책도 허용되지 않았고 종이도 금지였다. 그는 이후 풀려났으나 조건이 있었다. 저녁 9시부터 오전 6까지 집에 머물러야 했고, 매일 아침 9시 전에 지역 경찰서로 출두해야 했다. 이런 조건에 더해 당국에서는 그의 여권까지 압수한 상황이었기 때문에 그는 목사의 일은 물론이고 자신의 부르심에 합당한 반反아파르트헤이트 운동의 지도자 역할도 할 수 없었다.

지방법원에서 열린 심리는 앨런의 보석 조건을 해제하고 여권을 돌려달라는 그의 변호사들의 요청에 따른 것이었다. 몇 명의 증인이 앨런의 반反아파르트헤이트 활동은 남아공 보안법이 규정하는 선동죄에 해당하지 않는다고 증언했다. 나는 앨런의 품성을 증언해 줄 사람이었고, 그가 나라를 벗어나지 않을 것임을 신뢰할 수 있다고 증언했다. 법정은 터질 듯 꽉 차 있었는데, 대부분 유색인들과 아파르트헤이트 피해자들이었다.

나의 증언은 수요일에 있었다. 그 주 토요일에 부삭 부부는 미국으로 돌아가는 나를 공항까지 태워다 주었다. 판결은 한 주 후 월요일에 판사가 내리게 되어 있었다. 그날 오후 여섯 시 무렵에 (케이프타운 시간으로) 나는 소식을 듣기 위해 전화를 걸었다. 부삭의 집에서 전화 너머로 들려오는 시끌벅적한 소리를 듣고 짐작이 갔다. 판사는 쟁점이 되는 모든 조건의 해제를 명령했고 거기서 더 나아가 이 사건을 대하는 국가의 무능함을 혹평했다.

남아공에서 지낸 그 엿새 동안 기억에 생생한 일이 많지만 그 중에도 가장 눈에 선한 장면은 그날 법정 심리에서 두 번의 휴회 시간에 일어난 일이었다. 법정 바로 옆에 벽으로 둘러싸인 마당이 있었는데, 처마가 네 벽에 빙 둘러쳐져서 비와 햇살을 막아주었고 가운데 부분은 크게 뚫려 있었다. 휴정이 선포되자, 법정에 있던 사람들이 마당으로 쏟아져 나왔다. 스무 명 남짓한 경찰관들은 처마 밑 그늘에 서 있었고 총을 찬 그들의 모습은 암울해 보였다. 사람들은 마당 한복판, 태양 아래에서 웃고 노래하고 춤추었다. 압제자들은 암울했고, 피압제자들은 즐거워했다.

···

포체스트롬 컨퍼런스에서 깨어난 정의에 대한 나의 관심은 곧 확장되고 깊어졌다. 나는 1978년 5월에 팔레스타인의 인권을 다루는 시카고의 한 컨퍼런스에 참석했다. 내가 왜 초대받았는지 알 수 없었고 참석해야 한다는 부담을 느낀 이유도 이해하기 어려웠다. 나는 대부분의 다른 미국인들처럼 1967년 전쟁에서 이스라엘이 승리한 것을 축하했었다. 작은 이스라엘이 자기를 짓누르려는 아랍 인접국들에 맞서 승리했다. 나는 팔레스타인 사람들의 곤경에 대해서 주류 미국 언론이 보도한 극히 적은 내용 이상을 알지 못했다.

　시카고의 컨퍼런스는 '팔레스타인 인권 캠페인'이라는 단체에서 후원했다. 참석한 150명가량의 팔레스타인들 대부분은 자신이 그리스도인이라고 밝혔다. 그들은 신랄한 표현을 써가며 말했는데, 그것이 대부분의 미국인이 감당하기에는 너무 과격한 표현이라는 것을 나는 나중에 알게 된다. 그들은 대대로 살아온 땅과 과수원을 몰수당하고 그곳이 유대인 정착촌으로 바뀐 과정과 한밤중에 집에서 쫓겨난 일, 집단처벌로 집이 불도저로 밀린 일에 대해 들려주었다. 그리고 매일 수많은 방식으로 당하는 모욕에 대해 말했다. 그들은 정의를 요구했다. 그들의 말을 들으면서 이 압제받는 사람들을 어떤 식으로든 적절히 변호하라는 하나님의 부르심을 받고 있다는 확신이 다시 한 번 나를 사로잡았다.

미국 국무부는 팔레스타인해방기구 국제연합 대표인 테르지 대사의 컨퍼런스 참석을 허가하면서 그가 발언할 때는 언제든 말이 들릴 만한 거리에 청중이 다섯 명 이하여야 한다는 조건을 붙였다. 이 조건에 나는 크게 분개했다. 미국의 중동 정책이 테르지가 하는 말을 다섯 명 넘는 사람이 동시에 들으면 위험해질 정도라면, 그 정책에는 심각한 문제가 있는 것이 분명했다. 전직 미 국무부 직원은 이스라엘의 여러 감옥에서 자행되는 고문을 알렸다. 그녀는 국무부의 지시에 따라 고문 보도의 진위를 조사하고 많은 보도가 사실임을 발견했지만, 보고서를 제출하자마자 해고당했다.

집에 돌아온 나는 다시 중동의 상황과 그 역사적 기원에 관한 책을 쌓으면 몇 미터에 이르게 열심히 읽었다. 나는 중동의 불의에 대해 발언하고 글을 썼다. 칼빈 대학은 한 번도 칼빈 교수인 내게 이 문제에 대한 발언을 자제하라고 한 적이 없고, 그 부분에 대해 나는 칼빈 대학을 높이 평가한다. 나는 팔레스타인 인권 캠페인의 이사장이 되었고 캠페인이 후원하는 컨퍼런스들의 준비를 도왔다. 중동을 몇 번 방문하면서 그곳의 상황에 저항하는 많은 이들과 친구가 되었는데, 그중에는 팔레스타인 사람들과 이스라엘 사람들이 다 있었다. 1993년 오슬로 협정1993년 이스라엘의 라빈 총리와 팔레스타인해방기구 (PLO)의 아라파트 의장이 만나 이스라엘은 PLO를 합법적인 팔레스타인 정부로 인정하고 PLO도 이 스라엘의 존재 근거를 인정하여 공존의 가능성을 제시한 합의. 그러나 1995년 11월 이스라엘 극우파 에 의한 라빈 총리 암살과 1996년 하마스의 자살폭탄 테러 등 협정 반대 세력의 공세로 이행에 어려 움을 겪고 1996년 이스라엘 총선에서 극우 강경파 베냐민 네타냐후가 총리로 당선되면서 결국 유명무실해졌다—옮긴이 이 조인되었을 때, 나는 우리의 노력이 여러 다른 이들의 노력에 더해져서 성공을 거두었고 이제 정의로운 평화가 가까이 왔다는 결론을 내렸다. 그러나 그것은 참으로 순진한 생각이었음이 드러났다!

팔레스타인 인권 캠페인은 2국가 해법을 지지했다. 그러나 이제는 나도 동의하는 회의적 견해가 있었으니, 네타냐후 총리 개인과 이스라엘 대중 일반이 2국가는 결코 없게 하겠다고 다짐하고 있다는 것이다. 그들은 1국가 2체제 또한 절대 용인하지 않으려 한다. 그런 체제에서는 머지않아 팔레스타인 사람들이 다수가 될 것이기 때문이다. 그들은 지금처럼 자신들이 요르단강 서안지구를 점령한 채로 팔레스타인의 끓어오르는 저항을 안고 사는 것이 최선이라고 생각한다. 이후, 적당한 때가 되면 서안지구를 병합하고 그곳의 팔레스타인 주민들에게는 시민권을 주지 않는 것이다. 대부분의 이스라엘 사람들은 이런 그림을 2국가 해법이나 1국가 2체제 해법보다 선호했다.

팔레스타인의 저항이 폭력적으로 나타나면, 이스라엘은 위협 하에서는 결코 협상하지 않겠다고 선언한다. 그러다 팔레스타인의 저항이 잠잠해지면 협상할 필요를 못 느낀다. 땅과 평화 중에서 선택해야 한다면, 이스라엘은 땅을 선택할 것이다. 미국의 오피니언 필자들은 중동의 평화를 이루지 못한다고 미국 대통령을 맹비난할 것이다. 그 자리에 누가 있든 상관없다. 그러나 이스라엘의 권력층과 미국에 있는 그들의 지지자들은 어떤 미국 대통령도 중동에서 정의로운 평화를 절대 확보하지 못하게 할 것이다.

내가 1970년대 말에 그리스도인들에게 정의에 대해 말하기 시작했을 때 청중은 적었다. 기껏해야 스무 명이나 서른 명 정도였다. 2011년 1월에 나는 오리건주 펜드에서 열린 컨퍼런스에 강연자 중 하나로 참석했는데, 컨퍼런스를 후원한 단체는 자칭 '정의 컨퍼런스'다. 당시 청중이 천백 명이었는데 대부분이 젊은이들이었다. 이 년 후, 나는 정의 컨퍼런스가 후원하는 컨퍼런스에서 다시 강연을 했다. 그때는 청중이 이천 명이었고 역시 대부분 젊은이들이었다. 나는 이런 변화가 대단히 만족스럽다. 이런 상황의 중요성을 평가 절하하며 정의가 젊은이들 사이에서 잠깐 유행하는 것뿐이라고 말하는 이들이 있다. 나는 정의를 유행이 아닌 깊이 헌신할 대의로 받아들인 많은 이들을 개인적으로 알고 있다. 물론 어떤 이들에게는 정의가 유행에 불과하겠지만 그보다 못한 유행도 많다!

...

포체스트롬의 소위 흑인과 유색인들의 증언, 시카고의 컨퍼런스에서 나온 팔레스타인 사람들의 증언에 내가 그토록 큰 영향을 받은 이유는 무엇일까? 왜 나는 우리 사회의 불의에는 그와 비슷한 영향을 받지 않았을까? 나는 미국의 불의한 인종분리 정책을 잘 알고 있었는데도 왜 사회정의를 내가 고민할 문제로 여기지 않았을까? 포체스트롬과 시카고에서 경험한 일의 어떤 요소가 나를 일깨웠을까? 포체스트롬에서 나의 반응을 촉발시킨 요인 중 하나는 압제자들이 내가 속한 종교적 전통, 즉 프로테스탄트 기독교의 개혁파 전통, 보다 구체적으로는 네덜란드 개혁파 전통의 구성원이라는 사실이었다. 나는 압제자인 그들과 이런 식으로 연관되어 있다는 사실이 당혹스러웠고 화가 났다. 그들은 나의 전통을 이용했다. 만약 그들이 진정한 전통을 대표한다면, 나는 그 전통을 거부해야 할 터였다.

그런데 이것은 포체스트롬에서 일어난 나의 개인적 각성을 설명하는 데는 어느 정도 도움이 되지만, 그로부터 2년 반 후에 발생한 시카고에서의 각성은 설명하지 못한다. 나는 시카고에서 나를 일깨운 요인—그리고 그 이전에 포체스트롬에서도—이 압제받는 이들의 목소리를 직접 듣고 그들의 얼굴을 본 것이었다고 생각한다. 민권 운동이 한창일 때 나는 앨라배마와 미시시피에 가지 않았다. 거기서 벌어지는 일을 직접 목격하지 못했다. 신문에서 관련 기사를 읽었지만 피해자들의 목소리를 직접 듣거나 얼굴을 보지는 못했다.

목소리를 듣고 얼굴을 보는 일은 내 안에 공감을 불러일으켰다. 연민이 아니었다. **공감**이었다. 나는 압제받는 사람들과 함께 느꼈다. 그들의 상황을 알게 되었을 뿐 아니라, 그들과 정서적으로 동일시되었다. 의무감 때문에 불의에 맞서 싸우는 이들이 있고, 종교적 소명감 때문에 싸우는 이들이 있다. 나의 경우는 후자였다. 그러나 내가 압제받는 사람들과 정서적 동일시가 되지 않았다면 하나님의 부르심을 듣지 못했을 것 같다. 직접적 피해자가 아닌데 모종의 불의에 맞선 싸움에 참여한 대부분의 사람들도 나와 마찬가지라는 인상을 받는다. 피해자와의 공감이든 가해자를 향한 분노든, 혹은 둘 다이든 정서적 참여가 그들을 움직이는 동기가 된다. 지식과 확신만으로는 충분하지 않다. 대부분의 사람들은 마음이 흔들려야 움직인다.

누군가에게 공감한다는 것은 그나 그녀의 입장에서 그들의 심정을 상상하고 일부라도 경험하는 것을 말한다. 이것이 목소리를 듣고 얼굴을 보는 일이 가져오는 효과이다. 그들이 처한 상황을 어느 정도라도 상상하고 느끼는 것이다. 다큐멘터리 영화가 같은 효과를 낼 수 있다. 픽션도 마찬가지인데 그 형태는 영화일 수도 있고 기록된 텍스트일 수도 있다. 저널리즘이 그런 효과를 내는 경우는 드물다.

정의에 대한 두 번의 각성의 결과로 내가 쓴 여러 책 중 첫 번째는 『정의와 평화가 입맞출 때까지』*Until Justice and Peace Embrace*, Eerdmans, 1983이다. 나는 이 책을 앨런 부삭에게 헌정했다. 그의 용기, 희망, 성경적 통찰은 우리가 처음 만난 이후 줄곧 내게 영감을 주었다. 그 책에 대해서는 나중에 좀 더 이야기할 기회가 있을 것이다.

...

1975년이었을 것이다. 복음주의 신학자이자 철학자인 존 워릭 몽고메리가 칼빈 대학에서 강연을 하면서 하나님의 존재와 기독교의 진리성을 뒷받침하는 논증을 제시했다. 강연 이후의 질의 시간에 그는 그리스도인들이 그런 논증을 확보하는 것은 아주 중요하다고 분명히 말했지만 그렇게 생각하는 이유를 설명하지는 않았다.

그다음 화요일 오후에 정기 세미나를 위해 모인 철학과 교수들은 몽고메리의 강연에 대해 말하기 시작했다. 우리는 우리가 아는 세속 철학자들이 몽고메리의 논증이 설득력 있다고 생각할 것 같지 않다는 데 의견을 같이했다. 그리고 누군가가 물었다. "왜 논증이 필요한 겁니까?" 우리는 그날 토의용으로 배포된 논문은 무시한 채, 남은 두 시간 내내 그 질문을 가지고 씨름했다. 우리는 논증이 필요하다는 전제에 동의하지 않고 그런 논증이 필요한지 **여부**와 필요하다면 어디에 필요한지 고심했다. 그 이유는 아마도, 하나님의 존재와 기독교의 진리성을 지지하는 논증을 제시하는 것이 과거 칼빈 대학 학생이었던 우리들의 교육에 어떤 역할도 하지 않았기 때문일 것이다. 우리가 배운 것은 '신앙을 뒷받침하는 이해'가 아니라 '이해를 추구하는 신앙'이었다.

그리스도인들은 자신의 종교적 믿음을 뒷받침하는 타당한 논거를 가지고 있어야 한다고 전제한 몽고메리의 생각은 특이한 것이 아니었다. 그 생각은 수 세기 동안 기독교인 사상가와 비기독교인 사상가 모두의 공통적 가정이었다. 기독교를 거부하는 이들은 흔히 기독교를 지지하는 타당한 논증을 찾아볼 수 없다는 것을 이유로 제시한다. 그리스도인으로 남고 싶지만 정통 기독교를 지지하는 논증이 부적절하다고 생각하는 이들은 둘 중 하나를 선택한다. 타당한 논증으로 뒷받침될 수 있는, 골자만 남긴 형태의 기독교를 만들어 내는 이들도 있다. 아니면 제대로 이해된 기독교 신앙의 핵심은 논거를 제시할 수 있는 명제들을 믿는 것이 아니라 특정한 가치관과 태도를 받아들이는 것이라고 선언한다. 그런가 하면 몽고메리처럼 정통 기독교 신앙을 지지한다고 여겨지는 훌륭하고 타당한 논증을 제시하는 이들도 있다.

"우리에게 왜 논증이 필요한가?"라는 질문에 대한 답을 우리는 그날 찾지 못했다. 그러나 우리는 그 문제에 사로잡혔다. 우리는 복도에서 대화를 나눌 때나 이후의 여러 세미나에서 거듭거듭 그 질문으로 돌아갔고 핵심 사안을 점점 파악하게 되었다. 철학의 하위 분야인 인식론에서 최근에 전개된 상황이 그 과정에 도움이 되었다. 인식론은 흔히 지식에 대한 이론으로 설명되는데, 분석 전통에서는 흔히 지식을 '정당화된 참된 믿음'으로 이해한다—지식의 본성에 대한 이런 이해는 플라톤에서부터 시작되었다. 근년에 인식론 분야는 믿음의 진리성과 정당화를 다루는 것에서 범위를 넓혀 합리성, 근거와 같은 믿음의 장점까지 고려하고, 믿는 것에 더해 바람과 같은 명제적 태도까지 고려한다. 하지만 인식론의 핵심은 여전히 지식이론이다.

1960년대 말과 1970년대 초에 인식론에서 나타난 중요한 현상 중 가장 두드러진 것은 **메타**인식론의 등장이었다. 철학자들은 고유의 지식이론을 바로 전개하는 대신, 기존에 나와 있는 구조적으로 다른 여러 **유형**의 정당화된 믿음에 대한 이론들을 파악하고 구분하기 위해 한걸음 뒤로 물러났다. 이것은 이해를 돕는 비범한 효과를 가져왔다. 철학자들은 다른 유형의 이론들이 전제하는 가정들을 그 어느 때보다 분명히 이해하기 시작했고 그 이론들 사이의 논쟁에서 핵심사안을 찾아냈다.

이런 논의가 전개된 지 얼마 후, 정당화의 본질에 관한 대부분의 이론들은 **정합론**, 또는 **토대론**이라는 두 유형 중 하나임이 분명해졌다. 정합론자들은 특정한 믿음을 가지는 것이 정당화되려면 그 믿음이 그의 다른 믿음들과 특정한 방식으로 정합성을 가져야 한다고 본다. 최소한 그의 다른 믿음들과 논리적 일관성을 갖추어야 한다. 그러나 그 정도는 최소한일 뿐이다. 그 믿음은 다른 방식으로도 그의 다른 믿음들과 '맞아야' 한다. 정합론자들 사이의 의견차이는 주로 그 맞음의 본질, 즉 필요한 정합성의 본질에 대한 것이다.

토대론자는 말 그대로 특정한 믿음을 갖는 것이 정당화되려면 그 믿음이 정당한 토대 위에 확고히 놓여 있어야 한다고 본다. 토대론자는 먼저 다른 믿음들의 기반 위에 놓인 믿음과 그렇지 않은 믿음—**직접적으로** 받아들인 믿음—을 구분한다. 요즘은 후자의 믿음을 흔히 '기초적' 믿음이라고 부른다. 나는 즉각적 믿음, 또는 기초적 믿음이라는 개념을 처음 접한 많은 사람들이 그런 믿음이 존재한다는 주장에 깜짝 놀라는 것을 경험했다. 다른 믿음들의 기반 위에 서 있는 믿음? 문제없다. 그러나 즉각적으로 받아들이는 믿음? 그런 일이 어떻게 가능한가?

토대론자들은 그런 믿음이 있을 수밖에 없다고 주장한다. 다른 믿음들의 기반 위에서 받아들이는 믿음이 있다면, 그런 식으로 받아들이지 않는 믿음도 있어야만 믿음의 과정 전체가 굴러갈 수가 있다는 것이다. 우리의 믿음은 B에 근거하여 A를 믿고, C에 근거하여 B를 믿는 식이다. 그런데 그런 사슬의 바닥까지 내려가 보면 어김없이 기초적 믿음들을 발견하게 된다. 그것은 한 사람의 믿음구조의 '토대'이다. 기초적 믿음의 사례는 1+1=2라는 믿음과 자신이 아프다는 믿음이다. 이런 믿음을 다른 믿음들에 근거하여 받아들이는 경우는 없다. 우리는 이런 것들을 즉각적으로 믿는다. 토대론자들은 기초적 믿음과 비기초적 믿음 사이의 이런 유사심리학적 구분을 한 다음에, 어떤 유형의 기초적 믿음을 견지하는 것이 정당화되는지, 그리고 다른 믿음에 근거하여 특정 믿음을 견지하는 것이 정당화되려면 '근거가 되는' 관계는 어떤 것이어야 하는지 논의한다. 토대론자들 간의 논쟁은 주로 이 두 요점을 놓고 벌어진다.

메타인식론 문헌을 처음 읽고 이런 문제들이 논의되는 것을 알고 난 뒤, 나는 눈에서 비늘이 벗겨지는 느낌을 받았다. 내가 받은 하버드 대학원 수업 중에는 로더릭 퍼스Roderick Firth가 가르친 인식론 수업이 있었는데, 그는 미국에서도 일류 인식론자로 널리 인정받는 인물이다. 당시에 나는 그 수업이 지루했기에 이후 인식론을 가까이 하지 않았다. 지금은 그 수업이 지루했던 이유를 알 수 있다. 퍼스는 당시의 대부분의 인식론자들처럼 토대론이 당연히 진리라고 생각했고 수업의 대부분을 그가 선호하는 특정 유형의 토대론에 발생하는 다양한 문제들과 퍼즐을 논하는 데 할애했다. 우리는 '얼룩무늬 암탉'의 문제를 꽤 길게 논했다(문제의 제목은 기억하는데 내용은 기억나지 않는다). 퍼스는 두 가지 이미지의 문제도 제기했다. 역시 문제의 내용은 기억나지 않는다. 어느 날 퍼스는 우리에게 눈알을 누르면 이중상이 보일 거라고 했다. 나는 눈알을 눌렀지만 아무 효과가 없었다. 내가 제대로 하지 않은 것이 분명했다. 그렇게 간단한 일도 해내지 못하는 내가 창피했기에 아무 말도 하지 않았다.

몽고메리는 그리스도인들이 자신들의 종교적 믿음을 지지하는 타당한 논증을 확보하는 일이 왜 중요한지 그의 생각을 설명하지 않았다. 그런 논증을 확보하지 못하면 무엇을 놓치게 되는지 제시하지 않았다. 그러나 그가 무엇을 전제하고 있었는지 이제는 개연성 있게 추측할 수 있다. 그는 직관적으로 토대론적 노선에 따라 사고하고 있었고, 하나님에 대한 그리스도인의 믿음이 기초적 믿음이 아니라고 생각했던 것이다. 하나님에 대한 믿음을 즉각적으로 견지한다면, 한 가지 가치, 곧 정당화라는 가치가 결여되는 것이었다. 그리스도인들이 하나님에 대해 믿는 바가 정당화되려면 그 믿음을 합당하게 뒷받침하는 다른 믿음들의 기반 위에서 견지해야 한다.

몽고메리가 전제했을 내용을 찾아내고 정식화하자 철학과의 우리는 이제껏 씨름하던 문제를 명시할 수 있었다. 일반적으로 말해서, 하나님에 대한 믿음을 제대로 견지하려면 그 믿음을 뒷받침하는 다른 믿음들의 기반 위에 있어야 할까? 하나님에 대한 믿음은 기초적 믿음이 절대 아니라는 것이 사실일까?

내가 하버드에서 수강했던 토대론적 인식론 수업은 지루했지만, 메타인식론은 그 자체로 매력적일 뿐 아니라 철학과 교수들이 씨름하던 문제를 명료하게 해주었다는 점에서 매우 흥미진진했다. 종교적 믿음의 인식론은 이제 다른 여러 사안들과 함께 나의 관심사가 되었다.

...

앨빈 플랜팅가와 나는 1979-1980학년을 칼빈 대학 기독교연구센터의 선임연구원으로 지냈다. 그해의 주제는 '신앙과 이성에 대한 개혁주의적 견해의 정립을 위하여'였다. 칼빈 대학 역사학자 조지 마즈던과 칼빈 대학 신약학자 데이빗 홀워다도 그해의 선임연구원으로 합류했다. 시라큐스 대학교의 철학자 윌리엄 올스턴과 미시간 대학교의 조지 마브로즈는 파트타임 겸임연구원이었다.

이 그룹 내의 철학자들은 철학과의 우리가 그동안 씨름했던 질문으로 직행했다. '일반적으로, 하나님에 대한 믿음을 정당하게 갖기 위해서는 그것을 뒷받침하는 다른 믿음들에 근거해야만 한다는 것이 사실일까? 이 질문에 그렇다고 대답하는 입장을 **증거주의**라고 부르게 된다. 이 입장에 따르면 종교적 믿음을 정당하게 갖기 위해서는 다른 믿음들로 이루어진 타당한 증거의 기반 위에 있어야 한다. 종교적 믿음에 관한 증거주의는 옳을까? 몇 세기 동안 그렇다고 많이들 생각했다. 그런데 정말 증거주의가 옳을까?

알과 나, 올스턴과 마브로즈는 그렇지 않다는 결론을 내렸다. 하나님에 대한 어떤 믿음들은 분명 증거에 근거한다. 예를 들면 삼위일체에 대한 복잡한 믿음들이 그렇다. 그러나 상당히 많은 종교적 믿음은 모종의 경험에 의해 유발되고 논증의 개입 없이 직접적으로 유발된다. 주위에 있는 물리적 대상에 대한 지각적 믿음이 흔히 논증의 개입 없이 감각적 경험으로 촉발되는 것과 같다. 우리는 그런 지각적 믿음의 상당수가 적절한 것처럼 종교적 믿음의 상당수도 적절하다는 결론을 내렸다.

그렇게 해서 소위 '개혁인식론'Reformed epistemology이 탄생했다. 그것은 하나님에 대한 일부 기초적 믿음들이 정당하다는 입장이다. 개혁인식론은 다양한 사상가의 저서에 다양한 형태로 나타나지만 한 가지 공통점—개혁인식론의 한 형태가 되게 하는 것—이 있다. 일반적으로, 타당한 증거가 되는 다른 믿음들에 근거해야만 하나님에 대한 정당한 믿음을 가질 수 있는 것은 아니라는 데 동의한다는 것이다.

우리가 한 해 동안 연구한 내용은 다음 세 편의 논문으로 결실을 맺었다. 올스턴의 「그리스도인의 경험과 그리스도인의 믿음」, 플랜팅가의 「이성과 하나님에 대한 믿음」, 그리고 나의 논문 「하나님에 대한 믿음이 토대가 없이도 합리적일 수 있는가?」. 이 논문들은 플랜팅가와 내가 편집한 논문집 『신앙과 합리성: 이성과 신에 대한 믿음』Faith and Rationality: Reason and Belief in God, Notre Dame, 1983으로 출간되었다. 이후 우리 세 사람은 개혁인식론을 보다 자세하고 정교하게 전개했고 그 결과물을 논문으로 펴냈는데, 플랜팅가가 앞장섰고 올스턴이 그 뒤를 이었다. 그러나 개혁인식론이 공개적으로 처음 등장한 것은 바로 그 세 편의 논문을 통해서였다. 지금까지 수십 년 동안 개혁인식론은 종교철학자들 사이에서 활발한 토론의 주제였고, 이제는 종교철학 분야의 개론서 대부분에 실려 있다.

개혁인식론이라는 명칭은 플랜팅가가 생각해 냈다. 그는 다양한 개혁파 신학자들―그중에서도 장 칼뱅과 20세기 초의 네덜란드 신학자 헤르만 바빙크―의 글을 두루 읽다가 종교적 믿음은 올바르게 기초적이지 않다는 주장을 그들이 직관적으로 거부했다는 사실에 주목하게 되었다. 그래서 그는 그 입장을 '개혁인식론'이라고 불렀다. 그도 알지만, 나는 그 명칭이 마음에 들지 않았다. 그 명칭 때문에 그 입장이 특정 전통만의 것으로 들리는데, 사실은 그렇지 않기 때문이었다. 개혁주의 전통뿐 아니라 다른 전통의 사상가들도 종교적 믿음에 관한 증거주의를 거부했다. 한 사람만 꼽자면 중세철학자 토마스 아퀴나스가 있다. 아퀴나스를 개혁인식론자라고 부르는 것은 이상한 일이었다! 그러나 알이 내게 다른 명칭을 말해 보라고 했을 때 떠오르는 것이 없었다. 그래서 '개혁인식론'이라는 용어로 굳어졌다.

개혁인식론의 정립이라는 들뜬 열정에 사로잡힌 우리는 전통적인 유신논증과 그 논증을 업데이트하고 내용을 추가하려는 일체의 시도를 무시했다. 이후 해가 지나면서 우리는 그런 논증들이 하나님에 대한 믿음을 정당화하는 일에 보통은 필요하지 않지만, 다른 목적―변증적 목적이나 실재의 깊은 구조를 밝히는 목적―에는 도움이 될 수 있다는 것을 알게 되었다.

...

칼빈 센터에서 있는 동안 나는 18세기 스코틀랜드 철학자 토마스 리드Thomas Reid를 읽기 시작했다. 그 이유는 기억이 나지 않는다. 나를 가르친 칼빈 대학이나 하버드 대학교의 교수들 중 누구도 리드를 언급한 적이 없었다. 그들은 모두 영국의 경험주의자 삼총사인 로크, 버클리, 흄에서 리드를 건너뛰고 칸트와 헤겔로 넘어갔다. 나는 단박에 리드가 나와 마음이 통하는 철학자임을 감지했다. 그는 우리가 종교적 믿음의 정당화 문제를 다루기 수 세기 전에 토대주의를 포착하고 거부했다. 개혁인식론의 기본 지향이 리드적이라고 생각해도 오류는 아닐 것이다.* 나는 리드에 대한 책을 쓰기로 결심했다. 그가 마음이 맞는 철학자라서 그런 것도 있었지만, 내가 볼 때는 사람들이 그를 기억하지 못하는 것이 부당하게 느껴졌고 그런 상태에서 그를 구해내기 위해 내가 할 수 있는 일을 하고 싶었기 때문이다.

리드는 놀랍도록 명료하게 글을 쓰는 사람이었지만, 그가 다루는 근본적인 문제들을 흡족할 만큼 제대로 포착해내는 데는 많은 시간이 걸렸다. 처음에 나는 그가 현대의 분석적 인식론자들이 다루는 것과 같은 문제들을 다룬다고 가정했는데, 그것은 실수였다. 시작 단계에서 몇 번이나 실패한 끝에 나는 그가 전혀 다른 종류의 문제들을 다루고 있다는 결론을 내렸다. 현대의 분석적 인식론자들

* 엄격히 말하면 리드는 토대론 일반이 아니라 지금 '고전적' 토대론이라고 부르는 것을 거부했다. 고전적 토대론이 무엇인지는 우리의 목적상 이 자리에서 설명할 필요가 없을 것 같다.

은 주로 믿음의 '인식적 지위'에 관한 문제들—어떤 믿음들이 정당화되는지, 어떤 믿음들이 합리적인지, 어떤 믿음들이 지식에 해당하는지 등등—에 몰두하고 있었지만, 나는 리드가 주로 기존의 두 질문을 다룬다는 결론을 내렸다. '우리가 실재의 어떤 것, 특히 정신 외부에 있는 실재의 어떤 것을 그에 대한 믿음을 형성할 수 있을 만큼 머릿속에 충분히 담아두는 일은 어떻게 생기는 것일까?' 그리고 '이후 우리가 그런 믿음을 형성한다는 사실은 어떻게 설명할까?' 그러나 리드가 다루는 문제들을 파악한 후에도 나는 한동안 그의 사상의 여러 요소를 여전히 간파하기 힘들었고 그 이유를 이해할 수 없었다.

리드는 대단히 논쟁적인 저술가였다. 그는 인식론을 전개할 때 거의 언제나 존 로크와 데이비드 흄을 염두에 두었다. 그리고 우리가 어떻게 실재의 어떤 것을 그에 대한 믿음을 형성할 수 있을 정도로 머릿속에 충분히 담아두는지와 그런 믿음이 어떻게 형성되는지에 대한 두 사람의 설명과 완전히 의견을 달리했다. 내키지 않았지만, 나는 로크를 좀 더 잘 이해하지 못하고는 리드를 온전히 파악할 수 없다는 결론에 이르렀다. 그래서 몇 년에 걸쳐 로크를 주의 깊게 연구했다. 예상했던 대로 로크 연구는 리드를 이해하는 데 도움이 되었다. 그런데 로크 연구가 개혁인식론 기획을 완성하는 데도 도움이 될 줄은 몰랐다.

그해 칼빈 센터에서 개혁인식론을 정립했던 우리는 중요한 질문 하나를 답을 찾지 못한 채로 남겨두어야 했다. '종교적 믿음을 제대로 가지려면 그에 대한 타당한 증거를 제공하는 다른 믿음들에 근거해야 한다는 생각은 어디서 왜 생겨났을까?' 하는 질문이었다. 그런데 로크를 연구한 뒤로 나는 그런 생각이 로크에게서 나왔다는 결론을 내리게 되었다. 이전 사상가들에게도 그런 생각의 윤곽을 발견할 수 있지만—언제나 그런 법이다—로크는 윤곽을 넘어 그 생각을 펼쳐낸 첫 번째 사람이었다.

로크 당시에는 유럽이 한때 누렸던 종교적 통일성이 깨어진 상황이었고 여러 교파가 서로 싸우고 있었다. 나는 내 로크 연구서에 '전통이 분열될 때'라는 제목을 붙이고 싶었다. 하지만 출판사인 케임브리지 대학출판부는 사서들이 그런 제목의 책을 도서관 어디에 둬야 할지 모를 거라는 근거로 그 제목을 완강하게 거부했다. 그들은 『존 로크와 믿음의 윤리학』이라는 심심한 제목을 제안했고, 결국 그 제목으로 1996년에 출간되었다.

로크는 각 종교교단이 다른 종교교단들과의 논쟁에서 계속해서 자기 전통과 그 권위에 호소한다면, 어떤 평화도 있을 수 없다고 확신했다. 평화는 각 단체가 모두에게 공통적인 어떤 것에 호소할 때 비로소 가능해진다. 그 어떤 것이 바로 적절히 사용된 이성이다. 우리 모두에게는 각자의 종교적 믿음에 대한 합당한 이유, 타당한 증거가 있어야 한다. 이상이 로크의 입장이다. 나는 『존 로크와 믿음의 윤리학』을 다음의 단락으로 마무리 지었다.

로크의 제안은 효과가 없을 것이다. 하지만 전통의 문제는 여전히 남는다. 전통은 여전히 어리석음, 속임수, 적의, 압제의 한 가지 원인이다. 그리고 오늘날 우리의 도덕적, 종교적, 심지어 이론적 전통들은 로크 시대보다 더욱더 분열되었다. [로크와 그를 따랐던 계몽주의 사상가들은] 이성적 합의가 분열된 전통을 대신하길 바랐다. 그 바람은 실패로 돌아갔다. 내가 판단할 때, 그것은 실패할 수밖에 없었다. 성공의 가능성이 없었다.

　하지만 우리는 함께 살아야 한다. 어떻게 같이 살 수 있는가에 대한 답은 인식론이 아니라 정치학에서 찾아야 한다. 최근에 '진보' 정치는 힘든 시기를 지나고 있다. 그러나 다양한 전통의 사람들이 정의롭고 우정을 나누며 함께 살고 서로 대화를 나누고 그 대화에 반응하여 자신들의 전통을 천천히 조정하는 사회를 꿈꾸는 진보정치의 고무적인 비전은 여전히 유효하며, 그 비전 이외의 실행 가능한 대안은 없다.

리드에 대한 나의 책 『토마스 리드와 인식론 이야기』*Thomas Reid and the Story of Epistemology*, Cambridge University Press, 2001 는 5년 후에 출간되었다.

. . .

아이들은 쑥쑥 자라고 있었다. 클레어와 나는 아이들의 능력이 계발되는 모습과 각 아이의 관심사, 믿음, 희망과 갈망을 지켜보면서 기뻐했다. 우리는 아이들이 합당한 제 모습을 갖추어 가도록 힘껏 도왔다. 우리는 아이들에게 헌신했다. 아이들의 행복이 우리의 행복이었고, 아이들의 자랑이 우리의 자랑, 그들의 눈물이 우리의 눈물이었다. 그들 각각은 우리의 기쁨과 축복이자 하나님이 주신 소중한 선물이었다. 각 아이의 내면의 특성, 그들의 내경內景이 자라나고 서서히 분명해지고 있었다. 나는 십대가 된 각 아이에게 드러난 내면의 특성을 부족하나마 간단히 묘사하고자 한다. 아이들은 모두 똑똑했고 학교 공부를 잘했다.

　맏이이자 외딸인 에이미는 한결같은 아이였고 언제나 자기 자리를 지켰다. 야무지고 남을 도울 준비가 되어 있었으며 유쾌하고 충실하고 다른 사람들이 하는 일에 관심을 보이고 어떤 상황에서도 유머 감각을 잃지 않았다. 에이미는 친구를 쉽게 사귀었다.

에릭은 가족과 친구들에게 대단히 충실했다. 대학을 졸업해 친구들과 작별해야 할 때 슬퍼했다. 형제 중에서 가장 모험심이 강한 아이였다. 고등학생 시절의 어느 여름에는 도예수업을 듣겠다고 혼자서 뉴욕주의 알프레드 대학교로 갔다. 대학을 다니던 어느 여름에는 혼자서 일본으로 여행을 떠났다. 위험을 무릅쓰는 타입이었는데, 물리적 위험을 포함한 온갖 위험을 마다하지 않았다. 운전할 때는 앞의 차에 바싹 붙는 것이 특징이었는데, 적어도 내게는 그렇게 보였다.

로버트는 공상에 사로잡힌 아이였다. 점잖게 말하면, 주의가 쉽게 흐트러졌다. 초등학생 때는 가끔 학교에 지각을 했는데, 등굣길에 개미나 지렁이를 지켜보다 시간을 잊은 탓이었다. 로버트에게 세상은 아름다운 것부터 흥미로운 것, 놀라운 것, 우스운 것, 기이한 일까지 관심이 가는 것들이 가득한 곳이었다. 감정적 반응이 격한 아이기도 했다. 고등학교와 대학을 다닐 때에는 종종 과제를 마지막 날까지 미루다가 공황 상태에 빠지곤 했다. 그러면 클레어가 아이를 진정시켜야 했다.

클라스는 해야 할 일은 뭐든 빠뜨리지 않았고 아주 잘 해냈다. 호들갑을 떨지 않고 미루지도 않았다. 고등학교나 대학에서 과제가 발표되면 바로 준비를 시작하여 꾸준히 작성하고 마무리를 했다. 게다가 글을 잘 썼다. 대학 영어 과목에서 쓴 과제에 A+를 받았는데, 담당교수는 A+를 준 것이 그때가 처음이라고 아이에게 말했다.

하지만 클라스는 주목을 끄는 것을 싫어했다. 유치원에 다니던 어느 날인가 유치원에 늦은 적이 있었는데, 그날 클라스는 유치원에 들어가지 않고 걸어서 집으로 돌아와 점심을 먹으러 귀가하는 급우들의 모습이 보일 때까지 뒤뜰에 있는 장난감집에서 오전을 보냈다.

크리스토퍼는 아이들 중에서 주위 사람들에게 가장 민감했고 장애가 있거나 아프거나 모종의 어려움을 겪고 있는 사람들에게 특히 공감할 줄 알았는데, 그런 면에서 클레어를 많이 닮았다. 크리스토퍼는 온화한 영혼을 가진 아이였다.

1974년을 시작으로 아이들은 하나씩 집을 떠나 대학에 진학했다. 모두가 칼빈 대학을 다녔고 그곳에서 졸업했기에 집에서 통학할 수도 있었지만, 클레어와 나는 대학 시절에는 집을 떠나는 것이 좋다고 생각했다. 집에서 다니는 학생들은 대학생활의 많은 것을 놓치게 된다고 보았기 때문이다. 그러나 대부분의 주말에는 가족이 모두 모였고, 그 시간은 대체로 아주 따뜻하고 웃음이 가득한 시간이었다. 가끔은 함께 울기도 했다.

...

클레어의 주된 소명은 가사를 돌보고 아이들을 기르는 일이었다. 아이들에게 조언하고 위로하고 책을 읽어 주고 함께 울고 웃고 의견 차이를 조율하고 격려하고 학교 숙제와 각자의 재능과 관심사를 찾는 일을 돕고 먹이고 입혔다. 그것은 전업으로 해야 할 일이었고, 그 이상의 시간이 필요한 일이었다. 아이들이 집을 떠나 독립하자 아내는 새로운 소명을 찾기 시작했다. 초등학교나 중학교 교사를 생각하고 칼빈 대학에서 교육학 수업을 들었다. 그러나 클레어는 곧 교사가 자신과 맞지 않다는 결론을 내렸다. 그녀의 영적 재능과 관심사를 제대로 활용하는 길이 아니었다.

1970년대에 클레어와 나는 교회 내 여성 목사안수를 강력하게 지지했다. 처음에는 이런 입장이 다른 여성들에게 목사안수의 기회가 열리는 것을 지지하는 것을 의미했지만, 점차 그녀는 자신이 목사로 부름을 받고 있다고 느끼기 시작했다. 1980년 5월, 클레어는 개혁교회 전통보다 성공회를 더 편안하게 느끼고 성공회에 합류했다. 그녀는 바사 대학교 시절에 교구를 섬기는 대신 예술 분야에서 일하는 성공회 사제를 만난 적이 있었다. 그 만남을 계기로 목사 안수를 받는다고 해서 반드시 전임으로 교회 사역을 해야 하는 것은 아님을 알게 되었다. 그래서 클레어는 성공회 웨스턴미시간 교구 주교에게 사제 훈련을 허가해 달라고 요청했고 허락을 받았다. 가장 가까운 성공회 신학교는 그랜드래피즈에서 꽤 떨어진, 일리노이주 에번스턴에 있는 시베리웨스턴 신학교였다. 클레어는 가정생활에 지장을 주지 않기 위해 그랜드래피즈에서 통학 가능한 거리인 미시간주 홀란드에 위치한 미국개혁교회 계통의 웨스턴 신학교에서 1년을 등록해 공부하기로 했다. 그녀는 웨스턴에서의 시간(1980-1981)을 멋지게 즐겼다.

클레어는 다음 해에 공부를 중단하고 나와 함께 암스테르담으로 갔다. 그다음 한 해를 더 쉬고 1983년 가을에 시베리웨스턴 신학교에 입학해서 1985년 봄에 졸업했다. 1985년 6월에 성공회에서 부제 서품을 받고 1986년 11월 16일에 사제 서품을 받았다. 그녀의 사제 서품식은 그랜드래피즈 도심의 작은 아프리카계 미국인 교회인 세인트필립스 교회에서 있었다. 그녀가 교인의 일원으로 활동하여 많은 사랑을 받았던 교회였다. 클레어는 설교를 자주 했지만 교구 사제는 되지 않았는데 자신의 은사가 다른 곳에 있다고 느낀 탓이다. 주교가 분명하게 인정한 그녀의 소명은 분야에 상관없이 영적 상담과 지도를 제공하는 것이었다. 그녀가 영적 지도 시간에 있었던 일을 조금이라도 내게 구체적으로 말한다면 심각한 신뢰 훼손에 해당할 것이다. 그러나 가끔 나는 그녀나 다른 사람들이 흘리는 암시를 바탕으로 그녀가 영적 지도에 훌륭한 재능을 갖추고 있다는 결론을 내리게 되었다. 클레어는 자신의 소명을 발견한 것이다.

...

1981년 가을에 나는 암스테르담 자유 대학교에서 카이퍼 강연을 했다. 해당 강연은 한 해 전에 자유 대학교가 1880년에 세워진 학교의 설립 100주년을 맞아 주된 설립자인 아브라함 카이퍼를 기념하여 마련한 것이었다. 나는 초대 강연자였다. 클레어와 나는 크리스토퍼와 함께 가을학기 전체와 봄학기 중 3달에 걸쳐 암스테르담에서 살았다. 그 기간은 크리스토퍼에게 좋은 시간이 아니었다. 아이는 우리만큼이나 암스테르담을 좋아하게 되었지만, 우리는 아이에게 맞는 학교를 찾는 데 실패했다. 그래서 몇 달간 안 좋은 경험을 한 후에 아이는 우리 거처에서 혼자 공부했다. 다른 아이들은 미국에 남아 있었다. 로버트와 클라스는 둘 다 칼빈대 학생이었고, 에릭은 예일대에서 대학원 과정을 밟고 있었으며 에이미는 영국에서 국제자원봉사자 활동을 한 후 여러 일을 해보고 있었다.

나는 카이퍼 강연이라는 기회를 활용하여 개혁주의 전통을 사회적으로 진보적인 형태로 제시하기로 마음먹었다. 첫 번째 강연에서 이른바 '세계 회피적' 기독교와 '세계 형성적' 기독교를 구분했다. 이 두 형태의 기독교는 우리의 사회질서에 뭔가 심각하게 잘못된 점이 있다고 인정하는 지점에서는 일치하지만, 잘못된 사회질서에 반응하는 방식은 다르다. 세계 회피적 기독교의 반응은 이 타락한 세상을 견디면서 천국에 가는 것에만 관심을 집중하는 것이다. 세계 형성적 기독교의 반응은 새로운 날을 소망하면서도 사회질서가 올바른 상태와 좀 더 가까워지도록 변화시키기 위해 노력하는 것이다.

나는 거기서 더 나아가 개혁주의 전통은 처음부터 세계 형성적 기독교의 한 형태였고 이 전통에 속한 대부분의 분파가 여기서 이탈하지 않았다고 주장했다. 이 주제를 전개하면서 나는 16세기 말과 17세기 초 영국 청교도들의 사회적 태도를 다룬 마이클 왈저의 도발적 연구서인 『성도들의 혁명』The Revolution of the Saints을 많이 활용했다. 왈저에 따르면 "이 성도들은 중세인들과 달리, 스스로가 자신이 속한 세계에 책임이 있고 무엇보다 그 세계의 지속적 개혁에 대한 책임이 있다"고 여겼다. "그들의 열정적이고 목적이 분명한 활동은 그들의 종교생활과 구별된 별개의 무엇이 아니라 그 일부였다."

그러고 나서 나는 그리스도인들이 사회적 활동의 포괄적 목표로 설정해야 하는 것이 무엇인지 물었다. 내가 제안한 답변은 **샬롬 안에서 누리는 정의**였다. 히브리 예언서들을 두루 읽고 있던 나는 어느 날 예언서들이 평화와 정의를 매우 자주 연결시킨다는 인상을 받았다. 하지만 영어단어 '평화'peace는 내가 아는 히브리어 용어인 샬롬의 시원찮은 번역이라는 생각이 들기 시작했다. 그래서 샬롬에 대한 책과 논문들을 찾아보았지만 하나도 없었다. 이 글을 쓰는 지금은 샬롬에 대한 책이 수십 권이고 논문은 수백 편이다.

1980년대 초에 샬롬에 대한 책이나 논문을 전혀 찾지 못한 나는 구약성경 신학사전 몇 권을 뒤져보았다. 이 주제에 대한 신학사전의 논의는 다소 밋밋하고 피상적이었지만, 구약성경에 샬롬이 등장하는 대목을 대부분 확보할 수 있었다. 나는 모든 본문을 찾아보았고, 문맥이 의미를 밝혀줄 거라 기대하며 샬롬이 등장하는 본문의 문맥에 주목했다. 결과는 실망스럽지 않았다. 나는 샬롬의 가장 좋은 영어 번역어는 '평화'가 아니라 '번영'flourishing이라는 결론에 도달했다. 샬롬은 하나님과의 관계, 동료 인간들 및 그들이 만든 것들과의 관계, 자연계와의 관계, 자신과의 관계 등 모두와의 관계가 번영하는 것을 의미한다. 선지자들이 그토록 자주 정의와 샬롬을 연결시킨 이유는 샬롬이 정의를 포함하기 때문이고, 불의는 번영을 훼손하기 때문이다.

나는 첫 번째 남아공 컨퍼런스를 마치고 돌아오는 비행기에서 내 삶이 동떨어진 조각들로 쪼개지는 듯한 느낌을 받은 이후로 계속 더듬어 찾던 것을 샬롬이라는 개념 안에서 발견했다. 정의, 심미적 기쁨, 예배, 이론적 이해를 하나로 묶는 것은 그 모두가 샬롬의 측면이라는 점이다.

나는 첫 번째 강연에서 큰 주제를 소개하고 이후 몇 강에 걸쳐서 현대세계의 고통과 억압의 두 가지 주된 원인으로 자본주의 체제와 민족주의를 지목하고 분석했다. 나는 자본주의 체제가 세계 빈곤의 큰 원인이고 민족주의는 세계 억압의 큰 원인이라고 주장했다. 구체적으로는 아프리카너 민족주의가 아파르트헤이트의 근본 원인이고 이스라엘 민족주의가 팔레스타인 사람들에 대한 억압의 근본 원인이라고 주장했다. 일부 청중은 짜증스러웠겠지만 나는 '해결책'을 제시하지 않았다. 내가 받은 훈련과 기술을 고려할 때, 내가 가장 잘 기여할 수 있는 바는 이 악들의 근원에 대한 사회적 분석을 제시하고 "이대로는 안 된다"고 외치는 것이라고 판단했기 때문이다.

나는 현대 도시의 심미적 추함을 다룬 강의와 그리스도인의 사회적 행동과 예배가 온전함을 유지하고 지속되기 위해서는 서로가 필요하다고 주장하는 강의를 끝으로 연속강연을 마쳤다. 강연에 참석한 청중은 꽤 많았고 공감하며 들어주었다.

이후 강연 내용을 수정하고 확장하여 『정의와 평화가 입맞출 때까지』라는 책으로 펴냈다. 책이 출간되고 1-2년 후, 프린스턴 대학교 종교학과의 제프 스타우트는 기독교윤리학 수업에 와서 학생들과 함께 그 책에 대해 토론해 달라고 나를 초대했다. 그렇게 해서 따뜻하고 지속적인 우정이 시작되었다. 스타우트가 2006-2007년 미국종교학회 회장으로 있을 때 나를 2007년 학회 연례 회의의 기조 강연자로 초청했는데, 그 자리는 미국종교학회가 준비한 연례강좌 시리즈의 일환이었다. 연례강좌의 내용이 부분적으로는 자전적인 것이어야 한다는 조건이 붙어 있었다. 나는 "사회정의가 어떻게 내게 찾아왔고 왜 나를 떠나지 않았는가"를 강연 제목으로 잡았다. 강연을 마치고 기립박수를 받았는데, 내게는 처음 있는 일이었다. 나중에 제프가 내게 다가와 이렇게 말했다. "멋진 강연이었습니다. 잘못된 부분조차도요." 나는 그런 그가 너무 좋았다. 물어보지 않고도 그가 틀렸다고 생각한 부분이 어디인지 나는 알았다.

암스테르담에서 머무는 동안 클레어와 나는 많은 이들과 따뜻한 우정을 나누었는데, 그중 상당수와는 지금까지도 잘 지내고 있다. 베른하르트와 미라 숄츠 부부, 산드르와 도린 흐리피운 부부, 요한과 요카 판 드르 후픈 부부가 특히 생각난다. 우리는 암스테르담 생활이 좋았다. 내가 아는 모든 도시 중에서 암스테르담을 가장 좋아한다. 17세기의 도시 모습을 그대로 간직하고 있고, 다른 시대의 사람들이 그곳에서 어떻게 살았는지 보여주는 건축적 흔적이 고스란히 남아 있고, 벽돌과 물이 서로 다정하게 만나는 도시다. 암스테르담은 세계의 대도시 중 유일하게 인간적 규모를 유지했다. 마천루는 전혀 없고 교회 첨탑들이 여전히 지평선 사이사이로 솟아 있다. 암스테르담의 공공건축물에는 런던, 브뤼셀, 파리, 로마, 워싱턴의 기념비적인 공공건축물과 달리 자기를 과시하는 느낌이 없다. 세계적인 레익스 미술관(암스테르담 국립미술관)에 들어갈 때는, 거대하고 위압적인 계단을 올라가야 하는 뉴욕의 메트로폴리탄 미술관과 달리, 도로와 같은 높이에서 바로 들어갈 수 있다.

나에게는 초여름 저녁에 운하 옆에 있는 암스테르담의 술집 바깥에 앉아 친구들과 여네이브르(네덜란드 진)을 홀짝이는 일이 최고의 즐거움이다. 나무에서 막 돋아난 잎들은 아직 밝은 녹색이고, 지는 햇살에 운하의 물이 푸르스름하게 빛나고, 뒤편에서는 거리의 음악소리가 들려온다.

...

칼빈 대학 안식년은 한 학년 전체를 받았다. 3월 중순경 나는 카이퍼 강연 원고를 출판할 수 있게 고쳐 쓰는 일을 마쳤다. 남은 일이라고 해야 몇 권의 책을 읽고 리뷰하는 것이 전부였는데, 그건 세계 어디서나 할 수 있었다. '그리스의 파트모스 섬(밧모 섬)에서 두어 달 지내는 게 어떨까?' 슬그머니 든 생각이었다. 나는 암스테르담의 그리스 여행사를 찾아가 파트모스 섬에서 두어 달 지낼 숙소를 빌리려면 어떻게 해야 하는지 물었다. 그들의 답변. "아테네(피래우스)에서 배를 타고 파트모스 섬으로 가세요. 부두에 집을 빌리라는 사람들이 있을 겁니다." 그들의 말이 맞았다. 우리는 항만의 마을이 내려다보이는 산꼭대기 수도원으로 가는 도로변에서 아주 쾌적한 아파트를 발견했다. 발코니에서는 항만이 내려다보이고 부엌 창문으로는 수도원을 올려다볼 수 있었다. 그 아파트에서 수도원으로 가는 도로 중간쯤에 작은 교회가 하나 있는데, 그 안에 있는 동굴에서 사도 요한이 환상을 받았다는 전설이 내려온다. 나는 그 전설을 믿지도 안 믿지도 않았다. 사실이든 아니든, 그의 정신은 거기 있었다.

우리 세 사람, 즉 클레어와 크리스토퍼와 나는 파트모스 섬에서 멋진 시간을 보냈다. 항만에 늘어선 식당들에서 생선 요리로 저녁 식사를 하고, 마을 광장에서 진한 블랙커피를 마시고, 일요일에는 정교회 예배에 참석하고, 수도원 미술관을 관람하고, 비스를 타고 섬을 돌아다녔다. 언덕들은 너무나 푸르렀고 하얗게 칠한 작은 돔형 교회들이 언덕들 곳곳에 흩어져 있었다. 목가적 풍경이었다.

누군가가 파트모스 섬의 해변 중 하나인 람비 해변이 바닷물에 닳고 닳은 아름다운 자갈들로 유명하다고 말해 주었다. 그 말이 맞았고, 우리는 백팩에 아름다운 자갈들을 담았다. 집으로 돌아가는 길에 아테네 공항에서 세관 신고와 보안 검색을 받을 때 그곳 직원들은 우리가 싸들고 온 자갈을 대단히 의심스럽게 여겼다. 해변에서 찾은 그 나라 돌맹이들을 가져가는 일이 불법인가 싶었다. 아주 긴

시간처럼 느껴진 상의를 거친 끝에 그들은 우리를 통과시켜 주었다.

이 글을 쓰는 지금 나는 책상에 놓인 파트모스 자갈 몇 개를 바라본다. 우리가 가져온 백여 개 자갈의 일부이다. 클레어와 처가 식구들 덕분에 돌멩이에서 아름다움을 보는 법을 배웠다. 미네소타의 농장 지역에서 자라난 내게 돌멩이는 그냥 돌멩이였다.

07_
슬픔과 더불어 살기

1983년 6월 12일 일요일 오후, 전화 한 통을 받았다. 그 전화로 나의 편안한 삶은 산산조각 났고 인생이 그 이전과 이후로 분리되었다. 전화한 사람은 아들 에릭이 묵던 독일 뮌헨의 집주인 아주머니였다. 에릭은 양차 세계대전 사이에 활동했던 독일의 건축가 슐체-나움부르크를 주제로 건축사 박사논문을 쓰기 위해 자료조사를 하고 있었다. 지도교수는 예일대의 빈센트 스컬리였다.

에릭은 예일대 대학원 과정에서 두각을 나타냈다. 그는 스컬리 교수의 미술사 개론 수업을 듣는 7백 명의 수강생 토론그룹 전부를 지도했고, 석박사 학위가 없는 상태에서 스물네 살에 예일대 영국 미술관의 한 전시회를 기획했다. 몇 년 전, 에릭의 대학원 동기이자 친구였던 이가 즐거웠던 에릭의 일화를 들려주었다. 고대 그리스 미술을 다루는 수업 시간에 담당교수가 세부적인 내용을 계속해서 한참 이야기하자 마침내 에릭이 손을 들고 아주 점잖게 물었다. "교수님, 이 모든 내용이 왜 중요한 겁니까?" 그 질문에 교수는 처음으로 그 내용이 왜 중요한지 설명했다고 한다. 나는 아들이 자랑스러웠다.

전화가 왔을 때 클레어와 나는 뮌헨행 비행기를 타러 가는 클라스를 공항에 바래다주고 돌아오는 길이었다. 클라스는 형 에릭과 함께 지내면서 여름 동안 뮌헨에서 일할 계획이었다. 그랜드래피즈에서 비행기로 시카고의 오헤어 국제공항으로, 시카고에서 룩셈부르크 공항, 룩셈부르크에서는 기차로 뮌헨까지 가는 여정이었다.

"월터스토프 씬가요?" 집주인이 수화기 너머에서 물었다.

"네."

"에릭의 아버지 되십니까?"

"네."

"월터스토프 씨, 안 좋은 소식을 전하게 되었습니다."

"네."

"에릭이 등산을 하다가 사고를 당했습니다."

"네."

"아주 심각한 사고입니다."

"네."

"월터스토프 씨, 말씀드리지 않을 수가 없군요. 에릭이 죽었습니다. 월터스토프 씨, 듣고 계십니까? 곧장 이리로 와주셔야겠습니다! 월터스토프 씨, 에릭이 죽었습니다."

내가 들은 내용을 이해하기까지 몇 초의 시간이 걸렸다.

과정은 잘 기억나지 않지만 나는 시카고의 공항까지 제시간에 맞춰가서 여행의 두 번째 구간인 룩셈부르크로 가기 위해 줄을 서 있는 클라스를 만났다. 나는 창구 직원을 찾아가 클라스의 비행기

표를 내가 쓰도록 허락을 받았다. 돌이켜 보면 그것은 큰 실수였다. 나는 비행기 표를 한 장 더 구입하고 클라스와 함께 뮌헨으로 갔어야 했다. 하지만 그 때 나는 제대로 판단하지 못했고, 클라스는 그랜드래피즈로 돌아갔다. 룩셈부르크로의 비행은 하나의 긴 블랙홀이었다.

클레어는 암스테르담에 있는 우리 친구 슐츠 부부에게 전화를 걸어서 사정을 설명했다. 독일 토박이인 베른하르트 슐츠는 암스테르담에서 기차로 룩셈부르크로 가서 공항에서 나와 만나 함께 뮌헨으로 가겠다고 했다. 에릭과 며칠 같이 지낼 계획이었던 에릭의 가까운 친구 몇이 에릭의 사망소식을 듣고 뮌헨 기차역에서 내리는 우리를 맞이했다. 내가 그 기차를 탔다는 사실을 그들이 어떻게 알았는지는 기억나지 않는다.

에릭은 여러 해 동안 즐겨 산에 올랐다. 등산을 좋아했고, 열렬히 좋아했다. 에릭은 좋아하는 일을 하다가 죽었다. 6월 11일 토요일, 에릭은 하루 일정의 등산을 위해 뮌헨에서 오스트리아의 쿠프슈타인행 기차를 탔다. 앞에서 언급했듯이 에릭은 우리 아이들 중 가장 모험심이 강했고, 종종 위험도 마다하지 않았다. 그 등산이 위험했을까? 나중에 나는 에릭의 등산 친구들에게 그가 택한 등산로를 살펴보고 위험한 계획이었는지 말해 달라고 부탁했다. 그들은 위험하지 않다고 했다. 그런데 그때는 일 년 중 그 고도에서 눈이 녹는 시기였다.

베른하르트와 나는 영안실로 가서 에릭의 시신을 확인하고 시신을 그랜드래피즈로 이송하는 조치를 취한 후—그리고 에릭의 물품을 꾸려 배편으로 보낸 후—기차를 타고 룩셈부르크로 돌아갔다.

베른하르트는 거기서 그대로 기차를 타고 집이 있는 암스테르담으로 갔고 나는 공항으로 갔다. 시카고행 비행기가 뜨려면 오랜 시간을 기다려야 했기에 나는 글을 쓰기 시작했다. 나의 감정을 쏟아내고 에릭이 어떤 사람이었는지 글로 적어 보려고 했다. 그것이 내 책 『나는 사랑하는 사람을 잃었습니다』*Lament for a Son*, Eerdmans, 1987의 시작이었다. 룩셈부르크 공항에서 쓴 글 중 최종 원고까지 남은 내용은 거의 없지만, 그래도 그것이 출발점이었다.

나는 왜 썼던가? 달리 할 수 있는 일이 없어서였다. 약간의 읽을거리를 가져갔지만 읽을 수가 없었다. 에릭의 죽음만 생각났다. 쓰는 일 외에 무엇을 할 수 있었겠는가? 슬픔을 글로 표현하는 것이 슬픔에 대처하는 데 신비하게도 도움이 된다는 사실을 지금은 알지만, 그때는 몰랐던 것 같다. 내가 쓴 이유는 몇 시간이 남아 있었고 달리 아무 일도 할 수 없었기 때문이다.

집으로 돌아왔을 때는 늦은 시간이었지만 나는 가족들을 다 불러 모았다. 처음과 끝에 했던 말만 기억이 난다. 첫마디는 "우리 에릭이 떠났다." 그리고 마지막에는 에릭을 기억해야 한다고, 생각하지 않으려거나 잊으려 해서는 안 된다고 말했다. 우리는 그렇게 했다. 에릭을 기억했다. 에릭의 사진들을 걸어놓고 고등학생 때 만든 도자기들도 보이는 곳에 두었다. 우리는 에릭 이야기를 한다. 물론 지금은 처음보다 뜸해졌지만 여전히 에릭의 이름과 그에 대한 추억이 자주 등장한다. 우리는 자신의 슬픔에 대해 많이 말하지 않았다. 우리는 에릭에 대해 말했다. 이후 나는 슬픔 때문에 갈라진 가족들이 있음을 알게 되었다. 처음에는 공통의 슬픔이 가족을 모아주지만, 나중에는 가족 구성원들마다 다른 속도로 슬퍼하는 것 때문에 가족이 찢어진다. 우리 가족은 찢어지지 않았는데, 아마도 친척, 친구, 교인들이라는 사랑의 공동체가 우리를 에워싸고 있었기 때문일 것이다.

남자형제들은 에릭을 존경하는 맏형으로 바라보았다. 로버트는 앞으로의 공부계획에 관해 형의 조언을 구하기 시작한 터였다. 그런데 갑자기 에릭이 떠나버렸고, 우리 모두는 각자의 삶에 생겨난 큰 구멍을 안고 살아가야 했다. 각자에게 다른 구멍이었기에 그것을 안고 사는 방식도 달랐다. 클라스는 여름 동안 뮌헨에서 형과 함께 지내지 못한 구멍을 안고 살아야 했다. 크리스토퍼가 가장 충격이 컸던 것 같다. 에릭이 죽고 몇 달 후, 클레어는 크리스토퍼 책상의 일력이 에릭의 죽음을 들었던 6월 12일에 고정돼 있는 것을 보게 되었다. 아내는 아이에게 이유를 물었다. 크리스토퍼는 이렇게 대답했다. "그날 제 삶이 멈췄어요."

뇌종양으로 죽어가던 한 친구가 내게 장례예배 식순을 만들어 달라고 부탁한 적이 있었다. 그녀는 자신의 장례식에서 쓰일 예배 식순에 직접 승인도장을 찍고싶어 했다. 그런데 어쩌다 보니 그 예배식순은 에릭의 장례식에서 처음 쓰이게 되었고, 내게 식순을 부탁한 그 친구는 장례식에 참석했다. 에릭의 친구 몇 명이 연주를 맡아 주었다. 추도사를 계획하진 않았지만, 예식이 진행되는 동안 나는 뭔가 말해야 한다고 느꼈다. 그래서 마지막 찬송이 끝나갈 때 일어나 앞으로 가서 추도의 말을 했다. 무슨 내용이었는지는 기억나지 않는다. 입을 떼기가 너무나 힘들었고 몇 번이나 목이 메었다는 것과 사람들이 눈물을 훔치던 모습만 기억날 뿐이다. 그 장례식에 참석했던 누군가가 최근에 내게 그 장례식이 자신이 참석했던 장례

예배 중 가장 아름답고 가장 가슴 아픈 자리였다고 말했다.

...

나는 그다음 해에 『나는 사랑하는 사람을 잃었습니다』를 썼다. 단편들로 이루어진 책이고, 단편들 사이에는 여백이 많다. 초기에는 흐름이 죽 이어지게 단편들을 연결해 보려 했지만 그렇게 되지 않았다. 내 삶이 산산조각 났으니 나의 애도도 산산조각 날 수밖에 없었다. 나는 단편들 사이의 여백이 침묵이라고 생각한다. 죽음 앞에서는 많은 말을 해서는 안 된다.

슬픔에 대한 책을 읽는 일이 도움이 될까 싶어서 슬픔에 대한 신학자들의 책 몇 권과 심리학자들이 애도 과정을 다룬 몇 권을 빌렸다. 읽을 수가 없었다. '슬픔'이라는 추상적인 대상에 대해 읽고 생각하는 것은 불가능했다. 불가능할 뿐 아니라 거부감이 들었다. 그것은 나에게 필요한 절실한 일, 에릭이 없는 삶의 방식을 만드는 일을 방해하는 행위였고, 나는 슬픔에 빠져 있었다. 『나는 사랑하는 사람을 잃었습니다』는 '슬픔'에 관한 책이 아니라 **슬픔의 부르짖음**이다. 나는 빌린 책들을 읽지 않은 채 반납했다.

『나는 사랑하는 사람을 잃었습니다』는 내가 그 이전과 이후에 쓴 여러 글과 완전히 다른 문체로 이루어졌다. 단편들의 모음일 뿐 아니라 대단히 은유적이다. 한 지점에서 나는 이렇게 썼다. "슬픔은 더 이상 섬들이 아니라 바다이다." 그 말들이 내게 주어졌다는 느낌이 든다. 나는 슬픔을 표현할 단어들을 찾지 않았다. 단어들이 찾아왔고 나는 받아들였다. 지금은 그런 책을 쓰지 못할 것이다.

물론, 저절로 써진 것은 아니었다. 의도와 결심들이 있었다. 특히, 나는 정말 느끼고 믿는 바가 아닌 것은 말하지 않으리라, 슬픔에 빠진 사람이라면 으레 해야 할 것 같은 말은 하지 않으리라 다짐했다. 슬픔을 경험한 많은 독자들은 자신들도 그 책 덕분에 으레 느끼고 믿어야 할 것 같은 내용이 아니라 진짜 느끼고 믿는 바를 생각하고 말할 수 있었다고 전해 왔다. 그 책은 그렇게 가차 없이 정직하고, 어떤 부분에서는 노골적이다. 일부 독자들을 통해 나는 사랑하는 사람의 죽음을 겪은 후 일정 정도 시간이 지난 후에야 사람들이 그 책을 읽을 수 있다는 사실을 알게 되었다. 이해가 된다.

한 친구는 그 책이 수십 가지가 넘는 질문을 던진다고 말했다. 그는 그 이유를 짐작하게 하는 구절을 인용했다. "나는 [하나님에게] 분노가 아니라 당혹감과 아픔을 느낀다. 나의 상처는 대답을 알 수 없는 질문이다. 온 인류의 상처가 답을 알 수 없는 질문들이다."

원고를 출판사로 보내기 전에 클레어에게 읽어 보라고 주었지만 아이들에게는 주지 않았다. 왜 그랬는지 모르겠지만, 그렇게 한 것을 많이 후회한다. 결국 그 책은 내 아들을 애도하는 책이자 그들의 큰형이자 남동생을 애도하는 글이 아닌가.

책은 1987년 어드만스 출판사에서 출간되었다. 얄궂게도 타이밍이 겹쳐서 다른 일로 어드만스의 인쇄공장에 갔다가 나무 파레트에 잔뜩 쌓여 있는 그 책을 처음으로 보았다. 나는 그대로 얼어붙었다. 생생한 한 이미지가 떠올랐기 때문이다. 내장이 다 드러난 채로 병원침대에 누워 있는 나를 지나가던 사람들이 입을 벌리고 얼빠진 듯 바라보는 이미지였다. 나는 이렇게 자문했다. "내가 무슨 일을 한 거지? 무슨 일을 한 거야?"

그 책에 대해 수백 통이 넘는 연락을 받았다. 처음에는 우편으로 왔고, 요즘에는 이메일로 연락이 온다. 내가 기억하기로는 대부분의 연락에 답장을 했다. 책이 출간된 직후, 한 종교 잡지의 서평은 이단적 신학이라 여기는 부분을 지적하며 책을 날카롭게 비판했다. 그 서평을 읽은 대여섯 명이 내게 준엄한 어조의 편지를 써서 이단적 신학을 꾸짖는 역할을 자임했다. 편지의 내용을 보니 그들이 책을 읽지 않고 서평만 읽은 것이 분명해 보였다. 답장을 쓰려고 앉았을 때 나는 꼼짝도 할 수가 없었다. 분명 그 책에는 신학이 있다. 슬픔을 표현한 구절에 내포되어 있다. 대부분은 신중하게 생각하고 썼다기보다는 불쑥 튀어나온 것이었지만, 나는 그 신학을 옹호할 의향이 있다. 그러나 그 비판자들과 신학 논쟁을 벌일 수가 없었다. 슬픔이 길을 막았다. 나는 답장을 쓰지 않았다.

클레어와 나는 에릭을 기리기 위한 방법을 한동안 고민한 끝에 레퀴엠을 의뢰하기로 했다. 나의 슬픔과 일치하는 음악을 찾기를 바라며 가지고 있던 레퀴엠 음반들을 들어 보았지만 끝까지 듣고 있을 수가 없었다. 나는 늘 브람스의 레퀴엠을 사랑했었는데, 그 곡을 끌 수밖에 없었다. 곡이 너무 사랑스럽고 벅차오르고 자신만만했다. 가사는 부서짐을 노래하는데 음악 자체는 부서지지 않았다. 한 친구가 포레Fauré의 레퀴엠을 가져와서는 그 곡이 마음에 들 거라고 자신했다. 그러나 나의 반응은 비슷했다. 포레의 레퀴엠은 너무나 부드럽고 멋지고 사랑스러웠다. 부서진 음악이 아니었다. 내가 발견한 유일한 부서진 음악은 르네상스 시대 저지대국가(오늘날의 네덜란드)의 작곡가인 하인리히 이삭의 「위대한 로렌초의 죽음에 바치는 애도곡」과 헨리 퍼셀이 메리 여왕의 장례식을 위해 지은 곡뿐이었다.

여러 음악가 친구들에게 우리 부부가 에릭을 기념하는 레퀴엠을 의뢰하고 싶다는 얘기를 했더니, 작곡가들을 추천해 주었다. 작곡가를 정하는 과정을 진행하면서 나는 가사를 찾기 시작했다. 전통적인 가톨릭 레퀴엠 가사를 먼저 살펴보았지만, 그 곡을 쓸 수는 없었다. 가사의 어느 부분도 나의 부서짐을 표현해 주지 못했다. 그중에서도 「진노의 날」Dies Irae, 레퀴엠[죽은 자를 위한 진혼 미사곡]의 세쿠엔티아[sequentia, 부속가]를 이르는 말─옮긴이 부분은 받아들이는 것 자체가 어려웠다.

진노의 날 저 날 오매,
세상 만물 재 되리니,
다윗과 시빌의 예언이라.……
저 날 눈물의 날이니,
심판 받을 죄인들이
먼지에서 나오리라.
주여 죄인 사하소서.

정교회의 레퀴엠이 나왔다. 가사 전부를 쓸 수는 없었지만, 나의 부서짐을 드러내는 대목들이 있었다.

죽음의 비밀은 참으로 두렵도다.
하나님의 형상으로 우리를 위해 창조되었으나
이제 형체도 없고 영광도 없고 의식도 없이
무덤에 누운 아름다운 이를 보며 슬퍼하노라.
우리를 에워싼 이 비밀은 무엇인가?

왜 우리는 부패하도록 넘겨지는가?

왜 우리는 죽을 수밖에 없는가?

결국 나는 정교회 예전에서 찾은 대목과 성경, 특히 시편의 여러 대목을 조합하여 직접 가사를 지었다.

작곡가는 뉴욕 로체스터 출신의 젊은이 캐리 랫클리프로 결정했다. 나는 그에게 부서진 음악을 작곡해 달라고 부탁했다. 부서짐 **에 대한** 음악이 아니라 부서진 음악을. 그는 놀라울 만큼 성공적으로 그 일을 해냈다. 특히 훌륭한 2부는 시편 102편의 다음 구절로 시작된다.

나는 광야의 올빼미 같고
　　황폐한 곳의 부엉이 같이 되었사오며
내가 누워 잠 못 이루니
　　지붕 위의 외로운 참새 같으니이다.
나는 재를 양식 같이 먹으며
　　눈물 섞인 물을 마셨나이다.

「레퀴엠: 에릭 월터스토프를 기리며」는 1986년 5월 18일 칼빈대 졸업생성가대가 그랜드래피즈에서 처음 연주했다. 현재 세인트올라프 대학성가대 지휘자로 있는 앤턴 암스트롱이 지휘를 맡았다. 놀랍고도 실망스럽게도, 작곡가는 그 곡을 출판하는 데 성공하지 못했다. 가사는 『나는 사랑하는 사람을 잃었습니다』 부록에서 볼 수 있다.

...

『나는 사랑하는 사람을 잃었습니다』를 쓰고 있을 때, 나는 슬픔에 대해 전혀 알지 못했다. 그저 내가 에릭을 사랑하지 않았다면 그의 죽음으로 슬퍼하지 않을 거라는 것 정도만 알았다. 슬픔은 사랑에 지불하는 대가였다. 그 이상은 이해하지 못했고, 이해하려는 시도도 하지 않았다. 그러나 지금은 좀 더 많이 이해한다.

사랑에는 여러 형태가 있다. 어떤 사람 또는 생명체의 선을 증진하거나 보존하려는 시도로 이루어지는 사랑이 있다. 이것을 **자비의 사랑**이라고 부른다. 그리고 대상의 탁월성에 이끌리는 사랑이 있다. 이것을 **끌림의 사랑**이라 부른다. "나는 베토벤의 마지막 현악 사중주를 사랑해" 또는 "어젯밤에 나타난 오로라를 사랑했어요"라고 말할 때 우리는 이러한 끌림의 사랑을 표현한다. 피아노를 연주하거나 정원을 가꾸고 목공일을 하는 등 어떤 활동에서 기쁨을 얻는 사랑도 있다. 그런 사랑을 **활동의 사랑**이라 부른다. 그리고 내 아이나 배우자, 애완동물, 내 집에 느끼는 애착으로 이루어진 사랑이 있다. 이것은 **애착의 사랑**이다. 이런 다양한 형태의 사랑은 종종 서로 결합되어 나타나고, 우정이 그중 한 사례다.

애착의 사랑은 신비롭다. 이웃의 고양이가 내 고양이보다 잘생겼다는 사실을 인정할 수 있어도 내 고양이는 특별하다. 어느 추운 겨울날 아침, 나는 문간에 웅크리고 앉아 애처롭게 울고 있는 녀석을 발견했다. 나는 녀석을 집안에 들였고 애착을 갖게 되었으며 유대감이 생겼다. 당연하게도 우리가 어떤 대상에 애착을 갖게 되면 이전에는 보지 못했던 좋은 점, 탁월한 점이 눈에 들어오기 시작한다. 애착은 칭찬할 만한 점을 발견하게 한다.

애착의 사랑 때문에 우리는 슬픔에 취약한 상태가 된다. 자비를 베풀려는 시도가 실패할 때는 좌절감과 실망, 아쉬움을 느낄지언정 슬픔을 경험하진 않는다. 그러나 애착의 대상이 죽거나 파괴되거나 더 이상 만날 수 없는 상태가 되면 슬픔이 찾아온다.

애착은 사랑하는 대상과 관련된 욕망과 헌신으로 나타난다. 그런 욕망 중에는 사랑을 쏟는 사람에게 주어지는 모종의 혜택을 원하는 마음이 있다. 우리가 아이와 함께할 때 얻는 기쁨이 그런 혜택이다. 사랑하는 대상의 안녕을 바라는 욕망과 헌신은 여러 모습으로 표현된다. 우리는 **자녀들**이 번영하기를 원한다. 그들이 **우리의** 번영에 기여하는 부분만 귀중히 여기는 것이 아니다. 그래서 우리 자신을 아낌없이 바쳐 그들의 번영을 증진하기 위해 할 수 있는 일을 한다. 그들이 이루는 성취와 그들이 얻는 좋은 것들을 함께 기뻐하고, 그들의 실패와 실망과 부상은 함께 슬퍼한다. 자녀들이 자라남에 따라 그들과 관련된 바람과 노력도 조금씩 달라진다.

에릭이 죽었을 때, 내 자아의 큰 부분이 뜯겨나갔다. 에릭에 대한 나의 바람, 헌신, 소망, 기대들이 설 자리를 잃었다. 그가 여름에 집에 올 거라는 기대는 더 이상 채워질 수 없었다. 그의 졸업식에 참석할 계획도 더 이상 실현될 수 없었다. 에릭이 죽고 한 달 정도, 나는 나도 모르게 여전히 에릭과 함께 이것저것을 할 계획을 세우고 있었고, 에릭의 전화를 기대하고 있었다. 그러다 마침내 그 아이가 죽었다는 깨달음이 속수무책으로 밀려왔다. 나는 벌어진 상처와 함께 그 슬픔을 안고 사는 법을 배워야 했다. 슬픔은 내 삶에 그냥 덧붙여진 요소가 아니었다. 나는 전혀 훈련이 되어 있지 않은 새로운 종류의 삶을 살아야 했다.

우리가 애착을 느끼는 누군가가 죽거나 파괴되었을 때, 우리는 슬픔에 빠진다. 이 사실은 슬픔이 우리에게 닥친 순간을 드러낼 뿐 슬픔 자체가 무엇인지는 말해 주지 않는다. 나는 슬픔을 **사랑하는 대상의 죽음이나 파괴가 무효화될 수 없음을 알면서도 무효화되기를 원하는 것**이라고 생각하게 되었다. 슬픔은 사랑하는 사람이 돌아올 수 없음을 알면서도 그가 돌아오기를 원하는 것이다. 눈물과 동요는 슬픔의 전형적 표현이지만 슬픔 자체는 아니다. 나의 슬픔은 에릭이 살아날 수 없음을 알면서도 그가 살아 있기를 열렬히 원하는 것이었다.

슬픔은 바람이 아니라 **원함**이어야 한다. 나는 십대 시절 메이저리그의 투수가 되기를 바랐다. 그것도 일급 투수, 20승 투수가 되었으면 했다. 그런 내 모습을 상상했다. 그러나 투수가 되지 못했다는 사실은 내게 어떤 슬픔도 안겨주지 않았다. 그것은 내가 정말 **원한** 일이 아니었기 때문이다. 나는 야구에 재능이 없었고, 투수가 되기 위한 어떤 조치도 취하지 않았다. 나는 바랐지만 원하지는 않았다. 그리고 슬픔은 자신이 원하는 바가 불가능한 것을 알거나 확신할 때 찾아온다. 그렇지 않은 상황에서는 슬픔이 아니라 희망을 경험하게 된다. 걱정에 찬 희망, 불안한 희망, 바랄 수 없는 중에 바라는 희망일지 몰라도 여전히 희망이다. 슬픔은 불가능한 줄 아는 바, 또는 믿는 바를 온 마음을 다해 원하는 것이다. 원함이 강렬할수록 슬픔도 더욱 강렬해진다.

슬픔 안에서 원함과 앎이 충돌한다. 나는 에릭이 살아 있기를 간절히 원했지만, 그가 죽었고 되살릴 수 없음을 알고 있었다. 슬픔은 불가능한 일을 시도하는 것이다. 아무리 두려울 때라도 달아나거나 숨을 수 있다. 화가 날 때는 분통을 터뜨릴 수 있다. 그러나 슬픔에 빠지면 할 수 있는 일이 없다. 좌절된 원함을 내려놓거나 그에 대한 인식을 억누름으로써 마음을 바꾸는 수밖에 없다.

불가능한 줄 알거나 불가능하다고 믿는 바를 원하기 때문에 슬픔은 불합리하다. 있을 수 없는 일을 원하는 것은 이치에 맞지 않다. 슬픔이 두려움, 분노와 다른 또 하나의 모습이다. 불합리한 두려움, 불합리한 분노는 존재한다. 그러나 두려움과 분노가 본질적으로 불합리한 것은 아니다. 위험에 처했을 때 두려움을 느끼는 것은 합당한 일이다. 모욕을 당했을 때 분노하는 것은 이치에 맞는 일이다. 그러나 슬픔은 본질적으로 불합리하다.

슬픔의 본질이 이렇기에 개인적으로 슬픔을 겪어 보지 않은 사람들은 슬픔에 빠진 이에게 이런 말을 하게 된다. "엎지른 물은 다시 못 담는다." "그런다고 그 사람이 돌아오는 것도 아니다." 슬픔의 핵심인 이 불합리성 때문에 우리 사회의 많은 사람들이 슬픔에 빠진 이에게 치료나 상담이 필요하다고 여기게 된다. 슬픔에 빠진 사람들 중에는 슬픔이 병리적인 것이어서 치료가 필요한 경우가 있다. 그러나 슬픔 자체가 병리적인 것은 아니다. 아이에게 애착을 가졌다면, 그의 죽음을 알게 될 때 슬픔을 느끼기 마련이다. 이것은 병적인 모습이 아니라 인간의 본성이다.

슬픔이라는 이 이상하고 고통스러운 침입자와 함께 어떻게 살아가야 할까? 나는 우리 사회가 슬픔을 대하는 흔한 방식, 어쩌면 가장 흔한 방식이 슬픔을 **부정하는** 것임을 잘 알고 있었다. 우리가 쓰는 언어를 보라. "그 일은 잊어버리세요." "이제 극복해야지." 또

는 "예전처럼 살아가라." 이 모두는 부정의 언어이다. 이런 언어의
목표는 인생에서 중요한 사건을 꼽으라고 할 때 그 일을 언급할 생
각이 나지 않게 하는 것이다.

"하지만 여섯 살배기 아들을 잃으셨다는 말을 들은 것 같습니다만."
"아, 그렇지. 맞아요. 깜빡했네."

이것이 부정된 슬픔이다.

슬픔을 부정하는 것은 거짓의 삶을 사는 것과 같다. 나는 이것
을 직관적으로 느꼈다. 슬픔을 부정하는 것은 에릭의 죽음이 악이
아니고, 그 아이에 대한 나의 사랑이 선이 아니라고 암묵적으로 선
언하는 것과 같다. 그러나 에릭의 죽음은 악이자 큰 악이 분명했고,
에릭에 대한 나의 사랑은 선이자 큰 선이 분명했다. 나의 슬픔이 진
실을 말했다. 슬픔은 에릭의 죽음이라는 악에 '반대'하는 실존적 외
침이었고, 그 아이를 향한 나의 사랑이라는 선에 '찬성'하는 실존적
외침이었다.

나는 나의 슬픔을 인정하기로 했다. 눈물이 나면 그냥 눈물을
흘리기로 했다. 내 삶에서 의미있는 사건들을 이야기할 때, 에릭에
대한 나의 사랑과 에릭의 죽음, 그 죽음에 대한 나의 슬픔을 이야기
하기로 했다. 나는 그 기억을 보존하고 그 기억들이 만들어 낸 내
삶의 동요와 혼란을 껴안고 살기로 했다. 에릭이 고등학생 때 만든
정말 아름다운 도자기들을 매일 볼 수 있는 자리에 두는 것은 에릭
에 대한 기억이 꺼지지 않게 하는 방식이고 그를 존중하는 방식이
다. 그것들은 따로 빼놓은 사진들과 같은 기념물이다.

나는 내 슬픔을 인정하는 데서 그치지 않고 슬픔을 구속적으로 인정하기로 했다. 다른 방식으로는 발생하지 않았을 어떤 선이 생겨나게 만드는 방식으로 인정하기로 했다. 『나는 사랑하는 사람을 잃었습니다』를 쓸 때 나는 바로 그 일을 하고 있었다. '슬픔과 더불어 살기'를 주제로 가끔 강연을 할 때도 그랬다.

사람들은 종종 묻는다. 세월이 지나면서 슬픔이 달라졌느냐고. 최근에 슬픔을 겪은 이들이 흔히 그렇게 묻는데, 자신에게 드리운 먹구름이 결코 걷히지 않을 것처럼 느껴져서 그런 것이다. 처음에 나의 슬픔은 떠날 줄을 몰랐다. 그에 대해 생각하지 않을 때도 슬픔은 배경처럼 깃들어 있었다. 그러다가 서서히 슬픔이 물러났다. 그러나 언제라도 돌아올 준비가 되어 있다. 내가 경험한 모든 일은 아무리 무해한 것이라도—우연한 말, 옷가지, 예술 작품—연상의 사슬을 건드려 다시금 슬픔을 불러일으킬 잠재력을 갖고 있다. 처음에는 뭔가가 에릭과 그의 죽음을 떠올리게 할 때마다 아이를 돌려받고 싶은 마음이 나를 휘감았지만, 이제 그런 일은 줄어들었다. 지금은 실현되지 못한 온갖 가능성에 대한 깊은 아쉬움이 밀려든다. 이제 나의 애도는 에릭의 부재라는 악에 대한 슬픔보다는 상실된 선에 대한 비애라고 할 수 있다.

에릭의 장례식과 매장을 마친 후 친구들이 집에 들러 애도를 표했다. 그중 한 사람이 정문 앞 회양목 아래에 딸기바구니를 두었다고 내게 말했다. 어머니의 장례식 후에 딸기를 먹었던 기억이 바로 떠올랐다.

...

에릭의 장례식에 참석하여 히브리 성경/구약성서의 한 구절을 읽었던 랍비 친구 필립 시걸은 나중에 그 자리에서 믿음의 인내를 보았다고 말했다. 그의 말이 옳았다. 나의 믿음은 인내했다. 그러나 그것은 다른 종류의 믿음이 된다. 에릭의 죽음과 나의 슬픔을 아우르는 믿음이. 그리고 그 믿음은 내게 다른 하나님, 더 신비로운 하나님을 드러내게 된다. 이웃들과의 관계도 달라졌다. 누군가가 슬픔을 겪고 있다는 것을 알게 되면 따로 말하지 않더라도 그들에게 정서적 친밀감이 느껴졌다.

믿음은 믿음과 같은 모종의 인지를 포함하지만, 믿음의 핵심은 믿음이 아니라 신뢰이다. 에릭이 죽은 후, 하나님에 대한 나의 신뢰는 더 경계하고, 더 조심스럽고, 더 신중하고, 더 단서가 붙는 것이 되었다. 나는 하나님께 우리 가족을 보호해 달라고 기도한다. 그러나 나는 에릭을 위해서도 그런 기도를 했었다. 나는 여전히 하나님을 신뢰하지만 그분이 나와 내 가족을 위해 危害와 슬픔으로부터 보호해 주실 거라고는 더 이상 신뢰하지 않는다.

애도는 나의 종교생활의 작은 부분에 불과했다. 찬양과 감사가 지배적이었다. 그러나 이제 이 어두운 곳에서 나는 애도의 시편에 끌리는 것을 느꼈다. 그 시편들이 내게 말을 걸었다. 아니, 그 시편들이 나를 대변했다. 그 말들이 나의 말이 되었다.

하나님, 사슴이 시냇물 바닥에서 물을 찾아 헐떡이듯이,

내 영혼이 주님을 찾아 헐떡입니다.……

사람들은 나를 보고 "너의 하나님이 어디 있느냐?" 하고 비웃으니,
밤낮으로 흘리는 눈물이 나의 음식이 되었구나.

내 영혼아, 네가 어찌하여 그렇게 낙심하며,
어찌하여 그렇게 괴로워하느냐?
너는 하나님을 기다려라. 이제 내가 나의 구원자, 나의 하나님을
또다시 찬양하련다. (시 42편, 새번역)

자녀를 잃은 어떤 이들은 하나님께 분노한다. "하나님, 어떻게 제게
이러실 수가 있습니까? 저는 수많은 세월 동안 당신을 사랑하고 신
실하게 섬겨왔습니다." 내가 느낀 것은 분노가 아니라 상처였다. 상
처와 당혹감. 내 아들의 때 이른 죽음과 내가 섬겼던 하나님을 어떻
게 조화시킬 수 있을까? 나는 그 일을 위한 전통적 전략들을 알고
있었지만, 그것들을 받아들일 수가 없었다.

어떤 이들은 말한다. 그것은 하나님이 하신 일이고 하나님 계
획의 일부라고. 그것은 내게 이치에 맞지 않았다. 성서는 하나님이
죽음을 정복하시고, 더 이상 죽음이 없는 새날이 임하게 하신다고
말한다. 사도 바울은 죽음을 정복해야 할 마지막 큰 원수라고 말한
다. 죽음이 하나님의 원수인데, 어떻게 에릭의 죽음이 하나님이 하
신 일일 수 있단 말인가? 에릭의 발이 미끄러지는 것을 허용하셨을
지는 몰라도, 하나님이 그 발이 미끄러지게 만들지는 않으셨다.

또 어떤 이들은 비극이 영혼을 빚기 위한 하나님의 전략의 일
부—사람들의 도덕적 신앙적 개선을 이루기 위한 전략의 일부—라
고 말한다. 기독교 역사 초기부터 이어져온 이 견해는 C. S. 루이스

가『고통의 문제』에서 제안한 '해결책'이다. 그러나 에릭은 죽었다. 그의 때 이른 죽음이라는 비극은 그의 영혼을 위해 어떤 일도 하지 않았다. 그리고 그를 사랑했던 이들의 영혼에 대해서라면, 하나님이 에릭을 알고 사랑했던 나를 포함한 다른 이들을 더 나은 사람으로 만들기 위한 장치로 에릭의 죽음을 쓰신다는 생각 자체가 혐오스럽다.

욥의 친구들처럼 비극은 우리의 잘못을 벌하시는 하나님의 방법이라고 주장하는 이들도 있다. 그 견해로 기울어진 장 칼뱅은 우리가 형벌을 참을성 있게 받아들여야 하고 그에 대해 불평해서는 안 된다고 덧붙였다. 그러나 나는 하나님이 에릭의 때 이른 죽음을 나를—아니면 다른 누구라도—벌하시는 방식으로 쓰셨다는 생각을 욥과 한목소리로 거부한다. 예수님은 병자들을 치료하시고 죽은 자들을 살리셨다. 질병과 때 이른 죽음이 죄에 대한 하나님의 정당한 형벌이라고 선언하시고 그냥 지나치지 않으셨다. 나는 에릭의 때 이른 죽음에 계속 불평할 것이다. 그런 일은 있어선 안 된다.

그런가 하면 하나님은 우리 못지않게 비극으로 고통받으시지만 그에 대해 하실 수 있는 일이 없다고 주장하는 이들도 있다. 헤럴드 쿠쉬너가『왜 착한 사람에게 나쁜 일이 일어날까?』에서 옹호한 입장이다. 내가 보기에 이 입장은 터무니없다. 거대하고 정교한 이 우주를 창조하신 하나님이 에릭의 죽음을 미연에 방지할 능력이 없으셨다고?

끝으로, 자녀의 때 이른 죽음은 하나님이 인류 전반을 위해 도모하시는 더 큰 선을 위해 치러야 할 대가라고 주장하는 이들이 있다. 내가 볼 때 이 견해는 성서에서 계속 울려 퍼지는 주제를 망각한 것 같다. 하나님은 모든 인간이 천수를 누리고 번성하기를 원하신다는 주제 말이다. 나는 에릭의 죽음을 하나님이 인류에게 모종의 더 큰 선을 선사하시기 위해 치르는 대가로 받아들일 수 없었다.

나는 비극을 이해하기 위한 이런 제안들을 시간을 들여 골똘히 생각하지 않았다. 이런 제안들을 거부하고, 더 낫고 새로운 신정론을 고안하려 하지도 않았다. 하나님은 왜 세상에 자연적 악과 도덕적 악이 존재하는지 그 이유를 말씀하지 않으셨고, 왜 우리 모두가 천수를 누리지 못하는지 설명하지 않으셨다. 나는 그 사실을 감수한다. 우리는 하나님이 참으로 악과 전투를 치르고 계시며 결국 그 전투에서 이기실 거라는 말씀을 듣는다. 기존의 전통적 신정론을 받아들이거나 새로운 신정론을 만들어 내려하는 대신에, 나는 몇 편의 에세이를 통해 하나님이 참으로 악과 전투를 벌이신다면, 우리는 하나님의 무감동성, 즉 하나님이 세상에서 벌어지는 일을 지켜보시되 동요 없는 지복 가운데 거하신다는 전통 교리를 거부해야 한다고 주장했다. 하나님은 우리의 고통에 동요하신다.

내 안에 있는 무엇 때문에 나는 악의 문제를 다루지 않았다. 에릭이 죽지 않았다면 악의 문제에 관심을 가졌을 것 같다. 그런데 에릭의 죽음과 그로 인한 나의 슬픔이 나를 저지했다. 악의 문제를 새롭게 다룬 글을 읽기 시작하면 얼마 안 가서 내려놓아야 했다. 당시에도, 지금도 왜 그런지 알 수가 없다. 에릭의 죽음과 그로 인한 나의 슬픔은 왜 악의 문제를 이해하려는 마음을 가로막았을까?

나는 에릭의 죽음이 내 안에 만들어 낸 큰 빈자리를 외면하지 않았다. 그의 죽음에 대한 애도를 피하지 않았다. 그러나 하나님이 에릭의 죽음을 통해 무엇을 하시려는 것인지 알아내려는 시도는 할 수가 없었다. 나는 설명하지 않고 시편 기자와 함께 애도하는 쪽을 택했다. 하나님의 세계가 엉망이 되었다. 나는 그 이유를 알 수 없고, 하나님이 그런 상황을 그토록 오래 참으시는 이유도 알 수 없다. 에릭의 죽음은 신정론에 대한 관심을 불러일으키기보다는 하나님을 더욱 신비한 분으로 만드는 결과를 초래했다. 나는 그 신비와 더불어 살아간다.

에릭의 죽음을 이해할 수 없다면 왜 하나님을 버리지 않는가? 그럴 수가 없다. 우주의 어마어마한 광대함과 놀라운 정교함, 인간 의식과 지성이라는 기적을 생각할 때, 그 모두가 그냥 생겨났다고는 도저히 믿을 수가 없다. 헤아릴 수 없는 지혜와 상상력과 능력을 가진 존재가 세상을 만들었음—지금도 만들어 내고 있음—이 분명하다. 나는 하나님이 우주를 운행하신다고 생각한다. 미시간 서부의 이 가을날에 서재 창밖으로 펼쳐진 짙푸른 하늘과 화려한 색상의 나뭇잎들을 바라본다. 이것은 하나님의 우주 운행의 짧지만 영광스러운 대목이다.

'지혜', '상상력', '능력'이라는 단어들은 대상을 묘사하지 않는다. 가리킬 뿐이다. 그 정도가 우리가 할 수 있는 최선이다. 우리의 지혜와 비슷하고, 우리의 상상력과 비슷하고, 우리의 능력과 비슷하지만 그 모두를 무한히 넘어서는 어떤 것. 나에게 더욱 신비로운 존재가 되신 하나님은 또한 더욱 경외로운, 이해할 수 없을 만큼 경외로운 존재가 되셨다. 그리고 그로 인해 하나님이 인간에게 관심을 가지신다는 사실이 주는 놀라움은 더욱 커졌다. 시편 기자의 말은 나의 심정을 대변한다.

주의 손가락으로 만드신 주의 하늘과

주께서 베풀어 두신 달과 별들을 내가 보오니

사람이 무엇이기에 주께서 그를 생각하시며

인자가 무엇이기에 주께서 그를 돌보시나이까? (시 8편)

하나님이 인간에게 마음을 쓰신다는 것은 놀랄 일이 아닐지도 모른다. 창조주께서는 언제나 인간을 염두에 두셨다는 메릴린 로빈슨의 말은 뭔가를 제대로 포착한 것이 아닐까?

> 그리스도께서 창조주라는 말은 그리스도로서 그분이 감당하는 역할이 창조에 본질적인 것임을 암시한다. 창조의 첫 순간에 그분은 특정한 피조물들을 내다보셨고 그들의 본성과 생명의 여정을 온전히 취하면서도 그분의 고귀한 거룩함은 전혀 훼손되지 않을 줄 아셨다.……그렇다면 이런 더 심오한 의미에서 우리는 우주를 아무리 넓은 의미로 이해해도 우주에서 이방인이 아니며, 우주에 아주 확실하게 뿌리 내린 존재들이다.•

최근에 철학자들 사이에서 신의 존재를 지지하는 논증에 대한 관심이 새롭게 일어났다. 철학 전반에서 이루어진 발전에 비추어 전통적 논증들이 재구성되었고, 새로운 논증들이 등장했다. 새로운 논증들 중에는 이른바 '미세조정 논증'이 있다. 과학자들은 특정한 물리상수들이 지금과 조금만 달랐어도 생명체가 존재할 수 없었을 것

•　Marilynne Robinson, *The Givenness of Things* (New York: Picador, 2015), 213.

이라는 데 주목했다. 무한히 많은 대안적 가능성을 고려할 때 존재하는 우주가 생명체가 살 수 있는 곳일 확률은 너무나 낮기 때문에 이런 현실은 설명이 필요하다. 가장 그럴듯한 설명은 그런 우주를 원했던 존재가 세상을 창조했고 특정한 물리 상수들을 선택했다는 것이다. 생명체 중에서 수학을 발전시키고 자연의 근본적 물리법칙들을 수학의 용어로 표현할 수 있는 생물이 존재할 가능성 또한 극도로 낮다. 나는 하나님이 우리와 같은 피조물을 원하셨다는 확신을 떨칠 수가 없다.

나는 신약의 복음서들을 읽을 때, 예수님이 죽은 자들 가운데서 부활하셨고 그로 인해 하나님 나라가 도래했다는 그분의 선포가 입증되었음을 믿는다. 그리스도께서 부활하지 않으셨다면 우리의 믿음은 헛된 것이라는 사도 바울의 말은 나의 생각을 대변한다. 나는 새날이 온다는 소망 가운데 산다.

08_
암스테르담, 교회, 정원

1984년 늦가을, 암스테르담의 자유 대학교 철학과에서 편지 한 통을 받았다. 철학과의 인식론Kennis-en Wetenschapsleer 교수 자리를 맡아 줄 의향이 있는지 묻는 내용이었다. 당시 그 자리에 있던 코넬리우스 반 퍼슨은 그 학년 말에 은퇴할 예정이었다. 학교 측에서는 전임 교수가 아니라 하프타임 교수를 원했다. (네덜란드 대학 제도에서는 많은 교수들이 네덜란드의 한 대학에서 파트타임으로 가르치고 국내나 국외 다른 대학교에서도 파트타임으로 가르친다.) 나는 그 문제를 가족들과 상의했고 칼빈의 동료 교수들과도 상의했다. 생각하면 할수록 흥미가 이는 제안이었다. 한 달 정도 숙고한 후 나는 하프타임 교수로 일할 생각이 있다고 답했다. 당장 제안이 왔고 나는 수락했다.

네덜란드의 봄은 가을보다 훨씬 아름답다. 나는 가을에 칼빈에서, 봄에는 자유 대학교에서 가르치기로 했다. 자유 대학교에서 첫 강의를 시작한 때는 1986년 봄이었고, 이후 5년간 멋진 인연이 이어졌다. 클레어와 나는 암스테르담에서 다시 사는 것이 좋았다. 암스테르담 남쪽 교외에서 지냈던 이전과 달리 이번에는 구시가에서 살았다. 옛 친구들을 다시 만나고 새로운 친구들을 사귀는 것도 좋았다. 새로 사귄 친구들 중에 특히 니코 터 린던과 그의 아내 아네트가 생각이 난다. 니코는 암스테르담의 유명한 베스터케르크(서교회)의 담임목사이자 탁월한 설교자였고 그가 '성인들을 위한 성경 이야기'라고 부른 대단히 인기 있는 시리즈의 저자였다.•

자유 대학교는 제2차 세계대전까지 작은 규모를 유지했고 암스테르담 구시가지의 운하 주택들을 건물로 쓰고 있었고 종교적으로 강력한 개혁주의 입장을 유지했다. 그러나 전후에 네덜란드 대학 체제의 일부가 되면서 모든 것이 달라졌다. 자유 대학교는 암스테르담 남쪽에 대형 신축건물을 지었고 (건축계에서 '브루탈리즘'으로 알려진 스타일로 콘크리트를 부어 만들었다), 학생 수는 급증했고, 국립대학 체제의 일부가 되면서 종교적 입장이 서서히 약화되다가 이제는 종교적 뿌리의 흔적을 거의 살펴볼 수 없는 세속 대학교가 되었다.

나는 영어로 가르쳤다. 네덜란드어를 알아듣고 읽을 수는 있었지만 네덜란드어, 특히 학술적 네덜란드어로 말하는 데는 유창하지 않았다. 그리고 어쨌거나 학생들은 자신들의 영어 실력이 향상될 수 있도록 내가 영어로 가르치기를 원했다. 네덜란드 법은 네덜란드 대학에서 전임 교원으로 임명된 외국인들이 2년 후에는 네덜란드어로 가르치는 것을 의무화하고 있었지만, 내 경우에는 그 법이 적용되지 않았다. 내가 가르친 과목은 강의가 아니라 소규모 토론 수업이었고 학생들은 똑똑하고 열정적이고 내용을 잘 받아들였다.

여전히 도예베르트와 폴른호픈의 영향력 아래 있던 자유 대학교 철학과의 분위기는 폐쇄적이고 배타적이었다. 교수들과 학생들

• 니코 터 린던은 2018년 1월에 사망했다.

은 프랑스와 독일 철학의 흐름은 알고 있었지만 미국과 영국의 분석철학 흐름에 대해서는 거의 알지 못했다. 학생들은 내가 분석 전통을 소개하자 흥분했고, 젊은 강사들 몇몇도 비슷한 반응을 보였다. 나는 자유 대학교 철학과가 영미 철학계에 문호를 개방하는 데 있어 모종의 역할을 한 것이 만족스러웠다.

이 글을 쓰고 있는 2017년 봄, 자유 대학교의 철학자들은 대륙 철학의 흐름과 대화를 이어가는 동시에 분석철학에 흠뻑 빠져 있다. 내가 합류할 때만 해도 그곳의 철학자들은 다른 철학자들의 연구에 대해 논평만 하는 습관이 있었지만, 이제는 나름의 중요하고 체계적인 기여를 하고 있다. 이 부분에서 르네 반 바우든베르흐가 생각이 난다. 르네는 (현대 독일철학자 카를 오토 아펠의 사상을 다룬) 박사논문이 상당히 진행된 상태에서 지도교수가 투병하게 되는 바람에 내게 지도교수를 맡아 달라고 요청했다. 르네가 쓴 내용을 읽어 보니 당시 네덜란드 철학 박사논문의 전형적 사례에 해당했다. 아펠의 사상을 꼼꼼하게 분석한 뒤 여기저기서 소심하게 비판적 질문을 제기하는 식이었다. 나는 르네에게 그의 박사논문을 기꺼이 지도하고 싶지만 조건이 있다고 했다. 아펠의 사상을 요약하는 데 그치지 말고 아펠이 제기한 사안들에 대해 스스로 생각해야 한다는 것이었다. 박사논문의 긴 마지막 장에서 르네는 정확히 그렇게 했고 그것도 탁월하게 해냈다. 흥미롭게도 박사논문 구술시험에서 그가 받은 모든 질문은 그 마지막 장에 대한 것이었다. 르네는 체계적 철학자로서 왕성한 활동을 했고 그 분야에서 많은 이들을 가르쳤다. 클레어와 나, 르네와 그의 아내 안나미크는 친한 친구 사이다.

내가 대학에 처음 다닐 때부터 미국의 단과대학과 종합대학의 기본 구조는 합리적이고 투명해 보였다. 물론 각 기관마다 신참들에게는 이해하기 힘든 별난 점들이 있지만, 기본 구조는 미국 전역에 걸쳐 동일하다. 내가 볼 때 네덜란드의 대학 제도는 많은 점에서 불투명했다. 이 부분을 네덜란드인 동료들에게 언급하자, 그들은 자기들이 볼 때는 오히려 미국 제도가 불투명하다고 말했다. 친숙한 것은 투명해 보이고, 친숙하지 않은 것은 불투명해 보이는 법이다.

'교수'라는 직책부터 시작해 보자. 네덜란드 대학 제도에서 교수가 된다는 것은 미국의 경우와 많이 다르다는 것을 나는 곧 알게 되었다. 미국 제도에서 교수는 네 가지 전통적 지위인 강사, 조교수, 부교수, 교수(흔히 '정교수'라고 부른다) 중에서 최상위에 해당한다. 정교수로 승진한다고 해서 하는 일이 달라지지는 않는다. 교수 지위에 논문지도의 책임 같은 일이 자동적으로 따라붙지는 않는다는 얘기다. 그것은 지위일 뿐이다. 대부분의 사람들이 강사나 조교수에서 시작하고 만족스럽게 일을 잘하면 정교수까지 지위가 올라간다. 한 학과의 모든 교원이 정교수인 상황도 가능하지만, 대부분의 학과에서는 그렇게 되게 하지 않으려고 노력한다.

미국 대학의 어느 학과에 자리가 나서 지원자를 받을 때는 필요한 전문지식의 영역을 구체적으로 명시한다. 이를테면 고대철학 분야의 전문지식을 요구한다. 그러나 학과에서는 선택한 후보자를 고대철학 교수로 임명하지는 않는다. 후보자는 철학 교수로 임명되고 철학과의 고대철학 과목을 맡는 것이 일반적이다. 그는 윤리학 같은 다른 철학 분야에도 관심을 가질 수 있고 그 분야에서 출간을 하고 심지어 그 분야의 강의를 맡을 수도 있다. 대부분의 미국 철학과에서는 이런 식으로 다양한 철학 하위분야들을 넘나들 여지를 둔다.

네덜란드 대학 제도에서는 각 학과의 교수직 수가 정해져 있고 그 수는 흔히 전체 교원 중에서 낮은 비율을 차지하며 대부분의 교원들은 교수가 되지 못한다. 각 교수는 특정한 하위분야에 임명된다. 나의 경우는 인식론이었다. 특정 하위분야의 교수로 임명되면 그 분야에서 연구하고 있는 모든 사람을 지도할 책임을 지게 된다. 해당 분야에서 가르치는 이들과 논문을 쓰는 대학원생들이 모두 지도의 대상이다. 예전에는 이들 하위분야의 구성원들 전부를 교수의 조수로 여겼다. 나는 교수가 저녁에 '조수' 한 사람에게 전화를 걸어 도서관에 가서 책을 가져오라고 시키기도 했다는 말을 들었다. 오늘날 그런 일이 일어난다면 난리가 날 것이다.

특정 학문의 하위분야에서 일하는 교사들과 대학원생 모두 하나의 분과vakgroep으로 묶이고, 그 분야에 임명된 교수가 그 해당 과groep의 지도교수 역할을 한다. (네덜란드어 흐룹groep은 영어단어 'group'과 동의어이고, 네덜란드어 팍vak은 groep과 연결되어 '주제 영역' 또는 '학문의 하위분야'를 의미한다.) 한 학과의 모든 교수와 대학원생 (네덜란드어 용어로 faculty라고 한다)은 어느 하나의 분과에 속하게 된다. 특정 분과의 교수들은 그 분야 안에서만 가르치고, 그 분과의 모든 구성원은 연구의 상당한 비율을 그 분야의 주제들에 할당한다. 내가 자유 대학교에서 가르칠 때, 대부분의 철학 분과 구성원들은 자기 분과의 다른 구성원들과 함께 모여 공통의 연구과제를 정하고 그것에 대해 정부 지원금을 받았다. 이 부분에서 그들에 대한 기대나 요구사항이 어느 정도인지 나는 모르겠다.

네덜란드 대학의 이런 체계는 내가 미국에서 경험한 것과 전혀 달랐다. 하버드대와 예일대의 교수진과 대학원생들, 칼빈대의 교수진은 하위분야 그룹들로 나뉘지 않았다. 강사들이 특정한 하위분야의 수업만 가르치는 경우도 없고, 그룹의 모든 구성원들이 연구의 상당 부분을 그 분야 안의 주제로 채워야 하는 상황도 없었다. 내 경우만 해도 칼빈 대학에서 교육철학과 종교철학 과목을 전혀 가르치지 않았지만 그 분야에서 광범위하게 논문을 썼다. 내가 가르친 예전禮典 과목들은 아예 철학의 범위에서 벗어나 있었다. 내가 경험한 네덜란드의 대학 제도는 미국의 제도보다 상당히 공동체적이고, 내가 볼 때 자연과학을 주요한 본으로 삼은 것 같았다. 미국에서는 철학과의 구성원들이 공통의 연구과제로 협력하는 것은 보기 드문 일이다.

자유 대학교의 동료들은 매우 친절하고 참을성 있게 네덜란드 대학 제도에서 교수의 역할을 설명했고 내가 임무를 수행하는 것을 도왔다. 그러나 나는 그 역할에 완전히 적응이 되질 않았다. 가끔 내가 한 어떤 일에 대한 누군가의 반응에 놀라거나, 내가 이런저런 일을 했어야 하는데 하지 않았다고 누군가가 내게 알려주는 일이 생겼다. 내가 포착하지 못하는 암묵적인 예질과 의진의 규칙이 있었다. 돌이켜 보면 역설적이게도 이것이 자유 대학교에서 내가 느낀 흥분감에 일조했다. 미국식 대학 제도 안에서 가르치는 일, 특히 칼빈 대학에서 가르치는 일이 내게 너무 편안해진 까닭이다.

내가 어떤 부분들에서 느꼈던 어리둥절함은 극도로 중앙집중화된 네덜란드 대학 제도의 탓이 컸다. 대학들은 교육부의 권위 아래 있었고, 신학교와 신학과 정도를 제외하고 거의 모두가 중앙정부의 자금으로 운영되었다. 내가 볼 때 그로 인한 관료주의는 놀라울 정도였다. 관료집단이 제시하는 규칙과 규제의 수와 그에 대응하기 위해 작성해야 하는 서류작업의 양이 엄청났다. 그곳에 있는 동안 내게 깊은 인상을 남긴 것은 그 제도의 불안함이었다. 신임 교육부 장관이 취임할 때마다—자주 있는 일이었는데—새로운 규제들을 공포함으로써 자신이 책임자임을 보여줘야 한다고 생각하는 것 같았다. 대학에 새로운 총장이 취임해도 비슷한 일이 벌어졌다.

네덜란드의 고등교육 제도가 미국과 너무 다르다고 친구와 동료들에게 말하면, 그들은 흔히 놀랍다는 반응을 보였다. 그들은 전통적인 네덜란드 제도가 미국화되고 있다고 말했다. 나는 어떤 측면에서는 그것이 사실이지만—이를테면 수업 및 연구 평가에서 정량적 기준을 만들어 내라는 압력—미국의 대학 제도 전체는 네덜란드의 제도와 근본적으로 다르다고 대답했다.

가장 중요한 차이점은 네덜란드에 비해 미국 제도가 근본적으로 분권화되어 있다는 점이다. 미국에는 국립대학 제도가 없고, 교육부 장관이 나라의 모든 대학에 지시를 내리는 일도 없다. 네덜란드 대학 제도와 달리, 미국의 많은 사립대학과 대학교들이 정부의 통제에서 벗어나 있고 대부분은 정부 기금이 아니라 수업료와 민간 독지가들의 후원으로 유지된다. 물론 주립대학들이 있지만, 어떤 주에도 네덜란드의 교육부 장관이 대학들에 행사하는 것과 같은 권위를 가진 정부 관리는 없다.

두 번째 차이점은 미국의 대학과 대학교들은 질적 차이가 엄청나다는 것이다. 세계 최고 수준의 대학들이 있는가 하면 형편없는 대학들도 있다. 그에 반해 네덜란드는 대학의 수준을 균등하게 유지하기 위해 노력하고 그 노력은 대체로 성공을 거두고 있다.

세 번째 차이점은 미국의 대학 제도에서는 경쟁이 어디에나 있다는 것이다. 대학과 대학교들 사이에도, 입학을 원하는 학생들 사이에도, 장학금을 받기 원하는 학생들 사이에도, 승진을 원하는 교수들 사이에도 경쟁이 치열하다. 자유 대학교 총장이던 해리 브링크만은 우리 부부의 좋은 친구가 되었는데, 그가 미국 대학들을 장기 순방하고 돌아와 내게 미국 대학 제도의 가장 두드러진 점이자 가장 곤혹스러운 부분은 광범위하게 퍼지고 깊게 박혀 있는 경쟁이라고 말했다.

자유 대학교에서 처음 가르치고 20년이 지난 2007년 10월 19일에 나는 자유 대학교가 주는 명예박사학위를 받았다. 철학과 교수이자 나의 오랜 친구인 헹크 볼드링이 내게 명예박사학위를 안겨준 지난 활동에 대한 라우다찌오(찬사)를 낭독했다. 나는 볼드링의 라우다찌오에 으레 하는 수락연설 대신 자유 대학교에 대한 나의 라우다찌오로 응답하기로 했다. 다음은 내가 그때 말한 내용이다.

명예박사학위로 저를 명예롭게 해주신 자유 대학교와 총장님 이하 교직원 여러분께 심심한 감사의 말씀을 드립니다. 라우다찌오를 맡아주신 볼드링 교수님께도 감사의 말씀을 드립니다.

대학교가 누군가에게 명예박사학위를 수여할 때는 그로써 그 사람에 대해 뭔가 말을 하게 됩니다. 그와 동시에, 학교는 스스로에 대해서도 암암리에 뭔가를 말합니다. 여러분은 라우다찌오를 통해 자유 대학교가 저에 대해 말하고자 하는 바를 들으셨습니다. 자유 대학교가 스스로에 대해 암묵적으로 말한 것으로 제가 이해한 내용을 대담하게 말로 표현해도 될까요?

여러분은 철학자에게 명예학위를 수여하셨습니다. 그로써 여러

분은 자유 대학교가 기술관료 사회라는 기계의 톱니에 불과한 조직이 아님을 선언한 것입니다. 여러분은 인간이라는 존재의 가장 심오한 질문들을 위한 무대를 제공하겠다고 선언하신 것입니다. 우리의 모든 생각과 행동의 근저에 놓여 있지만 결코 최종적 답변을 얻지 못할 그 질문들은 다음과 같습니다. 정의는 무엇인가? 아름다움이란 무엇인가? 진리는 무엇인가? 의식은 무엇인가? 말한다는 것은 무엇인가? 시간은 무엇인가? 물질은 존재하는 전부인가? 우리는 하나님을 알 수 있는가? 이런 질문들에 답하는 일은 왜 그렇게 어려운가? 실재는 근본적으로 파악하기가 왜 그리 어렵고 왜 그리 신비로운가?

여러분은 학계와 사회에서 종교적 목소리로 발언하는 일이 부적절해 보이는 시대에 그 일을 피하지 않았던 사람에게 명예학위를 수여하셨습니다. 저의 종교적 목소리는 특별했습니다. 성내지 않고, 의견이 다른 이들을 욕하지 않고, 회의주의에 막혀 침묵하지 않고, 하나님의 모든 자녀의 번영에 헌신하고, 잘못된 부분을 기꺼이 고치려 하고, 현대의 대학을 서로 다른 인생관과 실재관을 가진 사람들이 모여 진정한 대화를 나눌 수 있는 곳으로 조성하는 데 관심이 있는 목소리였습니다. 저에게 이런 명예를 수여하심으로써, 여러분은 학계와 사회에서 그런 목소리를 내는 일이 정당하고 가치가 있다는 데 적극 동의한다고 선언하신 것입니다.

그리고 저에게 명예학위를 수여하심으로써 여러분은 세계의 학대받은 이들과 우리 인간 존재에서 예술의 중요성을 자신의 분야에서 강력히 변호해온 사람을 예우하셨습니다. 이로써 여러분은 정의를 위해 싸우는 이들과 아름다움을 창조하는 이들, 그리고 이 둘이 함께 만날 날을 갈망하는 이들에 대한 지지를 선언하셨습니다. 아름다움이 없는 정의는 불의하고, 정의가 없는 아름다움은 추하기 때문입니다.

　　이상이 자유 대학교에 대한 저의 라우다찌오입니다. 이런 학교가 주시는 명예학위를 받게 된 것을 영예롭게 생각합니다. 감사합니다.

이것은 나의 지레짐작에 불과했는지도 모른다. 친구들은 1980년대 말에 이미 눈에 띄었던 네덜란드 고등교육의 불안한 변화가 요즘 들어 속도가 빨라졌다고 말한다. 한때 네덜란드의 대학교들은 국민의 지적 생활에 자양분을 제공하고 그것을 전수하던 곳이었으나, 이제는 학생들이 취업을 준비하는 곳으로 점점 변화되고 있다. 인문학과들이 심각하게 축소되고 있고, 이것은 정부가 통제하고 재정을 지원하는 자본주의 경제체제 교육 제도에서 거의 불가피한 결과인 듯하다.

　　이와 동일한 대학 사명의 재정립은 미국에서도 물론 일어나고 있지만, 그 정도가 네덜란드의 경우만큼 심한 것 같지는 않다. 나는 그 부분적인 이유가 대학생활 초기부터 특정 분과학문에 초점을 맞추는 네덜란드 학생들과 달리, 미국의 단과대학과 종합대학에서는 자유교양 교육이 중요한 자리를 차지하기 때문인 것 같다. 미국의 사립대학과 대학교들이 우세한 것도 한 가지 요인인 듯하다. 미국에서는 어떤 정부관리도 칼빈 대학이나 예일 대학교, 또는 다른 어떤 사립대학이나 대학교를 향해 철학과 고대어는 경제성장에 쓸모가 없으니 없애야 한다고 말하지 않는다.

　　대학이 경제의 종복으로 재정립되는 것과 동시에 관료주의적 효율성이 네덜란드 대학들을 휩쓸고 있다. 새로운 구조들을 끊임없이 고안, 시행하고 있다. 작은 학과들을 통폐합했다가 몇 년 후에는 또 다른 단위들로 통합했다. 외국인인 내 눈에는 관료체제가 교육과 연구에 봉사한다기보다는 관료주의적 효율성에 대한 고려가 교육과 연구의 성격을 만들어가고 있는 것처럼 보인다. 관료주의는 사람들이 맡은 일을 잘 할 것이라고 신뢰할 수 없다는 전제 하에서 규칙과 규제를 만들어 내고 적용하고, 그 규칙과 규제들에는 그것을 얼마나 잘 준수하고 있는지 측정하기 위한 전략들이 덧붙는다. 이런 일이 네덜란드 대학 제도에서 전방위적으로 벌어지고 있다.

내가 자유 대학교에서 가르칠 때 클레어와 함께 저녁식사 초대를 많이 받았다. 신학과에서 가르쳤던 동료인 안톤 베셀스와 그의 아내 토카의 집에서 함께 한 저녁식사가 기억에 많이 남는다. 그날 온 많은 손님 중에는 자유 대학교 의과대 교수로 간호학과 학생들을 가르치는 이도 있었다. 우리는 대화를 나누다가 그가 장래의 간호사들에게 아기가 사산되거나 태어난 직후 죽은 경우에 산모들을 어떻게 대해야 하는지 가르칠 때 하는 말로 넘어갔다. "저는 눈이 두 개 필요하다고 말합니다. 한쪽 눈으로는 정맥주사를 살펴야 하고, 다른 눈으로는 울어야 합니다. 저는 그들에게 하나의 눈으로는 충분하지 않다고 말합니다. 두 눈이 다 필요합니다."

나는 이 감동적이고 심오한 진술을 몇 번의 대학 졸업축사의 주제로 썼다. "여러분, 대학을 졸업하는 여러분에게는 실력의 눈과 공감의 눈, 이렇게 두 개의 눈이 필요합니다. 하나의 눈으로는 충분하지 않습니다. 두 개의 눈이 필요합니다."

...

1970년대 초에 '종의 교회'를 개척한 이들이 채택한 이상주의적이고 거창한 사명선언문에는 건물을 보유하지 않는다는 선언이 들어 있었다. 교회들이 건물에 돈을 쏟아붓는 것을 본 우리는 그 돈을 사회적 관심사에 쓰는 것이 더 나을 거라고 생각했고, 우리는 다르게 행동하겠다고 다짐했다. 우리는 건물을 빌려 쓸 생각이었다. 처음에는 작은 장로교회 시설을 빌려 그 교회 교인들과 건물을 같이 썼다. 2년 만에 그 건물이 늘어난 교인들을 수용할 수 없게 되자 우리는 다른 시설을 물색했고 곧 우리의 목적에 부합하는 시설은 학교뿐이라는 것을 알게 되었다. 예배를 위한 체육관, 교회학교를 위한 교실들. 그래서 우리는 학교를 빌렸다.

1980년대 중반이 되자 건물을 빌려 쓰는 일에 지쳤다. 체육관에 의자를 놓고 치우는 일에 자원하는 이들이 점점 줄었고, 우리는 학교 교사들로부터 월요일 아침에 학교에 와보면 의자들이 정리되어 있지 않다, 쓰레기통이 제자리에 없다 등의 불평을 정기적으로 들었다. 몇몇 교인이 건물을 구입하여 우리 목적에 맞게 개축하자는 이야기를 꺼냈다. 교회를 설립하면서 건물을 소유하지 않겠다고 선언한 바 있었기에 이러한 제안은 논란을 불러일으켰다. 한쪽에서는 건물 구입이 우리의 교회 설립원칙 중 하나를 부정하는 일임을 강조했고, 다른 쪽에서는 현실을 고려해야 한다고 주장했다. 후자가 다수였고, 나도 그중 하나였다.

나는 구입하여 개축할 건물을 찾는 일을 위한 건물물색위원회 위원으로 뽑혔다. 우리는 많은 건물을 보았지만 하나같이 뭔가 문제가 있었다. 매물로 나온 창고는 단열이 되지 않는 데다 창문이 없었고, 매물로 나온 극장은 뒤쪽에서 무대까지 좌석이 내리막을 이루어 참여형 예배라는 우리의 원칙에 위배되었다. 매물로 나온 교회는 내부가 어둡고 우리의 예배 스타일과 전혀 맞지 않았다.

일 년 정도 물색을 했는데도 결실이 없자 우리 위원회는 고려할 만한 건물을 찾지 못했다고 교회 제직회에 보고했고, 교회는 건축을 해야 하는지의 문제에 직면했다. 이것은 건물을 구입하여 개축하자는 제안보다 더 큰 논란을 가져왔다. 한쪽은 새로운 건물을 짓는 것이 우리의 창립 문서들의 문구뿐 아니라 그 정신까지 부정하는 일이 될 거라고 주장했다. 비어 있거나 허물어질 건물을 잘 사용하는 일이 될 거라는 개축의 명분마저 찾을 수 없는 일이었다. 다른 쪽은 우리가 현실적이어야 한다고 주장했다. 물색위원회가 일년 동안 부지런히 뒤졌지만 아무것도 발견하지 못했다. 현실을 인정하자고 주장한 이들이 이번에도 다수였고, 나는 이번에도 그중의 하나였다. 건축을 하기로 결론이 났다.

적합한 땅을 찾는 임무를 맡은 부지물색위원회는 매물로 나온 도시의 빈 땅을 찾아냈다. 교인 중 일부는 불안감을 내비쳤다. 부지가 다소 작아 주차가 문제가 될 것 같았고, 위치도 주택가의 막다른 골목 끝이었다. 일요일에는 교통이 혼잡해질 텐데 조용한 주택가의 주민들이 교회를 곱게 볼 것 같지 않았다.

이런 불안에도 불구하고 투표 결과, 부지를 구입하는 쪽으로 결론이 났다. 그러나 부지 구입 직후, 시 정부가 그 부지에 대한 토지수용권을 발동했고 유출수 보관 저수지로 쓸 용도로 매입했다. 돌이켜 보면 그것은 하나님의 섭리였다. 부지는 너무 작았고, 주차는 실제로 문제가 되었을 테고, 주민들과의 갈등도 피할 수 없었을 것이다.

이런 기운 빠지는 일이 있고 얼마 후, 부지물색위원회는 도시 남동쪽 끝에 있는 상당한 크기의 땅을 찾아냈다. 부지는 충분히 컸고—따라서 주차는 문제가 되지 않을 터였다—이웃들과도 꽤 떨어져 있었다. 그러자 새로운 쟁점이 등장했다. 몇몇 교인들은 우리가 중산층의 교외 탈출에 합류하는 것이 잘못된 일이라고 말했다. 우리는 도시 **안에** 있어야 한다는 것이었다. 그렇지만 투표 결과 그 부지를 구입하자는 결론이 나왔다. 당시에는 누구도 몰랐지만, 그 부지에서 멀지않은 곳에 저소득 가정과 이민자들이 주로 사는 주택단지가 있었다. 사회선교의 현장이 바로 근처에 있었던 것이다!

부지를 구입한 후에 교회 제직회는 위원회를 임명해 건축계획을 세우고 건축가를 선정하고 설계과정에서 건축가와 협력하는 일을 맡겼다. 제직회는 내가 위원으로 들어간 그 위원회에 건축예산을 제시했는데, 저예산이라는 점은 제직회도 인정했다. 위원 중 두 사람이 미시간 대학에서 건축을 공부한 젊은 건축가였다. 그들에게 가장 깊은 인상을 남긴 강사가 거너 버커츠였는데, 그는 미시간 대학에서 매년 한두 과목을 가르치는 현업 건축가였다. 두 사람은 버커츠에게 그 일에 관심이 있는지 물어보는 일을 맡았다. 버커츠는 그 예산으로는 우리에게 필요한 설계를 할 수 없다고 대답했다. 결국 우리는 그랜드래피즈 주위에 있는 건물 여러 채를 지은 한 지역 건축가를 선정했다. 우리는 그에게 건축계획을 제시하고 우리의 예산 안에서 필요한 공간을 설계할 수 있는지 물었다. 그는 어렵겠지만 불가능하지는 않을 거라고 대답했다.

첫 번째 모임에서 그는 예산 문제를 상의해야겠다고 말했다. 나는 그가 무슨 말을 할지 예감했다. 그와 그의 동료들은 제직회가 허락한 예산으로는 우리에게 필요한 공간을 설계할 수 없다는 결론을 내린 것이었다. 예산을 두 배로 증액해달라고 했다. 풀이 죽은 우리는 교회 제직회와 상의해 보겠다고 대답했다. 제직회의 반응은 놀라웠다. '교인들이 투표로 건축을 하기로 정했고, 우리는 부지를 구입한 상황이 아닌가. 예산을 두 배로 올려야 한다면 그렇게 하자. 돈은 들어올 거라고 믿고 진행하자.' 우리는 건축가에게 제직회의 결정을 알렸다.

한 달 정도 지났을 때 그는 우리에게 잠정 설계가 나왔다고 연락을 했다. 설계는 극히 평범했고 독창성을 찾아볼 수 없었다. 그래서 우리는 그에 대한 몇 가지 제안을 했다. 한 달 후, 새로운 설계안이 나왔다는 전화를 받았다. 하지만 이번에도 독창성은 없었다. 어떻게 된 일인지 분명히 알 수 있었다. 예산이 두 배가 되었지만 여전히 부족한 금액이었다. 그리고 그에게 저예산은 틀에 박힌 사고를 벗어날 자극이 된 것이 아니라 상상력을 질식시켜 버린 것이었다. 두어 번 모임을 더해 보니 이렇게 해서는 진척이 없을 것임이 분명해 보였다. 그래서 우리는 그가 한 일에 대해 비용을 지불하고 마지못해 갈라섰다.

위원회의 젊은 두 건축가는 거너 버커츠를 다시 만나 우리가 예산 문제에 대해 물정을 알게 되어 예산을 두 배로 증액했다고 말하고 이제는 관심이 있는지 물어보기로 했다. 그는 관심이 있다고 했다. 그렇게 해서 내 인생의 아주 흥미진진한 사건 하나가 시작되었다. 대단히 창의적인 건축가가 건물을 설계하는 과정을 지켜보는 일이었다.

버커츠의 사무실은 디트로이트에 인접한 미시간주 버밍엄에 있었다. 우리 위원회는 그의 사무실에서 그를 만났는데, 미니밴을 함께 타고 그랜드래피즈에서 출발해 가는 길에 즐거운 시간을 보냈다. 버커츠가 미국과 해외에서 중요하고 화려한 건물들을 많이 설계했음을 알고 있었던 나는 그가 우리의 저예산 의뢰를 수락한 이유를 모임의 초반에 물었다. 그의 대답은 "도전이기 때문"이라는 것이었다. 우리의 저예산에 그랜드래피즈 건축가의 상상력은 질식했지만, 버커츠의 상상력은 오히려 도전과 자극을 받았다.

첫 번째 모임에서 우리는 미리 작성한 건축계획을 논의했다. 그 계획에는 기능적 고려와 표현적 고려가 혼합되어 있었다. 그중 표현적 고려사항 둘만 언급해 보려 한다. 건축계획을 세우기 위해 준비하면서 우리 위원회는 우리가 예배를 위해 모여 무엇을 한다고 생각하는지 상당한 시간을 들여 논의했다. 우리의 결론을 간단히 말하면, 우리는 스스로를 하나님의 가족—예수님의 형제자매—으로 이해하고 있었다. 우리는 말씀과 성례를 중심으로 모여서 찬송과 기도와 선포로 하나님께 말씀드리고, 하나님이 우리에게 하시는 말씀에 귀를 기울이고, 예수님을 기념하여 주의 만찬을 행하는 사람들이었다. 위원회는 이런 자기 이해가 교회 건물에 표현되어야 한다고 건축계획에 명시했다.

우리의 자기 이해에서 가족의 측면을 표현하려면 좌석은 일직선으로 앞을 바라보는 형태가 아니라 설교단과 성찬대 주위로 반원을 이루는 모습이어야 하고, 건물 자체에 강한 수평축이 있어야 했다. 또한 우리가 피크닉이나 포트럭 파티(참석자들이 자기 입맛에 맞는 요리나 와인 등을 가지고 오는 미국·캐나다식 파티—옮긴이)를 하러 모인 보통의 가족이 아니라 예배를 위해 모인 하나님의 가족이라는 사실을 표현하려면 건물에 강한 수직적 축도 필요했다. 우리는 아마도 대부분의 건축가들이 두 손 두 발 다 들고 이렇게 말할 거라는 사실을 인정했다. "수평적 건물도 설계할 수 있고 수직적 건물도 설계할 수 있지만, 둘 다 할 수는 없습니다." 우리는 버커츠에게 두 가지를 모두 해내라고 요구하고 있었다.

우리 위원회는 건축계획을 준비하면서 그랜드래피즈에 최근에 세워진 많은 교회들을 방문했었다. 거의 모든 교회 건물이 내부가 어두웠고 지붕은 높이 솟구쳤다가 낮게 깔렸으며 채광창으로 앞쪽 벽에 빛줄기가 조금 들어오거나 측면에 낮은 스테인드글라스 창이 있거나 외부에서 빛이 거의 들지 않는 구조였다. 우리는 이런 형태가 전부 잘못되었다고 직관적으로 느꼈다. 나는 요한일서의 말씀이 귀에 울리는 듯했다. "하나님은 빛이시라. 그에게는 어두움이 조금도 없으시니라." 우리는 건물 안에 들어서면 빛 속으로 들어서는 느낌을 받아야 한다고 건축계획에 밝혔다.

버커츠와의 두 번째 만남에서 자재 문제가 등장했다. 우리는 뻔한 문제를 논의했다. 예산이 많지 않았기에 자재는 기본적인 것만 써야 했다. 적층목재 기둥, 스테인드글라스, 대리석은 없었다. 내가 말했다. "버커츠 씨, 노출콘크리트를 쓰셔도 좋습니다. 사람들의 입에서 '콘크리트가 저렇게 아름다울 수 있는지 몰랐다'는 말만 나오면 됩니다. 철제가 노출되어도 좋습니다. '노출된 철제가 저렇게 아름다울 수 있는지 몰랐어'라는 말이 나오기만 하면 됩니다." 그리고 이렇게 덧붙였다. "버커츠 씨, 우리가 해주십사 하는 것은 평범한 것이 위엄을 갖추게 하는 것입니다." (내가 염두에 둔 것은 젖소, 우유 따르는 하녀, 사과, 헛간 등 평범한 사물을 위엄 있게 그려낸 17세기 네덜란드 화가들의 작품이었다.)

버커츠는 아무 말 없이 한참 동안 아래를 내려다보았다. 그 시간이 상당히 길게 느껴졌기에 내 말에 그가 약이 올랐거나 모욕감을 느낀 것은 아닌지 염려가 되기 시작했다. 마침내 그가 시선을 들고 말했다. "이해한 것 같습니다. 땅딸막한 여인은 비단옷을 입어도 땅딸막해 보이겠지요. 우아한 여인은 굵은 삼베를 입어도 우아할 수 있고요. 제가 제대로 이해했다면, 여러분이 원하시는 건 우아한 삼베 건물입니다. 맞습니까?" 우리는 웃음을 터뜨렸다. 그는 요점을 정확히 잡아냈다. "우아한 삼베", 그것이 바로 우리 건물의 본질이다. 버커츠는 노출된 철골 트러스, 포장한 콘크리트 바닥, 시멘트 블록, 석고보드 벽, 그리고 당시에 새로 나온 반투명 건축자재인 칼월, 이 모두를 대단히 우아하게 사용했다.

세 번째 만남에서 버커츠는 자재와 예산에 대한 또 다른 문제를 상의해 왔다. "요즘에는 스틸로 경간(기둥과 기둥 사이의 거리─옮긴이)을 길게 만들 수 있습니다. 그런데 경간이 길수록 가격이 올라갑니다. 제가 기둥을 써서 경간의 길이를 줄이도록 허락해 주시겠습니까?" 누군가가 이렇게 대답했다. "물론입니다. '저기다 저런 큰 기둥을 놓다니 안타깝군.' 이런 말만 안 나오면 됩니다."

결국, 버커츠가 사실대로 다 말하지 않은 것이 분명해졌다. 기둥은 분명히 있지만, 그 주된 기능은 경간을 줄이는 것이 아니다. 철제로 된 그 기둥에서 가지가 갈라져 나오고 그 가지들에서 또 가지들이 갈라져 나온다. 나무다. 평천장 위로 높이 솟아오른 반투명 꼭대기를 가지들이 떠받치고, 꼭대기 바로 아랫부분은 직팔각형이다. 나무의 몸통은 꼭대기를 뚫고 올라가 건물 바깥의 십자가와 이어진다. 생명나무가 십자가가 된다.

이 나무가 건물의 건축학적 초점이다. 사람들은 나무를 바라보고 앉고, 그 앞에 설교단, 성찬상, 세례반洗禮盤이 있다. 줄지어 앞으로 나간 사람들이 성찬을 기념하고, 나무 주위에 둘러서서 빵과 포도주를 서로에게 전달한다.

예배당 꼭대기는 반투명한 칼월로 만들어졌고, 예배당 전체가 위쪽에 칼월로 만든 채광창에 둘러싸여 있다. 신비롭게도, 환한 대낮에도 예배당에는 그늘이 없다. 반투명한 꼭대기 아래조차 그렇다. 철제 나무는 예배당 안의 강한 수직적 요소이고, 평지붕 아래로 예배당 전체를 빙 둘러싼 채광창은 강한 수평적 요소이다. 반투명한 칼월을 통해 흘러드는 햇빛은 예배당에 들어설 때 빛 속으로 들어가는 느낌을 준다. 버커츠는 우리의 건축계획에 명시된 표현적 요소들을 훌륭하게 구현해 냈다.

새 교회는 뛰어난 건축학적 상상력이 거둔 위업이고, 많은 건축상을 수상했다.* 평범한 것이 위엄을 갖추었다. 철제 구조물이 아름답고, 포장된 콘크리트 바닥이 아름답고, 시멘트 블록이 아름답다. 교회 건축을 반대했던 교인들 중 일부는 완성된 구조물을 보고 나서 우리가 이런 구조물을 건축하게 될 줄 알았다면 반대하지 않았을 거라고 말했다.

새 건물에서의 첫 예배는 1994년 1월 15일에 드렸다.

• 거너 버커츠는 2017년 8월 15일에 사망했다. 그는 2006년에 미국건축가협회가 수여한 '25년상' Twenty-Five Year Award, 건축한 지 25-35년의 시간의 시험대를 통과하고 여전히 탁월한 건축설계의 기준을 제시하는 건축물에 수여하는 상—옮긴이을 포함하여 여러 건축단체로부터 많은 상을 받았다.

...

가족과 친구들은 우리 정원에 너무 많은 종류의 비비추hosta가 있다고 나를 놀린다. 백여 가지 품종의 비비추가 여러 포기씩 자리하고 있다. "열 개 품종이면 충분하지 않나요?" 그들은 묻는다. "비비추가 다 거기서 거기"라는 것이다. 그들은 이해를 못한다! 나는 여러 개별 종과 품종의 비비추를 감탄하며 바라보지만, 그 때문에 그렇게 많은 품종을 갖추고 있는 것이 아니다. 내가 그렇게 많은 비비추를 기르는 이유는 정원의 구성에 꼭 필요하기 때문이다. 나는 정원과 정원 가꾸는 일을 사랑한다.

정원에도 여러 종류가 있다. 이를테면 채소 정원이 있고 식물원이 있다. 나의 정원은 그런 종류와 다르다. 내 정원은 심미적 기쁨을 위한 곳이다. 시각적 즐거움이 주를 이루지만, 꽃향기에서 얻는 후각적 즐거움, 흐르는 물소리와 바람에 스치는 나뭇잎 소리에서 얻는 청각적 즐거움도 있다. 그런 정원을 가리키는 표준적 이름이 없으니 '기쁨의 정원'이라고 부르자. 기쁨의 정원은 예술 작품이다.

기쁨의 정원은 역사의 안개 속으로 거슬러 올라간다. 에덴동산은 기쁨의 정원이었고 아담과 하와는 정원사였다. 그런 정원은 인간 본성 깊은 곳에 있는 무언가와 일치한다. 일부 저자들은 기독교 성서라는 아치가 창세기 초반 몇 장에 나오는 정원(동산)에서 시작되어 요한계시록의 마지막 몇 장에 나오는 거룩한 도성으로 이어지는 데 주목하여 정원은 거룩한 도성에 없을 거라고 말한다. 나는 거룩한 도성에 기쁨의 정원들이 있을 거라고 확신한다.

요즘의 '조경'은 건물의 외양을 더 멋있어 보이게 할 목적으로 주위에 여러 식물을 심는 일로 이루어진다. 그런 식물 조성이 성공하면 보는 이에게 즐거움을 안겨준다. 그러나 그곳은 기쁨의 정원이 아니다. 사람들은 건물의 외양을 돋보이게 한다는 면에서 식물들을 좋게 보는 것이지, 그 식물들 자체에 감탄하진 않는다. 그러나 기쁨의 정원은 그 자체로 가치가 있다.

우리 정원은 집을 둘러싸고 있다. 그러나 정원이 집을 위해 있는 것은 아니다. 오히려 집이 정원 구성의 중심요소이다. 물론 정원이 더 운치있게 보이게 하려고 우리가 집을 지은 것은 아니었지만, 집을 건축하고 나서 정원 설계를 시작하니 집이 정원 구성의 한 요소가 되었다. 정원을 설계하려는 시도를 10년 정도 한 후, 나는 극도의 좌절감에 빠졌다. 아무리 해도 만족스러운 정원 설계가 나오지 않았는데, 그 이유를 그때도 이해하지 못했고 지금도 마찬가지다. 나는 우리 가족이 사는 집을 포함하여 몇 채의 집을 만족스럽게 설계했고 식물에 대해 많은 내용을 알고 있었다. 그런데 왜 정원을 설계할 수 없는 것일까? 결국 정원 설계를 포기하고 전화번호부에서 정원설계사를 찾아 테리 호리건이라는 사람에게 전화를 했다. 그의 사무실이 마침 우리 집 근처에 있었다. 알고 보니 테리는 천재였다. 나는 그가 정원 설계를 해준 이후 줄곧 그 설계에 따라 정원을 관리했다. 그가 추천해 준 몇몇 식물이 잘 자라지 않을 때 조금씩 조정을 하긴 했지만, 그가 제시한 전반적 구조는 늘 유지했다.

정원은 공간을 이루고 그 공간 안에서 빛과 그림자의 작용을 결정하고 공간을 가로지르는 길을 만들어 낸다는 점에서 건축과 닮았다. 정원이 건축과 근본적으로 다른 점은 살아 있는 것들로 이루어진다는 사실에 있다. 식물은 싹을 틔우고 자라고 번창하고 시들고 때 이르게 죽고, 온대기후에서는 가을이면 땅속으로 들어가고 봄에 다시 나타나고 잎이 떨어지고 새 잎이 나고 죽는다. 정원에는 벤치, 돌, 통로, 조각상, 넓은 자갈밭을 흔히 볼 수 있지만, 특정한 일본식 정원을 제외하면 거의 언제나 식물이 주된 구성요소이다. 기쁨의 정원은 생물들로 이루어진 예술 작품이다.

건축 작품은 어떤 지점에 이르러 완성된다. 조각품과 그림도 마찬가지다. 하지만 정원을 구성하는 식물들은 늘 변하기 때문에 정원은 그와 같은 의미에서 완성되는 법이 없다. 정원 설계에 따라 식물의 배치를 마무리할 수는 있지만, 정원 그 자체에서는 멈추는 지점이 없다. 여기 이 식물이 마침내 내가 바라던 대로 성숙해지고 내가 배치한 곳에서 단단히 자리를 잡는다. 저기 있는 저 식물은 쑥쑥 자라서 정해진 경계를 넘어섰고, 저기 저 너머의 식물은 시들시들한 것이 빛이 더 필요해 보인다. 그리고 이 식물은 묘목장에서 본 더 나은 품종으로 교체할 생각이다. 나는 정원사이고, 예술적 창조라는 결코 끝나지 않을 지속적 과정에 참여한다.

정원 가꾸는 일은 또 다른 방식으로도 색다른 형태의 예술 창조가 된다. 화가가 물감과 캔버스의 특성에 의존하고, 조각가가 나무, 돌, 금속의 특성에 의존하듯, 정원사는 식물의 특성에 의존한다. 그러나 화가와 조각가와는 달리, 정원사는 식물이라는 재료의 번성에 의존한다. 이런 형태의 의존성은 그림과 조각에서는 찾을 수 없다. 사람이 정원에서 식물들의 번성을 북돋울 수는 있지만 번성하게 만들 수는 없다. 그건 식물 스스로가 해야 할 일이다. 자녀를 양육할 때와 같다.

이렇게 말하니 너무 무정하게 들린다. 나는 분명 어떤 식물을 선택할지, 어디에 둘지, 어떻게 손질할지 등을 결정하는 전반적 구성을 염두에 두고 있다. 그러나 나는 식물들이 제 역량을 발휘하고, 내 정원이라는 예술 작품에 기여하기 위해서만이 아니라 그 식물들 스스로를 위해 번성하는 것도 원한다. 나는 내 식물들에게 가장 이익이 되도록 행동한다. 식물들이 잘 자라면 기뻐하고, 잘 자라지 못하면 실망한다. 정원을 가꾸는 일에는 감정이 들어간다.

미시간의 숲을 거닐거나 묘목장을 돌아다닐 때 나는 다양한 서식지와 눈에 들어오는 속, 종, 품종의 다채로운 아름다움에 매료된다. 나는 식물을 사랑한다. 그러나 정원을 구성하고 가꿀 때는 이 사랑을 절제해야 한다. 기쁨의 정원은 마음에 드는 식물들을 모아놓은 장소가 아니다. 어떤 종이나 품종의 식물을 아무리 좋아한다 해도, 그것이 정원의 전체적 구성과 맞지 않으면 들이지 말아야 한다. 정원사로서의 자아가 식물 애호가로서의 자아를 제어해야 한다. 그것이 늘 쉽지만은 않다. 식물을 사랑하는 내 친구들 중에는 정원사가 아니라 식물 수집가인 이들이 있다. 이해가 된다.

정원을 가꾸는 사람이라고 다 정원을 사랑하지는 않는다. 어떤 이들은 생계를 위해 정원을 가꾼다. 정원을 사랑하는 사람이라고 다 정원 가꾸는 일을 사랑하는 것도 아니다. 어떤 이들은 손을 더럽히고 싶어 하지 않는다. 나는 정원뿐 아니라 정원 가꾸는 일도 사랑하고, 손을 더럽히는 데도 아무런 부담이 없다. 이것은 십대 시절 척외삼촌의 농장에서 일하면서 얻은 유산일까? 기쁨으로 정원을 가꾸는 일과 작물 농사가 많이 다르다는 것은 말할 필요도 없다. 그러나 나의 비비추, 고사리와 노루오줌이 잘 자라는 것을 보면서 경험하는 기쁨은 옥수수, 귀리, 콩 같은 작물들이 잘 자라는 것을 보며 척 외삼촌과 함께 기뻐하던 때의 유산일 가능성이 있지 않을까? 그리고 내 정원의 식물들이 겨울잠에서 깨어나는 것을 보며 봄에 느끼는 형언할 수 없는 기쁨은, 옥수수와 귀리가 싹이 트면서 검회색의 미네소타 들판이 드넓은 푸르른 땅으로 바뀔 때 느꼈던 기쁨의 유물이지 않을까? 하나님의 대지의 비옥함이여!

모든 정원사는 한계 안에서 움직이는데, 그중 가장 분명한 것은 기후와 토양이다. 나는 부겐빌레아를 무척 좋아하지만 미시간에서는 키울 수가 없다. 내게 기후를 제외한 가장 중요한 제약은 우리가 집을 지은 토지가 당시나 지금이나 수목이 무성하다는 사실이다. 토지 남쪽에 폭 9미터 길이 90미터의 좁고 긴 땅이 있는데, 그곳은 물푸레나무, 단풍나무, 흑호두나무가 있는 미시간의 전형적인 숲이다. 그곳의 지면은 완전히 그늘에 덮여 있다. 나머지 토지는 숲은 아니지만 참나무, 버드나무, 물푸레나무, 층층나무, 박태기나무 등 나무가 꽤 많다. 양지바른 곳은 없고, 어디나 볕이 잘 들지 않거나 전혀 들지 않는다. 이런 환경이 정원사인 내게 의미하는 바는 분명했다. 나는 음지 정원사가 되어야 하는 것이다. 백합, 백일홍, 데이지, 꽃잔디는 바랄 수 없었다.

대부분의 음지식물은 봄에 꽃이 핀다. 여름에 피는 꽃들은 눈에 잘 띄지 않거나 매력적이지 않은 경향이 있기에 음지 정원사는 주로 식물의 잎으로 정원을 꾸며야 한다. 검녹색부터 연녹색에 이르는 다른 색조의 초록을 구성하고, 솜털처럼 부드러운 것에서 넓고 반반한 것까지 다양한 질감을 구성하며, 지표식물부터 관목과 교목에 이르는 다양한 생장 습성을 구성한다. 바로 이 부분에서 비비추가 제 역할을 한다. 비비추는 볕이 조금 드는 음지에서 잘 자라기에 음지정원에 필수적인 식물이다. 비비추의 원산지는 일본, 한국, 중국이다.* 예쁜 꽃을 피우는 비비추, 향기로운 꽃을 피우는 비비추도 좀 있다. 예를 들면 옥잠화hosta plantaginea는 백합 모양의 아름답고 희고 향기가 진한 꽃을 피운다. 그러나 비비추들은 주로 잎으로 정원 구성에 기여한다. 5-7센티미터부터 45센티미터까지 잎의 크기가 다양하고, 모양도 평평한 것부터 찻종 모양의 잎, 주름진 잎, 가죽끈 같은 잎, 둥근 잎, 윤이 나는 잎, 우아한 무늬의 잎맥이 있는 잎까지 제각각이다. 색깔이 단일한 잎도 있고 청록색부터 황록색, 거의 백색까지 다채롭게 조합된 잎도 있다. 비비추 자체도 5-7센티미터부터 1.2미터에 이르기까지 크기가 다양하다.

비비추 속은 종이 아주 많고 꽃, 잎, 크기도 다양하다. 그러나 비비추가 음지 정원사에게 진정 특별한 선물인 이유는 이종교배로 잡종을 만들기가 쉽고, 다양한 돌연변이종이 나타난다는 데 있다. 구매할 수 있는 품종이 얼마나 많은지 놀라울 정도이다.

내 정원의 수많은 비비추들은 다양한 종의 아주 많은 양치식물, 지표식물인 이끼, 도금양, 아이비, 토종 생강과 뒤섞여 있다. 그로 인해 다양한 색조와 질감의 초록이 급커브를 이루며 펼쳐진다. 우리가 집을 지을 때만 해도 숲의 지면에서는 거의 아무것도 자라지 않았다. 나무 아래 토양은 경질점토였다. 지금은 봄이 되면 나무에서 잎이 나오기 전에 미시간 숲에서 볼 수 있는 온갖 토종 야생화들이 활짝 핀다. 연령초, 혈근초, 얼레지, 제라늄, 클레이토니아, 천

• 관심 있는 사람들은 다음 책을 참고하라. W. George Schmid, *The Genus Hosta* (Portland, OR: The Timber Press, 1991).

남성, 네덜란드 금낭화, 미국 금낭화, 란봉옥, 노루귀, 그리고 더 많은 것들이 있다.

클레어의 아버지가 기르시던 고사리 몇 종에 대한 이야기를 해야겠다. 장인어른은 식물 애호가셨고, 정원사보다는 수집가에 가까웠다. 염두에 둔 정원 설계가 있었지만, 식물과 식물 기르는 일을 좋아하시다 보니 그 설계를 실행하는 일은 무한히 미뤄졌다. 장인어른은 기르시던 모든 식물의 라틴어 학명을 꼭 알아두셨다.

처가가 필라델피아에 있을 때, 장인어른은 인근의 넓은 땅에서 정원을 돌보는 아프리카계 미국인 정원사 페티포드와 친구가 되었다(장인어른은 언제나 그를 페티포드 씨라고 부르셨다). 페티포드 씨의 정원에는 일본에서 배편으로 온 이름 모를 고사리들이 있었는데, 장인어른이 그걸 보고 너무나 감탄하자 페티포드 씨가 고사리 한두 포기를 건넸다. 장인어른은 그 종을 알아내고 식물학명을 찾으려고 많은 시간과 노력을 들였지만 성공하지 못하셨다. 처가에서는 그것을 그냥 '페티포드 고사리'라고 불렀다. 고사리는 불어났다. 가족들이 필라델피아에서 그랜드래피즈로 이사했을 때, 페티포드 고사리들도 따라왔다. 그 이후 어느 시점에 장인어른은 내게 한 포기를 주셨고, 이제 그것은 내 정원에 자리를 잡아 많이 불어났다. 장인어른은 말년에 마침내 그 종을 알아내셨다. 그것은 Polystichum standishii (Archniodes standishii라고도 불린다)이고, 이유는 분명하지 않지만 흔히 '뒤집어진 고사리'라고 불린다. 어떻게 생긴 녀석인지 궁금한 독자는 구글로 검색해 보시라. 그 종[栐]의 이름을 입력하고 잎의 주요 줄기와 유사한 작은 포엽에 특히 주목하길 바란다. 너무나 특이하다!

09_

예일대로 돌아가다

1988년 여름의 어느 일요일 오후, 나는 해리 ('스킵') 스타우트의 전화를 받았다. 칼빈대 졸업생인 그는 예일대 종교학과에서 미국 종교사를 가르치고 있었다. 스킵은 자신이 폴 호머의 은퇴로 곧 공석이 될 예일대 신학대학원 종교철학 및 철학신학 교수 자리를 위한 후보자 추천위원회 위원이 되었다고 말하며 내게 인터뷰를 하러 올 의향이 있는지 물었다. 그는 예일의 고참 신학자이자 역시 추천위원회의 위원인 한스 프라이가 나에게 연락해 보라고 했다고 덧붙였다. 스킵에 따르면, 한스 프라이는 지원서가 들어올 때까지 추천위원회가 마냥 기다리면서 모종의 주도적 조치를 취하지 않으면 "어떤 망할 과정신학자"가 결국 그 자리를 차지하게 될 거라고 염려하고 있었다.

나는 스킵에게 관심이 없다고 말했다. 그 이유는 내가 아는 신학교나 신학대학원들은 다 억압적이거나 얄팍하기 때문이라고 설명했다. 보수적인 곳은 억압적이고 진보적인 곳은 얄팍했다. 스킵이 말했다. "그래요, 좋습니다. 하지만 다음번에 대서양 연안주에 오실 때 잠깐 들러 저희와 비공식적으로 대화를 나눠 보시는 건 어떻습니까?" 내가 대답했다. "그러겠습니다." 그해 가을에 일이 있어서 대서양 연안주에 갔다가 길을 돌아서 예일을 방문했다. 나는 후보자 추천위원회 위원들과 비공식적으로 이야기를 나누고 다른 교수들 및 학생들과도 자리를 함께했는데 그중 일부는 칼빈대 졸업생이었다. 나는 깊은 인상을 받았다. 이 신학대학원은 달랐다. 억압적이지 않았고 얄팍하지도 않았다. 이들이 나를 교수 후보로 고려하고 있다면 나는 진지하게 받아들여야 할 터였다. 몇 주 후, 공식 면접을 하러 오라는 초청이 담긴 추천위원회 위원장의 서한을 받았다. 클레어와 나는 이 첫 번째 단계를 밟아야 한다는 데 뜻을 같이했고 그녀는 나와 동행했다.

나는 추천위원회와 장시간 면접을 보고 공개 강연—개혁인식론에 대한 강연이었던 것 같다—을 한 번 하고 몇 개의 수업에 참여했다. 모든 일이 대체로 순조로웠는데, 내가 참관한 수업 중 하나만 예외였다. 신학대학원 고참 교수이자 예일대 종교음악연구소 소장이던 존 쿡은 신학적 미학 과목을 가르치고 있었다. 한 주 전에 학생들은 내 책 『행동하는 예술』 몇 장을 읽고 토론을 한 터였다. 자신의 수업에 나를 초대한 쿡은 그 책에 대해 하고 싶은 말을 하고 학생들의 질문에 대답해 달라고 했다.

토론이 시작되자마자 수업을 듣는 많은 여학생들이 책에 실린 성차별 언어에 대해 나를 성토하기 시작했다. 그 책에서 나는 하나님을 'he'라고, 인간을 'men'이라고 표기했던 것이다. 나는 그 책을 쓸 당시에 성차별적 언어 문제에 민감하지 못했고 책이 나온 지 10년이 지난 지금은 책 속에 그런 언어가 너무 많다는 데 대해 더없이 부끄럽고 유감스럽게 여긴다고 설명했다. 그들은 그 말에도 잠잠해

지지 않았고 계속 문제를 제기했다. 내가 그 책에서 제시한 예술철학에 대해서는 별다른 말이 없었다.

내가 마련해 달라고 요청한 여성 교수진과의 만찬은 우리 부부 모두에게 그 방문의 하이라이트로 꼽을 만했다. 우리는 유서 깊은 예일대생 전용식당 모리스에서 식사를 했는데, 분위기가 음식보다 더 나은 곳이다. 여교수들은 멋지게 환영해 주었다. 내 기억이 맞다면 레티 러셀과 마가렛 팔리가 특히 환대를 베풀었다.

1989년 이른 봄, 나는 그 자리를 제안하며 봉급 협상을 하자는 신학대학원장의 서한을 받았다. 당시 아이들은 전부 집을 떠나 있었고 어느 쪽으로도 확고한 입장을 밝히지 않은 상태였다. 클레어는 가고싶어 했다. 아내는 예일대 여성 신학자들이 쓴 책 몇 권을 읽었고 그들과 소통하기를 간절히 바랐다. 그랜드래피즈에서 목사 안수를 받은 여성으로서 다소 외롭기도 했고, 예일대 근처로 가면 외로움이 덜할 거라고 예상했다.

그녀가 예일대행을 원하게 된 또 다른 이유는 '엘리사벳의 집'에서 일어난 일이었다. 엘리사벳의 집은 클레어가 1986년 1월에 그랜드래피즈 도심에 위치한 오래된 큰 집에 문을 연 초교파적 기도장소였고 그녀가 책임자로 있었다. 엘리사벳의 집은 몇 년간 잘 운영되었고 상당수의 사람들이 와서 기도와 묵상을 했다. 클레어는 자신의 소명을 찾았다고 느꼈다. 그런데 어느 날부터 정말 으스스한 일이 벌어지기 시작했다. 외부 침입의 흔적이 없는데 물건들이 사라지고, 화분들이 박살 나고, 설탕과 밀가루가 부엌 바닥에 흩뿌려져 있고, 소파 위의 쿠션들이 바닥에 나뒹굴었다. 경찰이 조사를 하고 잠복근무까지 했지만 아무것도 찾아내지 못했다. 무슨 일이 있었던 것일까? 우리가 추측한 바는, 클레어에게 제대로 인정받지 못한다고 생각하고 화가 난 이사 한 사람이 그 문제를 대화로 풀려하지 않고 그 집을 엉망으로 만드는 방식으로 감정을 드러냈다는 것이었다. 엘리사벳의 집은 1989년 1월에 문을 닫았다. 클레어는 그 일로 매우 슬퍼했고, 뭔가 새로운 일을 시작할 마음의 준비를 하게 되었다.

나는 예일대의 제안을 칼빈 철학과 동료들과 상의했다. 칼빈 대학 전체와 특별히 철학과는 내게 이상적인 장소였다. 나는 다른 어느 곳에서도 칼빈에서 성장했던 것만큼 성장할 수 없었을 것이다. 나는 학교와 동료들에게 깊은 애착을 느꼈다. 그러나 철학과는 바뀌고 있었고 왕년의 패거리도 해체 일로에 있었다. 알 플랜팅가는 노터데임의 교수직 제안을 받고 떠났다. 리치 마우도 풀러 신학교의 제안을 받아들여 자리를 옮겼다. 재능 있는 젊은 철학자이자 나의 학생이던 피터 드 보스는 심장마비로 비극적인 이른 죽음을 맞았다. 학과의 젊은 교수들은 훌륭한 철학자들이었고 충분히 좋은 동료들이었지만 이전과 같지는 않았다. 나는 예일대로 떠나는 문제를 결정하지 못했다.

예일대의 제안을 받아들이게 된 계기는 신학대학원장의 전화였다. 그는 통화 도중에 학교가 나를 원하는 이유 중 하나는 그의 표현을 빌리면 내가 "교회에 헌신된 사람"이기 때문이라고 했다. 그는 자세히 설명하지 않았지만 나는 그들이 나를 원하는 이유가 종교철학에 대한 나의 관심이 지적 호기심만이 아니라 교회에 헌신된 신앙인으로서의 관심이기 때문이라는 뜻으로 이해했다. 나는 부르심을 받았다고 느꼈고 예일대의 제안을 수락했다.

사람들이 한 말로 미루어 볼 때 많은 이들은 내가 명예, 돈, "하고 싶은 내 연구를 할" 더 많은 시간을 확보하기 위해 예일대로 간다고 생각한 것 같다. 하지만 그렇지 않다. 명예는 내게 큰 의미가 없었고, 칼빈 대학에서 받던 봉급은 적절했다. 그리고 "하고 싶은 내 연구를 할" 더 많은 시간으로 말하자면, 그것을 염두에 두고 예일대에 갔더라면 나는 크게 실망했을 것이다. 가서 보니 칼빈에 있을 때 못지않게 "하고 싶은 내 연구" 이외의 일에 많은 시간을 써야 했다. 칼빈 대학에서는 표준적 수업 부담이 한 학기당 세 과목이었고, 예일에서는 학기당 두 과목이었다. 그러나 예일대의 과목 중 하나는 내 경우 대학원 세미나 수업이 빠지지 않았고, 대학원 과목은 학부 과목보다 훨씬 품이 많이 들었다. 수업 부담에 더해, 박사논문을 지도하고 위원회에도 참여해야 했다. 교수 후보자 추천위원회의 업무에는 믿을 수 없을 만큼 많은 시간이 들어갔다. 내가 예일대로 간 것은 부르심을 받았다고 느꼈기 때문이다.

　　예일대로 떠나기 1년 전인 1988년 9월에 장모님이 여든다섯의 나이로 돌아가셨다. 몇 년간 장모님은 우리 근처, 그랜드래피즈의 은퇴자 타운에 있는 아파트에서 사셨다. 우리는 자주 찾아뵈었다. 장모님은 놀라운 여인으로 네덜란드 혈통과 스페인 혈통이 섞인 외모에 당당한 느낌의 미모를 지니셨다. 나는 앞에서 장모님이 만드신 대단히 아름다운 자수를 언급했다. 장모님은 매력적인 꽃 그림도 그리셨다. 더 이상 눈이 잘 보이지 않을 때까지 그림도 그리고 자수도 놓으셨다.

...

위에서 '왕년의 패거리'가 해체되고 있었다고 말했는데, 그 이후로 알 플랜팅가와 리치 마우는 뛰어난 경력을 쌓았다. 리치는 풀러 신학교에서 몇 년간 가르친 후에 그곳의 교무부총장이 되었다가 이십 년간 총장으로 있었다. 그는 2013년에 총장직에서 은퇴했지만 명예 총장이자 '신앙과 공공생활' 교수로 풀러 신학교에 남아 있다. 풀러 에서 다양한 역할을 맡았던 그는 풀러 신학교의 지도자였을 뿐 아니라 복음주의 기독교와 주류 기독교라는 더 넓은 세계와 그 너머의 공론의 장에서도 카이퍼주의를 주도적으로 대변한 인물이었다. 그는 당대의 종교적 사안에 대해 정기적으로 언론의 문의를 받았다.

알의 경력은 철학 분야 안에 거의 머물러 있었다는 점에서 나와 유사했다. 나처럼 그도 체계를 세우는 데 힘을 쏟지 않았고, 대체로 외부에서 발생한 문제, 특히 유신론 일반─그중에서도 기독교 신앙─에 이러저러한 지적 결함이 있다는 널리 퍼진 다면적 공격에 철학적으로 대응했다. 내 예일대 동료 중 한 명은 종교를 믿는 사람들이 "합리성 결핍에 시달린다"고 표현했다. 알은 철학의 다른 영역에서도 여러 중요한 기여를 했다. 양상 형이상학, 하나님의 본성에 대한 이해, 존재론적 유신 논증의 새로운 정식화, 우리 정신 능력의 올바른 기능에 근거한 일반 지식이론 등이다. 그러나 그의 활동을 관통하는 핵심은 기독 신앙이 "합리성 결핍"에 시달린다는 공격에 대응하는 것이었다.

그 공격은 여러 다양한 형태로 나타난다. 알은 그 여러 형태를 끈질기고 엄밀하게, 비범한 재기를 발휘하여 다루었다. 종교의 비합리성을 거론하는 한 가지 공격 형태는 우리가 앞서 만난 바 있는데, 종교인들은 타당한 증거를 제공하는 논증에 의거하여 믿음을 갖지 않는다는 것이다. 개혁인식론은 이 공격에 대응하기 위한 것이었다. 알은 최초 저서인 『신과 타자의 정신들』1967부터 최근 저서 『지식과 기독교인의 믿음』2015에 이르기까지, 종교적 믿음을 합리적으로 견지하려면 논증이 필요하다는 가정에 의문을 제기하는 방식으로 이 공격을 거듭해서 다루었다. 그의 대응의 핵심은 동일했지만, 공격을 다룰 때마다 더욱 강력하고 치밀하게 그 일을 해냈다. 이 문제를 다룬 알의 최신 저작들을 꼼꼼히 읽은 사람이라면 누구라도 더 이상 그런 공격을 하지 못할 거라고 말해도 틀리지 않을 것이다.

그리스도인의 믿음에 합리성이 결여되어 있다는 공격에 동원되는 또 다른 흔한 근거는 하나님이 전능하고 전지하고 온전히 선하다는 기독교의 신 이해가 세상에 존재하는 악의 본질 및 범위와 양립할 수 없다는 것이다. 알은 활동 초기 10년간 출간된 수많은 저술에서 이 공격을 다루었는데, 그의 입장에 대한 결정적 진술이 담긴 저서가 바로 『신, 자유, 악』*God, Freedom, and Evil*이다. 하나님은 인간이 자유롭게 행동할 방식을 결정하실 수 없기 때문에, 전능하신 하나님이라도 자유의지를 가진 모든 피조물이 언제나 선을 행하기로 자유롭게 선택할 세상을 창조할 수는 없다. 이것이 『신, 자유, 악』에서 알이 펼치는 논증의 핵심이다. 그의 논증은 세상에 존재하는 악의 본질과 범위가 기독교적 신 이해와 양립할 수 없다는 주장을 잠재웠다고 거의 보편적으로 인정되고 있다.

지난 이십 년 동안 알은 현대의 자연과학, 특히 인간 진화에 관한 발견들로 인해 기독교 신앙이 비합리적인 것이 되었다는 주장에 관심을 집중했다. 『과학과 종교, 갈등의 지점은 어디인가?』*Where the Conflict Really Lies: Science, Religion, and Naturalism*에서 가장 온전히 전개된 그의 주장은, 기독교와 흔히 '자연주의'로 알려진 세계관 사이에는 갈등이 분명히 존재하지만, 기독교와 현재의 자연과학 자체 사이에는 갈등이 없다는 것이다. 거기서부터 그는 공세로 전환하여 유신론은 과학을 지지하지만, 자연주의는 과학을 허문다고 주장했다. 이 마지막 논점에 대한 그의 논증을 이 자리에서 제시하지는 않겠다.

2010년 봄에 알의 노터데임 대학교 은퇴를 기념하여 열린 컨퍼런스에서 나는 강연자로 초대를 받았다. 알의 사상의 한 가지 측면을 다룰까 했었지만, 강연을 작성하려고 자리에 앉으니 한 줄도 쓸 수가 없었다. 나는 알을 한 사람의 철학자로만 바라보고 그의 사상을 다룰 수 없었다. 그는 오랜 세월 나의 친구였고 기독교 철학이라는 기획의 협력자였다. 따로 합의한 것은 아니건만 우리는 무언의 역할 분담을 했다. 알은 기독교가 비합리적이라는 다각도의 반대에 맞서 기독교를 옹호했고, 나는 기독교 신앙에서 합리성의 결여는 없다는 가정 하에 "신앙의 눈으로" 예술, 정의, 정치적 권위 등을 검토했다. 알기 위해서 믿는다(*Credo ut intelligam*). 우리의 연구 영역은 개혁인식론 기획에 참여했을 때에만 겹쳤다.

나는 알의 은퇴기념 컨퍼런스 조직위 측에 연락하여 통상적인 학술강연 대신 알과 나의 관계에 대해 개인적으로 말하고, 그가 철학 일반과 특별히 기독교 철학에 기여한 바를 다루어도 되겠느냐고 물었다. 그들은 허락했다. 나는 '그때, 지금, 그리고 알'이라는 제목으로 강연을 했고, 다음의 내용으로 마무리했다.

철학 일반, 그중에서도 기독교 철학은 그때와 지금이 많이 다릅니다. 오랜 세월 동안 저의 좋은 친구였던 알은 그런 변화를 가져오는 데 주도적인 역할을 했습니다. 제가 볼 때 철학은 그때보다 지금이 훨씬 좋은 상태이고, 기독교 철학은 더욱 그렇습니다. 철학 분야를 오늘날처럼 만드는 데 알, 자네가 주도적 역할을 했다고 말하는 것은 내가 자네에게 바치는 감사의 표현이네. 나는 여기 있는 모든 사람을 대표해서 철학 분야에 비범한 기여를 한 자네에게 감사를 표하고 싶네. 그리고 개인적으로 말하자면, 지난 60년 동안 자네와 함께 누렸던 인격적인 철학적 우정에 깊이 감사한다네. 매력적인 여행이었어. 그중 상당 부분은 아무도 가보지 않은 전인미답의 영역이었지만, 이제는 자네의 연구 덕분에 친숙한 분야가 되었네.

2017년 4월 25일, 템플턴 재단은 2017년 템플턴 종교상을 앨빈 플랜팅가에게 수여한다고 발표했다. 이전 템플턴상 수상자 몇 명을 꼽자면 마더 테레사, 테제 공동체의 로저 수사, 데스먼드 투투, 랍비 조너선 색스 등이 있다. 재단은 수상자를 발표하면서 알을 후보자로 추천한 철학자의 말을 인용했다. "앨빈 플랜팅가의 지적 발견들로 인해 여러 영적 차원에 대한 새로운 탐구가 시작되었다. 그가 정확하고 신중하게 전개한 통찰들에 힘입어 지적 분야에도 영적 공간이 열렸다. 1950년대에는 종교적 신앙을 옹호하는 저명한 철학자들의 글이 하나도 출간되지 않았다. 1990년에는 말 그대로 수백 권(편)의 책과 논문이 출간되어…… 영적 차원을 옹호하고 관련된 내용을 전개하고 있다. 1950년과 1990년 사이의 차이점은 아주 간단하다. 바로 앨빈 플랜팅가다."

···

예일대 신학부 대학원장의 서한에는 "봉급은 추후 협상"이라고 적혀 있었다. 나는 봉급을 협상해 본 적이 없었다. 칼빈 대학에서는 교수들이 학교와 봉급을 협상하지 않았다. 해당 교원의 최고 학위, 가르친 기간, 그리고 기타 몇 가지 요소만 알면 그가 어느 정도 봉급을 받는지 파악할 수 있었다. 철저히 평등주의적이었다.

어떻게 협상을 할지가 문제였다. 클레어와 나는 여름철과 휴가 때는 그랜드래피즈의 집에서 지내고, 뉴헤이븐에서 콘도를 구입하여 학기 중에 있기로 했다. 예일대에서 그렇게 할 수 있을 만한 봉급을 지불해야 할 터였다. 얼마 정도면 가능할까? 나는 알 수 없었고 추측해 볼 뿐이었다. 예일대의 동료이자 친구인 조 스티븐스에게 얼마나 받는지 물어보았다. 조는 나보다 조금 더 나이가 많고 조사연구소의 소장이었으니, 조보다 만 오천 달러 정도 낮게 부르기로 했다. 학장은 즉시 이렇게 대답했다. "좋습니다. 그렇게 합시다." 내가 조보다 낮게 부르지 않고 5천 달러 정도 높게 불렀더라도 그의 반응은 똑같았을 것 같다는 느낌이 들었다.

1989년 가을에 나는 예일대 신학대학원 교수이자 철학과 및 종교학과의 겸임교수로 취임했다. 예일대는 예술과 과학 과목 교수진에게 다른 대학에서 정규 직책을 맡지 않을 것을 의무적으로 요구했다. 나는 자유 대학교의 하프타임 교수직을 사임해야 했다.

칼빈에서 30년을 가르친 후에 예일로 돌아가는 것이었다. 그 사이에 일어난 두 가지 변화가 크게 다가왔다. 이제 예일 대학교는 외부인 출입제한지역이 돼 있었다. 예일대 학부는 열두 개의 '단과

대'로 이루어져 있고 각 단과대는 사각형의 안뜰을 둘러싼 정교한 건물들로 구성되며 안뜰로 이어지는 출입구는 대형 정문으로 통제되고 있다. 1950년대 후반 내가 예일에서 가르칠 때만 해도 정문이 닫혀 있는 것을 본 적이 없었다. 밤에는 닫힐 거라고 생각은 했지만 그 모습을 보지는 못했다. 그런데 이제는 그 문들이 늘 닫혀 있었다. 뉴헤이븐은 더 이상 안전한 도시가 아니었다.

내게 인상 깊게 다가온 또 다른 차이점은 다양한 학과에서 온 다양한 직위의 교원들이 함께 모이던 옛날식 만찬회가 사라졌다는 점이었다. 이제는 친구들끼리 모여 저녁식사를 같이 했고, 그들은 흔히 같은 학과 소속에 직위도 같았다. 내가 칼빈에 있는 동안에도 같은 일이 있었다. 세대와 학과에 매이지 않던 구식의 디너파티는 거의 완전히 사라졌다. 고등교육의 전문화가 심화되고 교원들 간의 유대감과 학교에 대한 충성심이 약화된 것을 원인으로 꼽을 수 있을 것이다. 학교에는 다음과 같은 태도가 널리 퍼졌다. "다른 학과 사람들이 무슨 일을 하는지는 알 수 없고 알고 싶지도 않아. 내가 대학에 원하는 것은 내 연구를 보장해 주고 방해하지 않는 게 전부야. 저녁식사는 친구들과 같이 할 거야." 구식 교수진 만찬회가 사라진 것은 현 세대가 귀중한 무엇을 잃어버렸음을 보여준다.

아이들이 차례로 결혼을 했다. 2년 반의 기간 동안 세 아이가 결혼식을 올렸다. 우리는 아이들의 배우자 모두를 깊이 사랑하게 되었다. 로버트는 마리 존스와 결혼했는데, 결혼식은 마리의 고향 마을인 메인주 락포트에서 1988년 6월 25일에 열렸다. 그날 찬비가 세차게 쏟아지는 바람에 피로연을 위해 세운 천막들이 무용지물이 되었다. 두 사람은 필라델피아 미술관에서 만났는데, 마리는 그곳 행정실에서 일했고 로버트는 윌리엄스 대학 예술사 석사학위를 취득한 후에 인턴으로 일하고 있었다. 둘은 필라델피아에서 몇 년 살다가 메인주 포틀랜드로 이사를 했다. 이사 후 마리는 예술을 후원하는 단체에서 일했고, 로버트는 방문객들에게 공개된 거창한 빅토리아풍 저택인 '빅토리아 맨션'의 책임자를 맡았다.

클라스는 1989년 12월 30일에 그랜드래피즈에서 트레이시 게비아와 결혼했다. 이번에도 지독히 차가운 비 때문에 운전하고 걷는 일조차 쉽지 않았다. 두 사람은 칼빈대에서 학생으로 만났는데, 트레이시의 전공은 예술이었고 클라스는 독일어와 라틴어였다. 클라스는 칼빈대를 졸업한 직후 어드만스 출판사에서 일하기 시작했고 트레이시는 프리랜서 그래픽디자이너로 일했다.

에이미는 토마스 J. 릭보스트와 그랜드래피즈에서 1990년 12월 22일에 결혼했는데, 싸늘했지만 다행히도 화창한 날씨였다. 두 사람도 칼빈대에서 학생으로 만났다. 칼빈대를 졸업한 후 몇 년 동안 T.J.─우리는 그를 그렇게 불렀다─는 이동주택 감정인으로 일했다. 그러나 그 일은 그의 소명이 아닌 것이 분명해져서 몇 년 후에 주택 개보수 업체를 세웠는데, 그 일을 아주 잘하고 좋아한다. 에이미는 프리랜서 작가로 자리를 잡았다. 지역신문에 보낼 뉴스 기사를 쓰고 원고를 교정하는 등의 일을 한다.

· · ·

수업을 시작하거나 공개 강연을 하기 전에 긴장하느냐고 최근 누군가가 물었다. 한때는 공개 강연을 앞두고 상당히 긴장했지만 이제는 더 이상 그렇지 않다. 그러나 학생들을 가르쳤던 시간 내내, 과목에 상관없이 수업 첫날에는 늘 긴장했다. 그 날이 돌아올 때마다, 앞으로 석 달 동안 우리가 한배를 타게 되고, 이 과목이 어떻게 진행될지는 나만이 아니라 학생들에게도 달린 일이며, 내가 그들을 통제할 수 없다는 인식이 찾아왔다. 내가 성공을 보장할 수 없는 모험을 우리가 함께 떠나는 것이었다. 말하자면 그것은 위험을 감수하는 일이었다. 교향악단 지휘자가 지휘봉을 잡을 때 이런 심정이지 싶다. 긴장된 흥분. 수업을 몇 번 하고 나면 긴장은 늘 사라졌다.

1989년 가을, 예일에서 첫 번째로 맡은 대학원 세미나 과목의 첫 수업을 앞두고 나는 상당히 긴장했다. 그 이유는 알 수가 없었다. 프린스턴, 노터데임, 자유 대학교 등 여러 대학교에서 방문교수로 대학원 세미나 과목을 가르쳐 본 적이 있었다. 수업 장소인 철학과 건물은 뉴헤이븐그린(공원) 바로 옆에 있었다. 나는 수업 시간 한참 전에 집을 나서서 45분 정도 그린 벤치에 혼자 앉아 마음을 안정시키려고 최선을 다했다. 효과가 있었다. 수업은 멋지게 진행되었다.

사람들은 흔히 예일대를 '세속' 대학교라고 말한다. 내 경험에 따르면 예일대는 종교적 목소리를 포함한 많은 구별되는 목소리를 들을 수 있는 다원적인 대학교였다. 법학전문대학원에는 '신학과 법률'이라는 과목이 있었고, 영문학과 과목 목록에는 '유대교 해석학'이 있었다. 로버트 애덤스는 19세기 독일 신학자 프리드리히 슐라이어마허의 철학신학을 다루는 세미나 과목을 철학과에서 정기적으로 가르쳤다.

봄마다 나는 서양의 고전적 신 이해의 몇 가지 측면, 즉 불변성, 영원성, 무감동성 등을 다루는 세미나 과목을 개설했다. 이 과목을 철학과 건물에서 가르쳤는데, 그것이 적절한지 의문을 제기하는 사람은 없었다. 예일대에서 가르친 지 몇 년이 지나자 첫 수업 시간에 보통 40명 정도의 학생이 출석했다. 세미나 과목을 진행하기에는 너무 많은 수였다. 그래서 나는 그들에게 자신이 이 과목을 들어야 할 이유를 적어 내라고 한 다음 그 이유를 바탕으로 스무 명 정도를 선택했다.

신학대학원은 분명히 기독교적이었고 신학적 방향성은 진보도 보수도 아닌 중도였다. 나는 예일 대학교 당국이 신학대학원을 자랑스러워한다는 인상을 받았다. 신학대학원이 지나간 시대의 유물이라거나 대학교의 사명과 양립할 수 없다는 근거로 폐지를 제안하는 말은 한 번도 들어본 적이 없다. 예일대는 세속 대학교가 아니었다. 나는 이곳에서 나 자신일 수 있었다.

예일대에서 가르치는 것과 칼빈대에서 가르치는 것이 어떻게 다르냐는 질문을 종종 받았다. 주된 차이점은 강의실에 있는 '여러분'이라는 것이 나의 표준적 답변이었다. 칼빈대와 예일대에서 동일한 내용을 가르칠 수 있었지만, 칼빈대에서는 전부는 아니라도 대부분의 학생들이 그리스도인이라고 가정할 수 있었는데 예일대에서는 그렇지 않았다. 나의 예일대 수업에는 온갖 교파—복음주의, 자유주의, 개신교와 가톨릭, 오순절파와 정교회—의 그리스도인들을 비롯하여 유대인, 무슬림, 회의주의자들까지 있었다. 칼빈대에는 평범한 학생들의 비율이 예일대보다 더 높았지만, 내가 가르친 최고의 칼빈대 학생들은 내가 가르친 최고의 예일대 학생들과 차이가 없었다.

예일대에 있을 때 매년 가을에는 종교철학 과목을 개설했다. 수업 조교들이 이끄는 토론 수업이 있었지만, 나는 강의 시간에 나오는 질문도 좋아했다. 가끔 소규모의 남학생들이 수업 뒤에 찾아와 강의 수업에는 질문을 허용하지 말아 달라고 요청했다. 왜 그런 요구를 할까? 그들은 자기들이 예일대에 다니기 위해 부모님이 매년 4만에서 4만 5천 달러를 지불하는데, 또래 학생들이 생각 없이 떠드는 말을 들으라고 부모님이 그 돈을 내는 것은 아니라고 말했다. 나는 질문이 배움의 기회가 될 수 있다고 답했다.

2년에 한 번 정도 학생이 손을 들고 이런 취지의 말을 하곤 했다. "하지만 예수님이 요한복음 5장에서 말씀하신 대로⋯⋯." 나는 그 학생이 복음주의자이고 복음주의 캠프파이어에 와 있는 것처럼 말한다는 것을 즉시 알 수 있었다. 강의실의 다른 학생들은 어쩔 줄 몰라 하거나, 자기 손만 내려다보거나, 눈알을 굴렸다. 나는 수업 후에는 그 학생을 따로 불러다가 이렇게 말해 주었다. 학생이 하고 싶었던 요지의 말을 얼마든지 할 수 있지만 복음주의 캠프파이어에 적절한 언어가 아니라 예일대 철학 강의실에 적절한 언어로 말하는 법을 배워야 한다고. 복음주의자들은 학문적 환경에서 종종 경험하는 반대를 기독교, 또는 보다 구체적으로 복음주의 기독교에 대한 반대로 해석한다. 그것이 사실일 때도 있지만 늘 그런 것은 아니다. 가끔은 복음주의자들의 언어가 상황에 적절하지 않은 것에 대한 반작용일 수도 있다.

⋯

1993년, 빼어난 철학자들인 로버트와 메릴린 애덤스 부부가 UCLA에서 예일로 왔다. 밥(로버트의 애칭이다―옮긴이)은 예일대 철학과의 학과장을, 메릴린은 신학대학원과 종교학과의 신학 교수직을 맡았다. 우리는 전부터 오랫동안 좋은 친구였다. 밥과 메릴린 모두 기독교 철학회 결성에 참여했고, 둘 다 기독교 철학회 회장을 역임했다.

메릴린은 철학신학을 포함한 조직신학에 관심이 있었지만, 전공은 중세신학과 철학이었다. 그녀는 해당 분야에서 최고 수준의 학자였을 뿐 아니라 중세신학자들과 철학자들의 사상을 비범할 만큼 재치 있고 매력적으로 소개하여 학생들의 관심을 사로잡고 그 사상을 이해하기 쉽게 전달하는 재주가 있었다. 학생들은 그녀를 흠모했다. 그녀는 성공회 서품 사제이자 유능한 설교자이기도 했다. 미국 장로교회에서 목사안수를 받은 밥은 형이상학, 종교철학, 윤리학을 전공했다. 그가 예일에 있을 때 출간된 저서 『유한한 선과 무한한 선』*Finite and Infinite Goods*은 권위 있는 기독교 윤리학 서적이다. 우리 세 사람은 여러 세미나에 같이 참여했고, 각자 쓰고 있던 논문과 저서의 일부 원고를 함께 읽고 전략을 짜면서 함께 있는 시간을 대단히 즐겼다.

빼어난 학생들이 나타나기 시작했고, 그중 상당수는 현재 명문대에서 자리를 잡고 있다. 지금도 자주 연락하고 지내는 세 사람이 있는데 현재 프린스턴에 있는 앤드루 치그넬, 버몬트 대학교에 있는 테렌스 큐니오, 역시 프린스턴에 있는 에릭 그레고리이다. 그러나 이들은 내가 아주 기쁘게 가르치고 지도했던 많은 학생들 중 세 명일 뿐이다. 당시에는 종교철학과 철학신학에 대한 열정적 분위기가 있었다. 그것이 그립다.

이 대목을 쓴 직후인 2016년 늦가을, 메릴린 애덤스가 췌장암 진단을 받았다는 고통스러운 소식을 들었다. 그 암은 극히 공격적이었고 메릴린은 2017년 3월 22일에 사망했다. 그녀가 죽기 2주 전에 나는 병문안을 갔다. 즐겁고도 고통스러운 방문이었다. 그녀는 정신이 또렷했지만 극도로 약해져 있었고 말을 하는 것을 많이 힘들어했다. 나는 그녀가 내 삶의 큰 은혜였다고 다시 한 번 말했고, 우리가 함께 누렸던 전성기를 언급했다. 여러 해에 걸쳐 서로 많은 인사와 작별인사를 나누었던 우리는 그러고 나서야 마지막 작별인사를 할 수 있었다.

나의 예일대 동료들은 다들 사귐성이 있었고 서로에게 힘이 되어 주었다. 내가 밥과 메릴린 애덤스를 특별히 언급한 이유는 우리가 오랫동안 좋은 친구였고 두 사람이 나와 같은 종교철학 분야에서 일했기 때문이다. 두 사람 외에도 자극이 되는 대화 상대이자 좋은 친구였던 동료들이 더 있었다. 특별히 생각나는 사람은 훌륭한 신학자이자 철학에 정통한 데이빗 켈시와 미로슬라브 볼프, 재능이 풍부한 음악가(오르간 연주자)이자 예일대 종교음악연구소 소장인 마틴 진, 그 여름 오후의 전화로 결국 나를 예일대로 이끈 스킵 스타우트가 있다.

얼마 지나지 않아 클레어는 영적 지도자라는 새로운 소명을 찾았다. 버클리 신학대학원은 예일대 신학대학원과 연계된 성공회 신학교이다. 버클리는 그곳 학생들과 예일대 신학대학원 학생들을 대상으로 영적 지도 프로그램을 막 시작한 터였는데, 클레어를 사적으로 알게 된 그곳 책임자가 그녀에게 프로그램에 참여하여 정기적으로 학생들을 영적으로 지도해 달라고 요청했다. 클레어는 그 일을 좋아했고, 여기저기서 들은 바를 종합해 볼 때 탁월하게 잘해낸 것 같다.

...

결혼 초기에 시작한 판화 수집은 서서히 줄고 그 자리를 도자기 수집이 대신했다. 우리는 1960년대부터 익명의 도공들이 만든 미국 민속도자기 몇 점을 구입했는데, 대부분은 모양과 유약, 장식무늬들이 감탄스러운 물병이었다. 도자기 수집을 본격적으로 시작한 시점은 런던에 살던 때였다(1970-1971년). 아이들이 학교에 있는 낮이면 클레어와 나는 종종 크리스토퍼를 유모차에 태운 채 기차를 타고 런던 중심부로 가서 건축물, 특히 교회들을 둘러보고 가이드북에서 흥미롭다고 소개하는 샛길을 구경하고 판화와 공예품 가게들을 찾았다. 그때 방문한 몇 군데 공예품점 중에서 이후 가장 많이 이용한 가게는 마셜가街의 크래프츠먼 포터스숍이다. 우리는 영국의 유명한 도예가들인 리처드 배터럼, 스벤드 베이어, 조애너 콘스탄티니디스, 데이빗 리치, 앨런 월워크, 새러 월튼의 작품들을 많이 구입했다.

내가 도자기에 끌린 이유는 판화에 끌린 이유와 같다. 도자기는 소위 '순수미술'과 '공예'를 가르는 신성불가침의 경계를 넘나들기 때문이다. 영국의 저술가 R. G. 콜링우드는 그의 유명한 책『예술의 원리들』The Principles of Art에서 공예를 언급할 때마다 거의 언제나 '한낱'이라는 형용사를 붙여서 '한낱 공예"라고 부른다. 위에서 언급한 여섯 명의 도예가 중 누구의 작품이라도 골라 이렇게 자문해 보라. 이것이 '한낱 공예'인가? 거기에 '한낱'이라는 말을 붙일 수 있을까? 터무니없다! 하지만 우리가 구입한 모든 도예품은 공예에 등을 돌린 찰흙으로 만든 조각미술품이 아니었다. 그것들은 모두 접시나 그릇이었고, 모두 물을 담을 수 있었다.

뉴헤이븐에서 살았던 1990년대 초에 우리는 맨해튼 중심부의 갤러리인 갤러리제로가 「뉴욕타임스」에 낸 광고를 보게 되었다. 광고는 그 갤러리를 현대 일본 도자기 전문이라고 소개했다. 광고 속 흑백사진이 잘 보이지는 않았지만, 우리가 이전에 본 적이 없는 도자기들인 것만은 분명했다. 그래서 클레어와 나는 기차로 맨해튼에 가서 갤러리를 찾아냈다. 나는 매료되었다. 그것들도 물을 담을 수 있는 접시와 그릇이었다. 즉, '순수예술'이 아니었다. 그러나 우리가 이전까지 모았던 도예품들과는 종류가 전혀 달랐다. 투박하고 부분적으로만 유약을 발랐고 한쪽으로 치우친 것도 있고 금이 간 것들도 있었다. 마치 땅에서 일부분만 나온 듯한 모습이었다. 그것들을 보면서 대리석에 갇혀 부분적으로만 모습이 드러난 미켈란젤로의 후기 작품 네 점인 노예들의 모습이 떠올랐다. 하지만 더없이 중요한 차이점이 있었다. 미켈란젤로의 작품들에서 노예의 모습이 부분적으로만 드러난 것은 그가 자유롭지 않다는 뜻인 반면, 맨해튼의 도예품들에서 여러 특징이 부분적으로 드러난 것은 찰흙이 나름의 목소리를 획득했다는 뜻이었다. 예술가가 찰흙에 자기 의지를 강요하는 대신, 예술가와 찰흙이 함께 (불과 더불어) 새로운 창조물을 생산한 것이다. 평범한 것이 위엄을 갖추게 되었지만, 그 작업은 평범함(이 경우에는 흙의 성질)을 숨기는 방식으로 이루어지지 않았다. 갤러리의 전시물에는 「자연의 힘과 조화를 이룬 예술가의 솜씨」라는 제목이 붙어 있었다.

여러 해에 걸쳐 우리는 갤러리제로(나중에 다이이치아츠로 이름을 바꾸었다)에서 많은 도예품을 구입했는데, 그중에는 카이 타니모

토, 아베 안진, 키요츠구 사와, 야스히로 코하라의 작품들이 많았다. 우리는 갤러리 소유주인 비어트리스 창과 좋은 친구가 되었다.

판화 수집 때와 같은 질문이 떠오른다. 왜 수집을 하는가? 왜 기차를 타고 맨해튼의 다이이치아츠 갤러리를 찾아가서 작품을 충분히 즐긴 다음 뉴헤이븐으로 그냥 돌아오지 않는가? 관람할 만한 새로운 전시물이 준비가 되면 또다시 맨해튼에 가면 되지 않나? 나의 답변은 동일하다. 내가 원하는 것은 도예품들을 보러 여행을 떠나는 것이 아니라 그것들과 함께 사는 일이다. 나는 내 집에 도예품을 두고 매일 살펴보고 만져보고 이리저리 위치를 바꾸고 친구들에게 보여줄 수 있기를 바란다. 나는 찰흙과 예술가와 불이 빚어낸 그 공동창조물들, 진흙과 상상력이 뗄 수 없이 결합된 산물이 있는 곳에서 살고 싶다.

다이이치아츠 도예가 중에서 우리가 크게 흠모한 사람은 아베 안진이었는데, 그가 만든 비범한 사케잔과 일본 다기들이 특히나 마음을 사로잡았다. 그러나 그 도예품들은 우리가 살 수 없는 가격이었다. 비어트리스와 그 그릇들에 대해 이야기하는 자리에서 한번은 그녀가 안진이 뉴욕에서 2주 정도 머물 예정인데 만나보고 싶은 생각이 있느냐고 물었다. 우리는 그렇다고 했고, 점심식사 자리가 마련되었다. 우리는 안진을 만나 그의 도예품, 작업습관, 가마 등에 대해 이야기를 나누었다. 그 후 안진은 내게 조언을 구하고 싶은 문제가 있다고 했다. 그의 딸이 미국에서 대학을 다니고 싶어 하는데 어느 대학에 지원해야 할지, 어떻게 지원해야 하는지 등에 대해 조언을 해줄 수 있느냐고 물었다. 그는 우리의 제안을 받아 적었다. 이주 후, 다이이치아츠 갤러리에서 보낸 소포가 뉴헤이븐의 우리 아파트 문 앞에 도착했다. 소포 안, 아름답게 만들어진 나무상자 안에는 우리가 갤러리에서 보며 감탄했던 아베 안진의 사케잔 하나와 이런 쪽지가 들어있었다. "아베 안진과 다이이치아츠 갤러리에서 감사를 담아."

2015년 봄에 우리가 갖고 있던 일본제 도예품들과 영국 도예품 일부가 칼빈 대학 미술관에서 열린 남서부 미시간 3인 도예 소장품 전시회에 포함되었다. 전시회 제목은 흙작품Earthwork이었고, 작품들은 모두 조명 아래 아름답게 전시되었다. 그 작품들과 함께 사는 것도 좋지만 가끔은 훌륭한 조명 아래서 아름답게 전시된 모습을 보는 것도 괜찮다고 인정할 수밖에 없었다.

...

1993년 가을에 옥스퍼드 대학교에서 와일드 강좌를 했다. 권위 있고 유명한 이 강좌의 정식 명칭은 자연종교 및 비교종교 와일드 강좌이다. 강연 초청 조건에는 자연 및 비교종교를 다루어야 한다고 명시하지 않았고, 종교철학과 관련 있는 내용이면 된다고 했다. 매주 한 번씩 여덟 번의 강의를 하게 되어 있었다.

칼빈에서 가르치던 초기에 나는 소위 발화행위 이론에 푹 빠져 있었다. 발화행위 이론speech-act theory을 처음 내세운 옥스퍼드 철학자 J. L. 오스틴은 내가 하버드 대학원생으로 있을 때 그곳을 방문한 바 있었다. 발화행위 이론의 기본 개념은 특정한 의미를 염두에 두고 한 문장을 말하거나 글로 쓸 때, 사람은 주장이나 질문, 명령 등 상당히 다른 종류의 행위도 수행한다는 것이다. 오스틴은 전자의 행위—특정 의미를 염두에 두고 문장을 말하거나 쓰는 것—를 **발화** 행위locutionary act 라고 불렀다. 후자의 행위—주장, 질문, 명령 등—는 **발화수반** 행위illocutionary act 라고 불렀다. 어떤 의미를 염두에 두고 "또 비가 오네"라는 문장을 말하는 발화 행위를 수행함으로써 다시 비가 내리고 있다고 주장하는 발화수반 행위를 수행할 수 있다.

이런 행위들은 서로 구별된다. 그 근거는 한 가지 행위만 수행하고 나머지는 수행하지 않을 수 있기 때문이다. 똑같은 말을 하면서 주장은 하지 않을 수 있다. 같은 말이라도 제대로 된 영어문장의 사례로 제시된다면 그런 경우가 될 것이다. 또, 다른 말로 같은 주장을 할 수 있다. 이를테면, 다른 언어를 사용하면 된다. 발화행위 이론에 몰입해 있던 어느 날, 하나의 행위가 다른 행위로 간주될 수 있다는 착상이 하나님이 말씀하시는 방식에 대해 생각할 하나의 방법이 될지 모른다는 생각이 들었다. 발화행위 이론의 전문용어를 사용하면 이렇게 되겠다. 인간이 발화 행위를 수행하는 방식으로 하나님이 발화수반 행위를 수행하실 수 있지 않을까?

이 착상을 제대로 풀어 내려면, **이중행위자** 담론 개념을 전개해야 할 터였다. 이중행위자 담론이란 한 사람이 모종의 발화 행위나 구별된 발화수반 행위를 수행함으로써 다른 누군가가 발화수반 행위를 수행하게 된다는 생각이다. 내가 아는 한, 발화행위 이론 문헌에서는 이중행위자 담론이라는 주제가 완전히 무시되었다. 발화행위 이론에서는 모종의 발화 행위를 수행한 사람과 그로 인해 모종의 발화수반 행위를 수행한 사람이 동일하다는 것을 당연시했다. 하지만 이중행위자 담론 현상은 주위에서 흔히 볼 수 있다. 후견인은 피후견인을 대신하여 문서에 서명을 하고, 변호사는 고객을 대신하여 문서에 서명하고 말을 하며, 대사는 국가수반을 대신하여 발언한다.

인간이 발화 행위를 수행하고 그로 인해 하나님이 발화수반 행위를 수행하신다는 착상을 한동안 품고 있다가 다른 할 일들 때문에 그 생각을 더 이상 전개하지 못했다. 그러나 잊어 본 적은 없었다. 와일드 강좌 요청을 계기로 다른 모든 것을 내려놓고 하나님이 말씀하시는 방식에 대한 이 이해를 연구하기 시작했다.

강연 일정을 일 년 남짓 앞두고 강연문을 작성하려고 앉았지만 잘 진행이 되지 않았다. 이른 저녁에 첫 번째 강연원고 초안 작성을 마치고 다음날 아침에 전날 쓴 원고를 읽으면 이런 혼잣말이 나왔다. '지루한 걸. 내용은 괜찮아. 하지만 지루해.' 이런 일이 한 열다섯 번쯤 있었다. 마침내 이런 생각이 들었다. '이야기로 시작해 보면 어떨까?' 어떤 이야기로 시작해야 할지 금세 알 수 있었다.『고백록』의 한 대목이었다. 아우구스티누스는 "톨레 레게, 톨레 레게"("집어 들고 읽어라, 집어 들고 읽어라")라고 아이가 노래하는 듯한 음성을 듣고 그 말을 하나님이 자신(아우구스티누스)에게 바울 서신서 사본을 집어 들고 시선이 가는 대목을 읽으라고 말씀하시는 것으로 해석한다. 나는 첫 번째 강연에서 이 이야기를 인용하여 나의 주제를 자리매김했다. 나머지 일곱 강좌는 대체로 술술 풀려나갔고, 강연 전달도 순조로웠다. 내 책『신적 담화』*Divine Discourse*, Cambridge University Press, 1995는 와일드 강좌 내용을 확장한 책이다.

우리가 옥스퍼드에서 보낸 한 학기 동안 오래전부터 아는 사이였던 리처드 스윈번 교수가 우리를 돌봐주었다. 그는 옥스퍼드 하이스트리트에 멋진 1층 방을 잡아주었고, 본인이 교수로 있는 오리엘 칼리지 방문교수로 임명되도록 주선해 주었다. 방문교수의 특전

중 하나는 클레어와 내가 대학 식당에서 교수진과 함께 하이테이블(식탁이 학생이 앉는 곳보다 약간 더 높은 곳에 있다)에서 저녁식사를 할 수 있다는 것이었다.

당시 오리엘의 교무처장은 어니스트 니콜슨이었다. 내 첫 번째 강연을 며칠 앞둔 점심시간에 니콜슨과 스윈번은 강연을 할 때 내가 옥스퍼드 가운을 걸쳐야 하는지를 놓고 의견충돌을 벌였다. 스윈번은 내가 가운을 걸치면 안 된다고 주장했다. 학칙에는 옥스퍼드 학사학위가 있는 사람만 가운을 입어도 된다고 분명히 나와 있기 때문이었다. 니콜슨은 학칙의 내용은 인정하지만 학칙을 작성한 사람들은 와일드 강좌 같은 공식 기명 강좌를 맡은 사람은 가운을 입어야 한다는 의도를 갖고 있었음이 분명하다고 주장했다. 그 문제는 해결되지 않았다.

첫 번째 강연을 하기 전날, 니콜슨은 점심식사 후에 나를 따로 불러 가운을 꼭 입어야 한다며 자기 숙소 입구에 여분의 가운이 많이 걸려 있다고 덧붙였다. 내가 가서 가운을 빌릴 필요도 없었다. 나는 니콜슨과 함께 그의 숙소로 가서 내 몸에 맞는 가운을 찾았고 첫 번째 강연에서 가운을 입었다.

강연이 끝나고 몇 사람만 남은 환영연회에서 스윈번이 다가와 내 중서부 미국식 억양을 알아듣기 어려워한 이들이 좀 있었다고 했다. 그다음 그는 내게 왜 가운을 입었느냐고, 옥스퍼드 학사학위 소지자만 가운을 입는 일이 허락된다는 규칙을 몰랐느냐고 물었다. 나는 전날 있었던 일을 설명했다. 니콜슨이 내가 가운을 꼭 입어야 한다고 했던 일과 내가 입었던 가운은 그가 자기 숙소에 걸어놓은 여분의 옷이라고 말이다. 스윈번은 이렇게 대답했다. "아, 그게 어

니스트의 문제입니다. 언제나 문구가 아니라 정신에 따라 행동하
지요."

...

내 경력을 통틀어 가장 불편했던 두 차례의 수업 중 하나가 예일대
로 돌아간 지 5년 차에 있었다. (다른 하나는 오래전에 예일대 정신 연
구소에서 젊은 강사로 맡았던 수업이었다.) 내가 1989년 예일에 도착한
직후, 존 쿡은 예일대 신학대학원 교수 및 예일대 종교음악 연구소
소장 자리에서 물러나 뉴욕시 루스 재단에 자리를 잡았다. 그는 내
게 신학적 미학 과목을 맡아 달라고 했다. 내가 가르쳤던 미학 과목
은 모두 신학적 미학이 아니라 철학적 미학이었지만, 나는 시도해
보겠다고 했다. 그리고 쿡에게 강의계획서와 도서목록을 보여 달라
고 했다. 그가 한스 우르스 폰 발타자르의 『주의 영광: 신학적 미학』
강독에 몇 주를 할애한 것이 눈에 들어왔다. 나는 폰 발타자르의 글
을 한 번도 읽어 보지 않았지만, 20세기 전반부에 활약한 최고의 가
톨릭 신학자 중 한 사람이라는 명성은 알고 있었기에 쿡이 골라놓
은 글들을 읽어 보지도 않고 강의계획서에 올렸다.

수업에서 폰 발타자르 부분을 다룰 때였다. 수업을 하루 앞둔
나는 다음날의 분량을 읽고 노트를 해나갔다. 발타자르의 명성을
아는 터라 큰 기대를 품고 그의 글을 읽었는데 나는 그만 실망하고
말았다. 그의 글은 현학적이었고 신학적 미학이 아니라 미학적 신
학이었다. 십자가의 아름다움 등을 논하는 내용이 전부였다. 그러
나 수업계획을 돌이킬 수는 없는 상황이어서 최선을 다할 수밖에
없었다. 수업은 잘 진행되었다. 다소 졸리고 생기가 없었지만 문제

는 일어나지 않았다. 수업 후에 한 학생이 나의 설명을 들은 후 폰 발타자르를 이해하기가 더 어려워졌다고 한마디 한 것이 전부였다.

그다음 수업에 우리는 동정녀 마리아의 순전한 수동성에 대한 20쪽에 걸친 찬가를 마주했다. 내 기억이 맞는다면 폰 발타자르는 그것을 '복된 수용성'이라고 불렀다. 이런 생각이 들었다. '아, 아, 문제가 생겼구나.' 그 과목을 듣는 많은 여학생들이 예일 대학교에서 여러 페미니즘 과목을 듣고 있었고, 그들은 여성의 수동성에 대한 찬사에 분개할 게 분명했다. 어떻게 하나? 나는 그 대목에 대해 아무 언급도 하지 않기로 결정을 내렸는데, 돌이켜 생각하면 비겁한 태도였다. 그 부분을 지적하는 학생이 있으면 학생이 말한 내용만 다룰 생각이었다.

수업이 시작된 지 15분 정도 되었을 때, 아니나 다를까, 페미니즘 수업을 듣는 여학생이 손을 들고 해당 대목을 지적하며 열띤 연설을 한 뒤 이렇게 말을 맺었다. 큰 목소리로 천천히 한마디 한마디에 힘을 주어 "저는 강간당한 느낌이에요"라고 말했다. 그러자 다른 여학생이 받아쳤다. "그쪽은 그렇게 말할 권리가 없어요." 두 번째 여학생은 폰 발타자르를 다룬 첫 번째 수업이 끝난 후 내게 폰 발타자르를 읽게 되어서 기뻤다고 말했었다. 전통 가톨릭 가정에서 자란 그녀는 이제 거의 가톨릭 신자라고 할 수 없지만, 폰 발타자르는 그녀에게 남은 유일한 가톨릭 영웅이라는 설명을 덧붙였었다.

"무슨 말이에요, 그렇게 말할 권리가 없다니?" 첫 번째 여학생이 말했다. "나는 여자예요. 그리고 강간당한 느낌이에요."

그녀의 적수가 다시 말했다. "그쪽은 그렇게 말할 권리가 없어요. 무례하기 짝이 없군요." 혼란의 도가니였다. 학생들은 서로 소리를 질렀고, 일부 학생은 자리에서 일어나 돌아다니며 주먹을 휘두르고 서로 삿대질을 해댔다. 서로 밀치기도 했다. 15분이 지나서야 나는 질서를 회복할 수 있었다. 폰 발타자르 수업이 두 차례나 남았지만, 분위기는 완전히 가라앉았다. 아니, 나는 학생들이 말하게 하는 데 어려움을 겪었다. 그 후로 다시는 폰 발타자르를 가르치지 않았다.

몇 년 후 그 수업에 참석했던 누군가와 같은 컨퍼런스에 참여하게 되어 나는 그에게 그때의 기억을 이야기하고 내 기억이 맞는지 물었다. 그는 그렇다고 했다. 젊은 교수들에게 주는 교훈. '직접 미리 읽어 보지 않은 글은 강독계획에 포함시키지 마시라.'

...

1995년 봄에 스코틀랜드 세인트앤드루스 대학교에서 기포드 강연을 요청해 왔다. 기포드 강연은 종교와 철학에 관심이 많았던 스코틀랜드 판사 기포드 경이 스코틀랜드의 유서 깊은 학교인 세인트앤드루스, 애버딘, 에든버러, 글래스고 대학에 남긴 상당한 유산을 재원으로 19세기 말부터 시작된 유명한 강연이다. 강연의 정식명칭은 "자연신학에 관한 기포드 강연"이다. 칼 바르트가 본인의 기포드 강연 도입에서 자신이 자연신학에 선사할 수 있는 최고의 봉사는 최대한 강력하게 공격하는 것이라고 판단했다고 말한 일화는 유명하다. 그다음, 그는 그 말대로 자연신학을 공격했다.

와일드 강연의 주제는 거의 초청을 받자마자 선명해졌지만, 기포드 강연의 경우는 달랐다. 나는 주제를 더듬더듬 찾다가 마침내 칼빈대 기독교연구센터에 있던 해(1979-1989학년)부터 가끔씩 연구해 오던 토마스 리드의 철학을 다루기로 결정했다. 리드는 고향 스코틀랜드에 거의 알려지지 않았다는 사실을 반영하여 제목을 「토마스 리드, 스코틀랜드에 돌아오다」로 잡았다. 나는 해당 학기 후반에 열 번의 강연을 하기로 합의했다.

1994년 성탄절 직전에 조직위원회는 강연 일정을 석 달 앞당기기로 했다는 내용의 서한을 보내왔다. 강연은 4월 중순이 아니라 1995년 1월 마지막 주에 시작한다는 것이었다. 강연 최종 원고를 준비하는 데 쏟으리라 계획했던 몇 달이 강연을 해야 할 몇 달로 바뀌었다. 겁이 났다. 강연 준비는 마무리되지 않았지만 달리 어쩔 수가 없었다. 클레어와 나는 1월 중순에 세인트앤드루스 대학에 도착했고, 그달 마지막 주에 나는 첫 번째 강연을 했다. 이후의 남은 강연들을 준비할 때만큼 열심히 일한 적은 내 평생에 다시 없었다.

세인트앤드루스 대학에 전해 오는 전설에 따르면, 알프레드 노스 화이트헤드가 그의 대표작 『과정과 실재』의 토대가 된 기포드 강연을 했을 때, 마지막 강연 날 강연장에는 세 사람—화이트헤드, 그의 아내, 그리고 그를 소개한 사람—밖에 없었다! 다행히도 나의 청중은 끝까지 대체로 80명 정도를 유지했다.

그러나 나는 강연 내용에 만족하지 못했다. 15년째 리드를 연구하고 있었지만, 여전히 그의 의도를 완전히 파악하지 못했다는 느낌이 들었다. 나는 더 이상 그가 '정당화된 믿음이란 무엇인가? 근거 있는 믿음이란 무엇인가? 합리적 믿음이란 무엇인가? 지식이란 무엇인가?' 등 20세기 인식론자들이 물었던 질문을 다룬다고 생각하지 않았다. 앞서 언급한 것처럼, 나는 그가 두 가지 심오한 질문을 던지고 있다는 것을 알아보았다. '우리는 어떻게 실재의 요소들에 대한 믿음을 형성할 수 있을 만큼 그 요소들을 인지적으로 파악할 수 있는가?' 그리고 '그런 믿음들의 형성을 어떻게 설명할까?' 이 두 가지가 리드의 근본적 질문임을 알아보았지만, 나는 그의 답변을 확실히 파악하지 못했고 윤곽만 잡았다는 느낌이 들었다. 몇 년 후, 마침내 리드의 질문과 답변을 다 이해했다고 느꼈을 때, 나는 『토마스 리드와 인식론 이야기』*Thomas Reid and the Story of Epistemology,* Cambridge: Cambridge University Press, 2001를 썼다. 빠르고 수월한 작업이었다.

강연이 끝나고 클레어와 나는 세인트앤드루스에서 머무는 시간을 한껏 즐겼다. 그곳은 멋진 옛 도시였고, 스코틀랜드 사람들은 클레어와 내게 특별한 환대를 베풀었다. 대학 교목은 클레어에게 어느 일요일 대학 예배당에서 설교해 달라고 요청했다. 클레어의 외가쪽 선조들은 스코틀랜드의 스튜어트 가문이었다. 17세기에 선조들 중 한 사람이 스코틀랜드를 떠나 네덜란드로 가서 네덜란드 군대의 용병으로 에스파냐 군대에 맞서 싸웠다. 나중에 클레어는 설교단에 올랐을 때 스코틀랜드 조상들이 자신에 대해 긍지를 느끼면서도, 그와 동시에 아무리 후손이어도 여자가 설교단에 서는 것을 못마땅해 한다는 느낌이 들었다고 내게 말했다.

당시 세인트앤드루스 대학교의 부총장은 스트러더 아노트였다. (영국 대학 제도에서는 부총장이 대학교의 행정 최고책임자이고 총장은 순전히 명예직이다.) 스트러더는 미국의 대학 행정처에서 여러 해 일했고 자신이 세인트앤드루스에 미국식 대학 행정 관행을 도입한다고 보고 있었다. 스트러더와 그의 아내는 클레어와 나를 몇 번 데리고 나가 저녁식사를 대접했다. 우리는 그들 두 사람을 잘 알고 좋아하게 되었지만, 스트러더의 상명하복식 행정 스타일을 생각할 때, 그가 수장으로 있는 대학의 교수진으로 일하는 것은 달가운 일이 아닐 것이 분명했다.

스트러더가 부총장이 된 직후, 그러니까 내가 그를 만나기 몇 년 전부터 그는 대학의 여러 전문대학원과 학과의 교수진 사이에 충분한 교류가 없다는 결론을 내리고 매년 '죽은 시인의 만찬' 행사를 열었다. 교수진 전체가 초대를 받고 훌륭한 식사와 식후의 싱글몰트 스카치가 제공되며 그해의 선정 시인의 시구가 낭송되는 자리였다. 어쩌다 보니 내가 기포드 강연을 한 그해의 선정 시인은 헨리 워즈워스 롱펠로였다. 스트러더는 나를 낭송자 중 하나로 초대했고, 위원회에서 내가 읽을 대목을 알려줄 거라고 말했다.

나는 기뻤다. 롱펠로의 「히아와타의 노래」는 미네소타에서 보낸 내 유년기의 일부였다. 롱펠로가 미네소타에 발을 디뎠다는 증거는 없지만, 이 시는 그곳을 배경으로 하고 있다. 여러 해 동안 나는 아이들과 손주들이 "그만" 하고 소리를 지를 때까지 다음 대목을 낭송하여 괴롭히기를 좋아했다.

기체구미 기슭,
반짝이는 큰 바다 물가에
서 있는 건 노코미스의 원형천막.
노코미스는 달의 딸.
그 천막 뒤에 서 있는 어두운 숲,
어둡고 울적한 소나무들,
방울 달린 전나무들.
천막 앞 밝은 곳에서 철썩이는 물
햇살 받은 맑은 물이 철썩인다,

반짝이는 큰 바다 물이 철썩인다.

노코미스는 히아와타의 어머니이다.

위원회는 내게 히아와타의 아내인 미네하하의 죽음을 다룬 대목을 읽어 달라고 청했다. 나의 주된 과제는 아이들과 손주들을 위해 즐겁게 과장해서 구사했지만 애도에는 적합하지 않을 흥겨운 리듬을 억제하는 것이었다. 나는 집에서 연습을 했다.

> 그리고 그[히아와타]는 원형천막으로 달려 들어가
> 늙은 노코미스가 천천히
> 몸을 이리저리 흔들며 신음하는 것을 보았고
> 그의 사랑하는 미네하하가
> 그 앞에 차갑게 죽어 누워 있는 것을 보았다.
> 그의 터질 듯한 심장에서
> 비통한 울음이 터져 나왔다.……
> 그다음 그들은 미네하하를 묻었다.
> 깊고 어두운 숲속
> 신음하는 솔송나무 아래
> 눈 속에 그녀의 무덤을 만들었다.……
> 그가 말했다. "잘 가시오. 미네하하!
> 잘 가시오, 오 내 웃음의 물이여!
> 내 모든 마음이 당신과 함께 묻혔소."

내가 낭송한 대목은 꽤 길게 이어진다. 나중에 몇 사람이 내게 다가와 그 대목이 너무나 감동적이었다고 말했다. 집에서 많은 연습을 한 덕분에 흥겨운 리듬을 억누르는 데 성공한 것이다.

스트러더 부부와 식사 중에 한 번은 그가 세인트앤드루스 대학교에서는 부총장이 은퇴할 때 초상화를 의뢰하는 것이 관행인데, 자신은 은퇴하기 전에 초상화를 의뢰하기로 했다고 말했다. 그는 죽은 시인의 만찬장에서 초상화를 선보일 거라고 했다. 그러나 그날 저녁행사는 그런 순서가 없이 끝났다. 손님들이 떠날 때, 스트러더는 출구에서 악수를 나누고 있었다. 나는 그에게 왜 초상화를 공개하지 않았느냐고 물었다. "아, 초상화 말이지요. 너무 커서 문으로 통과할 수가 없었어요."

...

가끔 나를 겸손하게 만드는 경험을 하는 것은 좋은 일이다. 내가 한 강연 내용이 흡족하지는 않았지만, 기포드 강연을 한 다른 이들 중에 낀다는 것은 흡족했고 자랑스럽기까지 했다. 그들 중 상당수는 저명한 인사들이었기 때문이다. 기포드 강연을 했던 그해 여름에 나는 밴쿠버 리젠트 칼리지에서 3주 동안 계절학기 과목을 가르쳤다. 클레어가 나와 함께 있어 주었다. 리젠트 칼리지 측은 그 과목을 가르치는 것에 더해 내가 원하는 주제로 저녁 공개강연을 해달라고 요청했다. 나는 "기독교, 포스트모더니즘을 상대하다"라는 제목으로 강연을 하기로 했다. 청중은 많았고 반응은 열광적이었고 강연 후의 질의응답 시간에 나온 질문들도 훌륭했다. 나는 기분이 좋았다.

숙소로 가는 길에 조금만 걸으면 되는 바가 하나 있어서 나는 클레어에게 한잔하고 들어가자고 했다. 내가 카운터에 서서 마실 것을 주문하는 사이, 하얀 옷을 우아하게 걸치고 양손에 금팔찌를 두른 한 여성이 다가와 강연 자리에 있었다며 합석해서 강연 이야기를 해도 되겠느냐고 물었다. 나는 그녀가 강연을 칭찬하고 질문 몇 가지를 하고 싶은 거라고 예상했다. "물론이죠. 같이 앉으시죠."

우리는 칸막이 자리로 들어갔고, 클레어와 나는 새로 알게 된 사람과 마주 보고 앉았다. 나는 본인 소개를 해달라는 말로 대화를 시작했다. 그녀는 20대 중반에 기독교로 회심하고 나서 자신의 확신과 감수성에 맞는 기독교 모임을 찾아 20년간 이곳저곳을 방황했다고 했다. 마침내 그녀는 밴쿠버에서 단순한 삶을 선포하고 실천하는 모임을 찾았다. 그들은 톨스토이에게서 영감을 얻었고, 그녀가 오랫동안 찾던 바로 그 모임이었다.

그녀가 말했다. "교수님의 강연이 제게 얼마나 역겨웠는지 말씀드려야겠군요. 기독교 복음은 단순해요. 교수님은 그것을 복잡하게 만드셨어요."

자기 만족에 빠진 내 얼굴을 후려친 격이었다.

"복음이 단순하다는 데 동의합니다. 하지만 복음은 풍부하기도 합니다. 저는 그 풍부함의 일부를 제시하려 했습니다."

"하지만 왜 복음을 그렇게 복잡하게 만드셨어요? 복음은 단순해요."

"맞아요. 복음은 단순합니다. 그러나 단순하지만은 않습니다. 그 단순함 아래에 심오함와 풍부함이 있어요. 저는 그중 일부를 탐구했습니다.

"하지만 왜 복음을 그렇게 복잡하게 만드셨어요? 복음은 단순해요."

"저는 복음을 복잡하게 만들지 않았습니다. 복음의 심오함과 풍부함의 일부를 탐구한 것입니다."

"하지만 왜 복음을 그렇게 복잡하게 만드셨어요?"

"저는 복음을 복잡하게 만들지 않았습니다."

"복잡하게 만드셨어요."

나는 냉정을 잃었다. "우리는 이만 일어서겠습니다. 이야기를 나누는 것이 아무 의미가 없군요. 같은 말만 자꾸 되풀이하시니까요. 제가 하는 말을 듣지 않으시네요."

나는 일어섰고 클레어에게 따라오라고 손짓하고는 출구로 향했다. 출구까지 절반쯤 갔을 때 크게 잘못했다는 생각이 들기 시작했다. 나는 돌아서서 그녀가 혼자 앉아 있는 칸막이 자리로 돌아가 몸을 기울여 어색하게 그녀를 포옹하고는 이렇게 말했다. "당신은 그리스도 안에 있는 저의 자매입니다. 하지만 더 이상 당신과 이야기를 나누지는 않겠습니다." 그리고 아늑한 밴쿠버의 밤으로 걸어 나갔고, 아내가 뒤따라왔다.

* * *

「뉴욕타임스」 일요일판에 실린 작은 광고가 눈에 들어왔다. 20세기 중반의 덴마크 중고가구를 판다는 내용이었다. 나는 덴마크 디자이너인 한스 베이너가 디자인한 의자 몇 개를 1950년대 말 맨해튼의 어느 가게에서 본 이후로 20세기 중엽의 덴마크 가구를 사랑하게 되었다. 내가 볼 때 베이너는 20세기의 가장 위대한 의자 디자이너다. 그러나 의자 가격은 우리가 감당할 수 없는 액수였다. 1971년에 유럽 여행을 떠났을 때 코펜하겐에 며칠 들렀는데, 도시를 보고 싶은 마음과 20세기 중반의 덴마크 가구를 미국에서보다 더 많이 보고 싶은 마음에서였다. 모던 디자인을 전문으로 하는 가게인 덴 퍼머넌테에는 베이너의 가구가 많았다. 나는 매혹되었다. 순례를 떠났다가 마침내 성지에 도착한 것 같은 기분이었다. 우리의 경제적 형편은 예일대의 젊은 강사였던 시절보다 훨씬 나아졌지만, 그래도 가구의 가격대는 우리가 감당할 수 있는 수준을 벗어나 있었다.

그로부터 11년 후인 1982년 1월, 우리는 암스테르담에 살고 있었다. 클레어와 크리스토퍼, 클라스(클라스는 몇 주 동안 우리와 함께 지내고 있었다)와 나는 암스테르담에서 뤼베크 사이에 드리운 얼음장 같은 안개를 뚫고 코펜하겐으로 차를 몰고 갔다. 덴 퍼머넌테는 문을 닫았지만 다른 많은 가게들이 베이너의 가구를 전시 판매하고 있었다. 나는 또다시 홀딱 반했다. 그때 내가 막 오십이 되었는데, 클레어는 내 자신에게 주는 생일선물로 베이너 의자를 하나 사라고 열심히 권했다. 나는 기꺼이 동의했고 베이너의 화려한 '공작의자' 하나를 구입했다. 나는 그 의자가 너무 좋다. 그 의자는 몇 년 전에 클레어가 부모님을 방문했을 때 산타바바라에서 저렴한 가격에 사놓은 또 다른 베이너 의자와 짝을 이루었다.

나는 위에서 언급한 「뉴욕타임스」 광고에 나온 전화번호로 전화를 걸었다. 퉁명스러운 목소리에 덴마크 억양이 강한 남자가 전화를 받았다. 나는 「뉴욕타임스」에서 광고를 봤다고 얘기하고 한스 베이너의 가구가 있는지 물었다.

그는 으르렁거리듯 대꾸했다. "당신네 미국인들은 아는 게 그것뿐이야. 베이너밖에 몰라. 위대한 덴마크 디자이너들이 수십 명이나 있어요."

내가 말했다. "네, 그건 저도 압니다만, 저는 특별히 베이너에 관심이 있습니다."

"또 그러시는구만. 당신네 미국인들은 베이너밖에 모른다니까."

나는 다시 한 번 시도했지만 똑같이 퉁명스러운 반응만 돌아왔다. 대화는 전혀 진전되지 않았다. 고맙다고 하고 전화를 끊었다. 그가 베이너 가구를 매물로 가지고 있는지 알려면 코네티컷주의 서쪽 경계 바로 건너편, 뉴욕 패터슨에 위치한 그의 가게로 직접 가서 확인할 수밖에 없었다. 전화로는 아무 말도 해주지 않을 것 같았다.

우리는 그의 가게를 찾아냈다. 작은 마을 패터슨 변두리에 있는 평이한 시멘트 블록 건물 안으로 들어섰다. 그곳에는 망가진 20세기 덴마크 가구가 가득했다. 등나무 등판이 부서진 의자, 다리 하나가 없는 탁자, 그런 식이었다. 나는 클레어에게 말했다. "이건 사기야. 여길 나갑시다." 그러나 우리가 떠나기 전에 한 남자가 저 멀리 방에서 나와 우리에게 들어오라고 손짓했다.

그가 나와 통화했던 무뚝뚝한 덴마크 노인 하콘 볼센이었다. 그는 극히 공손하게 클레어의 손을 잡고 입을 맞추었지만, 내 말에는 사사건건 의견을 달리했다. 코르크 게시판으로 눈이 갔는데, 몇 개의 카툰이 핀으로 꽂혀 있었다. 그중 하나가 내 눈길을 끌었다. 두 여성이 묘지 앞에 서 있었고, 그중 하나가 다른 여성에게 말했다. "친절하게 굴어도 안 죽는다고 그이에게 늘 말했는데, 내가 잘못 생각했던가 봐."

무뚝뚝한 태도는 서서히 사라졌고, 우리는 진지하게 이야기를 나누기 시작했다. 뛰어난 덴마크 디자이너가 많지만, 베이너가 그중에서 가장 위대한 디자이너일 거라고 그도 인정했다. 그는 자신이 일 년에 한 번 덴마크에 가서 많은 양의 20세기 중고 덴마크 가구를 구입하여 컨테이너에 실어 보내고 가게에서 직접 수리한다고 설명했다. 우리는 안쪽에 있는 방으로 들어갔다. 처음 들어섰던 방보다 훨씬 더 컸고 아름답게 수리된 가구들이 우리를 에워싸고 있었다. 그는 왜 부서진 가구들로 가득 찬 방에서 손님을 맞이하고 수리된 가구들을 안쪽에 두는 걸까?

베이너 의자들이 많았는데, 가격은 새것의 3분의 1에서 4분의 1 정도 되었다. 그래도 평범한 가구점의 평범한 의자보다는 상당히 비쌌지만, 못살 정도는 아니었다. 그렇게 해서 우리의 한스 베이너 가구 수집이 시작되었다. 집에 있는 그의 가구들을 한번 세어보니, 열여섯 가지 디자인의 베이너 의자가 스물네 개, 작은 테이블이 둘, 재봉대 하나, 커피테이블 하나, 침대의자 하나가 있었다. 몇 가지 품목은 코펜하겐에서 구했―새것도 중고도 다 있었다―지만 대부분은 하콘에게서 구입한 것이었다. 우리는 형편이 되는 대로 몇 개씩 구입했다. 클레어와 나는 우리 아이들 전부에게 베이너 의자를 선물로 주었다.

의자를 왜 수집하는가? 판화나 자기 수집은 이해할 만하다. 하지만 왜 의자인가? 설명을 해보자면, 18세기에 우리에게 친숙한 **예술과 공예**―그리고 **예술가와 공예가**―의 이분법이 생겨났다. 그 이전까지만 해도, 작가들이 화가, 시인 등에 대해 말할 때는 우리가 공예가를 설명할 때 쓰는 언어와 예술가를 설명할 때 쓰는 언어를 섞어 사용했다. 다들 알다시피, 예술/공예의 구분과 예술가/공예가의 구분에는 서열의 의미가 담겨 있다. 예술은 우월하고 공예는 열등하고, 예술가는 비범하고 공예가는 평범하다는 인식.

예술의 가없은 자매의 위치로 강등된 후, 소위 공예품은 19세기에 유럽에서 일어난 산업화로 두 번째 강타를 당했다. 의자, 탁자, 벽지, 직물, 접시, 날붙이(나이프, 포크, 숟가락 등—옮긴이), 유리잔 등 한때 공예가들이 만들던 온갖 물건들이 이제는 전부 공장에서 쏟아져 나왔다. 19세기 말 영국에서 윌리엄 모리스의 주도로 일어난 예술 수공예 운동—그리고 스코틀랜드와 유럽 대륙의 여러 지역에서 발생한 그와 유사한 운동들—은 산업화에 대한 반발이면서, 수공예의 부활을 노린 반발이었다.

손으로 물건을 만드는 일은 대체로 기계로 같은 물건을 만드는 것보다 훨씬 비용이 많이 들기에, 예술 수공예 운동의 의뢰인들은 전부 상위 중산계급 및 상류 계급 사람들로 드러났다. 예술 수공예 운동 회원들은 형편이 되는 사람들만이라도 수제품을 구입하도록 설득하기 위해서, 손으로 만든 물건들에 더 많은 돈을 지불할 만한 가치를 부여하는 독특한 뭔가를 얘기해야 했다. 손으로 만든 물건들은 흠과 고르지 못한 부분이 있고, 맞춤형 주문 제작이 가능하고, 하나뿐인 물건이고, 심미적 고려사항을 충분히 반영할 수가 있다 등등. 기계로 만든 물건들은 한결같이 개성 없고 추하다는 비난을 받았다.

20세기에는 반대로 산업생산품들이 개성 없고 추하다는 비판에 대해 제조회사 경영자들의 반발이 있었다. 그래서 소위 '좋은 디자인' 운동이 등장했다. 이 운동의 핵심에는 산업디자인이 실용성뿐만 아니라 더 많은 것을 고려해야 한다는 주장이 자리 잡고 있었다. 물론 의자는 평균 체중 이상의 사람들이 앉아도 부러지지 않아야 하고, 편안해야 하고, 가격도 합리적이어야 한다. 그러나 좋은 디자인이 되려면 그 이상의 것, 즉 심미적 탁월성을 갖추어야 한다. 앞에서 소개한 허먼 밀러사가 1930년대 중반 이래 죽 좋은 디자인 운동에 참여한 유명 회사였다.

이제 의자 이야기를 할 준비가 되었다. 앞에서 나는 한스 베이너가 20세기의 가장 위대한 의자 디자이너라고 말했다. 그 바로 다음이 미국인 찰스 임스다. 베이너와 임스 둘 다 좋은 디자인 운동의 후계자이자 일원이다. 임스의 의자들은 회사에서 대량 생산되고, 그중 상당수는 허먼 밀러사에서 생산한다. 거기 들어가는 수작업은 조립 라인에서 나오는 부품들을 조립하는 과정에 불과하다. 베이너가 디자인한 의자들의 일부 부품도 공장에서 생산되지만, 그의 의자들에는 부품 조립보다 훨씬 더 많은 수작업이 들어간다. 이것은 그 의자들이 비싸고 디자인의 상당수가 더 이상 생산되지 않는 이유이기도 하다. 베이너의 의자들은 산업생산과 공예생산의 흥미로운 조합이다.

임스의 의자들은 거의 대부분 '다리 부착형'이라고 부를 만한 것들이다. 베이너의 의자들은 대부분 '다리 통합형'이다. 이 부분을 잠깐 설명하면, 20세기에는 유리섬유, 플라스틱, 철망사, 곡면합판의 발전으로 의자에서 엉덩이를 붙이고 등을 기대고 팔을 걸치는 (팔걸이가 있는 경우) 부분을 통짜로 제작한 다음 거기다 다리를 붙이는 일이 가능해졌다. 임스의 고전적 라운지 의자는 다리부착형 의자의 전형적 사례이고, 그의 다양한 '조가비 모양' 의자들도 마찬가지다. 그런데 베이너의 의자는 대부분 다리 부착 방식을 적용할 수 없다. 다리, 좌석, 등받이, 팔걸이가 하나로 통합된 구조이다.

임스의 다리 부착형 의자와 베이너의 다리 통합형 의자는 모두 좋은 디자인 운동의 빼어난 산물이다. 두 스타일 중 어느 하나가 다른 것보다 본질적으로 더 낫다고 생각할 이유는 없다. 그렇지만 내가 베이너가 전체적으로 더 위대한 디자이너라고 생각하는 이유는 그의 의자들이 임스의 의자들보다 대체로 더 편안하기 때문이다. 단, 임스의 라운지 의자만은 확실히 예외라고 밝혀야겠다. 그리고 임스와 베이너 모두 뛰어난 조각적 상상력을 갖고 있지만, 베이너는 나무에다 자기를 강요하는 방식이 아니라 나무의 성질을 **활용하는** 방식으로 상상력을 발휘했다. 그는 종종 나무를 놀라운 방식으로 다루었기 때문에 가끔은 의자가 어떻게 만들어졌는지 알아내는 데 시간이 많이 걸린다. 또한 베이너 의자는 나무에다 절묘한 기술을 부리는 법이 없고 나무를 존중한다. 같은 말로 표현할 수 있는 임스 의자는 아는 바가 없다. 유리섬유를 존중할 수 있을까? 어려울 것 같다.

남은 질문이 있다. 좋은 디자인의 의자는 어떤 의미가 있는가? 상당한 액수를 지불하고 베이너 의자나 임스 의자를 사는 대신 가까운 가구점에 가서 눈에 들어오는 첫 번째 의자를 사면 되지 않는가?

좋은 디자인의 의자는 앉는다는 소박한 행위에 기품과 위엄을 부여하고 고상하게 만든다. 많은 예술의 기능은 우리가 예술적으로 고양되지 않은 상태에서 수행할 수 있는 소박한 행위를 기품 있게 만들어 주는 것이다. 노래할 때 부르는 노동요가 그런 일을 한다. 찬송이 그런 일을 한다. 우리는 곡조 없는 산문으로 하나님을 찬양할 수 있지만 찬송은 우리의 찬양을 기품 있고 고양되고 풍부하게 만든다. 베이너의 의자들은 자리에 앉는 소박한 행위를 기품 있게 만든다. 평범한 것을 위엄 있게 만들고 아름다움과 편안함을 연결시킨다. 그것들을 바라보는 것은 기쁘고, 거기 앉는 것은 즐겁다.

하콘 볼센은 변함이 없었다. 매번 클레어 앞에서 고개 숙여 인사하고 그녀의 손을 잡고 키스하고, 내가 무슨 말을 해도 동의하지 않았다. 그러나 우리가 방문할 때마다 시간이 좀 지나면 무뚝뚝함이 누그러졌다.

...

나는 정치철학의 사안들에 오랫동안 관심을 가졌지만, 나의 관심은 우발적이고 일시적인 것이었다. 그런데 노터데임의 정치철학자이자 그 분야의 일류 학자인 폴 와이트먼이 1996년 2월에 준비하고 있던 '종교와 현대 자유주의'라는 제목의 컨퍼런스에 나를 초대하고 내가 거기에 응하면서 상황이 달라졌다. 폴은 내 책『정의와 평화가 입맞출 때까지』를 읽었고, 그 내용을 보고 "네덜란드 칼뱅주의의 정치적 함의, 그 함의에 따라 신자들이 어떻게 행동해야 하는지, 이것이 그들의 종교와 정치 공동체를 어떻게 강화시키는지"에 대한 강연을 하면 어떻겠느냐고 제안했다. 나는 폴이 제안한 주제를 당시 하버드의 철학자 존 롤스가 막 출간했던『정치적 자유주의』를 다루면서 논의해 보기로 했다.

『정치적 자유주의』의 산문은 난해하고 그 사상의 세부내용이 잘 잡히지 않는다. 그러나 주된 논제는 분명하다. 근본적인 정치적 사안들을 가지고 토론할 때, 자유민주주의 국가 시민들은 그리스도인이든 유대인이든, 세속적 공리주의자이든, 그 외 다른 무엇이든 자신의 '포괄적 교리들'에 호소해선 안 되고, 롤스가 말하는 '공적 이성'에 호소해야 한다는 것이다. 롤스는 공적 이성이 자유민주주의 '개념'에 함축된 정의와 평등이라는 핵심 원리로 구성된다고 말했다. 나는 와이트먼의 컨퍼런스에서 『정치적 자유주의』 1판1993을 다루었는데, 제2판에서 롤스는 입장을 다소 수정했다. 근본적인 정치적 사안에 대해 토론할 때 자신의 특정한 포괄적 교리들에 호소하는 일은 가능하지만, 그 입장을 공적 이성의 바탕을 옹호할 수 있어야 한다는 단서가 붙는다.

컨퍼런스에서는 내가 따로 언급하지 않았지만, 롤스의 입장은 나의 카이퍼주의적 확신과 맞지 않았다. 대단히 다원적 사회에서 근본적인 정치적 사안의 문제를 해결할 만큼 충분히 내실 있는 공통 원리들을 찾아내려는 시도는 부질없다는 것이 카이퍼의 주장이었다. 삶의 다른 영역에서도 그렇지만, 정치에서 우리는 각자의 고유한 세계관에서 출발해 각 사안에 접근한다. 우리는 자신의 세계관을 벗어던질 수 없고, 그것들을 한동안 유보할 수도 없다. 세계관은 우리가 사안을 보는 방식에 영향을 끼칠 수밖에 없다. 우리는 "이것이 내 입장"이라고 선언하고 말 것이 아니라 정치적 문제들에 대한 합의를 이끌어 내는 것을 목표로 삼아야 한다. 하지만 우리 사회와 같은 다원적 사회에서 근본적인 사안을 논의할 때는 결국 의견일치를 보지 못할 거라고 예상해야 한다. 그러면 우리는 투표를 한다. 민주주의의 지속 여부는 투표가 공정하게 이루어지고 패자가 투표 결과에 기꺼이 승복하는 데 달려 있다. 민주주의는 모두가 공통의 공적 이성에 호소하는 데 달려 있는 것이 아니다.

컨퍼런스에서 했던 강연은 컨퍼런스와 같은 제목의 책 『종교와 현대 자유주의』에 실렸다. 와이트먼이 편집한 컨퍼런스 강연집이다. 강연문이 출간된 데 이어 로버트 아우디와 내가 각기 주장과 반론을 싣는 형식으로 공저한 작은 책 『공론의 장에서의 종교』 *Religion in the Public Square*, Rowman and Littlefield, 1997가 나왔다. 정치 토론에서 종교적 확신의 위상에 대한 아우디의 입장은 롤스와 유사했다. 그 책에서 우리는 상반되는 각자의 입장을 진술하고 상대의 기고문에 답변했다.

아우디와 나의 그 지상토론을 계기로 몇 년 후 리치몬드 대학교(버지니아)의 종교학과에서 리처드 로티와 나를 초청해 공적 정치 토론에서 종교의 위상이라는 주제로 공개토론 자리를 마련했다. 그 주제에 대한 로티의 입장은 본질적으로 롤스, 아우디의 입장과 같았다. 그는 그 얼마 전에 「종교는 대화 방해꾼」이라는 제목의 논문을 발표한 터였다.

로티와 나는 대학원 시절부터 줄곧 친구였다. 우리가 토론할 당시 그는 미국의 가장 저명한 철학자 중 한 사람이었다. 그는 종교를 날카롭게 비판했지만 내가 발표한 논문들의 인쇄물을 꾸준히 요청했고, 가끔 내 책 중 한 권을 수업 시간에 읽을 책으로 정했다고 말해 주곤 했다. 우리가 토론을 앞두고 잡담을 나눌 때, 그는 종교철학의 논의를 따라잡으려고 노력했다고 말했다.*

로티와 내가 각자의 입장을 진술한 다음, 우리는 주거니 받거니 우호적인 대화를 나누었다. 나는 종교가 우리 대화를 방해하지 않는 것 같다고 말했다. 그는 그 점을 인정했고, 토론이 끝날 무렵 자신이 나와 같은 입장으로 생각이 바뀌었다고 말했다. 나중에 그는 내게 「종교는 대화 방해꾼」을 쓴 것을 후회한다고 말했고, 자기

* 리처드 로티는 2007년에 사망했다.

가 종교를 잘 모른다고 비판하는 학생들에게 답하면서 자신의 외할아버지가 20세기 일삼분기에 활동한 위대한 '사회복음' 신학자 월터 라우셴부쉬라고 밝히고 싶은 것을 간신히 참았다고 털어놓았다.

우리의 토론이 있은 지 몇 년 후, 로티는 공론의 장에서의 종교라는 주제로 칼빈 대학에서 열리는 여름 세미나에 강사로 초청을 받고 수락했다. 나 역시 그 자리에 초대를 받았다. 강연 후 질의응답 시간에 누군가가 그에게 종교가 대화를 방해한다고 보았던 생각을 바꾼 이유가 무엇이냐고 물었다. 그는 너그럽게도 우리의 리치몬드 토론이 생각을 바꾼 계기가 되었다고 말했다. 세미나가 끝난 후 저녁식사 시간에 나는 로티에게 여름에 시간을 내어 칼빈의 작은 세미나에서 강연을 하기로 결정한 이유를 물었다. 그는 수많은 저명한 철학자들을 배출한 이 대학을 오래전부터 보고 싶었다고 대답했다.

와이트먼의 컨퍼런스에 참석한 일을 시작으로 나는 정치철학 영역에서 15년 넘게 생각을 하고 글을 써나가게 되었다. 와이트먼의 초청을 받지 않았더라도 내가 정치철학을 다루게 되었을까? 모르겠다. 그의 초청은 생각하지 못했던 어떤 일을 계기로 특정 주제를 깊이 생각하게 된 내 인생의 많은 경우 중 하나였다. 물론, 그의 초청이 내 안에 있던 관심사를 건드리지 않았다면 나는 응하지 않았을 것이다.

...

정치 토론에서 종교적 목소리의 역할이라는 사안은 꽤 여러 해 동안 나의 관심사였고, 나는 그 주제로 많은 논문을 썼다. 또 다른 강연 초청을 계기로 나는 정치철학 영역의 다른 주제에도 관심을 갖게 되었는데, 1998년 프린스턴 신학교의 스톤 강연이 그것이었다. 1998년은 아브라함 카이퍼가 지금은 유명해진 「칼뱅주의」라는 제목의 스톤 강연을 한 지 100주년이 되는 해였다. 카이퍼 강연의 100주년에 내가 스톤 강연을 한다고 생각하니 아주 기분이 좋았다.

초청을 받고 나서 당장 떠오르는 주제가 없었다. 나의 강연이 카이퍼의 강연과 관련이 있었으면 했다. 카이퍼가 강연에서 자임한 과제는 칼뱅주의의 '정수'를 분명히 제시하고 칼뱅주의가 근대세계의 다양한 측면에 기여한 바를 지적하는 것이었다. 그는 세 번째 강연 '칼뱅주의와 정치'에서 정치적 권위에 대한 상상력 넘치고 진취적인 신학적 이론을 제시했다. 나는 신적 권위와 정치적 권위 사이의 관계를 새롭게 숙고하고 카이퍼가 그 주제에 관해 말한 내용에 대한 몇 가지 숙고를 나의 논의에 담아내는 방식으로 백주년을 기념하기로 했다.

그 주제가 본질적으로 내게 흥미롭고 중요하다는 것 말고도, 드러내놓고 얘기하지는 않았지만 그것을 주제로 선택한 이유가 있었다. 나는 존 하워드 요더, 스탠리 하우어워스, 알래스데어 매킨타이어 및 그들의 많은 추종자들이 정부 일반과 특별히 미국의 자유민주주의에 대해 갖고 있는 비판적 태도가 거북했다. 나는 자유민주주의가 대단히 값진 진주라고 생각한다. 하우어워스는 정부가 하는 일에 그리스도인들은 책임이 없다는 취지의 말을 종종 하지만, 나는 우리에게 깊은 책임이 있다고 본다. 요더-하우어워스-매킨타이어로 이어지는 사상의 인기는 미국 정치담론에서 확고한 기독교적 목소리가 약해지는 데 기여하는 것처럼 보였다. 따로 진술하지 않은 나의 강연 목표는 대안적 시각을 제시하는 것이었다.

스톤 강연의 경우에도 나는 강연을 전달한 형식이 맘에 들지 않았다. 그래서 출간을 위해 강연 내용을 손보지 않고 한쪽으로 치워두었다. 이후 여러 해에 걸쳐 가끔씩 다시 들여다보고 재구성을 하고 일부 대목을 고쳐 쓰고 일부 논점들은 좀 더 온전히 전개하는 등의 작업을 했다. 그러나 결과물은 매번 만족스럽지 않았다. 그러다 2010년에 마침내 만족스러운 원고를 완성했다. 그 원고는『강자와 전능자』*The Mighty and the Almighty*, Cambridge University Press, 2011라는 제목으로 출간되었다.

『강자와 전능자』의 최종원고를 마무리한 후, 나는 여러 저널과 선집에 흩어져 있던 에세이들 중 정치철학의 다양한 주제로 쓴 글을 추려 한 권으로 묶어 내기로 했다. 원고더미를 앞에 쌓아놓고 보니 이 글들만으로는 좋은 책이 나오기 어려움을 알 수 있었다. 대체로 내용이 너무 부정적이었고, 공적 이성의 이런저런 형태를 공격하고 자유민주주의의 핵심원리에 대한 이런저런 이해에 반대하는 데 지나치게 초점을 맞추고 있었다. 나는 내 자신의 적극적 견해를 보다 온전히 전개하는 새로운 에세이들을 많이 써야 했다. 그렇게 쓰고서 모은 글을『자유민주주의 이해하기』*Understanding Liberal Democracy*, Oxford, 2012라는 제목으로 출간했다. 절반 정도는 이전에 에세이로 출간된 적이 없는 글이었다.*

· · ·

여기까지 내가 쓴 내용을 돌아보니 '사랑'이라는 단어가 참 많이 나

---

* 나의 학생이었던 테렌스 큐니오가 귀중한 편집 지원을 제공했다.

온다는 생각이 들었다. 나는 비글로 마을을 사랑함, 클레어와 아이들을 사랑함, 철학, 정원 가꾸기, 우리 땅, 한스 베이너 의자들, 암스테르담에서 사는 것을 사랑함에 대해 썼다. 가끔은 '사랑'이라는 단어를 쓸 수 있었지만 쓰지 않은 경우도 있었다. 이스탄불의 아야소피아를 본 것, 칼빈대와 예일대에서 가르치는 일, 판화와 도자기가여기에 해당한다. 사랑하지만 아예 언급도 안 한 것들도 있다. 음악, 클레어의 요리, 그랜드래피즈의 농산물직판장, 우리가 수집한 러시아의 마트료시카(포개어 쌓는 인형)에 대한 깊은 사랑은 거론조차 안했다. 내가 사랑한 것들이 내 인생을 죽 꿰어왔다. 그뿐 아니라 내인생을 상당 부분 형성한 것도 바로 내가 사랑하는 것들이었다. 나는 철학을 실천하고 가르치는 일, 가족 및 친구들과 함께하는 것, 하나님을 예배하는 것, 정원 가꾸기, 판화 수집, 콘서트 관람 등 내가사랑하는 것들을 좇아 살아왔다.

살면서 사랑할 만한 대상을 거의 발견하지 못하는 이들이 많다. 그들은 친척들과 소원해지고 친구가 없고, 입에 겨우 풀칠을 하며 누추하게 살고, 사랑이 아니라 필요에 따라 살아간다. 사랑에 이끌려 살아가는 것은 그들이 선택할 수 있는 삶이 아니다. 나는 운이 좋았고, 사랑하는 대상이 풍성한 인생을 살아온 것에 깊이 감사한다. 그러나 과장할 생각은 없다. 내 인생에도 사랑스럽지 않은 것, 슬픔이나 후회를 안겨준 일들, 상처와 분노를 안겨준 언행들, 불쾌하거나 지루하지만 해야 하는 임무들이 있었다. 그중에서도 두드러지는 것은 우리 아들 에릭의 죽음이었다.

에릭에 대한 사랑 때문에 내가 슬퍼하게 되었다는 사실을 숙고하면서 나는 네 가지 종류의 사랑을 구분했다. 자비의 사랑, 끌림의 사랑, 애착의 사랑, 활동의 사랑이다. 자비의 사랑은 누군가의 삶에서 선을 끌어내려 하지만, 나머지 세 형태의 사랑은 대상에게 있는 기존의 선을 좋아하고 기뻐한다. 베토벤의 후기 현악 4중주에 대한 나의 끌림의 사랑은 그 곡의 탁월성을 좋아하고 기뻐하는 것으로 이루어진다. 에릭에 대한 나의 애착의 사랑은 에릭과 나의 상호작용이라는 큰 선을 좋아하고 기뻐하는 것으로 이루어졌다. 철학함에 대한 나의 활동의 사랑은 철학을 생각하고 읽고 쓰고 가르치고 토론하는 선을 좋아하고 기뻐하는 것으로 이루어졌다. 내 인생을 관통한 것이 사랑이었다는 사실은 선함과 탁월함이 줄곧 나와 함께했다는 것을 말해 준다. 경이로운 것들이 가득했다! 그리고 그것들이 하나님의 탁월함을 반영하고 보여준다는 한결같은 확신이 늘 내게 있었다.

1999년 10월 2일에 새어머니(젠 하넨버그)가 아흔여덟의 나이로 에저턴에서 돌아가셨다. (가르치는 책임 때문에 장례식에 참석할 수 없었다.) 몇 년간 어머니는 극심한 우울증 또는 알츠하이머로 고통을 받으셨는데, 어느 쪽 때문인지 판단하기가 어려웠다. 어머니는 다른 이들을 위해 끊임없이 자신을 내어 주는, 내가 아는 가장 베풀 줄 아는 사람이었다. 형제들과 나는 어머니의 의붓자식이었지만 우리는 그런 느낌을 전혀 받지 못했다. 우리는 어머니의 자식이었다. 에릭의 장례식에서 본 어머니의 모습을 생생하게 기억한다. 에릭은 어머니의 손자였고, 어머니처럼 빨간 머리였다. 물론 에릭의 머리색은 클레어의 혈통에서 나온 것이다. 여러 해 동안 어머니는 궤양으로, 맞지 않는 틀니로, 청력 상실로 불편을 겪으셨지만 한 번도 불평하지 않으셨다. 어머니는 청력 상실로 고립되셨다. 언제나 시간

과 수고를 아낌없이 나누셨던 분이 이제 움츠러드셨다. 그 모습을
지켜보는 것은 고통스러운 일이었다.

10_
여전히 펼쳐지는 전망들

2001년 말에 일흔을 몇 주 앞두고 예일대에서 은퇴했다. 가르치는 일은 여전히 즐거웠지만, 매주 강의를 하고 토론 수업을 이끌고 수업계획서를 준비하고 도서목록을 제출하고 학생 시험지를 채점하고 연구실에서 자리를 지키고 위원회 모임에 참석하는 등 늘 해야 하는 일이 지겹게 느껴지기 시작했다. 나는 그런 일을 45년 동안 했던 것이다. 우리는 은퇴하고도 몇 년 동안 뉴헤이븐의 콘도를 그대로 두었고 학년의 상당 기간을 그곳에서 지냈다. 2005년 봄에 콘도를 팔고 모든 물건을 그랜드래피즈의 집으로 옮겼다.

은퇴 후 나는 2년 동안 노터데임 대학에서 가을에 정의에 대한 토론 수업을 가르쳤다. 3년째에도 그 수업을 맡기로 했는데, 2년 차되던 해의 4월에 노터데임 서점 측에서 내가 가을에 가르치게 될 토론 수업을 듣는 학생들이 구입해야 할 책의 목록을 최대한 빨리 제출하라는 내용의 고압적인 요청서를 보내왔다. 그것을 받고는 내안의 뭔가가 폭발했다. 나는 도서목록을 내고 싶지 않았고, 수업계획서를 준비하고 싶지 않았고, 매주 정해진 시간에 토론 수업을 이끌고 싶지 않았다. 마구를 너무 오래 하고 있었다는 생각이 들었다.

이제는 안장에 오르고 싶었다.

　나는 당시 노터데임 대학교 철학과장이던 폴 와이트먼에게 전화를 걸어 다소 민망해하면서 상황을 설명했다. 여섯 달 먼저 도서 목록을 달라는 서점의 요청에 내 안의 뭔가가 폭발했다. 그해 가을에 토론 수업을 이끌겠다는 약속에서 벗어나게 해달라고 청했다. 폴은 웃었고 아무 문제 없다고, 이해한다고 말했다. 그 이후로 나는 어디서도 정규 과목을 가르치지 않았다.

　은퇴 걱정을 하기는 했다. 같은 나이의 자연과학 계열 예일대 동료 교수와 이야기를 나눈 뒤에 나는 자연과학 계열의 교수들이 은퇴를 아주 꺼린다는 것을 알게 되었다. 얼마 안 가서 그 이유가 드러났다. 순수한 이론적 연구를 하는 이들을 제외하고, 그들에게는 연구실에서의 연구가 삶의 중심이었다. 은퇴하게 되면 그것을 포기하고 전혀 다른 일거리를 찾아야 했다. 취미가 있다면 아무 문제가 없겠지만, 많은 이들이 그렇지 못했고 불안해했다.

　내 경우에는 늘 해오던 일, 철학을 생각하고 쓰는 일을 상당 부분 계속할 터였다. 앞으로는 더 많은 전망을 더욱 평온한 상태로 숙고할 수 있을 것 같았다. 그러나 여러 해에 걸친 경험상, 철학을 가르치는 일과 철학을 실천하는 일은 서로에게 유익하게 작용했다. 철학 실천은 가르침에 깊이를 더해 주었고, 철학을 가르치는 일은 나의 생각에서 눈에 띄지 않았던 빈틈과 모호한 부분들을 분명히 드러냈다. 하지만 이제 나의 철학 실천은 가르침이 주는 혜택 없이 이루어져야 할 것이었다.

...

2005년 초, 칼빈 대학의 게일런 바이커 총장이 그해에 졸업축사를 해달라고 요청했다. 나는 기꺼이 수락했고 그렇게 광고가 나갔다. 그러나 졸업식을 6주 정도 앞두고 바이커가 내게 전화를 걸어 초청을 철회해야겠다고 말했다. 그가 조지 W. 부시 대통령에게 칼빈 대학 졸업축사를 부탁했었는데 부시가 수락했다는 이유였다. 바이커는 졸업식 아침에 있을 졸업생 조찬에서 덕담을 해달라고 말하고 졸업축사는 다음 해에 부탁한다고 했다.

나중에 나는 이 일의 전말을 알게 되었다. 부시 대통령이 참모들에게 그해에 복음주의 대학에서 졸업축사를 하고 싶다는 뜻을 알리고 초청을 받을 수 있겠느냐고 물었던 것이다. 대통령 참모 중 한 사람이 칼빈 대학 물리학과 교수 출신의 번 엘러스 하원의원(미시간주 서부)에게 연락을 해서 칼빈 대학이 대통령을 초대할 의향이 있는지 알아봐 달라고 말했다. 엘러스는 그렇게 했다. 부시는 자신의 업적에 찬사를 보내줄 조용한 복음주의 계통 대학, 주위를 휘감는 논란에서 한숨 돌릴 곳을 찾았을 것이다. 하지만 칼빈은 그런 대학이 아니었다. 부시가 졸업축사를 할 거라는 소식이 발표되자 엄청난 논란이 일었다.

졸업식 며칠 전, 칼빈 교수진 절반 이상이 서명한 광고가 「그랜드래피즈 프레스」 하단 반면에 실렸다. 부시 행정부의 많은 정책에 강한 반대를 표명하는 내용이었다. 행사 당일, 칼빈 대학으로 이어지는 도로에는 수백 명의 시위자들이 늘어섰고, 졸업식이 열릴 예정인 체육관으로 이어지는 대학 캠퍼스 인도에도 시위자들이 줄지어 있었다. 경찰과 기자들도 도처에 보였다.

　나는 맨 앞자리로 초대를 받았지만 거절하고 집에 있었다. 졸업식이 끝난 후 내게 다가와 "무슨 생각을 했느냐?"고 물을 사람들을 감당할 수 없었다. 나중에 「워싱턴포스트」 기자가 부시 연설 때 내가 무엇을 하고 있었는지 물었다. 나는 정원에서 겨울의 잔해를 치우고 있었다고 말했는데 사실이었다. 그날 오후에는 시위자들 중에 있었던 한 무리의 친구들을 만났다.

…

같은 해(2005) 봄, 버지니아 대학교 고등문화연구소 소장인 제임스 데이비슨 헌터가 내게 연구소 선임연구원으로 일할 생각이 있느냐고 물었다.

　"제가 무슨 일을 맡게 됩니까?" 내가 물었다.

　"많지 않습니다. 수업 부담은 없습니다. 격주로 열리는 세미나와 우리가 여는 컨퍼런스에 참여하시면 됩니다. 나머지 시간에는 본인의 연구를 하시면 됩니다. 우리는 교수님의 최근 논문들이 마음에 들고, 우리 연구소의 프로그램과 완전히 부합한다고 생각합니다." 그는 넉넉한 보수를 제시했다. 나는 그 제안을 클레어와 상의했고, 우리는 수락하기로 결정했다. 9월 초부터 5월 중순까지는 연구소에 상주하고 여름철에는 그랜드래피즈에서 지내기로 했다. 이렇게 해서 멋진 8년이 시작되었다.

　나와 알고 지낸 지가 좀 되던 헌터는 버지니아 대학교 교수로 있는 사회학자이다. 당시 그의 최근 저서였던 『기독교는 어떻게 세상을 변화시키는가』To Change the World는 많은 관심을 받았다. 헌터가 설립한 고등문화연구소의 과제는 다음과 같다. 현대문화의 규범적 측면들을 찾아내고, 그것을 이전 미국 문화의 규범적 측면들과 대비하여 무엇이 둘 사이의 변화를 가져왔는지 묻고, 현대문화의 규범적 측면들이 인간의 번성을 질식시키는 여러 방식을 알아내고, 그것이 어떻게 바뀔 수 있는지 묻고, 그 변화를 이루는 데 가능한 모든 방식으로 기여하는 것. 헌터가 옳았다. 내가 정의에 대해 연구하던 내용은 연구소의 전반적인 프로젝트와 완전히 들어맞았다. 분과학문을 넘나드는 연구소에서의 대화는 대단히 흥미로울 뿐만 아니라 자극이 되었고, 연구원들도 직급에 관계 없이 하나같이 멋진 사람들이었다.

클레어와 나는 샬러츠빌 시내에서 파격적인 집을 발견했다. 그곳은 한때 중심가였던 부산한 보행자 전용로에서 두 블록 떨어져 있었다. 창고를 개조한 집의 일층이었고 4.5미터의 높은 천장과 드러난 목재 들보들, 드러난 파이프들, 벽돌로 쌓은 벽 등 창고 공간의 특성을 모두 갖추고 있었다. 스물다섯 살 미만의 젊은이들은 그 집을 보고 나면 어김없이 "멋져요. 진짜 멋져요"라고 반응했다. 우리는 그 집을 사랑했고, 우리 아이들과 손주들도 마음에 들어했다.

...

『정의와 평화가 입맞출 때까지』1983를 썼을 때, 나는 특정한 정의론을 염두에 두지 않고 정의에 대해 많은 말을 했다. 나는 직관에 의존했다. 그런데 그 부분이 불편했다. 정의를 이해하는 데는 여러 다양한 방식이 있다. 이 분야에 대해 더 글을 쓰려고 한다면, 일단 물러나서 정의가 무엇인지부터 물어야 했다. 하지만 나는 그 일을 미루고 존 로크와 토마스 리드의 인식론 연구에 우선권을 주었다. 예일대 신학대학원에서의 마지막 해에 마침내 나는 오래 미뤄둔 정의의 주제를 집어 들었고, 은퇴한 후 노터데임 대학교에서 두 토론과목을 가르치면서 그 주제를 이어갔다. 고등문화연구소의 연구원 자리는 그 연구를 진전시킬 반가운 좋은 기회였다.

책의 원고 초안을 가지고 토의하는 것이 의미가 있을 만큼 충분히 논의가 전개되었다는 생각이 들었고, 버지니아 대학교의 많은 철학자들과 신학자들이 원고 초안 여러 장을 가지고 논의하는 데 관심을 표명했다. 첫 장은 존 롤스의 저작을 다루었다. 나의 독자들은 그 내용을 좋아하지 않았다. 내가 쓴 내용은 옳지만 지루하다고 말했다. 한 사람은 자기라면 책을 이렇게 시작하지 않을 거라고 단호하게 말했다. 나는 그들의 비판을 마음에 새기고 그 장을 폐기한 뒤 새롭게 시작했다. 그 책의 특징—어떤 이들은 미심쩍은 특징이라고 말할 것이다—은 분석 전통의 철학자가 지난 40년 사이 정의에 대해 쓴 책이면서 존 롤스에 대해선 거의 아무 말도 하지 않은 소수의 책 중 하나라는 것이다.

고대로부터 두 가지 경쟁하는 정의론이 전해졌는데, 하나의 출처는 아리스토텔레스이고 또 하나의 출처는 로마의 법학자 울피아누스170경-223다. 아리스토텔레스의 견해는 정의가 혜택과 부담의 공평한 분배로 이루어진다는 것이다. 울피아누스의 견해에 따르면, 정의는 각 사람에게 그의 이우스ius, 즉 제 권리나 몫을 주는 것이다. 나는 울피아누스의 견해에 끌렸다. 내가 볼 때 아리스토텔레스의 견해는 많은 이유로 성립될 수 없었다. 예를 들어, 강간이 정의의 위반인 이유가 혜택과 부담이 불공평하게 분배되기 때문이라고 말한다면 그야말로 기괴한 발언이 될 것이다.

울피아누스의 견해를 받아들인 후, 나는 권리 이론 중에서도 자연권 이론, 즉 사회가 우리에게 부여한 것이 아닌 권리에 대한 이론을 전개해야 했다. 강간은 해당 나라의 법이 그것을 범죄로 선언하든 하지 않든 정의를 심각하게 위반한 행위다. 강간당하지 않을 권리는 자연권이다. 그러나 자연권 이론을 전개하기에 앞서, 나는 권리 일반을 비롯한 자연권이 많은 영역에서 오명을 얻었다는 사실을 직시해야 했다.

자연권 개념의 기원에 대해 흔히 등장하는 이야기는 그 개념이 18세기의 세속적 계몽주의 철학자들이 고안한 것이고, 그들의 세속적 개인주의와 분리될 수 없다는 것이다. 그래서 알래스데어 매킨타이어 같은 공동체주의자들은 자연권 개념을 거부했고, 많은 기독교 윤리학자들도 같은 태도를 보였는데 그중 두 사람을 꼽자면 올리버 오도노반과 스탠리 하우어워스가 있다. 일부 저자들은 더 멀리 나가서 자연권에 대한 논의뿐 아니라 권리 일반에 대한 논의 자체를 거부했다. 그들은 우리가 권리를 말할 것이 아니라 의무를 말해야 한다고 주장했다. 권리를 말하는 것은 **소유적 개인주의**라는 해로운 현대적 태도의 표현이라는 것이다. "자율적 개인인 내가 나의 권리를 나머지 당신들에게 요구한다." 내가 어떤 권리론을 전개하든 이 무조건적 거부반응을 다루지 않는다면 그들이 귀를 기울이지 않을 것이 분명했다.

나는 이 문제를 생각하기 시작하면서, 에모리 대학교 법학대학원의 법사학자(칼빈 대학 졸업생이기도 하다)인 존 위티를 통해 중세 지성사학자 브라이언 티어니의 최근 저서인 『자연권의 개념』The Idea *of Natural Rights*에 관심을 갖게 되었다. 이 책에서 티어니는 12세기 교회 법학자들이 자연권 개념을 명시적으로 쓰고 있었다는 점을 설득력 있게 주장한다. 그들은 가난한 사람들의 권리, 외국인 체류자의 권리, 배우자의 권리 등에 대해 말했다. 자연권 개념은 (이른바) 세속적 계몽주의의 발명품이 아니라 중세 기독교라는 모판에서 생겨났다. 이것은 나의 작업을 위해 하늘이 내린 선물이었다. 나의 책 『정의』 *Justice: Rights and Wrongs*, Princeton University Press, 2008는 자연권 개념의 기원에 관한 티어니의 대안적 서사를 설명하는 것으로 시작한다.

티어니는 12세기 교회법학자들과 그 계승자들이 자연권 개념을 명시적으로 사용한 사례를 다루었지만, 나는 어쩌면 자연권 개념이 그 이전부터 암묵적으로 쓰였을지 모른다는 생각이 들었다. 나는 어떤 글을 읽으면서 교부들 중 일부가 특별히 가난한 사람들의 도덕적 상태를 논할 때 자연권 개념을 썼다는 사실을 알게 되었다. '황금의 입'을 가진 설교자라 불렸던 요한 크리소스토무스는 388년 또는 389년에 안디옥에서 나사로 비유를 본문으로 설교했는데, 그중 한 편에서 부자의 벽장에 있는 여분의 신발은 신발이 없는 사람에게 '속한 것'이라고 선언했다. 크리소스토무스는 우리의 '권리'라는 말과 같은 의미의 단어를 쓰지 않았지만, 권리 개념에 호소하고 있음이 분명하다. 가난한 사람은 부유한 사람의 남는 신발에 대한 **권리**를 갖고 있다. 크리소스토무스는 부유한 사람이 가난한 사람에게 자신의 여분의 신발을 줘야 할 **의무**가 있다고 믿었을 가능성이 높다. 그러나 그는 그렇게 말하진 않았다. 그가 한 말은 여분의 신발이 가난한 사람에게 **속한다**는 것이었다. 크리소스토무스는 자신이 청중들에게 "하나님의 성서의 증언"을 전달하고 있다고 선언했다.

내가 『정의』에서 전개한 권리론에 의하면, 자연권은 존엄이나 가치에 근거한다. 누군가가 특정한 방식으로 당신을 대우하는 일이 당신의 존엄과 가치에 맞게 당신을 대우하는 데 필요하다면, 당신은 누군가로부터 특정한 방식으로 대우받을 권리를 갖는다. 이를테면, 접수계원이 당신을 예의바르게 대하는 것이 당신의 존엄과 가치에 맞게 당신을 대우하는 데 필요하다면, 당신은 접수계원으로부터 친절하게 대우받을 권리를 갖는다는 것이다. 당신이 내 과목에서 A를 받는 것이 최고 성적을 거둔 당신의 가치에 걸맞게 당신을 대우하는 데 필요한 일이라면, 당신은 내 과목에서 A를 받을 권리가 있다.

권리는 사회적 관계이다. 우리가 자기 자신에 대해 갖는 관계만 예외라고 할 수 있다. (자기 자신에 대해 권리를 갖는다는 개념에 놀라는 독자들도 있을 것 같다. 그러나 자기 자신에 대한 권리를 박탈당하는 것은 부당한 대우를 받는 것이다. 그리고 자신이 약물 중독자가 되도록 허용함으로써 스스로를 부당하게 대할 수 있다는 것은 분명해 보인다.) 그런 권리를 제외하고, 권리가 존재하려면 둘 이상의 존재가 있어야 한다. 그리고 내가 당신에 대해 권리를 갖는 것처럼, 당신도 나에 대해서 권리를 갖는다. 상황은 대칭적이다. 다른 이들에 대한 자신의 권리만 말하―고 자신에 대한 다른 이들의 권리는 무시하―는 소유적 개인주의자들은 권리 담론을 오용하고 있는 것이다.

나는 권리가 우리 존재라는 정교한 직물에 두루 퍼져 있다는 생각을 전하고 싶었다. 그래서 인권에 해당하는 특별한 권리들에 대한 논의를 책의 마지막 부분에서 다루었다. 인권은 우리가 특정 종류의 인간이어서가 아니라 인간 자체이기 때문에 갖는 권리다.

인권에 대해 생각할 때는 인간의 범위가 영구적 혼수상태의 사람들이나 중증 치매 환자들, 심각한 손상을 입고 태어난 사람들처럼 인격체로 기능할 수 없는 이들까지 아우른다는 사실을 명심해야 한다. 그런 사람들에게 있는 무엇 때문에 그들이 특정한 권리―즉, 독살되지 않을 권리, 쓰레기차에 던져지지 않을 권리―를 갖게 되는지 숙고하면서, 나는 인권에 대한 세속주의적 이론들이 그런 사람들에게 있는 무엇이 그들에게 권리를 부여하는지 설명하지 못한다는 결론에 이르게 되었다. 세속주의적 이론들은 인격체로 기능할 수 있는 인간들에게 있는 무엇이 그들에게 권리를 부여하는지 설명할 수 있지만, 인격체로 기능**할 수 없는** 이들에게 있는 무엇이 **그들에게 권리를 부여하는지**는 설명할 수 없다.

　세속적 인권 이론들은 인권을 설명하는 존엄의 근거를 흔히 모종의 능력―합리적 행위능력 등―에서 찾는다. 그러나 인격체로 기능할 수 없는 인간은 그에 해당하는 능력이 없다. 내가 아는 한, 하나님의 형상을 지닌 모든 피조물을 향한 하나님의 사랑에 호소하는 유신론적 인권 이론만이 인격체로 기능할 능력이 없는 이들을 포함한 모든 인간의 권리를 설명할 수 있다. 나는 인격체로 기능할 수 없는 사람들이 권리를 갖는 이유를 설명하는 만족스러운 세속주의 이론이 없다고 해서 세속주의자들이 그런 사람들이 권리를 갖고 있다는 생각 자체를 포기해야 하는 것은 아님을 강조했다. 의무에 대한 만족스러운 이론이 없다고 해서 의무가 존재한다는 생각을 포기해야 하는 것은 아님과 같다. 그럼에도 불구하고, 유신론적 인권 이론만이 인권을 제대로 설명한다는 나의 주장은 논란을 불러일으켰고 일부 독자들은 불쾌하게 받아들였다.

『정의』를 기획할 때 나는 정의와 사랑의 관계를 말하는 한 장을 구상했다. 그런데 그렇게 되면 책이 너무 길어진다는 것이 문제였다. 어쨌거나, 그 주제에 대해 생각을 시작하자 그 내용을 제대로 다루려면 별도의 책으로 구성해야 한다는 생각이 분명하게 들었다. 그래서 『사랑과 정의』Justice in Love, Eerdmans, 2011가 나오게 되었다. 이 책의 서문에서 나는 우리가 고대의 저자들이 전해 준 두 가지 포괄적 명령을 물려받았음을 지적했다. 아테네-로마 줄기와 예루살렘 줄기 양쪽 모두에서 전해진 명령은 정의를 행하라는 것이고, 예루살렘 줄기에서만 전해진 또 다른 명령은 이웃을 자신처럼 사랑하라, 그 이웃이 원수라 해도 사랑하라는 것이다. 이 두 명령이 서로 어떤 관계인지는 첫눈에 잘 드러나지 않는다. 그래서 여러 세기에 걸쳐 여러 저자들이 정의와 사랑의 관계를 거듭해서 다루었다.

나는 그중에서도 정의와 사랑 간의 긴장 또는 갈등이라는 주제가 여러 문헌에서 두드러진다고 지적했다. 때로 이 주제는 두 명령을 동시에 따를 수 없다고 주장하는 형태로 나타난다. 우리가 사랑으로 행할 때는 정의가 요구하기 때문에 그렇게 하는 것이 아니고, 정의의 요구로 특정하게 행동하는 것은 사랑으로 행하는 일이 아니라는 것이다. 또 이 주제는 사랑의 명령을 따르다보면 때로는 불의를 저지르게 되고, 정의의 명령을 따르다 보면 때로는 무정하게 행하게 된다고 주장하는 형태로 나타난다.

나는 이것이 오류라고 직관적으로 느꼈다. 『사랑과 정의』의 논의를 형성한 주제는 올바르게 이해한 정의와 올바르게 이해한 사랑 사이에는 긴장이 없다는 것이다. 나는 사랑이 정의를 포함한다고 주장했다. 사람이 이웃을 사랑할 때, 정의가 요구하는 바를 넘어가기도 하지만 정의의 요구에 못 미치게 행하는 일은 없다. 나는 이 책을 쓰면서 철학적 논의에서 아리스토텔레스와 칸트를 끌어들이는 일이 자연스러운 것처럼 예수, 바울, 구약성서의 예언자들을 끌어들이는 것이 자연스럽게 보이도록 논의를 진행하는 과제를 스스로 짊어졌다. 나는 그 부분에서 성공했다고 생각한다.*

...

2010년 3월, 나는 온두라스의 테구시갈파로 날아가 '정의로운 사회를 위한 연합La Asociación para una Sociedad má Justa, 줄여서 ASJ의 활동을 지켜보았다. 그 단체의 공동설립자 커트 퍼비크는 몇 년 동안 내게 ASJ가 하고 있는 일을 직접 보라고 촉구해 왔다. 내가 정의에 얼마나 깊이 관심을 갖는지 알고 있었기 때문이다. 매번 뭔가 일이 생겨서 가지 못했는데, 마침내 기회가 열렸다. 그곳에선 또 다른 불의에 대한 각성이 나를 기다리고 있었다. 팔레스타인 사람들과 남아공의 유색인들이 경험했던 것과는 또 다른 종류의 불의였다.

ASJ는 스스로 인식하듯 구호단체나 개발단체가 아닌 정의의 단체이고, 온두라스 사회에서 가장 지독한 불의라고 여기는 것에 초점을 맞추고 있으며, 분명한 기독교적 정체성을 갖고 있다. 직원들은 거의 전부 온두라스 사람들이다. 단체의 대표인 카를로스 에르난데스는 온두라스 사회에 널리 퍼진 불의의 가장 뿌리 깊은 원인은 법이 집행되지 않는다는 것이라고 내게 말했다. 법은 대체로

---

* 정의에 대한 두 책, 『정의』와 『사랑과 정의』를 쓸 수 있도록 이상적인 집필 환경을 제공해 준 고등학문연구소에 큰 감사의 빚을 졌다.

상당히 괜찮은데 공무원들이 법을 집행하지 않는 일이 흔하고, 가난한 사람들을 상대로 저지른 범죄의 경우는 특히나 그렇다. 이런 상황에 대한 흔한 설명은 '부패'이다. 부정 이득과 뇌물 말이다. 그러나 부패한 공무원들이 존재하는 것은 분명한 사실이지만, 더 근본적인 문제는 만연한 두려움과 신뢰 부족이라는 것이 ASJ의 분석이다. 가난한 사람들은 경찰, 사법제도, 혹은 관료사회를 신뢰하지 않고, 경찰은 검찰을 신뢰하지 않고, 검찰은 경찰을 신뢰하지 않는다. 그 결과 범죄나 공무원 비행의 피해자들은 조치를 취하기를 두려워한다. 경찰이나 국가공무원에게 신고하면 가해자 측에서 그 사실을 알고 보복할 거라고 두려워한다. 경찰과 검찰도 조치를 취하면 보복을 당할 거라고 똑같이 두려워한다. 사회정의가 가능하려면 경찰과 사법제도가 제 기능을 해야 하고, 두려움과 불신이 만연한 상황에서는 경찰과 사법제도가 제 기능을 할 수 없다는 사실을 나는 거기서 그 어느 때보다 분명히 보았다.

이런 상황에서 ASJ의 목표는 사설 보안 부대나 독립적 학교를 설립하는 식으로 정부를 우회하여 일을 처리하는 것이 아니라, 공무원들이 맡은 일을 하게 하고 그 과정을 돕는 데 있다. 나는 만연한 두려움과 불신에 대처하기 위해 ASJ가 고안한 많은 기발한 전략들을 알게 되었다. 그들이 하는 일은 위험하다. 한 해 전, 그들의 수석 변호사 디오니시오 디아즈 가르시아가 테구시갈파 중심가에서 법원으로 가는 길에 근거리에서 총에 맞았다. 내가 이 글을 쓴 날인 2016년 12월 16일, 바로 전날에 ASJ의 이사인 호르헤 마차도 목사의 목숨을 노리는 시도가 있었다는 소식을 들었다. 목사 부부는 해를 입지 않고 피했지만, 그의 경호원 한 사람이 살해되었고 다른 경호원은 심각한 부상을 입었다.

테구시갈파에서 보낸 어느 날 오후, 나는 몇몇 다른 방문자들과 차를 얻어 타고 ASJ가 힘을 집중하고 있는 도시 구역 중 한 곳으로 가서 작고 깔끔한 거실로 안내를 받았다. 콘크리트 블록 벽에다 바닥은 다진 흙이었고, 벽에는 밝은색 포스터들이 많이 붙어 있었다. 소박한 아름다움이었다! 그곳에서 두 여성이 딸이 강간당한 일을 이야기하고, 아무 일도 하지 않던 경찰이 ASJ가 개입하자 달라졌다고 말했다. 가해자들은 결국 밝혀졌고 체포되어 유죄판결을 받았다. 한 젊은 여성은 총에 맞은 일을 이야기했는데, 자신의 경우에도 경찰이 아무 일도 하지 않다가 ASJ가 개입하자 달라졌다고 했다. 이번에도 가해자들이 밝혀지고 체포되고 유죄 판결을 받았다.

피해자들의 얼굴과 목소리가 다시 한 번 내게 말을 거는 경험이었다. 나는 「크리스천 센추리」에 기고한 '정당한 요구'라는 글에서 이때의 일을 묘사했다. 이 기사는 나의 반┿대중적 글 모음집인 『부르심을 들음』*Hearing the Call: Liturgy, Justice, Church, and World*, Eerdmans, 2011에 약간의 수정을 거쳐 실렸다.

몇 년 후 나는 ASJ의 후원으로 테구시갈파로 돌아가 정의를 주제로 몇 차례 강연을 했다. 그중 한 강연 후 열린 환영연회에서, 나이지리아에서 온 사람이 내가 정의에 대해 쓴 글을 많이 읽었다며 정의에 관한 나의 생각을 자전적으로 '해석'한 글을 보고 싶다고 말했다. 그는 내가 어떻게 정의에 대해 그런 생각을 갖게 되었는지에 관한 글이 나의 사상에 인간미를 부여할 거라고 했다. 전혀 해보지 못한 생각이었지만 그 제안이 맘에 들었다. 그래서 『하나님의 정의』가 세상에 나오게 되었다. 그 책에는 몇 가지 새로운 내용이 있는데,

특히 사회정의 운동의 구조에 대한 장들과 아름다움, 희망, 정의가 어떤 관련이 있는지 다룬 장들이 그렇다. 그러나 주로 그 책은 그가 제안한 대로 정의에 관한 나의 생각을 자전적으로 '해석'한 책이다.

···

글을 어떻게 쓰느냐는 질문을 가끔 받는다. 흔히 학자의 경력을 막 시작하는 사람이 그런 질문을 한다. 글쓰기의 많은 부분은 글로 표현이 되지 않지만 최선을 다해 설명해 보려 한다. 철학적인 글을 쓰는 데 초점을 맞추겠다. (대중성 있는 에세이를 쓰는 것은 좀 다르다.)

글을 쓰는 일은 인간 존재의 어떤 면 못지않게 신비롭고 경이로운 과정으로 시작된다. 내가 자리에 앉아 어떤 주제를 생각하기 시작하면, 그 주제에 대한 생각들이 머릿속에 떠오른다. 이 일이 어떻게 가능할까? 나는 지각이 작동하는 방식을 일반적으로 이해한다. 인간은 모종의 감각이 입력되면 대상을 지각하도록 구성되어 있다. 하지만 어떤 주제에 대해 생각하기로 결정하면 그에 대한 생각들—새로운 생각들, 이전에 못했던 생각들—이 떠오르는 일은 어떻게 가능한 걸까? 이것은 참으로 신비롭다. 이것이 너무나 친숙한 일만 아니라면 우리에게 정말 경이롭게 다가올 것이다. 이것은 내가 순수하게 자연주의적 진화론들을 받아들일 수 없는 이유 중 하나이다.

가끔은 어떤 영역을 살피고 그것이 철학자인 내게 어떻게 보이는지 묘사하는 것을 목표로 삼을 때가 있지만, 대체로 나의 목표는 묘사가 아니라 이해하는 데 있다. 어떤 것을 도무지 모르겠다. 나는 그것을 이해하고 싶지만 이해가 안 된다. 예를 들면, 도덕적 의무의 본질과 토대는 무엇일까? 이해하고 싶지만 이해가 안 된다. 그러면 욕구불만이 일어난다. 이해하지 못하는 것을 이해하고 싶어서 생기는 욕구불만은 나의 철학적 사고를 이끄는 큰 원동력이다. 내가 철학적 사고를 계속하는 것은 대부분의 경우 마침내 이해를 달성하기 때문이다—적어도 나는 그렇게 생각한다. 내게 철학적 사고는 이해를 달성하고 싶은 욕구에서 힘을 얻어 욕구불만과 만족 사이를 시소처럼 오르내리는 감정적 경험이다.

물론 이해 달성이 전제하는 것이 있다. 실재와 인간의 능력 사이에는 분명한 모종의 조화가 있다는 것이다. 그 조화는 내가 자연주의적 진화론을 받아들일 수 없는 또 다른 이유다. 실재, 깊고 깊은 실재를 이해하는 데 필요한 능력을 가진 피조물이 존재한다는 것은 놀랍다. 이것은 설명이 꼭 필요한 현상이다.

철학적 이해가 즉시 주어지는 경우는 드물고, 인내와 집요함이 요구된다. 이해를 달성하기까지 몇 년이 걸리기도 하고, 가끔은 연구계획을 한동안 제쳐두었다가 나중에 다시 돌아오기도 한다. 우연히 어떤 글을 읽다가 착상이 떠오르기도 한다. 하지만 어떤 것도 효과가 없고 이해가 결코 주어지지 않을 때도 있다. 그럴 때는 유감스럽지만 이해의 시도를 포기하고 그 문제를 잊고 다른 연구를 이어간다. 두 번 정도 그런 일이 있었다. 한번은 어떤 주제로 에세이집에 원고를 기고하기로 약속했을 때이고, 또 한 번은 무슨 말을 할지 명확한 생각이 없이 어느 저널의 특집호에 기고하기로 했을 때였다. 창피했지만 약속을 지킬 수 없겠다고 양해를 구해야 했다.

어떤 주제를 생각하기 시작할 때 나는 생각을 손으로 써내려간다. 생각이 떠오른 다음에 쓰는 것이 아니라 쓰는 동안에 생각한다. 아니, 쓰면서 생각한다는 것이 더 낫겠다. 아무것도 적지 않고 머릿속으로 생각을 전개할 수 있는 사람들이 있을지 모르겠지만 나는 그렇게 하지 못한다. 나는 손가락과 펜으로, 그리고 눈으로 생각한다. 내 생각이 검토할 수 있게 눈앞에 적혀 나가야 한다. 이 시점에는 자세한 표현 같은 것은 개의치 않는다. 내가 적는 내용은 상당 부분 형편없는 문장이나 조각난 문장들로 이루어진다. 나는 그 모두를 어떻게 결합해 넣을지 고민하지도 않는다. 그저 생각이 솟아나는 대로 형태와 순서에 상관없이 써나간다. 세세한 표현이나 문체, 순서를 걱정하면 브레인스토밍에 방해가 된다. 나는 어떤 생각이든 그대로 적어 둔다.

그러다가 브레인스토밍으로 얻을 것이 더 없다고 느껴지는 시점이 온다. 이 시점이 오기까지 나는 내 생각과 둘만 있었다. 이제부터는 독자들을 염두에 두고 에세이나 책의 한 장을 집필하면서 예상 청중을 논의에 포함시킨다. 이 작업은 컴퓨터로 한다. 나는 사전에 개요를 작성하지 않는다(그러지를 못한다). 시작을 어떻게 할지 정하고 거기서부터 어떻게 가야 할지 막연한 생각만 가진 채로 글을 진행한다.

생각을 적어 내리는 것을 중단하고 글을 쓰기 시작할 때가 되었음을 어떻게 판단할까? 말하기가 어렵다. 그런 느낌이 온다. 글쓰기는 아주 오랫동안 지체될 수도 있다. 전에 가르쳤던 학생이 편지를 보내와 자신이 집필가 장애를 겪고 있다며 그 문제로 통화가 가능할지 물었다. 그와 통화하면서 나는 에세이나 책의 한 장을 쓰는 일을 어떻게 준비하는지 물었다. 그는 자세한 내용까지 모두 생각해 놓고서야 글을 쓰기 시작하려고 하는 것이 분명했다. 나는 내가 글을 쓰는 방식을 소개하고 그렇게 시도해 보라고 했다. 그는 나의 조언을 따랐고 효과가 있었다.

이상적으로 말하자면, 글을 쓸 때 나는 그동안 했던 생각들을 제대로 된 문장으로 표현해내고 그 문장들을 독자를 감동시킬 만한 순서로 조직한다. 그러나 일이 그렇게 순조롭게 되는 경우는 드물다. 때로는 내가 말하고 싶은 내용을 담을 문장이 생각이 나지 않는다. 이것은 내가 말하고자 하는 내용이 명료해지지 않았다는 확실한 신호다. 문장은 정확하지만 어색하거나, 어느 지점에서 글쓰기가 뻑뻑해지고 난해해지기도 하는데, 이것은 내가 온전한 이해에 이르지 못했다는 또 다른 신호다. 논증에 빈틈이 생겨난다. 때로는 글 전체가 지루해지기도 한다. 내게 지루한 글은 용서받을 수 없는 죄다. 이 모든 과정에서 줄곧 나는 컴퓨터로 생각을 진행한다.

철학적인 글을 쓰는 것은 철학적으로 사고하는 것과 마찬가지로, 욕구불만과 만족을 오가는 정서적 시소를 타는 일이다. 그러나 욕구불만 끝에 마침내 글이 하나로 모일 때 그 경험은 참으로 만족스럽다. 그렇지 않다면 나는 철학적 글쓰기를 계속하지 못할 것이다. 클레어에 따르면, 나는 글쓰기가 잘 진행이 되면 잘 되고 있으니까 멈추고 싶지 않다고 말하고, 잘 진행이 안 되면 잘 안 되고 있어서 중단하고 싶지 않다고 말한다!

생각들을 써 내려가기를 중단하고 글을 쓰기 시작할 때면 불안감이 든다. 말 안 듣는 노새를 채찍질해서 내가 원하는 일을 시키려드는 이미지가 머리에 떠오른다. 가끔은 노새가 꿈쩍도 하지 않아서, 그때까지 쓴 내용을 없애버리기도 한다. 컴퓨터의 '삭제' 버튼은 꼭 필요하다.

나는 문장의 탁월함만으로 주목을 끄는 화려한 산문은 쓰지 못한다. 다행히 철학에는 그런 산문이 필요하지 않다. 대신에 나는 사고와 설명의 명료성을 목표로 한다. 그러나 내 글이 많은 분석철학의 경우처럼 수사적 상상력이 결여된 방식으로 건조하기를 바라진 않는다. 그래서 나는 은유, 직유 및 온갖 수사적 기법을 자유롭게 구사한다. 내용을 하나둘 나열하는 데 그치지 않고 독자를 사로잡고, 에세이나 각 장, 책 전체에 극적인 특성을 부여하여, 어딘가로 향하고 마침내 도착하는 느낌을 주고자 최선을 다한다.

젊은 날에 형이상학의 세계를 날아보고 나서 내가 쓴 글은 대부분 저공비행에 해당한다. 나의 목표가 명확하고 구체적인 것을 해명하는 데 있었다는 뜻이다. 나는 정의의 미세한 결, 우리가 예술작품과 관계하는 다양한 방식, 예전에 참여하는 행위를 통해 우리가 무엇을 하는지 등을 해명했다. 분석철학 전통에서는 철학자들이 흔히 개념 분석, 명제간 상호관계의 탐구, 난문제 제기와 풀이 등 고도로 추상적인 작업에 몰두한다. 나는 그런 작업은 비교적 적게 했다. 나의 관심을 사로잡은 것은 불의, 노동요, 예전 등 구체적인 삶의 요소들이었다. 나의 글은 대부분 분석철학의 스타일로 되어 있지만 철학자들이 현상학이라 부르는 것의 한 형태이다.

나는 이미 많이 다듬어진 문제에 끼어드는 데는 관심이 없다. 그 대신에 대안적 사고방식을 탐구하는 데 끌린다. 정의에 대한 대안적 사고방식, 예술에 대한 대안적 사고방식, 자유민주주의에 대한 대안적 사고방식, 근거 있는 믿음이 무엇인가에 대한 대안적 사고방식을 탐구했다. 나는 비전과 솜씨, 상상력이 딱 들어맞는 열장이음의 결합을 추구한다!

나는 왜 은퇴하고 한참 후까지 계속 사고하고 글을 써왔을까? 그 일을 사랑하기 때문이다. 나의 관심사와 능력, 그리고 내게 주어진 기회들의 맞물림은 그것을 선용하라는 부르심이라고 여기기 때문이다.

...

『정의』와 『사랑과 정의』를 마친 후, 나는 오랫동안 마음만 간절했던 또 다른 집필계획에 나섰다. 나는 『행동하는 예술』1980에서 근대의 예술철학자들이 예술 작품의 향유방식인 심미적 몰입감상과 그런 방식에 보상을 안겨주는 작품들에만 거의 집중했다고 지적했고, 거기서 더 나아가 예술철학자들은 탐구 범위를 넓혀서 사람들이 예술 작품을 향유하는 여러 다른 방식과 그런 방식으로 향유되는 작품들을 다루어야 한다고 주장했다. 이런 생각의 흐름을 촉발한 계기는 미시간 대학교 공영 라디오 방송에서 흘러나온 노동요에 귀 기울이던 그 토요일 오후, 우리 집 거실에서 경험한 예술적 각성이었다. 그러나 나는 『행동하는 예술』에서 설파한 내용을 실천에 옮기지 않았다. 예술 작품을 심미적 감상의 대상 말고 달리 향유하는 방식들을 분석하지 않았다. 나는 오랫동안 그 작업을 하고 싶었다.

그 작업을 위해서는 내가 『행동하는 예술』에서 썼던 개념적 틀을 확장해야 한다는 것을 여러 해에 걸쳐서 깨닫게 되었다. 나는 그 책에서 우리가 예술 작품을 향유하는 많은 방식을 고려하려면 예술 작품을 행동의 맥락 안에 놓고 봐야지, 행동과 분리해서 작품 자체에 초점을 맞추면 안 된다고 주장했다. 『행동하는 예술』이라는 제목은 그래서 나온 것이었다. 하지만 거기까지만 말하는 것은 원자론적 사고방식을 부추기게 된다는 것이 점차 분명해졌다. 예술의 본질에는 오래된 사회적 실천이 자리 잡고 있다. 작품을 창조하거나 만드는 사회적 실천, 작품을 공연하거나 보여주는 사회적 실천, 다양한 방식으로 예술 작품을 향유하는 사회적 실천 등. 개별적 행위들은 이런 사회적 실천 안에 담긴다. 내가 『행동하는 예술』에서 설파한 것을 실천에 옮기려면, 예술의 사회적 실천이 가장 중요한 위치에 있어야 할 터였다.

이 외에 내가 예술 작품의 의미 개념을 사용해야 한다는 점, 보다 정확히 말하면 예술 작품들이 보유한 다양한 종류의 의미를 고려해야 한다는 점 또한 분명해졌다. 이전에 그렇게 하지 않았던 데는 이유가 있었다. 1970-1971학년도 안식년을 런던에서 보내면서 예술 작품에 대해 연구하고 있을 때, 예술에서의 의미에 대해 생각하는 것이 연구계획에 들어있었다. 그런데 그 해에 나는 위대한 독일인 미술사학자 에른스트 곰브리치와 런던의 바르부르크 연구소 연구실에서 만날 약속을 잡는 데 성공했다. 가벼운 인사를 나눈 후, 곰브리치는 내게 무슨 연구를 하느냐고 물었다. 나는 예술 작품의 의미를 포함하여 내가 탐구하고 있던 몇 가지 생각들을 언급했다. 그의 반응은 빠르고 직설적이었다. "의미를 멀리하게나." 내 기억에 따르면, 그는 나를 '젊은이'라고 불렀다. "젊은이, 의미를 멀리하게나." 그는 그 말의 의미를 설명하지 않았고, 나는 묻지 않았다. 의미 개념이 너무 모호하여 쓸모가 없다고 여기는구나 하고 추측할 뿐이었다. 곰브리치는 내가 존경하는 사람이었기에 나는 여러 해 동안 의미를 멀리했다. 하지만 이제는 그 개념이 없어서는 안 된다는 것을 깨닫고 있었다.

『행동하는 예술』은 예술의 사회적 실천 개념과 예술에서의 의미 개념을 도입함으로써 개념의 틀을 확장해야 했을 뿐 아니라, 그동안 대답하지 않고 남겨둔 한 가지 중요하고 분명한 질문을 다루어야 했다. 그 책에서 나는 예술철학자들이 "예술에는 여가가 필요하다", "예술은 우리를 고양시켜 일상생활의 흐름을 넘어서게 한다" 같은 말을 했던 이유를 물었다. 그런 말들은 노동요 및 기타 여러 예술 작품들에 대해서는 잘못된 것이 분명하지 않은가. 근대의 예술철학자들은 내가 '고급예술 제도'라고 부른 것에 관심을 집중했고, 그 분야에서는 그들이 하는 말이 진실에 가깝다. 이것이 내가 제시한 답변이었다. 이 답변은 다시 이런 질문을 불러온다. 예술철학자들은 왜 고급예술 제도에만 그렇게 배타적인 관심을 쏟았을까? 나는 이 질문은 다루지 않았다. 일부 독자들은 내가 예술철학자들이 설명할 수 없는 근시를 앓고 있다고 생각한다는 인상을 받았을지 모른다.

하지만 얼마 후 나는 그들의 근시가 설명할 수 없는 것이 아님을 깨달았다. 근대의 거의 모든 예술철학자들은 지금 내가 '근대세계 예술의 거대서사'라 부르는 것을 받아들였다. 이 거대서사는 예술 작품을 미적 감상의 대상으로 향유하는 것이 근대에서 점차 두드러진 일이 되었다고 지적한 다음, 이런 현상은 예술이 군주와 고위성직자에게 봉사하는 존재가 아니라 그 자체로서 인정을 받게 되었음을 나타낸다고 주장한다. 그리고 예술이 이런 식으로 독자적인 인정을 받을 때 자본주의 사회의 역학을 초월하게 된다고 덧붙인다. 이런 식으로 생각한다면 노동요와 찬송가에 주목하지 않는 것은 자연스러운 일이 될 것이다. 노동요와 찬송가에 주목하는 것은 나비를 볼 수 있는 상황에서 번데기를 연구하는 일과 같을 것이다.

이 연구는 내게 적합했다. 나는 이 거대서사를 설명하고, 근대의 예술철학은 대부분 이 서사에 사로잡혀 있었음을 보이고, 이 서사를 거부해야 하는 이유를 제시해야 할 터였다. 그 이후에 예술의 사회적 실천 개념과 예술 작품의 의미 개념을 발전시켜야 할 것이었다. 이것을 이론적 틀로 삼으면 우리는 심미적 몰입감상의 대상과는 다르게 예술 작품을 향유하는 다양한 방식을 분석할 위치에 서게 될 것이다.

나는 기념예술, 종교예술(비잔틴 이콘화가 주된 사례들이 될 터였다), 사회저항예술, 노동요를 다루고, 시각예술에서 나타난 최근의 현상을 다루기로 했다. 나는 그것을 '예술반성적 예술'(심미적 감상을 만족시키는 것보다 예술에 대한 질문을 제기하는 것이 목적인 예술)이라 부른다. 예술반성적 예술을 논의에 포함시키려는 이유는, 근대예술의 거대서사는 그런 예술을 전혀 설명하지 못하지만 내가 전개하는 사회적 실천 및 의미의 틀은 그런 예술을 분석할 수 있는 개념을 정립해 준다는 사실을 확고히 하기 위해서다.

노동요를 논하는 데는 걱정스러운 면이 있었다. 노동요의 기능 방식에 대한 나의 이해는 전적으로 외부에서 주어진 것이었다. 나는 육체 노동을 하면서 노동요를 불러 본 적이 없다. 그러나 예술에 대한 기나긴 생각의 흐름을 촉발시킨 도화선이 노동요였기 때문에, 그것의 사회적 실천과 의미를 분석하는 과업에 응하지 않는 것은 비겁한 일이 될 거라고 판단했다. 논의는 내가 예상했던 것보다 더 잘 이루어졌다. 일부 독자들은 노동요에 대한 장이 그 책에서 가장 좋았다고 말해 주었다.*

...

클레어와 나는 샬러츠빌에 살면서 고등문화연구소와 일하는 것이 좋았다. 유일하게 큰 부정적인 면이라면 마음이 끌리는 교회를 찾지 못했다는 것이었다. 샬러츠빌에서 사귄 새 친구들 중에서 네 명을 따로 언급하고 싶다. 제임스와 허니 헌터 부부, 베브와 브라이언 위스펠웨이 부부(두 사람은 칼빈 대학 졸업생)다. 우리는 그들과 멋진 시간을 보냈고 그들 모두를 깊이 사랑하게 되었다.

연구소 소장 헌터는 이미 소개한 바 있다. 그는 20년 전에 연구소를 설립했고, 여전히 연구소에 방향을 제시하고 연구소 유지를 위해 후원 모금을 한다. 그는 자신의 연구소가 테오도르 아도르노, 막스 호르크하이머, 위르겐 하버마스 등의 유명한 연구원으로 잘 알려진 프랑크푸르트연구소에 대응하는 소박한 기관이라고 본다. 그의 아내 허니는 기막힌 어린이 이야기를 쓴다. 베브 위스펠웨이는 시 전역에서 비영리 활동을 하느라 언제나 바쁘다. 그녀의 남편 브라이언은 버지니아 대학교 의학전문대학원 교수이고, 그 학교의 최고의 교수 중 한 사람이라는 명성을 얻고 있다. 브라이언은 몇 년 연속으로 '올해의 교사상'을 수상했다. 상을 감독하는 위원회에서는 다른 교수진에게 공평한 기회를 주고자 한동안 그의 수상 자격을 제한하기로 결정했다. 이후 그가 수상 후보자 명단에 다시 오르자마자 다시 그 상을 수상했다.

• 『정의』와 『사랑과 정의』의 경우처럼, 『예술의 재고찰』*Art Rethought: The Social Practices of Art*, Oxford University Press(2015)의 집필을 위해 이상적 환경을 제공해 준 고등문화연구소에 깊은 감사를 드린다.

즐거운 8년의 세월을 보내고, 우리는 샬러츠빌에서의 생활을 정리할 때가 되었다고 판단했다. 1986년 봄에 암스테르담의 자유 대학교에서 가르치기 시작한 이래, 우리는 그랜드래피즈의 집에서 1년을 꼬박 살아 본 적이 없었다. 1989년 가을에 예일대 교수진에 합류한 이후로는 매년 9월이면 그랜드래피즈에서 우리 SUV에 그 학년도에 필요할 것 같은 물건들을 가득 싣고 목적지에 도착해서 짐을 풀었다. 그리고 다음 해 5월에는 같은 일을 역순으로 했다. 모든 짐을 제대로 챙긴 적은 한 번도 없었던 것 같다. 늘 필요한 물건 중 일부는 다른 집이나 숙소에 있었다. 클레어는 이런 떠돌이 생활에 지쳐갔다. 그래서 2013년 5월에 우리는 샬러츠빌의 숙소를 포기하고 그랜드래피즈에서 일 년 내내 살기로 했다.

...

일 년 내내 그랜드래피즈에서 사는 큰 기쁨 중 하나는 종의 교회 Church of the Servant, 친근하게 씨오에스[COS]라고 불린다에서 일 년 내내 예배드릴 수 있다는 점이었다. 씨오에스는 클레어와 내가 다른 이들과 힘을 합쳐 개척할 때 꿈꾸던 것 이상으로 번창했다. 주일 아침 예배에 오백 명이 참석할 정도로 성장했다. 예배는 활력이 넘치고 교인들은 사회정의에 깊이 헌신한다. 교회는 난민과 이민자 사역을 비롯해 뜻밖에 주어진 사역들을 열정적으로 받아들였고, 교인들은 30년 동안 담임목사인 잭 로다 목사(2016년 은퇴)의 비범한 설교를 듣는 복을 누렸다. 잭과 그의 아내 캐롤은 그 오랜 세월 동안 우리의 친구이자 격려자였다. 잭이 씨오에스에서 처음으로 집전한 장례식이 우리 아들 에릭의 장례식이었다.

그랜드래피즈에서 일 년 내내 사는 일의 또 다른 큰 기쁨은 그랜드래피즈에 사는 아이들과 손주들을 이전보다 훨씬 더 많이 볼 수 있다는 점이다. 아이들은 방향은 다 달라도 전부 우리 집에서 사방 1마일 안에 살았다. 에이미와 사위 토마스('T.J.'), 두 손주 닉과 피비. 클라스와 며느리 트레이스, 세 손주 마리아, 니나, 키스, 그리고 크리스토퍼가 그랜드래피즈에 산다. 로버트와 며느리 마리와 두 아이 이안과 인디아는 지금 코네티컷주 뉴헤이븐에 산다. 클레어와 나는 그들 모두를 많이 사랑한다. 우리는 그들의 성공에 기뻐하고, 그들이 사고를 당하거나 아프거나 실망하면 슬퍼하고, 그들의 미래를 염려한다. 그들은 우리를 사랑으로 보살펴준다.

우리 가족은 많은 면에서 옛날식 가족이다. 그랜드래피즈에 사는 우리는 서로를 자주 본다. 주일마다 교회 예배를 마치고 우리 집에 모여 커피를 마시는데, 근처에 사는 나의 쌍둥이 여동생 헨리에타가 가끔 함께한다. 그 자리에선 무엇이건 논의의 대상이 된다. 내게는 어릴 적 에저턴의 집에서 교회 예배 후에 가졌던 커피타임이 떠오르는 시간이다. 우리는 성탄절, 부활절, 추수감사절, 독립기념일 등 명절도 함께 쉰다. 나는 손주들을 학교, 합창연습장, 스포츠 행사장에 태워 주는 일을 돕는다. 클레어와 나는 결혼 50주년을 축하하기 위해 아일랜드 서쪽 해안의 집 한 채를 빌려 가족 전체, 모든 아이들과 손주들을 그리로 실어 날랐다. 60주년 결혼기념일에는 메인주 해안에 있는 집을 빌려 온 가족이 한 주 동안 함께 시간을 보냈다. 다들 서로 화목하게 지냈다

기쁘게도, 아이들과 사위 며느리들은 전부 자신의 재능을 활용하고 만족을 안겨주고 잘 해낼 때 자부심을 느낄 수 있는 가치 있는

일을 찾았다. 그들 모두 도덕적 원칙이 분명했고 만나는 사람들을 정의롭고 명예롭고 사려 깊게 대한다. 그들과 그 자녀들에 대한 간략한 스케치를 해보려 한다. 그들이 어떤 사람들인지 알려주는 단서 정도만 제공할 생각이다.

맏이인 에이미는 여전히 성실하고 차분하다. 에이미는 가치 있고 색다른 일을 찾아내고 돕느라 늘 바쁘다. 지역신문에 동네 관련 기사를 쓰고, 프리랜서 편집자로 일하고, 시험대행업체에서 학생들의 에세이를 채점한다. 손으로 하는 일, 특히 섬유와 직물을 가지고 일하는 데 비범한 재주가 있다. 스카프와 벙어리장갑을 뜨고, 헌옷 가지로 퀼트와 담요를 만든다. 에이미가 만든 것들은 상상력이 넘치고 디자인이 아름답고, 뜨개질과 꿰맴이 흠 잡을 데가 없다. 한번은 글로 하는 일이 섬유로 하는 일과 비슷하다고 생각한다는 말을 한 적이 있다. 단어의 결합으로 구현하는 상상의 패턴이 색상과 질감의 결합으로 구현하는 상상의 패턴과 비슷하다는 의미일 것이다.

에이미의 남편 T.J.는 주택 개보수 업자이고 자신이 하는 일을 흠 없이 빠르게 해낸다. 그는 누구와 같이 일하는 일이 잘 없는데, 지금껏 고용한 조수들이 충분한 기술을 갖추지 못했거나 그와 손이 맞을 만큼 빠르지 않았다. 혼자 일하는 것이 더 나았다. 예외가 있기는 했는데, 가장 특별한 사람은 아들 닉이었다. T.J.는 아들이 이제껏 고용한 조수 중 최고라고 말한다. 주택 개보수 작업은 상상력과 틀에 매이지 않는 문제해결 능력을 요구한다. T.J.는 둘 다 풍부히 갖추었다. 최근에 그가 일하는 모습을 지켜본 누군가가 자기도 아무 생각 없이 할 수 있는 개보수 일을 하면 좋겠다고 말했다! T.J.는 분개했고, 당연한 반응이었다. 그는 운동을 잘하고 에너지가 넘치고 관심거리를 늘 찾아낸다.

두 사람의 아들 닉은 매력적이고 부드럽고 느긋하고 서두르지 않는다. 운동을 잘하지만 제 아버지와 달리 경쟁심이 없다. 몇 년 전 닉이 하키 동아리 회원이었을 때, 자기가 출전하는 경기를 보러 오라고 나를 초청했다. 하키스틱을 손에 들고도 여전히 경쟁심에 휘둘리지 않는 모습을 유지하는 것을 보노라니 재미있었다. "이 퍽이 그렇게 갖고 싶어? 자, 여기 있다. 받아"라고 말하는 것 같았다. 그는 미국 서부 해안의 어느 대학에 입학한 첫 학기에 불운한 경험을 하고 학교를 중퇴했다. 닉은 지금 그랜드래피즈 전문대학에서 수업을 듣고 있고 지역 식당의 요리사들을 관리한다. 책임감 있게 열심히 일하면서 개인사업을 진지하게 고려하고 있다.

피비는 말수가 적고 수줍음이 많으며 다수의 관심을 끄는 것을 싫어한다. 재능 있는 체조선수이고 맡은 일은 무엇이든 열심히 감당한다. 학기 중에는 학업에 오롯이 전념한다. 그림 그리기를 좋아하고 남다른 재능이 있다. 악기 다루는 데도 재능이 있는데 아주 많은 악기를 다룰 줄 알고, 그중 두 가지는 독학으로 익혔다.

로버트는 더 이상 공상에 빠지는 어린아이가 아니다. 열정적이고 활달하고 가끔은 격하게 폭발한다. 모종의 바보짓이나 불의에 직면할 때면 현란한 분노의 말을 쏟아낸다. 그러나 남들 보는 데서 그렇게 하지는 않는다. 공개적인 장소에선 자제력을 발휘한다. 프린스턴에서 건축사 박사학위를 받았고, 현재 버몬트주 베닝턴의 베닝턴 미술관 관장으로 있다. 몇 년 전 클레어와 내가 그곳을 방문했을 때, 미술관의 이사 한 사람이 우리를 따로 불러다가 로버트가 일을 잘한다고 한껏 칭찬했다. 단연코 미술관 역대 최고의 관장이라고 말했다. 로버트는 전시회를 열 때 멋진 상상력을 발휘하고 늘 직원들을 배려할 줄 안다. 주말에는 가족이 사는 뉴헤이븐으로 간다.

로버트의 아내 마리는 침착하고 차분하고 자신만만한 사람이다. 로버트의 욱하는 성질을 완벽하게 보완해 준다. 그녀는 뉴헤이븐에서 몇 마일 떨어진 월링포드의 사립고교인 초트스쿨 기금후원회 부서장이다. 자기 일에 대해 말하는 내용으로 미루어 볼 때, 그 일을 아주 잘하는 것이 분명하다. 부서나 학교에서 문제가 있는 사람들을 참을성 있고 능숙하게 다루는 재능이 있다.

이안은 침착하고 만면에 늘 웃음을 띤 얌전한 젊은이지만, 몇년 전 학교에서 열린 시 낭송대회에서 일등상을 수상하여 가족을 깜짝 놀라게 했다. 뛰어난 첼로 연주자에다 몇 년간 초트스쿨 조정부에 있었고, 2017년 5월에 졸업했다. 현재 보스턴의 노스이스턴 대학교에 등록했고, 컴퓨터과학을 전공할 생각이다. 컴퓨터의 귀재다.

인디아는 아름답고 섬세하고 마음씨가 곱고 정이 많다. 내가 아는 누구보다 다정하다. 몇 년 전 가족이 포틀랜드에서 뉴헤이븐으로 이사했을 때, 친구들과 헤어져야 하는 것 때문에 크게 상심했다. 학교에서 배우는 과목들을 다 잘하지만 특히 미술을 사랑하고, 정말 잘한다.

클라스는 과묵하다. 자기 입으로는 사람들을 좋아하지 않는다고 하지만, 그것은 사실이 아니다. 클라스가 싫어하는 것은 군중이다. 소그룹에서는 편안해하고 농담도 썩 잘한다. 그랜드래피즈의 어드만스 출판사의 부사장이고 제작부와 미술부를 관리한다. 거기서 나오는 모든 책의 내지 디자인과 레이아웃도 클라스의 책임이다. 내가 볼 때 (물론 편견 없는 판단이다!) 내지의 레이아웃에서 어드만스 출판사의 책들처럼 높은 심미적 수준을 꾸준히 유지하는 출판사는 전 세계 어디에도 없다! 클라스는 열심히 일하고 자기 일에 헌신적이며 함께 일하는 사람들이 공정하고 명예롭게 대우받는지 늘 주의를 기울인다. 사진을 잘 찍고 요리도 아주 잘한다.

클라스의 아내 트레이시는 사랑스러운 사람이다. 마음씨가 곱고 주위 사람들의 고통과 기쁨에 반응하며 잊혀진 사람들의 친구다. 그래픽아트 디자이너로 계속 일하면서 요즘에는 의류 디자인에도 진출했다. 트레이시의 시각적 상상력과 자신이 상상하는 바를 현실화시키는 촉각적 능력은 비범하다. 중고옷가게에 자주 들러 옷가지들을 최저가격에 구입한 다음 아름답고 상상력 넘치는 옷들로 바꿔놓는다. 초라한 재료가 근사한 제품으로 다시 태어난다. 최근에는 인근 병원의 정형외과 병동 비서 자리를 맡았다. 트레이시는 그 일을 사랑한다.

그들의 맏딸 마리아는 여러 면에서 대단한 재능을 타고 났지만 가끔씩 자기 의심에 시달린다. 마리아는 희한한 사고를 자주 당하여 우리를 웃게 하고 신음하게도 한다. 지난 몇 년 사이에 일어난 사고만 추려 보면, 침대에 앉아서 바느질을 하다가 구르는 바람에 바늘이 박혀 몸 안으로 들어갔다. 송곳으로 옷감에 구멍을 뚫다가 넘어졌는데 일어나 보니 몸에 송곳이 박혀 있었다. 어느 날인가는 고정 자전거를 타다가 옷이 기어에 걸려 넘어지면서 아킬레스건이 끊어졌다.

이삼 년 전에는 실수로 타이레놀을 과다 복용한 나머지 간부전이 찾아왔다. 그랜드래피즈의 의사들은 간이식 수술이 필요하다고 보았고, 그러려면 앤아버의 미시간 대학병원으로 최대한 빨리 이송

해야 한다고 말했다. 마리아는 밤중에 헬리콥터로 앤아버까지 이송되었다. 클레어와 나는 클라스, 트레이시와 함께 차로 두 시간을 달려 앤아버로 갔다. 내게는 정말 공포의 밤이었다. 마리아가 죽거나 영구적 손상을 입을지도 모른다는 두려움이 엄습했다. 세 살 때 죽어가는 어머니를 마지막으로 보려고 밤중에 로체스터로 가던 기억이 남아 있었던 것일까? 모르겠다. 마리아는 완전히 회복되었다. 하나님, 감사합니다. 마리아는 의사가 될 목표를 세우고 지역에 있는 그랜드밸리 주립대학에서 수업을 듣고 있다. 이미 걸어 다니는 의학 백과사전이다. 사진도 너무 잘 찍는다.

니나는 사람을 중요하게 생각한다. 꿀 주위에 개미가 모이듯, 니나 주위에는 사람이 모인다. 운동을 잘하고 고등학교에서는 다이빙부에 있었다. 우리 손주들이 다 그렇듯 재능 있는 학생이지만 편두통 때문에 수업을 종종 빠지다 보니 학업 진도를 따라가는 데 어려움이 있었다. 하지만 고등학교 공부를 마치고 동기들과 같이 졸업하여 모두가 크게 안도했다. 지금은 대학에 가기 전에 한 해를 쉬고 있다.

손주들 중 제일 어린 키스는 제 아버지처럼 해야 할 일이 있으면 군소리 없이 해낸다. 학교 숙제는 지체 없이 신속하게 해치운다. 하지만 제 아버지와 달리, 그리고 제 누나 니나처럼 사람을 중요하게 생각한다. 급우들은 키스를 중심으로 모인다. 과학과 수학을 잘하고 머리를 많이 써야 하는 게임을 좋아한다. 노래를 잘해서 수준 높은 그랜드래피즈 남성소년 합창단에서 활동하다가 변성기가 오는 바람에 그만두었다. 천체물리학자가 되고 싶어 한다. 2018년 2월에 키스는 호지킨 림프종 4기 진단을 받았다. 그 소식을 듣고 명치를 세게 얻어맞은 것 같았다. 총명하고 매력적이고 건장한 열네 살 짜리 나의 귀한 손자가 꽃 피워보지도 못한 채 쓰러져서 한 세대 전의 에릭처럼 차갑게 식어가야 한단 말인가? 나는 그 아픔을 또다시 감당할 수 있을까? 당장 화학요법이 시작되었다. 6월 말이 되자 의사들은 아이의 몸 어디에도 암을 찾아볼 수 없다고 알려주었다. 하나님을 찬양하라!

크리스토퍼는 제 엄마와 트레이시처럼 마음씨가 곱고 남을 배려한다. 그를 아는 사람들은 종종 나를 멈춰 세우고 그가 말없이 보여주는 관심과 공감에 깜짝 놀란다고 말한다. 칼빈 대학 졸업 후, 크리스토퍼는 미시간 대학교에서 라틴아메리카사로 대학원 공부를 몇 년 했다. 그러나 그 과정을 좋아하지 않았다. 학계가 너무 비인격적이라고 생각했다. 그래서 크리스토퍼는 학교를 떠나 그랜드래피즈의 호프네트워크에서 뇌손상을 입은 성인들을 돌보는 자리를 찾았다. 그는 한결같은 참을성과 공감력을 발휘하여 그 일을 놀랍도록 잘해냈다. 그곳에서 몇 년 동안 행복하게 일했는데, 이후 그 단체는 관료주의적으로 변했고 크리스토퍼는 단체의 지도자들이 환자들과 직원들의 필요에 무심해졌다고 느꼈다. 그래서 그곳을 그만두고 정규간호사 자격을 취득했다. 지금 그는 지역 병원에서 간호사로 일하고 있다.

이번 항목에서 내가 쓴 내용을 검토하면서 우리 아이들 모두가 비범한 예술적 재능과 감수성을 갖고 있고, 그 배우자들과 아이들도 대부분 그렇다는 생각이 갑자기 들었다. 우리 아이들의 경우, 본가와 외가 모두에게서 물려받았을 것이다. 에릭은 훌륭한 도예가였을 뿐 아니라 아름다운 실크스크린 판화도 많이 만들었다. 에릭과 로버트는 둘 다 건축사建築史로 대학원 연구를 했다. T.J.는 탁월한 목공이다. 에이미와 트레이시는 섬유와 직물로 아름다운 작품을 만든다. 로버트는 베닝턴 미술관에서 상상력 넘치는 전시회를 조직한다. 클라스는 어드만스 출판사의 내지 디자인을 상당수 담당한다. 그와 크리스토퍼, 마리아는 훌륭한 사진사이다. 크리스토퍼, 인디아, 피비는 그림을 정말 잘 그린다. 키스와 피비는 훌륭한 음악가다. 목록은 계속 이어질 수 있다.

우리 손주들의 장래가 걱정이 된다. 나는 특권을 누리며 살아왔다. 내 인생에서는 재능과 관심사가 미국 역사에서 범상치 않은 시기에 찾아온 기회와 우연히 딱 들어맞았다. 나처럼 고등교육 분야의 중산계급 백인 남성에게는 특히 복이 넘쳤던 시기였다. 내가 맡았던 모든 자리는 먼저 제안 받은 것이었고, 나는 교수직을 지원한 적이 없었다.

그런 범상치 않은 시기는 끝나간다. 고등교육, 특히 인문학 분야의 고등교육은 근본적 변화를 겪고 있고, 미국 전역의 학과들은 축소되고 있으며, 철학 분야의 일자리는 드물다. 오늘날 미국 경제는 이전보다 세계 다른 지역에서 벌어지는 일에 훨씬 더 많은 영향을 받는다. 우리의 정치문화는 여러 해 전보다 비열하고 타협을 모른다. 자유민주주의가 지속하는 데 필수적인 습관과 미덕들이 손상되고 있다. 지구온난화가 찾아오고 있는데 세계 각국이 그것을 멈추기 위해 힘을 합쳐 행동할지는 불분명하다. 그리고 소셜미디어의 어두운 면이 있다. 대면하여 이루어지는 상호작용이 약해지는 것이다. 우리 가족이 한데 모일 때도, 손주들은 가끔 대화에 참여하기보다는 아이패드로 시간을 보내는 쪽을 선호한다.

···

『예술의 재고찰』을 완성하자 오래전부터 시작하고 싶었지만 여의치 않았던 또 다른 집필 계획을 실행에 옮길 여유가 생겼다. 내가 앞에서 언급한 대로 종교철학에 대한 높아진 관심은 거의 전적으로 종교적 믿음, 보다 구체적으로 말하면 유신론적 믿음에 초점이 맞추어졌다. 철학자들은 종교적 믿음이 정당화되기 위해 채워져야 할 조건들을 탐구했다. 그들은 유신론적 믿음의 일관성을 파고들었고, 그 내용―전능, 전지, 불변성, 단순성 등―을 분석했다. 그런 영역들에서 참으로 중요한 이해의 진전이 이루어졌다.

그러나 여기에는 이상한 점이 있다. 종교적 실천은 모든 종교에서 두드러지는데도, 최근의 철학 문헌을 읽고 습득한 내용이 종교에 대한 지식의 전부인 사람은, 종교가 거의 전적으로 신에 관한 어떤 내용을 믿는 것으로 이루어진다고 결론을 내릴 것이다. 물론 종교는 분명히 믿음을 포함한다. 하지만 대다수 종교의 대부분의 지지자들에게 삶의 중심이 되는 것은 종교적 믿음보다는 종교적 실천, 특히 예전과 의식이다. 나는 오래전부터 예전禮典을 철학적으로 숙고한 책을 집필하여 동료 종교철학자들의 근시안적 시각을 바로잡기 위해 내가 할 수 있는 일을 하고 싶었다.

그 주제로 집필을 시작하자마자 그와 관련이 있지만 다른 일감이 내 일정을 치고 들어왔다. 일리노이주 디어필드에 있는 트리니티 복음주의 신학교의 두 신학자가 나를 불러내 점심식사를 대접하며 신학교에서 계시신학 칸처강좌를 개설하기로 했다고 설명했다. 많은 사랑을 받고 최근에 별세한 동료 케네스 칸처를 기념하는 강좌였고, 자연신학의 기포드 강좌에 대응하려는 목적이었다. 그들은 새롭게 개설된 이 강좌에서 세 번의 강연을 해달라고 내게 청했다. 나는 철학자이지 신학자가 아니라고 그들에게 말했다.

"네, 그 점은 저희도 압니다. 하지만 교수님은 하나님에 대해 많이 말씀하시지 않습니까."

"그런 것 같군요. 예전에 대한 연속강좌는 어떻습니까?"

"안됩니다. 하나님에 대한 강연이어야 합니다."

나는 잠시 생각을 한 다음 이렇게 말했다. "좋습니다. '우리가 예배하는 하나님'은 어떻습니까?"

"좋습니다!"

그렇게 해서 나의 다음 책 『우리가 예배하는 하나님』*The God We Worship: An Exploration of Liturgical Theology*, Eerdmans, 2015이 나왔고, 이 책은 내 강연의 텍스트였다. 나는 무슨 말을 할지 아무 계획도 없는 상태에서 제목을 제안한 것이었다. 상당히 오랫동안 나는 어려움을 겪었다. 머리에 떠오르는 것은 전부 뻔하게 느껴져서 생각만 해도 지루했다. 그러다 내가 기독교 예전에 명시적으로 드러난 하나님 이해만을 숙고하고 있었다는 생각이 들었다. 예전이 분명하게 드러내지 않지만 그 안에 함축되어 있고 당연하게 받아들여진 하나님 이해를 밝히고 그에 대해 이야기하는 것은 어떨까? 바로 그거였다!

사람들이 기독교 예배에 참여할 때 행하는 많은 일은 하나님을 부르는 것이다. 찬양, 감사, 고백, 간구 등을 통해 하나님을 부른다. 어느 날 나는 예배를 드리는 사람들이 하나님을 부를 때 하나님이 들으신다, 아니 좀 더 조심스럽게 말하면, 하나님은 **들으실 수 있고 아마도 들으실 것**임을 당연시하고 있다는 생각—지금은 명약관화해 보이는 생각—이 들었다. 하나님이 들으시는 분이라고 선포하는 사람은 없다. 하나님이 들으시는 분이라는 것은 그들의 행위에 함축되어 있다. 나는 하나님이 들으시는 분이라는 주제에 몇 강연을 할애하기로 했다.

나는 비슷한 상황에서 늘 해오던 일을 했다. 하나님이 들으시는 분이라는 주제에 대해 다른 사람들이 한 말을 찾아서 문헌을 뒤졌다. 놀랍게도 어떤 신학자나 철학자도 들으시는 하나님에 대해 실질적으로 논의한 바가 없었다. 말씀하시는 하나님에 대해서는 많은 문헌이 있었지만, 들으시는 하나님에 대해서는 아무것도 없었다. 나는 독자적인 목소리를 내야 했다. 『우리가 예배하는 하나님』의 핵심은 들으시는 하나님을 다룬 세 장이다. 나는 그 세 장을 쓰면서 그 주제가 내가 헤아릴 엄두도 내지 못한 깊이를 갖고 있다는 느낌을 받았다.

준비한 내용으로 강연을 하고 출간에 적합하게 원고를 손본 후에, 나는 오랫동안 하고 싶었던 일인 예전에 대한 철학적 숙고를 시작했다. 내가 볼 때 동료 종교철학자들의 근시안적 시각을 바로잡는 데 조금이라도 성공하려면, 예전이 제기하는 사안들이 철학자들이 관심을 가질 만한 가치가 있고 그만큼 보상을 안겨준다는 사실을 보여줄 수 있어야 할 터였다. 책을 쓰다 보니 예전 참여는 실제로 인간의 모든 활동 중에서 대단히 복잡하고 이해하기 어렵고 매혹적인 활동이라는 확신이 들었다. 이를테면 내가 오랫동안 대단히 흥미롭고 어리둥절하게 여긴 기독교 예배의 특징 하나는, 교회력의 큰 절기에 부르는 찬송가가 현재시제로 되어 있다는 점이었다. "예수 그리스도께서 오늘 나신다." "주 그리스도께서 오늘 부활하신다." 어떻게 된 일일까? 그 찬송가들을 부르는 모든 사람은 예수님이 2천 년 전에 태어나셨고 그로부터 30년 남짓 후에 부활하셨다는 사실을 안다. 그런데 왜 그 찬양들은 현재 시제인 것일까? 예전禮典에는 이 부분 말고도 대단히 흥미롭고 어리둥절한 여러 측면이 있다.

예전에 관해 쓴 소수의 철학자들은 대부분 예전이 우리를 형성하는 측면에 관심을 집중했다. 나는 형성적 측면 대신 우리가 예전에 실제로 참여할 때 **이루어지는 일**에 초점을 맞추기로 했고, 그것을 예전의 '수행적' 차원이라고 명명했다. 예전에서 이루어지는 일이 우리를 형성한다. 수행적 차원은, 그런 식으로, 형성적 차원의 기본이 된다. 이 책의 제목은 『예전적 행위』*Acting Liturgically: Philosophical Reflections on Religious Practice*, Oxford, 2018이다. 이 책을 집필하면서 나는 큰 즐거움을 맛보았고, 여러 지점에서 이전에 누구도 들어서지 않았던 지역을 탐구한다는 느낌을 받았다.

원고가 완성될 무렵, 독보적인 예전학자인 칼빈 대학의 존 위트블리트가 이 책을 논의하기 위해 소그룹의 예전학자들을 꾸렸다. 그들 모두 철학에 정통했지만 철학자들은 아니었다. 그들이 이 책의 논의를 흥미롭고 가치 있게 여긴다는 것을 알고 나는 만족스러웠다. 나는 예전학자들이 자기들 분야의 주제들을 철학적으로 다루는 것을 이상하고 불쾌하게 여길까 봐 우려했었다.

...

2016년 봄, 내 평생 가장 감동적인 교수 경험을 했다. 칼빈 대학과 칼빈 신학교의 메인 캠퍼스는 그랜드래피즈 남동부에 위치한 놀크레스트 캠퍼스이다. 몇 년 전, 칼빈 대학과 신학교가 함께 제2 캠퍼스를 만들었는데, 그랜드래피즈에서 40킬로미터 정도 떨어진 미시간주 아이오니아의 핸드론 주립 남자교도소 안에 위치했다. 핸드론 캠퍼스는 놀크레스트 캠퍼스와 마찬가지로 공식 학사학위를 제공한다. 미시간주 전역의 죄수들이 이 프로그램에 지원할 수 있고, 매년 20명의 신입생이 입학 허가를 받는다. 과목은 칼빈 대학과 신학교 교수들이 가르치고, 대부분의 경우 놀크레스트 캠퍼스에서 가르치는 과목과 동일하다. 에릭의 대학 시절 친한 친구였고 지금은 칼빈 신학교 교수인 존 로트먼이 이 프로그램의 발기인 중 하나라는 사실을 알고 나는 감동했다.

칼빈 대학 철학과 교수인 케빈 코코란은 2016년 봄에 핸드론 교도소에서 철학개론을 가르치고 있었다. 몇 년간 그는 나의 책 『나는 사랑하는 사람을 잃었습니다』를 해당 과목의 강의개요에 넣은 터였다. 케빈은 교도소 수업에서 그 책을 가지고 토의하던 중, 나를 개인적으로 알고 내가 그랜드래피즈에 산다는 것을 우연히 언급했다. 그러자 수업에 참가한 사람들이 나를 수업에 초대하자고 의견을 냈다. 그래서 케빈이 나를 초대했고 나는 수락했다.

이 칼빈 프로그램의 책임자 토드 쵸피가 나를 교도소로 태워다 주면서 프로그램을 설명했다. 정교분리 원칙을 훼손하지 않고자, 교도소에서 배정해 준 교실의 실내 장식과 가구 설치 비용을 칼빈에서 출연했다고 했다. 프런트에서 많은 서류가 오간 후, 나는 교도소 안으로 들어갔고 토드는 나를 강의실로 데려갔다. 그곳이 얼마나 넓고 아름답게 꾸며져 있었던지 나는 대번에 깊은 인상을 받았다. 내가 놀크레스트 캠퍼스에서 보았던 어떤 강의실보다 훨씬 아름다웠다. 우선 목재가 많았다. 목재 테두리와 교도소 목공소에서 제작하고 아름답게 마감한 목제 책상, 의자가 있었다. 강의실 한쪽 면에는 책장을 짜 넣은 우묵한 벽감이 있었고, 역시 아름답게 마감되어 있었다. 그 전체적 모습이 존엄을 말하고 있었다. 여기서, 적어도 이 강의실에서 그 사람들은 수용된 대상이 아니었다.

그다음에 일어난 일에 나는 눈물을 흘리고 말았다. 수업에 참여한 스무 명─나중에 알고 보니 그중 열일곱 명이 종신수였다─모두 『나는 사랑하는 사람을 잃었습니다』를 한 권씩 들고 사인을 받기 위해 줄을 섰다. 내가 사인을 해줄 때 그들은 이렇게 말했다. "교수님, 이렇게 수업에 찾아와주셔서 정말 영광입니다." 내가 수업에 함께 해줘서 영광이라고 학생들이 말해 준 것은 처음이었다! 강사로 소개받을 때 나를 소개하는 사람이 그날 저녁에 나를 강사로 모시게 되어 자기 단체가 영광이라고 형식적으로 선언하는 일은 가끔 있다. 나는 그 말을 이런 뜻으로 받아들인다. "W 교수가 우리의 강연 요청을 수락한 것은 우리의 자랑거리요." 그 죄수들은 내가 그 자리에 나타난 것이 그들의 자랑거리라고 말하고 있지 않았다. 그들─매일 모욕을 당하고 남의 말을 들어야 하고 시키는 대로 해야 하는 이들─은 내가 그 자리에 있음으로써 자기들을 명예롭게 했다고, 그들이 무가치한 인간쓰레기가 아님을 선언했다고, 그들이 명예를 가진 존재임을 선언했다고 말하고 있었다. 어쨌건 나는 그들이 그렇게 말한다고 이해했다. 나를 강연자로 소개하는 누군가가 내가 그 강연 요청을 수락한 것이 그들의 '영광'이라고 선언한다고 해서 내가 울컥하지는 않는다. 하지만 이 사람들이 내게 자기들 수업에 찾아와 주어서 영광이라고 선언했을 때 나는 울컥했다.

케빈이 나를 소개한 후, 나는 어떻게 그 책을 쓰게 되었는지에 관해 몇 마디를 하고 토의를 위해 책을 펼쳤다. 나는 그 책을 수업 시간에 토의한 적이 없었다. 가끔 일부 대학이나 신학교 수업에서 그 책으로 토의한다는 말은 들었지만, 그런 토의에 참가해 달라는 요청을 받은 적은 없고, 요청을 받았다 해도 참가할 마음은 없었을 것이다. 대학이나 신학교의 정규과목에서 그 책을 토의한다면 교수는 학생들에게 이런 질문을 할 것 같다. "월터스토프는 슬픔을 어떻게 이해합니까?" "그런 이해가 올바른 것으로 보입니까?" "책에 나오는 저자의 신학은 무엇입니까?" "그 신학에 동의합니까?" 나는 그런 토의에 참여할 수 없을 것 같다.

핸드론 교도소에서는 토의가 그런 식으로 이루어지지 않았다. 수업에 참가한 사람들은 슬픔에 빠져 있었다. 그들 대부분은 자식의 죽음이 아니라 자신이 본인의 삶과 다른 이들의 삶을 파멸시킨 것 때문에 슬퍼했다. 우리가 시편의 글들을 사용하여 자신의 기도를 드리는 것과 비슷한 방식으로, 그들은 그 책을 **내** 슬픔을 **내가** 표현한 것으로 읽지 않고 **그들** 슬픔의 표현으로 읽고 있었다. 그들은 어떤 대목을 펴서 소리 내어 읽고 그 대목이 어떻게 자신의 심정을 대변하는지 설명했다. 그들은 놀랄 만큼 솔직했다. 내가 그동안 가르친 어떤 대학생보다 더 솔직했다. 어떤 이들은 자신이 저지른 죄를 설명했고, 어떤 이들은 자신이 사랑하는 사람들과의 관계를 어떻게 망가뜨렸는지 말했다. 그들의 말은 분명했고 감정적으로 강렬했고 인생 경험이 어려 있었으며 달변이었다. 그들은 내 글에 대해 내가 생각하지 못했던 해석을 제시했다. 그날 나는 학생이었고, 그들이 교사였다.

나는 그들과 나의 공통적 인간성을 깊이 인식했다. 물론 나는 감방에 하루도 갇힌 적이 없는 대학교수였고, 그들은 죄수, 그것도 대부분 종신수였다. 그러나 우리는 함께 수업을 하며 텍스트를 읽고 토의하고 슬픔을 나누었다. 나는 열여덟에서 스물두 살 사이의 대학생들에게 느꼈던 것보다 더욱 긴밀한 연대감을 '종신수'들에게 느꼈다.

어떤 시점에서 이런 생각이 밀려왔다. '얼마나 끔찍한 삶의 낭비인가!' 그렇다, 이 사람들은 심각한 범죄를 저질렀고 처벌을 받아야 마땅하다. 그러나 그들을 평생 가둬놓는 것보다 더 나은 대안은 없을까? 인간의 삶이 이런 식으로 허비되어야 할까?

그날 수업이 끝나고 그들은 줄지어 서서 나와 악수했고 내가 그들 수업에 찾아와 주어서 큰 영광이라고 다시 한 번 말했다. 마지막 몇 사람이 지나갔을 때, 나는 그때까지 느끼고 있었지만 말로 표현하지 못했던 바를 말했다. "여러분을 만난 제가 영광이었습니다."

후기

소박한 태생에서 출발한 나는 먼 길을 떠나왔다. 멀리 떠나오긴 했지만, 내면의 나는 그 태생을 떠나지 않았다. 고향 마을 에저턴으로 돌아가 친척 어른들과 사촌들을 만날 때마다—우리 아이들과 손주들 소식, 마을과 교회에서 벌어지는 일, 우리의 건강 상태, 친척과 친구들의 죽음에 대한 소식을 나누고 옛날에 어땠는지 이야기를 나누며 웃고 울 때마다—이들이 바로 내 사람들이라는 사실을 떠올린다. 인생 여정을 이어오면서 여러 다른 이들도 내 사람들이 되었지만 에저턴의 그들은 여전히 내 사람들이다.

나는 유아기를 넘기지 못할 뻔했다. 세 살 때 폐렴에 걸렸다. 그로부터 몇 년 후, 아버지는 그때 내가 살아남을지 확신할 수 없었다고 말씀하셨다. 오늘날까지도 침대에서 1.5미터 정도 위에서 나 자신을 내려다보는 장면, 부모님의 침대에 누워 있는 작은 내 모습이 생생하게 기억난다. 최근에 클레어에게 이 경험을 이야기했더니 그것이 유체이탈 체험이라고 말했다. 물론 유체이탈 체험이었지만 그 이전까지는 한 번도 그렇게 생각한 적이 없었다.

그 장면은 요즘 들어 더 자주 떠오른다. 그 장면이 떠오를 때마다, 이 책에서 회상한 인생이 존재하지 않았을 수도 있었다는 깨달음이 밀려든다. 그리고 그 깨달음과 함께 "이 경이로운 세상에서 한 동안 지내는 일이 허락된 것"*과 내가 경험한 기쁨에 대한 깊은 감사가 찾아든다. 물론 슬픔도 있었다. 특히 아들 에릭의 죽음으로 인한 슬픔이 컸다. 이제는 오랜 친구들의 죽음이 주는 슬픔이 점점 더 자주 찾아온다. 최근 막내동생 이반이 세상을 떠난 것(울혈성심부전이 사인이었다)도 큰 슬픔을 안겨주었다. 그리고 실패도 있었고 뜻대로 이루어지지 않은 대의도 있었다. 그중 내게 가장 뼈아픈 것은 계속되고 있는 팔레스타인 사람들의 점령 상황이다. 하지만 전체적으로 볼 때 내 인생은 멋진 것이었다.

나는 가정교육 면에서 운이 좋았고, 주어진 기회 면에서도 운이 좋았고, 재능과 관심사, 사랑하는 바가 그 기회와 딱 들어맞았다는 점에서도 운이 좋았다. 내가 이제껏 성취한 모든 것은 그런 들어맞음의 결과였다. 가정교육, 재능, 관심사, 사랑하는 바, 기회, 이 모두는 내가 만든 것이 아니다. 나에게 주어진 것들이다. 나는 받았을 뿐이다. 그래서 나는 내 인생 행로에 대해 감사, 깊은 감사를 느낀다.

하지만 이 깊은 감사가 때로는 불편하다. 많은 이들의 삶에 기쁨이 거의 없음을 아는 까닭이다. 어떤 이들에게 삶은 지옥이다. 그들이 울고 있는데 내가 어떻게 노래할 수 있을까? 그들이 울고 있는 한복판에서 감사의 노래를 부를 것이 아니라 그들의 울음에 동참해야 하지 않을까? 그런 상황에서 감사 노래는 부적절하고 부당하게 느껴진다. 그러나 나는 감사를 청한 적이 없다. 감사는 부르지 않아도 찾아온다. 나는 은혜를 받았다.

•   J.M. Coetzee, *Age of Iron* (New York: Random House, 1990), 55.